学部生のための

# 企業分析テキスト

## ―業界・経営・財務分析の基本―

高橋　聡・福川裕徳・三浦　敬［編著］

岩崎瑛美・小形健介・小川哲彦・小沢　浩
田中　勝・望月信幸・森口毅彦 ［著］

創 成 社

## はじめに

　企業の活動業績や経営状況を貨幣の側面から理解するために必須とされる財務諸表は，企業活動の結果，利益をどのように儲けたか，どこでどれだけ儲けたかを明らかにするだけではなく，企業のキャッシュ・フローに対する戦略を分析できるという点で，企業分析の基礎である。そして，経営者は，その財務諸表を用い，自社を競合他社と比較することで自らが置かれた業界内での立場を理解するとともに，投資家やアナリストなどの外部利害関係者とのコミュニケーションを図っている。また，企業に直接・間接に関与する外部利害関係者は，財務諸表を利用することで投資や与信などの判断に関する合理的な意思決定を可能にする。そのため，財務諸表を中心とした分析は，企業を知ろうとする学生にとって重要な意義があり，その手法を使いこなせるようになることは，学生が自身で企業を評価する際に必要なスキルとなる。

　しかし，財務諸表を中心にした分析といっても，書店に並ぶ財務諸表分析についての書籍は，分析手法を詳細かつ丁寧に解説し，算出された結果がある水準だと良い，別の水準だと悪いという目安を示したものが多いようである。そのため，経験の少ない初学者が経営戦略などと関連づけて理解できるよう，具体的に説明した書籍は少ないように思われる。ただ，企業経営者は，企業の経営効率を増進させ，企業を維持発展させるための戦略を策定する際，情報を必要に応じて加工するとしても，財務諸表をもとにする。そうであるなら，企業の業界分析と経営分析を，財務分析と絡めたかたちで解説すれば，企業が営む事業が置かれた立ち位置でとる戦略が財務的に可能か否か，その戦略が成功した場合に財務的にはどういうことが期待できるかを，財務分析だけから得られる知見に加えて得られるようになり，広い視野で柔軟な判断ができる学生が育ってくれるのではないか，そういう思いで執筆したのが本書である。

　本書に対する思いを強くしたのは西南学院大学で実施している「教育インキュベートプログラム」を契機とする。それは，学生教育の一層の充実を目的に募集されるプログラムで，ゼミ生教育のために申請し，採択されたのが2014年，2015年度から「財務諸表データを用いた企業価値評価手法に関する研究」を3年間にわたり実施した。当初の目的は，会計基準の国際化の流れを受け，その内容が大幅に変化した財務情報を，会計学の初学者でも読み解けるような方法はないか，就職活動を考えた学生が企業を知る際に自らが考えた方法で貢献できる可能性はないかを模索すべく申請したと記憶している。

　この取組では，ゼミ生が，2年次と3年次において，年2回，他大学のゼミ学生と共同で企業分析に関する成果発表をすることを計画していた。それは，学内・福岡県内の経験だけで，自分を見失ったまま卒業するゼミ生を輩出する事態をできるだけ避けたかったからである。そして，学生生活で何か1つのことを成し遂げたという自信をもって卒業して

いって欲しいという思いから実施することになったプログラムでは，他大学の教員の協力も仰ぎながら，目的達成のために知識を蓄積し，新たに入ってくるゼミ生にそのスキルを引き継いでいった。

　しかし，こういう成果をきちんとしたかたちで仕上げるためには，学生のやる気が必要である。翻って，ゼミ生の大半は，ゼミ募集で挫折を味わい，2次募集・3次募集で入ってきた学生で，目的を共有できる意欲ある学生というよりはゼミというものを体験しよう，なるべく省エネでゼミの単位を取得して卒業単位を埋めていこうという学生が多かった。そのため，教員の思い入れとは裏腹に，学生が上げる成果は，学内で報告はできても，外部に公表するものとしては充分とはいえなかった。

　プログラムで採択された以上はきちんとした成果をという思いから，焦りを感じつつあったプログラムの2年目に入ってきたゼミ生をみて，書籍出版に関する可能性を考えてみたいと思うようになった。それは，分析手法を教員が解説するだけではなく，課題を出し，ゼミ生が作成した答案をもとに指導をするという体裁で，一般の学生が卒業年度に悩む卒業論文にも役立つ書籍ができないかと考えてのものであった。そして，2年目に入ってきたゼミ生が卒業年度を迎えた2018年，創成社に相談をし，2年あまりの歳月を経てようやく出版にこぎつけた。

　本書の作成にあたっては，まず，2018年度に西南学院大学を卒業した横枕鮎美さん，板谷奈泉さん，川口咲さんの協力を得た。創成社より本書の出版をご快諾いただいたときから，教員の原稿の一部を読み，学習をする傍ら，本書資料にある生活雑貨業界・製薬業界の企業分析の基礎原稿を作成した。

　翌2019年度は，年度内に出版することを目標に，佐竹真優さんを他大学との調整役とし，ゼミ生全員で学生担当原稿の作成にあたった。本書の課題に対する答案は賀川智子さんにお願いし，卒業後は，現ゼミ生の越智隼さん，日高悠希さん，吉岡巳奈さんの協力のもと，表現内容の大幅修正を行った。なお，課題に対する答案のやりとりは2度行い，本書には，紙幅の関係から，最初の答案を見た後で，教員が行った具体的な指導を抽象化したものを分析のヒント，学生の2度目の答案を本書の答案として掲載し，教員による最終指導と模範解答を示す体裁を採っている。そのため，課題に対する最初の答案は，創成社のホームページ（https://www.books-sosei.com/downloads/）に掲載している。

　業界分析原稿の作成にあたっては，本年度，日高義治さん，渡邉大貴さんが調整役となり，昨年度の卒業生から引き継いだデータを用いて，生活雑貨業界は吉永章汰さん，製薬業界は白坂愛弓さんを中心としたチームで分析を継続した。そして，福浦ゼミ所属の大学院生，山田恭輔さん，大坪幸一さんには生活雑貨業界の原稿，八坂祐理子さんには製薬業界の原稿の最終的な確認と体裁の調整をお願いし，表現を修正してもらったことでようやく外部公表に耐え得ると判断できる学生原稿（報告書）ができあがった。

　ゼミ生が他大学学生と協力しながら作成する報告書では，ゼミ生全員が同じ方向を向

き，協力していくことが必要である。ただ，通常，この時期の学生は遊びたい盛り，本書の資料作成に協力をし，本文や資料で名前が掲載されたゼミ生（卒業生・学生）は，周囲からの誘惑に耐え，非協力的な環境のなか，よく頑張ったと思っている。

　最後に，昨今の出版事情の厳しいなか，本書の出版に格別なご配慮をいただいた株式会社創成社代表取締役社長塚田尚寛氏および同社出版部西田徹氏に感謝申し上げたい。両氏の寛大なご支援がなければ，本書が日の目を見ることはなかった。ここに改めて心より謝意を述べる次第である。


2020 年 11 月

編著者を代表して

髙橋　聡

# 目　次

はじめに

| 第 1 部　解 説 編 |
|---|

## Chapter 1　分析対象企業の選択 ———————————————— 3

1　業界と企業 ……………………………………………… 3
2　経営分析と財務分析 …………………………………… 3
3　非財務情報と財務情報 ………………………………… 4
4　財務情報の変遷と財務分析 …………………………… 7

## Chapter 2　業界分析 ———————————————————— 10

1　はじめに ………………………………………………… 10
2　業界の概況を調べる …………………………………… 14
3　主要な競合企業を戦略ポジションで分ける ………… 24
4　事業の仕組みについて調べる ………………………… 30
5　企業全体のなかにおける事業の位置づけを調べる … 33
6　分析結果の利用：経営課題の発見と解決策の立案 … 40
7　まとめ …………………………………………………… 43

## Chapter 3　財務分析 ———————————————————— 53

1　なぜ財務分析を行うのか ……………………………… 53
2　財務諸表を入手する …………………………………… 55
3　財務諸表を見る ………………………………………… 56
4　財務分析の流れを理解する …………………………… 70
5　収益性を分析する ……………………………………… 74
6　安全性を分析する ……………………………………… 85
7　成長性を分析する ……………………………………… 92
8　まとめ …………………………………………………… 98

## Chapter 4　分析結果を踏まえた考察・総合判断 ———————— 101

1　結論を導くにあたっての6つの観点 ………………… 101
2　分析の目的を明確にする ……………………………… 102
3　考察の範囲を適切に定める …………………………… 103
4　相対的に考える ………………………………………… 104

viii

|   | 5 | ミクロの眼とマクロの眼をもつ | 105 |
|---|---|---|---|
|   | 6 | 何をしていないのかを考える | 106 |
|   | 7 | 複数の分析の結果を総合する | 107 |
|   | 8 | まとめ | 108 |

## 第2部　実　践　編

## Chapter 5　業界分析をやってみよう ──────── 111

1　業界分析とは　111
2　業界分析の実践課題　112
　　分析のヒント／学生レポート／模範解答

## Chapter 6　経営分析をやってみよう ──────── 122

1　ファイブ・フォース分析　122
　　分析のヒント／学生レポート／模範解答
2　SWOT 分析　141
　　分析のヒント／学生レポート／模範解答
3　PPM 分析　171
　　分析のヒント／学生レポート／模範解答

## Chapter 7　財務分析をやってみよう ──────── 189

1　財務分析のポイントの整理　189
2　財務分析の実践課題　191
　　分析のヒント／学生レポート／模範解答

## Chapter 8　総合判断をやってみよう ──────── 213

1　総合判断のポイントの整理　213
2　総合判断の実践課題　215
　　分析のヒント／学生レポート／模範解答

## 第3部　資　料　編

生活雑貨業界の企業分析―HAPiNS を中心として― 239
製薬業界の企業分析―中外製薬株式会社を中心として― 260

索　引　292

# 第1部
# 解説編

# Chapter 1
# 分析対象企業の選択

## ① 業界と企業

　業界と企業，皆さんは，この単語の違いがわかりますか？

　利益を得ることを目的に活動する企業は，皆さんの生活に必要な商製品やサービスを生産・提供するためにさまざまな経済活動を行います。このとき，同一の商製品やサービスを取り扱う同業者（企業）の世界のことを業界といいます。現在の企業は，通常，ひとつの事業だけではなく，複数の事業を同時に営んでいますので，その企業がどの業界に属しているのか，明確な線引きをするのは難しいといえそうです。しかし，特定の事業を営む企業が，その事業活動を行う市場でどのような立場にあるのかを判断し，企業間の社会的な関係性を知ることは重要です。

## ② 経営分析と財務分析

　業界分析の定義については，諸説あります。しかし，本書は，業界分析・経営分析・財務分析を通して，その企業がどのような状態にあるのかを分析する際の手法のいくつかを理解してもらうことを目的としています。そのため，本書では，「ある企業が，投資や与信，営業取引，経営管理・コントロール，リストラクチャリングのような，将来の経営に関する意思決定を行う際，その企業が営む事業の現状を，類似した事業の集合内の社会的な関係や，企業をとりまく状況から把握すること」を業界分析と捉えることにします。このとき，皆さんに注意していただきたいのは，一意に定まる業界が前提となった分析があるのではないということです。

　同一の商製品やサービスを取り扱う市場における同業者の世界のことを「業界」と捉えるとした場合，そこで分析すべき対象は，業界に参加している企業です。そして，その企

業の経営戦略や業績等を知るなかで，業界内の同業他社と比較する必要が生じた際には，業界全体の今後の方向性に対してどういう戦略が考えられるかとか，同一の業界に属し，競合する企業や，今後，競合する可能性のある企業の経済活動状況はどうなのかなどを検討することになります。そのため，業界分析を行う際は，分析をする業界を先に考えるのではなく，まずは，(1) 何か明確な目的のもとで，中心に据えて分析してみたいと関心をもった企業の分析を進めるなかで，その企業固有の特徴点を探し出すこと，次に，(2) その特徴点が生かされている事業の業界を分析し，企業をとりまく状況（外部環境・外的要因）から同一業界に属する企業との比較等を実施すること，そして，(3) 企業が有する資源等（内部環境・内的要因）や財務状況から考慮されることを導き出すこと，が本来の適切な方法であると考えられます。

　しかし，企業そのものを分析しただけではみえないもの，わからないものが，業界内の同業他社との比較においてみえてくるようになる場合や，その業界の問題点や可能性を知っておく方が企業を分析するうえで，より有用な情報を得られる場合があることも事実です。このような場合には，分析対象企業の選択をする際，その企業のどの事業を取り上げ，その業界がどのような状況にあるのかを予備知識として知っておくこと，業界内の同業他社には，どのような企業があるのかなどを知っておくことに，それなりの意義を見出すことができると思います。そこで，分析をはじめるにあたり，興味・関心のある企業を選ぶ際には，その企業が事業を営む業種は，どの業界に属しているのかといった程度の知識は，あらかじめ得ておくとよいでしょう。なお，業界の概要を簡単に知るうえで参考になる書籍等を以下にあげています。参考にしてみてください。

---

【参考図書等】

東洋経済新報社編（2020）『会社四季報業界地図 2021 年版』東洋経済新報社。

日本経済新聞社編（2020）『日経業界地図 2021 年版』日経 BP 社。

ビジネスリサーチ・ジャパン（2018）『図解！ 業界地図 2019 年版』プレジデント社。

業界動向 SEARCH.COM　https://gyokai-search.com

---

## ③ 非財務情報と財務情報

　現在の企業は，ヒト・モノ・カネ・情報で構成されていますので，企業を分析し，企業の現状を明らかにするには，ヒト・モノについての非財務情報の分析（定性的分析）だけではなく，カネについての財務情報の分析（定量的分析）をする必要があります。具体的な分析手法の解説は，Chapter 2・Chapter 3 に委ねますが，ここでは，非財務情報と財務

情報の特徴とその分析から得られる知見が何を意味するかについて，説明しておきます。

　非財務情報は，有価証券報告書や決算短信，IR 等に含まれる情報のうち，企業会計制度に基づき計算される会計数値では示されない，企業の経営状況に関する情報です。日本経済新聞や日経産業新聞などの専門紙・業界紙と，週刊東洋経済や週刊ダイヤモンド，日経ビジネスなどの週刊経済誌，アナリストレポート等は，おもに，企業をとりまく状況（外部環境・外的要因）と，現時点では，財務的な根拠を示せない企業の不連続な性質面の変化を理解するのに有用な情報を提供しています。

　これらの定性的情報は，通常，企業独自の分析や判断に基づいて公表される情報です。具体的には，企業の沿革や関係者，活動内容などの企業認知度の向上が目的で提供される情報のほか，財政状態，経営戦略・経営課題，リスク，ガバナンスや，社会・環境問題に関する情報のような，企業固有の情報に基づくことが多いようです。そのため，たとえば，企業が営む事業を含む業界全体への市場の関心が高くなっているとか，製造される製品に対する顧客満足度が高い，研究開発の状況が好意的に推移していると判断される情報がある場合には，将来の売上に好影響をもたらす可能性があるのではないかというように，基本的には，企業経営に関する常識に基づいて判断する領域であるといえそうで，専門性を有する分析手法は，それほど多くないと考えられます。

　これに対し，定量的情報ともいわれる財務情報は，企業の財政状態や経営成績等に関する情報で構成されます。おもに，財務諸表で示されるこの情報は，企業状況を会計数値で表すため，企業会計制度や会計基準の知識が必要となり，財務諸表で示された会計数値と会計数値を加工して算出した比率に基づき分析する傾向が強いといえます。そのため，ここで分析される結果については，財務諸表で示された会計数値がいかなる意味を持っているか，また，企業が有する資源等（内部環境・内的要因）を戦略的に活用するにはいかにすべきか，ということを考え，判断しなければなりません。

　ここでは，財務諸表を用いた分析手法の特徴として，経営比較（分析）と実数分析・比率分析について，大まかに説明しておきます。


（1）経営比較（分析）

　企業の状況を時系列で比較すること，他企業や標準などと比較することで，その差異を明らかにし，その企業がどのような傾向にあるのか，同業他社や業界のあるべき姿（標準・基準）と比較してどうなのかを分析する際に，用いる手法を経営比較（分析）といいます。企業活動の良否を判断する経営比較（分析）の方法には，同一企業の異なる2つの期間の財務情報を比較する場合（期間比較，時系列分析 time series analysis）と同業他社の同一期間の財務情報を比較する場合（相互比較，企業間比較，クロスセクション分析 cross section analysis）とがあります。期間比較は，企業経営者が経営管理目的で財務情報を集め，非効率の部門に対処することで経営成績の向上を図る内部分析で用いられます。一方，相互

比較は，株主や債権者，投資家，顧客，取引先，課税当局等，企業の利害関係者がその企業の業績や財政状態を把握する外部分析の手段として用いられます。そのため，一般的には，経営比較（分析）は，相互比較を目的とすることが多いとされます。

## （2）実数分析・比率分析

財務情報に基づく分析には，上記の期間比較・相互比較のほか，財務諸表で示される会計数値をどのようなかたちで利用して企業の経営状況や経営課題を見出すかに主眼をおいた分析手法も存在します。

実数分析は，財務諸表に示される売上高や営業利益，キャッシュ・フロー等の会計数値そのものを用いて比較分析する方法です。企業規模や業界規模を把握するなど，おもに，会計数値そのものを基礎とした分析に用いられますので，分析対象ごとの数値の大小を基礎とする分析結果がわかりやすいという長所がある一方で，収益性や効率性，安全性のような企業経営の質を判断することができないという短所も持ち合わせます。

これに対し，比率分析は，財務諸表に示される売上高や営業利益・当期純利益等の会計数値を複数用い，その関係比率・趨勢比率（一定時点の数値を100としたときの他の期の数値の比率）・構成比率（貸借対照表もしくは損益計算書の合計額を100としたときの，それぞれの各項目の比率）から，企業の経営状況を比較分析する方法です。財務分析で用いられる多くの手法は，この方法で，分析対象企業と比較対象企業それぞれの比率を各企業の財務諸表の会計数値から算出して比較することで，実数分析ではなしえない企業経営の質の分析のほか，企業規模が異なる同業他社との相互比較を可能にします。

以上のことから，財務情報を用いた分析では，期間比較は実数分析と，相互比較は比率分析と結びつきやすいと考えられます。しかし，売上高と総資本の増加率は同一企業内でどうなっているか，自己資本比率はどう変化しているかなど，比率に基づいた期間比較が行われる場合や，売上高と利益の関係がそれぞれの企業でどうなっているか，研究開発活

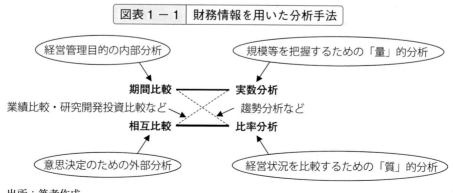

図表1－1　財務情報を用いた分析手法

出所：筆者作成。

動にそれぞれの企業は，どの程度，力を入れているかなど，実数に基づいた相互比較が行われる場合もありますので，財務情報の分析の際には，実数分析や比率分析といった分析手法を用いて，期間比較・相互比較をもれなく行うことで，企業の実態を把握することが必要です。

## ❹ 財務情報の変遷と財務分析

　日本の企業会計制度は，会計基準の国際化を目指し，ここ 20 年あまり，多くの会計基準の制定・改廃を繰り返してきました。その主たる内容は，収益費用中心観から資産負債中心観への会計観の移行にあります。この現象は，将来費用のかたまりとしての費用性資産（実物資産）の評価と原価配分という損益計算の視点に，期待される将来キャッシュ・フローを基礎とする資産・負債の価値情報の開示の視点が加味されることを意味しますので，現在の財務諸表で求められる情報の重点は，フロー情報からストック情報へと移ってきている状況にあるといえそうです。

　会計ビッグバンとも称されるこの現象は，財務分析にも影響を及ぼしています。すなわち，従来の収益費用中心観に基づく会計では，法的に独立した個別企業の収益力を中心に貸借対照表と損益計算書の実数分析や比率分析をしていました。しかし，資産負債中心観では，法的には独立していても，経済的には支配従属関係にある複数の企業からなる企業集団を単一の組織体とみなした分析が行われます。また，収益費用中心観では，現物取引を基礎にした処理に基づく財務諸表が作成されますが，資産負債中心観では，現物取引を基礎にした処理のほか，評価を基礎とした処理も反映した財務諸表を作成する傾向が顕著です。そのため，この場合，それぞれの会計観で提供される損益計算書には，その情報の意味内容に違いが生じることになりますので，注意をすることが必要です。

　現在，企業が提供する財務諸表には，投下資本の回収余剰計算を示す処分可能利益計算から，業績評価利益計算，企業価値に対する投資価値評価計算に役立つことが求められます。そのため，企業集団の中核として，他の会社を支配している親会社は，その企業集団の状況を総合して，連結貸借対照表や連結損益計算書に加え，連結キャッシュ・フロー計算書等を作成し，利用者の投資意思決定に有用な内容を提供するなど，その情報提供内容が拡張される事態となっています。

　現行の企業会計制度は，連結財務諸表を中心とした国際的にも遜色のないディスクロージャー制度を構築しようとしていますので，連結子会社がある場合には，個別財務諸表ではなく，連結財務諸表の開示が求められるようになっています。そのため，本書では，財務情報を入手しやすい連結財務諸表を基礎として分析するようにしています。ただ，現状では，財務情報の作成根拠に，日本基準や国際基準，米国基準等が併存し，企業ごとに採

用する会計基準が異なるなど，やっかいな状況にありますので，本書の分析対象企業は，原則，日本基準に準拠した連結財務諸表を公表している企業に限って説明することを心掛けていることに注意いただければと思います。

　また，財務分析の手法についても，多くを解説するのではなく，(1) 損益計算書で示される経営成績から，企業の収益力をみる売上収益性分析，(2) 貸借対照表と損益計算書の会計数値を用いた，投下資本利益率や資本運用効率から，資本の投資効率をみる資本収益性や効率性の分析，(3) 貸借対照表で示される財務構造とキャッシュ・フロー計算書で示される資金の流れから，企業の支払能力や財務安定性をみる安全性分析，(4) 貸借対照表の総資産や損益計算書の売上高などの会計数値を用い，その金額の推移や将来の成長に向けた投資状況から，企業の成長率を判断する成長性分析を中心に解説するにとどめています。そして，収益性・安全性・成長性の分析結果は，業界分析・経営分析を通じて導き出した企業が目指す将来の方向性を達成するための戦略が，企業の財務分析の結果，達成できる可能性があるのかについて，総合的な判定を行う際の資料として利用されることが示されます。

　このようにみてくると，本書では，企業の付加価値を計算する生産性の分析や，費用と収益とが等しくなる売上高を計算する損益分岐点分析の解説をしていませんので，企業の状況について，充分な判断ができないという批判があるかもしれません。しかし，これらの分析は，財務情報以外の情報が別途必要となることや，分析対象企業のすべてが製造業とは限らないことを考慮した場合，公表財務諸表を用いてはじめて財務分析をする際には，考慮しなくてもよいのではないかと考えます。また，財務諸表の基本3表にキャッシュ・フロー計算書が含まれるようになったことを踏まえれば，生産性分析や損益分岐点分析をするよりも，まず，キャッシュ・フロー分析をした方がよいように思います。

　本書では，初学者が基本的に知っておくべき分析手法を示しますので，第1部（解説編）では，次ページに示すフローチャートの流れで，解説をしています[1]。

　そして，財務分析の解説では，収益性の分析，安全性の分析，成長性の分析を示し，企業がおかれている環境がいかにあり，そこで直面している問題や採用している戦略が，企業の公表財務諸表のどの会計数値にあらわれているかを理解できるようになることと，公表財務諸表の会計数値のどこを改善することができれば，企業が直面している問題を解決し，採用している戦略がより生きるようになるのかを，公表財務諸表のなかから導き出せるようになってもらうことを意図しています。

---

1）　なお，第1部では，分析手法を可能な限り網羅して解説していますが，第2部では，初学者が分析する際に，知っておいた方がよいと思われる分析手法を考慮して課題を設定しています。そのため，Chapter2 第1節3や第2節2-4，第3節1-3，第5節1などを直接問う課題は，本書では用意していません。この分野に関する課題については，本書で示した参考書等で学習していただければと思います。

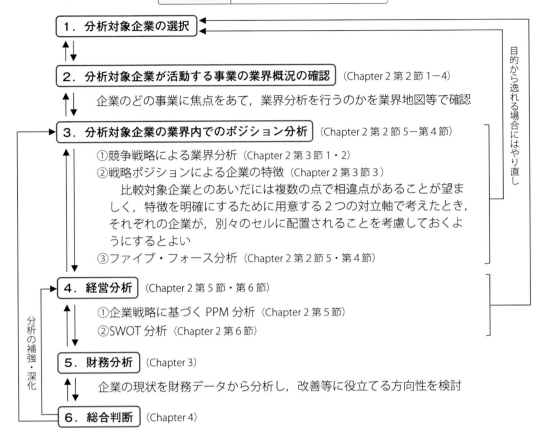

図表1-2 分析手法のフローチャート

出所：筆者作成。

　なお，財務分析に関しては，多くの解説書が出版されています。具体例をさわりだけでも学んでみたい場合や，より詳細な分析手法を習得したい場合には，下記の書籍等が参考になると思います。有効に活用し，よりよい成果を上げるようにしてください。

【参考図書】
乙政正太（2019）『財務諸表分析 第3版』同文舘出版。
桜井久勝（2020）『財務諸表分析 第8版』中央経済社。
日本経済新聞社編（2019）『財務諸表の見方＜第13版＞』日経BP社。
松村勝弘・松本敏史・篠田朝也・西山俊一（2015）『新訂版 財務諸表分析入門―Excel®でわかる企業力―』ビーケイシー。
矢島雅巳（2020）『決算書はここだけ読もう 2021年版』弘文堂。

# Chapter 2
## 業界分析

### ① はじめに

　本章では，業界分析の方法を説明します。分析とは，「情報を収集して，整理すること」といい換えることもできます。業界分析は，財務諸表分析とは違って，あらかじめ収集するべき情報が決まっているわけではありません。どのような情報が必要で，それがどこにあるかさえわからないことが多いのです。ですから，必要な情報を自分で考えて，自分で探さなければなりません。また，「整理する」というのは，単に情報をファイルに綴じたりすることではありません。データを，分類したり，並べ替えたり，比べたりすることです。これにも決められた方法はありません。このように業界分析では，単に手順にしたがって作業をするだけではなく，自分で考えなければならないことがたくさんあります。ですから，はじめて業界分析を手がけるときには，何から手をつけるべきか途方に暮れてしまうことでしょう。そこで，本章では，初心者の手助けとなるように，業界分析のガイドラインを示しておきます。

　繰り返しになりますが，一貫して心に留めておいて欲しいことは，本章の説明は「ガイドライン」であって，説明どおりに作業すれば正解が得られるわけではないということです。良い分析ができるかどうかは，分析者の腕と努力にかかっています。

### 1　基礎的な用語と「業界分析」の難しさ

　業界分析をはじめると，事業，市場，産業，業界という，よく似た用語に出会います。なかには，これらの用語の意味や違いが気になる人がいるかもしれません。しかし，実は，明確な定義はなく，かなり曖昧かつ感覚的に使われているのです。いい換えれば，これらの用語を使いこなすには，「感覚」を身につける必要があるということでもあります。そして，その感覚は，業界分析を上手に行うための感覚にも通じます。そこで，以下では，基本的な用語の意味を検討しながら，業界分析を上手に行うための感覚や難しいポイント

について説明します。

(1) 事業・市場

　鉄道事業，小売事業，不動産事業などのように，収益（売上）を得るための1つのプロジェクトを「事業」といいます。そして，収益を得るためには需要が必要です。この需要がある場所や領域（カテゴリー）を「市場」といいます。また，需要とは何かを欲しいと思う気持ち（欲求）のことです。その気持ちは，特定の地理的な空間に偏って集まっていることもあれば，特定の世代，特定の職業などに偏って集まっていることもあります。

　業界分析には難しいポイントがいくつもありますが，その1つ目は，市場の見つけ方です。たとえば，図表2-1の①のようなデータがあったとします。これを「地域」という切り口で欲求の分布（散らばり具合）を見たときには，分布が均一で，何の傾向も見られません（図表2-1の②）。「性別」で見たときも同じです（図表2-1の③）。しかし，同じ

図表2-1　切り口によって異なる見え方

① 元データ

欲求を持っている人の属性

| 標本 | 地域 | 年代 | 性別 |
|---|---|---|---|
| 1 | A地域 | 20代 | 男 |
| 2 | A地域 | 10代 | 女 |
| 3 | C地域 | 30代 | 男 |
| 4 | B地域 | 10代 | 女 |
| 5 | B地域 | 10代 | 男 |
| 6 | C地域 | 10代 | 女 |
| 7 | D地域 | 10代 | 男 |
| 8 | B地域 | 20代 | 女 |
| 9 | A地域 | 10代 | 男 |
| 10 | D地域 | 10代 | 女 |
| 11 | C地域 | 30代 | 男 |
| 12 | D地域 | 10代 | 女 |

② 地域を切り口にした整理

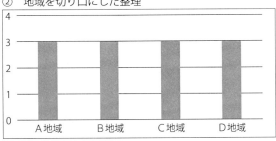

③ 性別を切り口にした整理

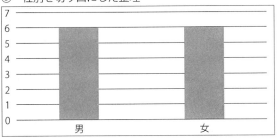

④ 世代を切り口にした整理

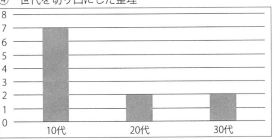

出所：筆者作成。

ものを「年代別」に見たときには，10代に偏って欲求が存在していることがわかります（図表2－1の④）。この偏りを「10代という市場」と表現します。このように，市場は，切り口によって見えたり，見えなかったりします。そして，どのような「切り口」で見るかは分析者の腕にかかっています。

### （2）産業・業種・業界

世の中には，いろいろな事業があります。その全体，または，似ている事業の集合を「産業」といいます。そして，産業の種類のことを「業種」，各産業内に形成される社会的な関係を「業界」といいます。つまり，私たちが取り組もうとしている「業界分析」とは，「似ている事業の集合内の社会的な関係を明らかにすること」と考えればよいでしょう。

ここで，「似た事業を集める」ことが，業界分析の難しさの2つ目です。まず，図表2－2の①の3つの図形で，仲間はずれはどれでしょうか。色に注目すればaが，大きさに注目すればbが，形に注目すればcが仲間はずれです。このように，注目する属性によって，「似ている」の判断が異なります。次に，図表2－2の②で仲間はずれはどれでしょうか。dだけが圧倒的に大きく，仲間はずれに思えるかもしれません。しかし，図表2－2の①では，bはaやcとは大きさが違うと判断されていたのです。このように，比較対象によっても，「似ている」の判断が異なります。以上の例からわかるように，似たものを集めて業界を決めることは意外と難しいのです。こうした業界の決め方も分析者の腕にかかっています。

① 属性

② 比較対象

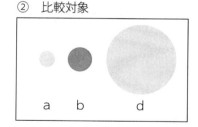

出所：筆者作成。

### （3）会社・事業

「会社」は，人間が集まって作られる組織です。その組織に対して，普通の人間と同じように「契約を結ぶ」などの法的な権利を与えたものが「会社」です。そのため，普通の人間を「自然人」とよぶのに対して，会社を「法人（法的な人格）」とよびます。

ところで，1つのプロジェクトには複数の人間が関わります。逆に，1人の人間が同時に複数のプロジェクトに関わることもあります。つまり，人間とプロジェクトは1対1で対応するわけではありません。「会社」と「事業」についても同じです。1つの会社が同

時に複数のビジネスを営むことがあり，また，1つの事業に複数の会社が関わることもあります。たとえば，直感的には鉄道業と思われる東急株式会社は，鉄道事業の他に，都市開発事業，小売事業，広告事業，ホテル事業などを営んでいます。逆に，トヨタ自動車株式会社は自動車を開発・製造する会社ですが，その事業は，トヨタ自動車だけでなく，部品製造会社や車両組立会社などを傘下に収めて，複数の会社の集合体によって営まれています。

　業界分析の3つ目の難しさは，ここにあります。業界分析の対象は「事業」ですから，分析には「事業」に関する情報が必要です。しかし，私たちが入手できるデータの多くは，「会社」に関するものです。たとえば，有価証券報告書は会社単位で作成されますし，政府統計などの多くも会社を単位にしています。「事業」単位で作成されたデータはほとんどありません。そのため，私たちは，会社単位で作成されたデータから事業に関する情報を読み取らなければなりません。そのためには，会社データで代用したり，会社データから推測したりすることが求められます。もちろん，そのようなデータは正確なものとはいえませんが，ある程度は仕方のないことです。なお，限定的ではありますが，事業所単位で集計された政府統計や，会社が開示しているセグメント情報など，事業の分析に有用な情報源もあります。

## 2　フレームワーク

　分析に使う基礎的なものの見方のことを「フレームワーク（枠組み）」といいます。カメラマンは写真の構図を決めるときに，両手の親指と人差し指で長方形を作って，そのなかをのぞき込みます。広い風景を漠然と眺めるのではなく，長方形の枠で風景を切り取るのです。これによって，枠の隅々まで注意が行き届き，漠然と見ていては気づかないことに気づくようになります。あるいは，広い砂漠で落とし物を探すことを想像してください。手当たり次第に探すよりも，全体をマス目で区切り，1マスずつ探す方が効果的です。業界分析もこれと同じです。情報を漠然と探すのではなく，業界をいくつかの枠に仕切って，それぞれの枠のなかを丁寧に調べていきます。

　ところで，カメラマンが指で作った長方形は，顔に近づけると広い範囲を，顔から遠ざけると狭い範囲だけを枠に収めます。業界分析のフレームワークも同じです。たとえば，「ホテル業界」をフレームに収めた場合と「ビジネスホテル業界」をフレームに収めた場合では，見える風景が違います。このように，フレームを用いるときのスケール感も分析者の腕にかかっています。

　なお，フレームのなかに「何も見えない（情報が存在しない）」こともありますが，それは間違いではありません。「そこには何も見えない」事実を確認することも分析の一部です。また，フレームワークを使って情報を収集・整理しても，業界の様子がわかった気がしないと感じることがあるかもしれません。そのようなときには，無理にそのフレーム

ワークを使う必要はありません。業界分析でどのフレームワークを使うかは自分で決めればよいのです。慣れてくれば，フレームワークを自分流にアレンジしたり，目的に合ったフレームワークを作ったりすることもできるでしょう。

### 3　推定する

どこを探しても必要な情報が手に入らないことがあります。そのようなときに，「入手可能な情報だけから判断」したり，「入手可能な情報に合わせて問題設定を変更」したりしてはいけません。必要な情報がない場合には「推定」することも必要です。

推定の方法としては，「フェルミ推定」が有名です。たとえば，「富士山の重さ」や「日本中にある電柱の数」のように，実際に計測できなかったり，データが入手できなかったりする値を推定する方法です。「富士山の重さ」の場合には，地図から富士山の体積を求めて，これに岩石の比重をかけて推定できます。「電柱の数」の場合には，任意の地域の $1km^2$ 当たりの電柱の数を調べて，それに日本の居住エリアの面積をかけて推定します。このような方法によって，「正確ではないが大きく外れない程度」の推定ができます。そして，業界分析においては，この程度の正確さで十分であることも多いのです。「フェルミ推定」については，いろいろな本が出ているので，それを参考にしてください。

---

【参考図書】

東大ケーススタディ研究会（2009）『現役東大生が書いた　地頭を鍛えるフェルミ推定ノート—「6パターン・5ステップ」でどんな難問もスラスラ解ける！』東洋経済新報社。

細谷　功（2007）『地頭力を鍛える　問題解決に活かす「フェルミ推定」』東洋経済新報社。

ローレンス・ワインシュタイン＆ジョン・A・アダム（2008）『サイエンス脳のためのフェルミ推定力養成ドリル』日経 BP 社。

---

## ②　業界の概況を調べる

以下では，具体的な分析手順を説明します。まず，業種の決め方について説明します。その後，マーケット・ライフサイクル，業界内の競争状況，業界内の企業の戦略ポジションについて説明します。

### 1　業種を決める

まず，分析対象とする業界を決めましょう。自動車産業，家電産業，飲食産業，・・・といろいろな業種が頭に浮かぶことと思います。当然，最初は何も知らないわけですから，

「分析の目的」とか「問題意識」などと，具体的なことを難しく考える必要はありません。しかし，今から風景をフレームで切り取ろうとしているのですから，「なぜその業界を選んだのか」「どんなところが気になったのか」など，その業界についての漠然とした「思い」をできるだけ明確にしておきましょう。文字にして書き留めておくとよいでしょう（図表2-3）。これが分析の原点です。この先の分析で迷うことがあったら，何度でも原点に立ち返って考え直すようにしましょう。

　ところで，業種を分類する決まった方法はありません。たとえば，東京証券取引所では，「業種」を大きく10種類，細かくは33種類に分類しています。総務省は，統計のために「日本標準産業分類」という分類を設けて，大分類で20種，中分類で99種，小分類ではさらに細かく分類しています。日経NEEDSでは，大分類で15種類，中分類で68種類，小分類ではさらに細かく分類しています。それぞれ，調査の目的に合わせた独自の分け方をしています。

　また，すでに述べたように，会社と事業は1対1の対応関係にはありません。キヤノンはカメラを作っているので，光学機械器具の産業に属すると考えられますが，プリンターも作っているので，電子部品・デバイスの産業に属するとも考えられます。このようなことがあるので，「キヤノンはどの業界に所属するのだろう？」と迷ってしまうのも当然です。

　大切なことは，自分が知りたいことがわかるように業界を設定することです。確かに，分析対象が統計資料の分類と一致すれば，情報収集が容易になります。しかし，それで知りたいことがわからないのでは本末転倒です。統計資料の分類にとらわれず，自分にとって必要な範囲で業界を決めてください。キヤノンのプリンター事業に興味があるのなら，「プリンター業界」という業界を，カメラ事業に興味があるのなら，「カメラ業界」という業界を設定してください。情報の入手可能性については，あとで考えましょう。

図表2-3　分析対象業界とそれを選んだ理由の例

| | |
|---|---|
| **例1** | 業種：固定通信事業の業界 |
| | 理由：就職先の企業が所属する業界なので，業界の仕組みや今後の動向を知っておきたい。また，就職先企業の将来の戦略を考えてみたい。 |
| **例2** | 業種：カーシェア業界 |
| | 理由：新聞記事などで最近よく見かけるが，実際にはそれほど増えている実感がない。今後，成長するビジネスかどうか知りたい。 |
| **例3** | 業種：歯磨き粉業界 |
| | 理由：自分で歯磨き粉を選ぶときに種類が多くて迷った。どうしてこんなにたくさんの種類があるのか気になった。こんなにたくさんの種類があって，ビジネスとして成立するのか疑問に思った。 |

出所：筆者作成。

【演習1】業界の選択

　分析してみたいと思う業界をいくつか書き出しましょう。そして、そのなかから1つを選びましょう。また、図表2－3にならって、その業界を選んだ理由を書き出しましょう。

## 2　マーケット・ライフサイクルを調べる

　分析対象とする業界が決まったら、その産業がこれまでに辿ってきた経緯を調べましょう。情報源としては、『工業統計調査』『生産動態統計調査』『商業統計』『商業動態統計』『サービス産業動向調査』『特定サービス産業実態調査』などがあります。これらは、政府機関によって継続的にデータが収集されていますので、長期にわたる時系列のデータを入手できます。これらの資料から、その産業が成立してから現在までの売上高（出荷額）の変化を図表2－4のようなグラフにまとめます。データを集める期間は、業種にもよりますが、その業界ができあがってから現在までの、できるだけ長い期間のデータを集めることが理想です。電子機器やソフトウェア産業のような比較的新しい産業であれば、集めるデータも少なくてすみますが、衣類や食品など歴史の古い産業の場合には、100年分くらいのデータが必要となることもあります。

　なお、自分で決めた業界の範囲と統計資料の業種分類とが一致しない場合でも、統計資料が役に立たないわけではありません。ここでは、長期にわたる大まかな傾向がわかれば十分ですから、できるだけ近いデータで代用しましょう。

　図表2－4のような曲線をマーケット・ライフサイクルといいます。マーケット・ライフサイクルは、①導入期、②成長期、③成熟期、④衰退期の4つの段階に分けられます。

　①導入期は、ある製品の市場ができはじめたときで、まだ製品が普及していない段階で

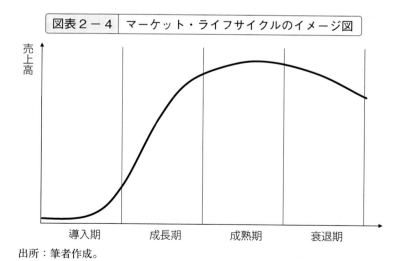

図表2－4　マーケット・ライフサイクルのイメージ図

出所：筆者作成。

す。②成長期は，製品が世間に広く認知され，出荷額が急激に増加する段階です。③成熟期は，製品が一通り普及したために，新規購入が減り，買替え需要が出荷額の大部分を占めるようになった段階です。この段階では，出荷額の伸びは小さくなります。最後に，④衰退期は，その製品の機能を代替する新製品，たとえば銀塩カメラに対するデジタルカメラ，デジタルカメラに対するスマートフォンのようなものが現れ，その製品の需要が減り，出荷額の伸びがマイナスになる段階です。図表2－4のようなグラフを作って，分析対象の市場が，現在，どの段階にあるのかを調べましょう。

　マーケット・ライフサイクルは，以降の節で述べる「競争の激しさ」「戦略ポジション」「プロダクト・ポートフォリオ・マネジメント（PPM）」などとも関係する基礎的かつ重要な情報ですから，この図は必ず作成しましょう。また，以降で説明する分析を行うときにも，常にマーケット・ライフサイクルを意識するようにしましょう。

---

**【演習2】マーケット・ライフサイクルを調べる**

1．選んだ産業について，できるだけ長期の売上高（出荷額）の変化を調べましょう。そして，その変化をグラフに表しましょう。
2．選んだ産業がマーケット・ライフサイクルの①導入期，②成長期，③成熟期，④衰退期のどれに当てはまるかを考えましょう。

---

## 3　産業の特質（規模との関係）を調べる

　業界を分析するための最も代表的な切り口は「規模」です。一般的には，規模が大きくなるほど収益性が高くなるという「規模の経済性」が仮定されます。このあとに説明する「戦略ポジション」「PPM」でも規模の経済性を仮定します。しかし，必ずしもすべての産業において規模の経済性が働くわけではありません。以下では，このことについて説明します。

### （1）アドバンテージ・マトリックス

　産業における収益性（ROA：総資産利益率）と規模（シェア，売上高，出荷額など）との関係は，図表2－5のように4つのパターンがあるとされています。図表2－5をアドバンテージ・マトリックスといいます。

　①　**量産業界**：規模の経済性が働く典型的なパターンは，右下の「量産業界」です。規模が最も重要な競争要因で，「規模が大きい（シェアが高い）企業ほど収益性が高くなる」という傾向が明確に現れます。いい換えれば，規模以外に競争に影響する要因はほとんどありません。そのため，差別化が困難な産業です。鉄鋼などの素材産業，日本の自動車産業などがこのタイプに分類されます。

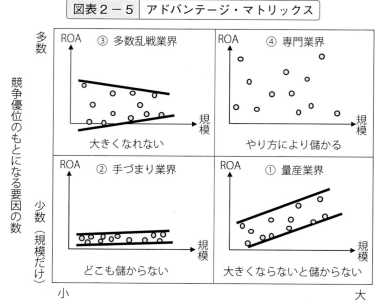

図表2-5 アドバンテージ・マトリックス

出所：アーカー（1986）をもとに筆者作成。

② **手づまり業界**：左下の「手づまり業界」は，規模が大きくなっても収益性が高くならない産業です。その上，規模以外で競争に影響する要因もありません。量産業界で，小規模企業がすべて淘汰され，残った大企業も限界まで規模が拡大してしまった産業に見られる傾向です。コストもほぼ横並びとなり，どの企業も決定的な差別化やコスト優位を実現できません。一部の新規特殊品に特化している企業だけが技術上の優位性を得ることができます。繊維産業，鉱業などがこのタイプに分類されます。

③ **多数乱戦業界**：左上の「多数乱戦業界」は，構造的に大きくなりにくい産業です。そのため，事実上，大企業がいません。このような業界では，事業の成否は現場の経営者やマネージャーの個人的資質など，規模以外の多様な要因に依存します。ラーメン店などの飲食業界に多く見られます。

④ **専門業界**：右上の「専門業界」は，規模の効果は大きいのですが，規模以外にも多数の競争要因が存在する産業です。市場の細分化を通じて異なる戦略をとることで収益性を高めることができます。分野ごとに強いプレーヤーが存在する計測器業界，医薬品業界，雑誌業界などがこのタイプに分類されます。ヨーロッパの自動車産業は，セグメントごとに棲み分けされているため，このタイプに分類されます。

(2) 競争優位をもたらす規模以外の要因

アドバンテージ・マトリックスは，収益性と規模の関係を表していますが，収益性に影響を及ぼす要因は他にも考えられます。図表2-6は，日本の100のお城について，入場

| 図表2-6 | 城の入場者数に影響を及ぼす要因 |

① 城の見栄え×入場者数

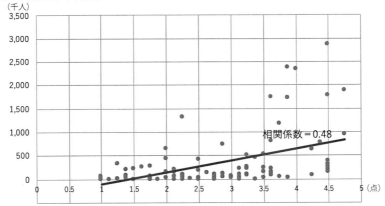

※ 城の見栄えは、何人かの5段階評価による主観的評価を平均したものです。

② 隣接市の人口×入場者数

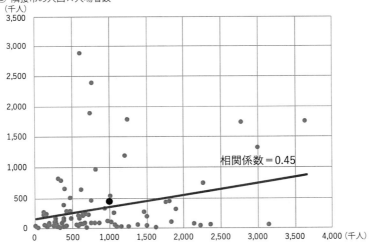

③ 最寄り駅からのアクセス（徒歩：分）×入場者数

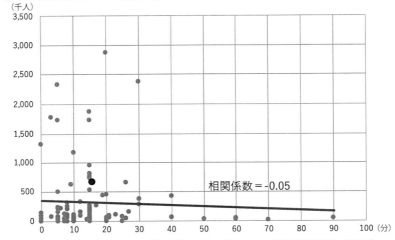

出所：名古屋大学 小沢ゼミ「天下統一プロジェクト」研究発表資料（2016）。

者数に影響を及ぼす要因をいろいろな切り口から調べたものです。城の見栄えや隣接市の人口が影響している反面，駅からのアクセスはそれほど重要ではないことがわかります。このように，どのような要因が業績指標に影響するかを調べてみましょう。

---

**【演習3】競争優位の要因を探す**

1. 選んだ業界に含まれる企業を，規模の大きいものから小さいものまで，できるだけたくさん探しましょう。そして，それぞれの企業の規模と収益性（ROA）を調べて，その関係を示すグラフを作成しましょう。
2. 選んだ産業の収益性（ROA）が，規模以外の要因の影響を受けると思われる場合には，どのような要因があるかを想像して，データを集めて確かめましょう。

---

## 4 業界内の競争状況を調べる

続いて，業界内の競争の激しさを調べます。業界分析では，同じ規模の企業がたくさんあるほど競争が激しいと考えます。たとえば，同じ規模の企業が 10 社ある場合と，巨大な 1 社と小さな 9 社がある場合とでは，前者の方が競争が激しいと考えます。こうした考えに基づいて競争の激しさを数値で表す方法として，「ハーフィンダール・ハーシュマン指数（HHI)」や「集中度」という指標があります。以下では，これらの計算方法を説明します。

最初に，業界内に企業が何社あるかを調べます。自動車産業や製鉄業のように数社しかない場合もあれば，小さな企業が無数にあって，全部で何社あるか調べきれないという場合もあります。調べきれない場合には，「数十社」「数百社」程度の概数で把握すれば十分です。次に，各企業の規模を調べます。規模は市場シェアで測ります。各企業の市場シェアを調べるには，『日本マーケットシェア事典』『会社四季報業界地図』『日経業界地図』などが役に立ちます（章末の「業界情報のデータベース」参照）。

### （1）ハーフィンダール・ハーシュマン指数（Herfindahl-Hirschman Index：HHI）

ハーフィンダール・ハーシュマン指数（HHI）というのは，同規模の企業がたくさんある程度を表す指標です。HHI を求めるためには，業界内の各社のシェアの二乗和（シェアを二乗したものを合計する）を計算します。

$$HHI = \sum_{i=1}^{n} S_i^2$$

たとえば，業界内に企業が 1 社しかなければ，その企業のシェアは 100％です。このとき，HHI $= 100^2 \times 1$（社）$= 10,000$ となります。もし，シェアが 10％の企業が 10 社あれば，HHI $= 10^2 \times 10 = 1,000$ となります。このことからわかるように，同規模の企業がたく

さんある（＝競争が激しい）ほど，数値が小さくなります。

　参考までに，公正取引委員会ではHHIを使って競争状態を図表2－7のように類型化しています。大雑把にいうと，シェア10%の企業が10社あるとHHI＝1,000で競争型，シェア20%の企業が5社あるとHHI＝2,000で高位寡占型，その中間が低位寡占型というイメージです。あるいは，シェア33%の企業が1社でもあるとHHI＞1,000で低位寡占型，シェア43%の企業が1社でもあるとHHI＞1,800で高位寡占型というイメージです。

図表2－7 公正取引委員会による類型化

| | | | | | |
|---|---|---|---|---|---|
| 1,800 | ＜ | HHI | ≦ | 10,000 | ・・・高位寡占型 |
| 1,000 | ＜ | HHI | ≦ | 1,800 | ・・・低位寡占型 |
| 0 | ＜ | HHI | ≦ | 1,000 | ・・・競争型 |

出所：筆者作成。

　ところで，シェアの小さな企業については情報が入手できないことがあります。そのような場合でも，あきらめる必要はありません。たとえば，各社のシェアが次のようにわかっているとしましょう。

| | | |
|---|---|---|
| 1位 | A社 | 30% |
| 2位 | B社 | 25% |
| 3位 | C社 | 20% |
| 4位 | D社 | 10% |
| 5位 | E社 | 5% |
| | その他 | 10% |

　この場合，「その他」に含まれるシェア10%分に相当する企業の数と，各社のシェアがわかりません。しかし，5位のE社のシェアが5%であることから，6位以下の「その他」に含まれる企業のシェアは，5%より小さいはずです。仮に，すべて5%であるとしましょう。このとき，「その他」に含まれる企業は，2社（＝10%÷5%）となります。そして，HHIは，次のように計算されます。

$$HHI = 30^2 + 25^2 + 20^2 + 10^2 + 5^2 + 5^2 + 5^2 = 2,100$$

　「その他」に含まれる企業のシェアがもっと小さい場合はどうでしょうか。今度は，限りなくゼロに近いシェアの企業が無数にあるとしましょう。限りなくゼロに近い数の2乗はゼロです。そして，ゼロを無限個足し合わせてもゼロです。したがって，この場合のHHIは次のように計算されます。

$$HHI = 30^2 + 25^2 + 20^2 + 10^2 + 5^2 + 0^2 + 0^2 + \cdots + 0^2 = 2,050$$

　ここで，「その他」に含まれる各企業のシェアを最大（5%）に見積もった場合と，最小（0%）に見積もった場合の間をとって，「HHI は約 2,075」と推定すれば十分です。あるいは，概数で「約 2,000」としてしまっても構いません。このように，必要な粗さで数字がわかればよいのですから，正確な数字がわからないからといって分析の手を止めたり，ムダな情報収集に時間をかけたりしないようにしましょう。

## （2）集中度

　集中度というのは，少数の企業がどの程度，市場を占有しているかを測定する指標です。シェアが大きい企業のシェアを合計して計算します。上位 3 社集中度，上位 4 社集中度，上位 5 社集中度などがよく用いられます。

$$CR_n = S_1 + S_2 + \cdots + S_n$$

　　　（$S_n$ はシェアが n 番目の企業のシェア）

　たとえば，シェアが次のようであるとしましょう。

|  |  |  |
|---|---|---|
| 1 位 | A 社 | 30% |
| 2 位 | B 社 | 25% |
| 3 位 | C 社 | 20% |
| 4 位 | D 社 | 10% |
| 5 位 | E 社 | 5% |
|  | その他 | 10% |

　このとき，上位 3 社集中度，上位 5 社集中度は，

$$CR_3 = 30 + 25 + 20 = 75$$
$$CR_5 = 30 + 25 + 20 + 10 + 5 = 90$$

となります。集中度が大きいというのは，少数の企業が市場の大部分のシェアを占めていることを表しますから，一般的に，集中度が小さい方が，競争が激しいとされます。

## （3）その他

　HHI や集中度は，市場シェアに基づいて競争の激しさを評価する方法ですが，その他に，次のような場合にも競争が激しくなると考えられます。

　① **成熟期・衰退期にある業界**：市場が拡大する成長期には，どの企業も手をつけていないフロンティアの市場が次々に生まれるため，他社のシェアを奪うことなく自社のシェ

アを拡大することができます。これに対して，成熟期・衰退期には，自社のシェアを拡大するためには他社のシェアを奪わなくてはなりません。したがって，成長期よりも成熟期・衰退期の方が競争が激しくなると考えられます。

　② **固定費が大きいにも関わらず供給過剰になっている業界**：固定費が大きいということは，損益分岐点の販売数量が大きいということです。つまり，販売数量が減ると営業利益がマイナスになってしまう可能性が高いのです。特に，成熟期や衰退期にある市場で，需要に対して供給が過剰である場合には，各社は必死で損益分岐点の販売数量を確保しようとします。そのため，市場での競争は激しくなります。

　③ **撤退が難しい業界**：紙・パルプ産業，製鉄業などのように，巨額な設備投資を必要とする産業では，いったん投資をしてしまうと，投資を回収するまでは撤退が難しいことがあります。この場合，市場が成熟・衰退していても，各社はなんとか生き残ろうとして，供給を続けます。そのため，競争が激しくなります。

　④ **製品の差別化が難しい業界**：各社がそれぞれに差別化しているときには，ある程度の棲み分けができるので，激しく顧客を奪い合うことはありません。しかし，差別化ができなかったり，差別化してもすぐに模倣されたりしてしまうような場合には，類似の製品を顧客に売ることになるため，顧客の奪い合いが生じて競争が激しくなります。

---

**【演習4】市場シェアと競争の激しさを調べる**
1．選んだ業界の各企業のシェアを調べましょう。
2．各企業の市場シェアに基づいて① HHI と②集中度を計算しましょう。
3．マーケット・ライフサイクルやそれ以外の条件から，競争が激しいかどうかを考えましょう。

---

## 5　広い意味での競合（代替品と新規参入）の脅威について調べる

　業界の捉え方によって業界内の企業が異なります。そのため，分析対象とした業界のなかだけで競争相手を探していると，重要な競争相手を見落としてしまう恐れがあります。また，業界の「今」だけではなく「将来」も含めて考えるならば，「今は」競争相手ではないけれど，「近い将来に」競争相手になりそうな企業にも目を向けなければなりません。これらの潜在的な競争相手の脅威を「代替品の脅威」「新規参入の脅威」といいます。

　① **代替品の脅威**：ビジネスホテル業界に対するシティホテルなどのように，分析対象と同じニーズを満たしているので，同じ業界に入れるべきかどうか迷う企業（製品）があります。このように，業界を狭く捉えると競合にはならないが，広く捉えると競合になるというようなグレーゾーンにいる企業（製品）は，「代替品」として分析対象に加えます。

　代替品が価格対性能比で既存製品より優れていると，代替品の人気が高まり，既存製品

が売れなくなってしまいます。特に，強力な代替品が現れた場合には，その業界から撤退しなければならないこともあります。そのため，業界内の競合に加えて，脅威になりそうな代替品にも目を向ける必要があります。

　② **新規参入の脅威**：新規参入というのは，現在は業界の競合でない企業が，新たに業界に進出してくることをいいます。海外企業が国内市場に参入する場合，あるいは，他業種の企業が多角化によって参入する場合などが考えられます。目先の競合ではないけれど，将来的には競合になるかもしれないので注意が必要です。

　新規参入が怖いのは，競争相手が増えるからだけではありません。他国や他業種のビジネスモデルを持ち込んで，それまでの業界ルールを変更してしまうことがあるからです。たとえば，対面販売が主流だった保険業界にインターネット販売を持ち込んだり，製品の販売数を競っている業界にリース制度を持ち込んだりすることです。業界ルールが変更されると，それまでに培ってきた企業の技術，能力，人材などが無力化されてしまうことがあります。そのため，「新規に参入しそうな企業があるかどうか」にも目を向けておく必要があります。

　業界の収益性が高く魅力が高いときには，新規に参入しようとする企業は多くなると考えられます。しかし，新規参入が増えすぎると，競争が激しくなって収益性が低下してしまうので，新規参入は減ると考えられます。また，新規参入の増減は，業界への参入障壁，既存企業からの報復の強さなどによっても決まります。

---

**【演習5】潜在的な競合の脅威について調べる**
1．①代替品となる製品，②新規参入しそうな企業を探しましょう。
2．それらと競合したときに何が起きるかを考えて，①代替品の脅威の大きさ，②新規参入の脅威の大きさを評価しましょう。

---

**【参考図書】**
D. A. アーカー（1986）『戦略市場経営』ダイヤモンド社。
M. E. ポーター（1995）『新訂 競争の戦略』ダイヤモンド社。

---

**③ 主要な競合企業を戦略ポジションで分ける**

　ここまでで，業界内の競争の激しさがわかりました。今度は，各企業が，市場で生き残るためにとっている戦略を調べてみましょう。企業は，競合する他社の戦略を意識しなが

ら，できるだけ他の企業と競合しないように「棲み分け」をして，自分の居場所（ポジション）を確保しようとします。これを戦略ポジションといいます。

たとえば，テレビタレントには，美人系，インテリ系，スポーツ系，お笑い系など，いろいろなジャンルがあり，それぞれに棲み分けをしています。そして，需要が多いジャンルには多くのタレントがいてもよいのですが，需要が少ないジャンルに多くのタレントがいると，「キャラかぶり」が生じて，生き残りが難しくなります。そこで，それぞれのタレントは，自分の特徴を活かすことができて，他のタレントと競合しないようなポジションを見つけようとします。市場における企業も同じです。

戦略ポジションは，価格競争への態度によって分類する方法と，業界内の力関係によって分類する方法が代表的です。しかし，これらに限らず，いろいろな切り口を工夫してポジションを分類してみましょう。

## 1　価格競争への態度で分ける

市場での競争で最も重要な要素は「価格」です。そして，企業が「価格」に向き合う基本的な態度には2通りあります。1つは，価格競争に真正面から挑むという態度です。もう1つは，価格競争を避けるという態度です。企業はどちらの態度をとるかを選ばなければなりません。まずは，この切り口で業界内の企業を分類してみましょう（図表2－8）。

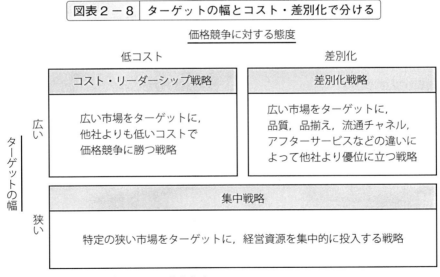

出所：ポーター（1995）をもとに筆者作成。

① **価格競争に真正面から挑む（コスト・リーダーシップ戦略）**：価格競争に真正面から挑む態度のことを，コスト・リーダーシップ戦略といいます。事業規模を拡大して規模の経済性を実現し，それによって業界の最低コストを達成することで，価格競争になった場

合でも最後まで黒字経営を維持して生き残ろうとする戦略です。

　コスト・リーダーシップ戦略をとろうとしているかどうかを見極めるポイントは，その企業が，特徴のあるデザインや機能を付け加えることなく，大多数の顧客に100点ではなく80点くらいの満足感を与えられるような，標準的な製品やサービスを大量に提供しているかどうかです。

　ところで，低コストと低価格は違います。高く売れる製品を，低コストを実現できるからといって，わざわざ低価格で販売することはありません。他社と同じような価格で製品を売っている企業のなかにも，コスト・リーダーシップ戦略をとっている企業があるかもしれません。

　また，一般的には，この戦略は大量に製造・販売することと，それによる規模の経済を前提にしています。その場合，市場で一番高いシェアをもっている企業しかこの戦略をとることができません。ですから，シェアが1位であるかどうかも，コスト・リーダーシップ戦略をとろうとしている企業を見分けるための目安になります。ただし，すでに説明したように，常に規模の経済が成り立つわけではありませんし，業界の決め方によってシェアは変わりますから，あくまでも目安です。

　②　**価格競争を回避する**（差別化戦略）：価格競争を回避する態度のことを差別化戦略といいます。顧客が重要視する要素（イメージ，技術，サービス，流通チャネルなど）において，他社とは異なる特徴を打ち出すことで，他社製品との単純な比較を困難にして価格競争を回避する戦略です。当然，そのためには，基礎研究，設計，素材，サービスなどに余分なコストがかかりますが，他社より高い付加価値を提供することで，それ以上の高い価格で販売しようとするのです。

　差別化戦略をとろうとしているかどうかを見極めるポイントは，いつも新しい価値を提案していたり，それを武器に少し高めの価格設定をしたりしているかどうかです。また，マーケット・ライフサイクルの成長期には，新しい顧客を開拓するために，差別化した製品を次々に提案する傾向があると考えられます。他方で，成熟期・衰退期には，買い替え需要が中心で，顧客は自分の必要な機能や品質がわかってきます。そのため，差別化が難しく価格競争になりやすいと考えられます。

　③　**価格競争は回避しつつ，規模の経済性の恩恵は享受する**（集中戦略）：価格競争で生き残ろうとするコスト・リーダーシップ戦略と，価格競争を回避しようとする差別化戦略は，基本的には両立できません。しかし，特定の狭い市場だけをターゲットとするのであれば，これら2つの戦略を両立させられます。これを集中戦略といいます。

　集中戦略は，市場を，製品種類，顧客のタイプ，顧客の立地，流通チャネルなど，特徴に応じた領域に細分化して，限られた領域に経営資源を集中させる戦略です。狭い領域に市場が限定されているため，この領域における顧客のニーズは，ほぼ均質です。そのため，この市場のすべての顧客に80点の満足感を与えることは，広い市場の顧客を相手にする

場合に比べて容易です。そして，残りの20点についても，顧客の要求は，それほど多様ではありません。したがって，低コストの実現に加えて，細かい顧客ニーズに対応することも可能です。

　集中戦略をとっているかどうかを見分けるポイントは，企業の規模が他社に比べて小さいか，品揃えや販売地域が限られているかどうかです。そして，その領域内では，あらゆる顧客の要求に応えようとしていて，しかも，他社よりも安い価格設定が可能であるかどうかです。ただし，もともとの業界をあまりに広く設定してしまうと，すべての企業が集中戦略をとっているように見えてしまうこともあります。

## 2　業界内の力関係で分ける

　人間社会に力関係に応じた立場があるように，業界にも企業の力関係に応じた立場があります。企業の力関係は，各企業がもっている経営資源の質と量で考えます。経営資源の質の高低と，経営資源の量の大小から，図表2－9のようなマトリックスができます。そして，そのなかに，①リーダー，②チャレンジャー，③ニッチャー，④フォロワーという4つの区分を設けます。

　①　リーダー：経営資源の量（企業の規模）が大きく，その質（技術力，販売力などのレベル）が高い企業を「リーダー」といいます。リーダーは，すでにコスト・リーダーシップ，もしくは差別化戦略によって業界No.1の地位を築いているはずです。したがって，リーダーは，基本的には，それまでの強みをさらに強化しながら，シェアの拡大と防衛に努めようとします。具体的には，ユーザーの拡大，新規用途の開発，使用頻度の増大などを促進する投資を行います。

　②　チャレンジャー：経営資源の量（企業の規模）ではリーダーと同程度か，やや小さい程度であっても，その質において劣っている企業を「チャレンジャー」といいます。チャレンジャーがリーダーに勝つためには，リーダーよりも低コストで生産するか，何らかの差別化をしなければなりません。ただし，最大の市場シェアをもっているリーダーは，

図表2－9　経営資源の質と量で分ける

| 相対的経営資源の位置 | | 量 | |
|---|---|---|---|
| | | 大 | 小 |
| 質 | 高 | (1) リーダー | (3) ニッチャー |
| | 低 | (2) チャレンジャー | (4) フォロワー |

出所：嶋口（1985）。

最も低いコストで生産できる可能性が高いため，チャレンジャーは差別化戦略をとることが多くなります。

③　ニッチャー：経営資源の量では，リーダーやチャレンジャーより小さいけれど，特定領域における経営資源の質（技術力や販売力など）では，高いレベルにある企業を「ニッチャー（市場の隙間を狙う企業）」といいます。ニッチャーは，大手が本気で参入しないような小さな市場セグメントを発見して，そこに限られた経営資源を集中させます。そして，高い専門性やブランド力を構築しようとします。したがって，必然的に集中戦略をとることになります。ニッチを分類する軸としては，特定需要特化，特定工程特化，特定顧客特化，特定地域特化，特定製品特化，特定品質特化，価格特化，サービス特化などがあります。

④　フォロワー：経営資源の量が少なく，その質も高くない企業を「フォロワー」といいます。フォロワーは，競合他社からの報復を招かないように注意しながら，大手企業が本格的に参入しない，あまり魅力のないセグメントを狙います。そして，徹底したコストダウンによって収益性を高めて生き残ろうとします。消極的と思われるかもしれませんが，企業を存続させるためには，競合企業と争って消耗するよりも，このような戦略が合理的な場合もあります。

## 3　その他の分類

企業の戦略ポジションを整理する方法は，上記2つの分類の他にもいろいろ考えられます。たとえば，図表2－10は，日本にあるたくさんのテーマパークを分類したものです。図表2－10の①は，縦軸で「全国の顧客をターゲットにするか（広域）／地域の顧客だけをターゲットにするか（地域）」を分類しています。横軸で「大人が楽しめるテーマパークか／子供向けのテーマパークか」を分類しています。そして，円の大きさで来場者数を表しています。図表2－10の②は，縦軸で①と同じ「広域／地域」を分類しています。横軸で「遊園地，プール，ホテルなど複合的な設備を備えているか（複合施設）／遊園地など特定の施設だけのテーマパークか（専門施設）」を分類しています。このように2軸を組み合わせて分類すると，来場者数が多いテーマパークの属性や，強力な競争相手がいる領域などを可視化することができます。

戦略ポジションは，業界内の他の企業と比較した場合の「相対的な位置づけ」ですから，そのポジションは，業界の定義によって変わります。たとえば，「ホテル業界」を分析するときには，全国の駅前に同じ設計の建物で，同じ内容のサービスを提供し，しかも，出張者にとっての必要最低限のサービスを提供するビジネスホテルは，コスト・リーダーシップ戦略をとっていると考えられるでしょう。一方で，柔らかいベッドと高級なアメニティとおいしい朝食を提供するシティホテルは，差別化戦略をとっていると考えられるでしょう。しかし，業界を「ビジネスホテル業界」に絞ると，ビジネスホテルのなかで，さらに，

## 図表２−10 テーマパークの戦略ポジション

① （広域・地域）×（大人向け・子供向け）

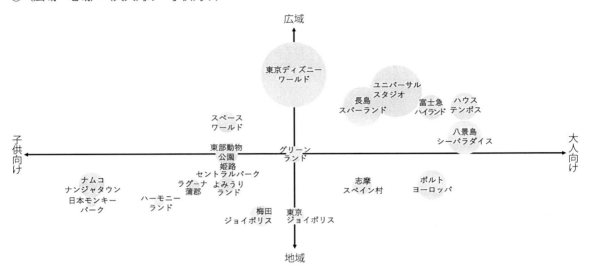

※ 各軸の数値は，何人かの５段階評価による主観的評価を平均したものです。

② （広域・地域）×（複合施設・専門施設）

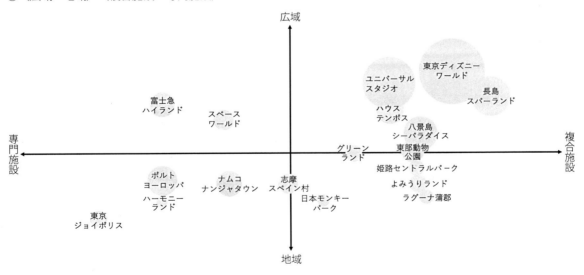

※ 各軸の数値は，何人かの５段階評価による主観的評価を平均したものです。

出所：名古屋大学 小沢ゼミ「ラグーナ蒲郡再建案」研究発表資料（2014）。

料金の安さ，朝食の質，駅からの距離などにおける差別化の努力がクローズアップされます。どのようなスケール感で分析対象の業界を設定するかは，分析者のセンスに委ねられています。

【演習6】戦略ポジションで分ける

1. 選んだ業界の各企業の戦略ポジションを，①コスト・リーダーシップ，②差別化，③集中の3つに分類しましょう。

2. 選んだ業界の各企業の戦略ポジションを，①リーダー，②チャレンジャー，③ニッチャー，④フォロワーの4つに分類しましょう。

3. 自分で考えた分類軸にしたがって，選んだ業界の各企業の戦略ポジションを図示しましょう。

【参考図書】

M. E. ポーター（1995）『新訂 競争の戦略』ダイヤモンド社。

グローバルタスクフォース（2004）『ポーター教授『競争の戦略』入門』総合法令出版。

嶋口充輝（1985）『統合マーケティング』日本経済新聞出版。

ジョアン・マグレッタ（2012）『〔エッセンシャル版〕マイケル・ポーターの競争戦略』早川書房。

# ④ 事業の仕組みについて調べる

　業界の概況がわかってきたら，そのなかの企業を1つ選びましょう。そして，その企業の製品が，原材料から製品になり，市場に届けられるまでのプロセスについて調べましょう。プロセスは，いくつかの活動から構成されています。どのような活動が行われているかを調べましょう。また，それぞれの活動に関わっている企業を調べましょう。このような，顧客にとっての価値を生み出す一連の活動（プロセス）を価値連鎖といいます。

## 1　価値連鎖

　「会社」の構造を図で表すために，図表2－11の①のようなピラミッド型の組織図を描くことがあります。この図の四角は人や部門を表します。四角と四角をつなぐ線は，組織の指揮命令系統，あるいは，情報伝達経路を表します。ところで，すでに述べたように，「会社」と「事業」は異なります。「事業」は，図表2－11の②のように図示されます。五角形の下半分が順序にしたがって行われる活動の流れを，上半分がすべての活動に関わる業務（間接業務）を表しています。このような業務が，会社の中で，あるいは，複数の会社にまたがって行われます。このような，ときには会社の枠を越えた活動の連なり（価値連鎖）として事業を捉えることで，事業の内部の様子がわかります。

図表2－11　会社の組織図と価値連鎖

① 階層型の組織図

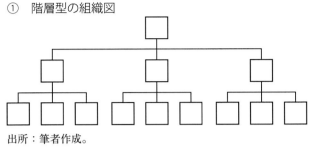

出所：筆者作成。

② 価値連鎖

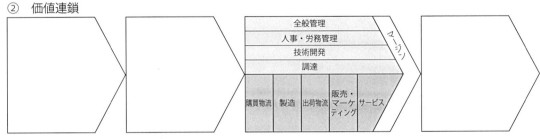

出所：ポーター（1985）をもとに筆者作成。

## 2　取引先に対する交渉力を調べる

　価値連鎖のなかでも，直接の取引相手である，仕入先（売り手）と得意先（買い手）との関係は，特に重要です。そこで，どのような仕入先と得意先があるのか，また，取引の交渉でどちらが主導権を握っているのかを調べます。

　① **売り手の交渉力**：パソコンの組立メーカーの収益性は低いけれども，部品やオペレーティング・システム（OS）を供給している企業の収益性は高いといわれます。同じパソコンの製造・販売に関わっているにもかかわらず，このように収益性に差がでるのは，会社の交渉力に差があるからです。売り手（部品や原材料などの供給業者）が強い交渉力を持つ場合には，それを買う側（自社）の収益性は低くなります。

　売り手の集中度が高い，売り手の商品の差別化の程度が大きい，売り手の商品が自社にとって不可欠で，特定の売り手から買わざるを得ないなど，売り手に対する自社の依存度が高い場合には，売り手の交渉力が強くなります。また，売り手にとって自社の取引高比率が低い，売り手が川下統合への姿勢を見せている（自社の事業領域に進出しようとしている）など，売り手の自社に対する依存度が低い場合にも，売り手の交渉力が強くなります。そのほかに，自社が他社の商品に切り替えるためのコストが高い場合には，自社の足下を見た強気の交渉をしてくることがあります。

　② **買い手の交渉力**：同様に，買い手（顧客やユーザーなど）の力が強いと，売る側（自社）は値引きを要求され，収益が上がらなくなります。

　買い手の集中度が高い，自社にとっての買い手の取引高比率が高いなど，買い手に対す

る自社の依存度が高い場合には，買い手の交渉力が強くなります。また，自社製品の差別化の程度が低い，買い手の切り替えコストが低い，買い手が川上統合への姿勢を見せている（自社の事業領域に進出しようとしている）など，買い手の自社に対する依存度が低い場合にも，買い手の交渉力が強くなります。そのほかに，買い手が自社のコスト情報を知っている場合にも強気の交渉をしてくることがあります。

### 3　価値連鎖の違いを比べよう

　余裕があれば，1つの企業だけでなく，複数の企業の価値連鎖を調べて比較してみましょう。企業によって，何を自社で生産し，何を他社から購入するかという川上から川下への業務の範囲が異なることに気がつくことと思います。また，最終製品が同じでも，その途中のプロセスが違っていることもあります。そのことが，競争上，どのような影響を及ぼすかを考えてみましょう。

> 【演習7】ビジネス・プロセスの分析
> 1．選んだ業界の企業を1つ選び，その企業の価値連鎖を調べて図示しましょう。
> 2．価値連鎖に基づいて，どのような「売り手」と「買い手」がいるのかを調べましょう。そして，「売り手」と「買い手」の交渉力の強さについて考えましょう。

### 4　5つの競争要因

　ここまでに説明した，①業界内の競合他社，②新規参入，③代替品，④売り手の交渉力，⑤買い手の交渉力は，「5つの競争要因（ファイブ・フォース）分析」として，図表2－12のような図とともに，よく知られている分析フレームワークです。

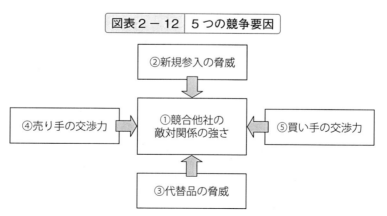

図表2－12　5つの競争要因

出所：ポーター（1995）をもとに筆者作成。

**【演習8】**

ここまでに調べた情報を，図表 2 - 12 のフレームワークに合わせて整理しましょう。

**【参考図書】**

M. E. ポーター（1985）『競争優位の戦略』ダイヤモンド社。

M. E. ポーター（1995）『新訂 競争の戦略』ダイヤモンド社。

## ⑤ 企業全体のなかにおける事業の位置づけを調べる

たいていの企業，特に歴史の古い企業は１つの事業だけではなく，複数の事業を営んでいます。分析対象となっている「事業」が，企業全体のなかでどのような位置づけにあるかを調べておくことも大切です。他の事業と共有できる経営資源，技術，ノウハウ，流通経路などがあれば，それらを活用して競争で優位に立つことができるかもしれません。そこで，企業における事業の広がりを調べるために，(1) 企業の事業展開の歴史（経時的分析）と，(2) 現在の各事業の分布（共時的分析）の２つの分析をしましょう。

### 1 企業の事業展開の歴史を調べる（経時的分析）

企業の事業拡大を説明するフレームワークとして，「新製品の展開」と「新市場の展開」の２軸で説明する図式（図表 2 - 13）がよく知られています。これによれば，企業は現在の製品を現在の市場に浸透させることが限界に近づいたとき，次の３つの方向のいずれかを選択することになります。

① **製品開発戦略**：製品開発を行って，既存の市場（顧客）に対して新しい製品を販売することで，事業を拡大しようとします。鉄道事業者が駅からのタクシーやバスを提供するように，補完関係や代替関係にある製品への展開がよく見られます。

② **市場開発戦略**：既存の製品を海外などの新しい市場で販売する，あるいはお酒を「飲む」だけではなく「調味料として使う」「入浴剤として使う」など，既存製品に新しい使命を与えて，新しい市場を拡大しようとします。

③ **多角化戦略**：新しい市場に新しい製品を投入しようとします。ただし，新しい分野と既存の分野の間で同じ経営資源が利用できるなど，シナジー効果が働かないと成功しません。他の企業を合併あるいは買収して事業領域を広げることもあります。

この考え方を用いて，企業が創業されてから現在までの発展の経緯を図示することがで

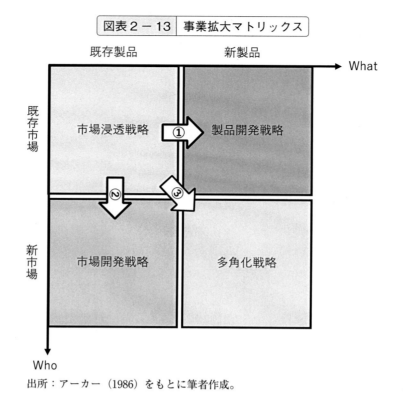

出所：アーカー（1986）をもとに筆者作成。

　きます。紙の左上に四角を1つ描いて，そのなかに創業時の事業を書き入れます。そしてその後，企業が既存市場・新製品へと事業を展開したのであれば右へ，新市場・既存製品へと展開したのであれば下へ，新市場・新製品へと展開したのであれば右下へと矢印を伸ばして四角を描き，新しい事業を書き入れます。

　図表2-14は，東急グループの事業拡大を表現した図です。右方向に矢印が伸びている場合には，その企業が特定の市場において，強力な流通網をもっている，ブランド力が強い，固定的な顧客がいるなどの強みを持っていると考えられます。下方向に矢印が伸びている場合には，その製品が価格や性能の面で優れているなど，幅広い市場に受け入れられる製品であることが考えられます。右下に矢印が伸びている場合には，事業間に，製品でも市場でもない別のつながりがないか探ってみる必要があります。既存製品で培った「技術」「ノウハウ」「ブランド」を，新製品・新顧客に向けて応用していることなどが考えられます。

　こうして創業時は1つだけであった事業が多方面へと展開していく様子を描いてみると，企業全体として何を育てようとしてきたのかを振り返ることができます。そして，分析対象の事業の企業内での位置づけを知ることができます。

Chapter 2 業界分析 — 35

図表2-14 東急グループの事業拡大マトリックス

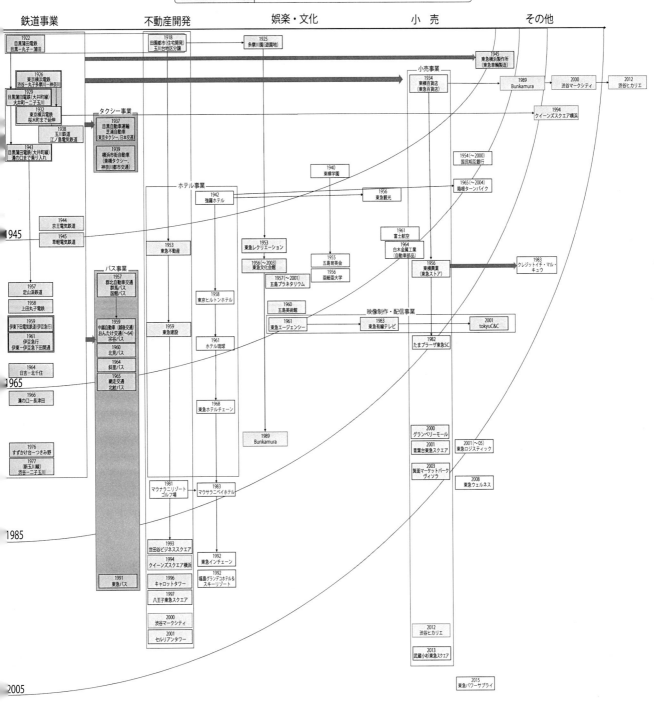

出所:筆者作成。

【演習9】事業拡大マトリックスの作成
　選んだ企業の社史を調べて，創業から現在までにどのような事業を手がけてきたのかを調べましょう。そして，その展開を，事業拡大マトリックスにしたがって，系統図として表しましょう。

## 2　現在の各事業の分布（共時的分析）

　企業のなかにある複数の事業と，それぞれの状況を1つの図に表現して，事業間の連携を考えることをプロダクト・ポートフォリオ・マネジメント（PPM）といいます。事業のなかには，投資を必要とする事業もあれば，投資は必要なくて，お金を生み出すだけの事業もあります。投資を必要とする事業ばかりだと資金不足になってしまって困りますが，逆に，投資を必要とする事業が少ないと企業が成長しなくなってしまいます。そこで，最適な資金配分ができるように，事業のバランスを考えるのです。以下では，このPPMで使われるフレームワークについて説明します。

### （1）PPMのフレームワークの概要

　まず，縦軸に市場成長率，横軸に相対市場シェアをとったマトリックスを作成します（図表2－15）。縦軸の「市場成長率」は，市場の魅力度を表します。成長率が高いほど魅力のある市場ということです。マーケット・ライフサイクルとの関係でいえば，上の方は成長期，真ん中あたりが成熟期や導入期，下の方が衰退期となります。横軸の「相対市場シェア」は，業界内での自社の地位を表します。単なる「市場シェア」とは違い，業界1位の企業と比較してどのぐらいのシェアを持っているかを表します。なお，横軸は左が

図表2－15　プロダクト・ポートフォリオ・マネジメント

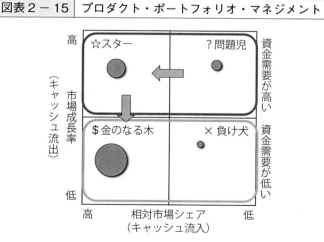

出所：アーカー（1986）をもとに筆者作成。

「高」右が「低」となります。通常とは逆ですから注意が必要です。

　この縦軸と横軸で空間が４つのセルに分割されます。それぞれのセルに，左下から時計回りに，「金のなる木」「スター（花形）」「問題児」「負け犬」と名前がついています。ここに，企業のなかにあるすべての事業をプロットしていきます。このとき，円の大きさで売上規模を表現します。PPM図における４つのセルの意味は，次のとおりです。

　①　**金のなる木**：相対市場シェアが高いけれども，成長が鈍化している事業です。あとで説明する計算式で明らかになりますが，このセルに入るのは，業界で１位のシェアをもっている事業だけです。業界で最大のシェアをもっているので，規模の経済性が活かされれば，低コストを実現でき，高い利益を得ることができます。しかし，将来の成長が見込めないため，投資はそれほど必要ありません。したがって，「資金を生み出すけれども，資金を必要としない事業」といえます。ここで生み出された資金は，新規事業（問題児）に投資して，将来の「スター（花形）」を育てるために使うべきです。

　②　**スター（花形）**：相対市場シェアが高く，市場成長率も高い事業です。シェアが高いので，「金のなる木」と同じように，高い利益を得ることができます。しかし，市場の成長率が高いため，運転資金や設備投資など成長のための資金を必要とします。「資金を生み出し，資金を必要とする事業」といえます。いずれ成熟期に入ると成長が鈍化してしまうため，将来，「金のなる木」になるまで，シェアを維持し続けることが重要です。

　③　**問題児**：相対市場シェアが低く（２位以下），市場成長率が高い事業です。シェアが低いために規模の経済性の効果を得られず，収益性も低いことが多いです。いずれ市場が成熟して価格競争になったときには，コスト面で不利になるかもしれません。しかし，市場成長率は高いので，今後，シェアを拡大できる可能性は十分にあり，「スター（花形）」に育つ可能性を秘めています。そして，成長させるためには運転資金や設備投資が必要で，さらに多額の資金を投入しなくてはなりません。つまり，「資金を生み出さないが，資金を必要とする事業」といえます。

　「問題児」の事業を多く抱えすぎると資金不足に陥るため，選択と集中が必要です。もし，「スター（花形）」に育て上げることに失敗すると「負け犬」事業となってしまいます。

　④　**負け犬**：相対市場シェアが低く，市場の成長率も低い事業です。シェアが低いために収益性も低いことが多いです。さらに，市場の成長率も低いために，投資するのに不向きな事業です。「資金を生み出さないし，資金を必要ともしない事業」といえます。このカテゴリーの事業からは，撤退するのがよいとされています。

（２）相対市場シェアと市場成長率の計算方法

　①　**相対市場シェアの計算方法**：横軸の相対市場シェアは，業界１位企業の市場シェアに対する，分析対象企業のシェアの比率です。分析対象企業のシェアが業界２位以下の場合には，次のように計算します。

$$\text{相対市場シェア} = \frac{\text{分析対象企業の市場シェア}}{\text{業界1位企業の市場シェア}}$$

分析対象企業のシェアが業界1位の場合には，自社（1位企業）との比較ではなく，2位企業と比較します。計算式は次のとおりです。

$$\text{相対市場シェア} = \frac{\text{分析対象企業の市場シェア}}{\text{業界2位企業の市場シェア}}$$

ところで，市場シェアについての情報を入手することはとても困難です。しかし，上の式を次のように変形すると，シェアがわからなくても，売上高さえわかれば計算できます。業界1位企業の場合も同様です。

$$\text{相対市場シェア} = \frac{\dfrac{\text{分析対象企業の売上高}}{\text{業界全体の売上高}}}{\dfrac{\text{業界1位企業の売上高}}{\text{業界全体の売上高}}}$$

$$= \frac{\text{分析対象企業の売上高}}{\text{業界1位企業の売上高}}$$

② **市場成長率の計算方法**：縦軸は市場成長率を表します。個別の企業の「事業」の成長率と間違えやすいので注意してください。市場成長率の最も簡単な計算式は，次のとおりです。

$$\text{市場成長率} = \frac{\text{当期市場規模} - \text{前期市場規模}}{\text{前期市場規模}}$$

単に前年度と比較するだけでは，毎年の偶然的な変動を反映してしまうので，長期的な傾向の分析には向かないことがあります。そこで，もう少し長期（たとえば5年）の年平均成長率を求めたいときには，次のように計算します。なお，5年間の年平均成長率を計算するためには，6年分のデータが必要です。

$$\text{市場成長率} = \sqrt[5]{\frac{\text{当期（5期）の市場規模}}{\text{0期の市場規模}}} - 1$$

作図で気をつけるべきことは，縦軸と横軸の交点です。縦軸が横軸と交わる点は，相対市場シェア（横軸）の1.0倍の点です。つまり，縦軸より左のセル（金のなる木・スター）に入るのは業界で1位のシェアをもつ事業だけです。シェアが2位以下の場合は，縦軸より右（問題児・負け犬）のセルに入ります。

Chapter 2 業界分析 ◎── 39

　横軸が縦軸と交わる点は，市場成長率（縦軸）の値が名目 GDP 成長率と同じになるところです。交点を GDP 成長率とするのは，その市場が「実質的に」成長しているかどうかを判別するためです。たとえば，市場 A の成長率が 3% で GDP 成長率が 5% のときには，市場 A は見かけ上は成長しているけれども，その成長は国全体の経済成長より小さく，実質的には成長していない（衰退している）と判断されます。こうして GDP 成長率を境に，実質的に成長している市場と，そうでない市場とを分けるのです。なお，横軸は，必ずしも GDP 成長率である必要はなく，分析の目的に合わせて調整して構いません。

　PPM において注意すべきことは，ポートフォリオ上の位置は，収益性を正確に示しているわけではないということです。また，事業や市場の定義によって，相対市場シェアや市場成長率は変わります。したがって，たとえ「負け犬」に分類されても，撤退しか道がないわけではありません。

### （3）PPM の変形（フレームワークのアレンジ）

　本来，PPM は複数の事業を営む大企業が，撤退すべき事業を選択するために使われた考え方です。したがって，中小企業のように 1 つの事業しか行っていない場合には，本来の利用価値がありません。しかし，「事業」を「製品（製品群）」ではなく「地域（国）」とすれば，たとえば，「日本市場では金のなる木であるが，インド市場は問題児である」というように地域（国）ごとに異なる事業のポジションを表現することができます。あるいは，複数の事業のポジションではなく，特定の事業の時間の経過にともなうポジションの変化を，「20○○年には問題児であったが，20××年にはスターに，20△△年には金のなる木になった」というように表現することもできます。慣れてきたら，分析目的に合わせて，アレンジして使ってみましょう。

---

**【演習10】PPM 図の作成**
　選んだ企業が現在手がけている事業に何があるかを調べましょう。そして，PPM の図を作成して，それぞれの事業が，①金のなる木，②スター（花形），③問題児，④負け犬のどれに当てはまるかを確認しましょう。

---

**【参考図書】**

DIAMOND ハーバード・ビジネス・レビュー編集部（2010）『戦略論 1957-1993』ダイヤモンド社。

D. A. アーカー（1986）『戦略市場経営』ダイヤモンド社。

H. イゴール・アンゾフ（2015）『アンゾフ戦略経営論〔新訳〕』中央経済社。

水越　豊（2003）『BCG 戦略コンセプト』ダイヤモンド社。

## ⑥ 分析結果の利用：経営課題の発見と解決策の立案

　ここまでの作業を進めることで，以前よりも業界の様子が明確にイメージできるように
なったと思います。Chapter 3の財務分析の結果を合わせると，そのイメージはより明確
になることでしょう。次は，これらの分析結果を使って企業の戦略を描いてみましょう。

　戦略を描くには，次の3つのステップを踏みます。まずは，①企業が直面している問
題，あるいは，近い将来に直面するであろう問題を見つけ出します（問題の明確化）。そし
て，②その問題が解決されたといえるのはどのような状態であるかを具体的に定義します
（ゴールの設定）。最後に，③問題の解決策を考えます（戦略の策定）。この3つのステップ
のうち，①問題の明確化と②ゴールの設定が，全体の8〜9割の重要度を占めるといって
もよいほど重要です。問題とゴールが適切に定義されれば，解決策は手の届くところにあ
るものです。

### 1　問題の種類と目標の設定

　分析結果から，企業が抱える「問題」を見つけ出しましょう。このとき「問題」には2
種類あります。1つは，分析対象企業のパフォーマンスが，業界標準など平均的な水準よ
りも劣っているという種類の問題です。たとえば，他社の成長率よりも自社の成長率が小
さいとか，市場シェアが他社平均より小さいなどです。もう1つは，すでに業界他社より
高いパフォーマンスを出しているけれども，より高い理想に向けて頑張りたいという種類
の問題です。2種類の問題を区別するために，ここでは前者の問題を「ネガティブな問題」，
後者の問題を「ポジティブな問題」とよぶことにしましょう。

　ネガティブな問題における，問題が解決された状態（＝目標）は比較的単純です。たと
えば，「他社並のパフォーマンスが達成されること」などです。これに対して，ポジティ
ブな問題の場合には，明確な比較対象が業界内にありませんから，目標の設定が困難です。
そこでたとえば，他業種の優れた企業をモデルとして，その企業と同等のパフォーマンス
をあげることを目標にしたり，超長期的な究極の目標から逆算して，今後10年で達成す
る水準を目標にしたりするなどの方法で目標を設定します。

### 2　SWOTで分類する

　上述したように，問題には，ネガティブな問題とポジティブな問題の2種類があります。
そこで，分析結果も「ポジティブな項目」と「ネガティブな項目」に分けると問題を発見
しやすくなります。これまで内部環境と外部環境に分けて分析してきましたから，内部と
外部のそれぞれをネガティブとポジティブに分類しましょう。すると，全部で4つに分類
されます。そして，内部環境のポジティブな項目を「強み（Strength：S）」，ネガティブな

項目を「弱み（Weakness：W）」とよびます。また，外部環境のポジティブな項目を「機会（Opportunities：O)」，ネガティブな項目を「脅威（Threats：T）」とよびます。このような分類を，分類項目の頭文字をとってSWOT分析といいます。

内部環境におけるS（強み）というのは，競合他社と比較したときに，「機会」に活かせる自社の能力など利点のことです。W（弱み）は，改革を進めようとする場合に障害となる自社内部の要因や不足している能力などのことです。これらの項目は，主に，価値連鎖の分析や，PPMなど自社内の他事業との関係の分析結果から導かれます。

外部環境におけるO（機会）は，自社にとって今後の可能性やチャンスをもたらす項目です。T（脅威）は，自社の努力だけではどうすることもできない外部環境のマイナスの項目です。これらの項目は，主に，マーケット・ライフサイクルや戦略ポジションについての分析結果から導かれます。

**図表2－16　SWOTの分類**

| 機会（Opportunities） | 脅威（Threats） |
|---|---|
|  |  |
| 強み（Strength） | 弱み（Weakness） |
|  |  |

出所：筆者作成。

分類するときには，手もとの分析結果を，図表2－16のような表に書き込みます。機会を考える段階では，それが自社にとって実現可能かどうかを考える必要はなく，「もし，〜ならば，〜は，〜の機会となる」という仮定に基づいた着想で構いません。アイデアの絞り込みは後回しにして，最初は柔軟に幅広く可能性を発想することが大切です。

このとき，強みと弱みのどちらに分類するか，機会と脅威のどちらに分類するか迷うことがあります。この「迷い」は，とても重要です。赤塚不二夫さんの「おそ松くん」という漫画にでてくるチビ太に次のようなセリフがあります。「雨が降っても後で濡れるし，財布は先に拾えるし，チビは便利だ。」このセリフでは，通常は弱みとして捉えられがちな「チビ」という性質を強みとして捉え直しています。このように，固定観念や先入観にとらわれず，さまざまな角度から検討することで，創造的な発想ができるのです。なお，1つの情報は1つのセルにしか入れてはいけないわけではありません。迷ったら，強みと弱み，機会と脅威の両方に入れても構いません。

> 【演習11】SWOTによる分類
>
> 　ここまでに調べた情報を，①強み，②弱み，③機会，④脅威に分類しましょう。

## 3　クロスSWOTで問題を見つけ出す

　S・W・O・Tに4分類できたら，各項目の組み合わせから，企業が直面している問題，近い将来に直面するかもしれない問題を見つけ出します。この方法をクロスSWOTとよびます（図表2-17）。項目の組み合わせには，次の4つがあります。

　①　S×O：強みと機会を組み合わせて，「自社の強みで取り込むことができる事業機会は何か？」を考えます。この組み合わせからは，主に「ポジティブな問題」が見つけられます。

　②　S×T：「自社の強みで脅威を回避できないか？」「他社には脅威でも自社の強みで事業機会にできないか？」と強みを脅威の克服に活かす方法を考えます。この組み合わせからは，主に「ネガティブな問題」が見つけられます。

　③　W×O：機会に乗じて弱みを克服するために「自社の弱みで事業機会を取り逃がさないためには何が必要か？」を考えます。この組み合わせからは，主に「ネガティブな問題」が見つけられます。

　④　W×T：弱みと脅威が結合することを回避するために，「自社の弱みが脅威と結合するのを回避するためには何が必要か？」を考えます。この組み合わせからは，主に「ネ

図表2-17　SWOT分析表のイメージ

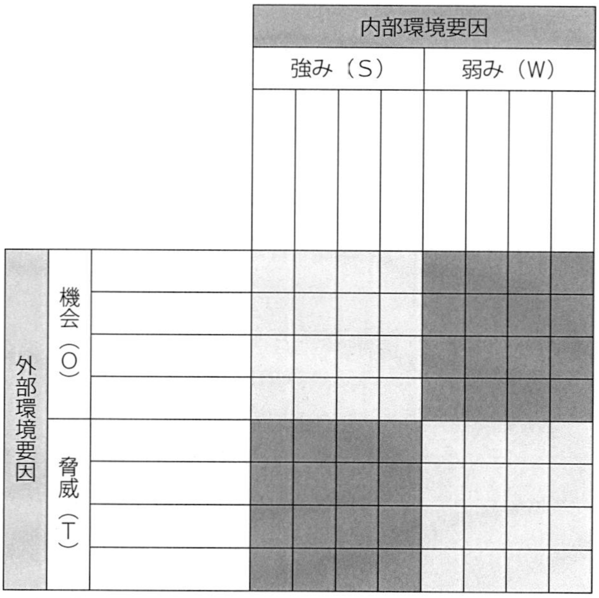

出所：筆者作成。

ガティブな問題」が見つけられます。

　ここで大切なことは，「現状分析に基づいて対策を考える」ことです。想像力を働かせることは大切ですが，想像力が行き過ぎると，これまでに調べた内容を忘れてしまいがちです。ここまでに丁寧な分析をしていれば，SWOTの各要因に豊富な情報が盛り込まれているはずで，それが問題発見の手助けになるはずです。そして，明確な問題が設定されれば，それを解決する方法は自然と見つかるはずです。逆に，ここまでの分析が表面的なものでしかなければ，提起される問題も，提案される対策も表面的なものになってしまいます。問題が見つからないようであれば，情報の不足を疑ってください。そして，ここまでの手順を最初からもう一度やり直してください。

---

**【演習12】**
1．演習11での分類に基づいて，内部要因と外部要因を組み合わせて，企業が直面する問題を見つけましょう。
2．整理した情報に基づいて，企業が解決するべき，最も重要な問題を定義しましょう。また，どのようになったら「問題が解決された」といえるのか，目標を設定しましょう。

---

**【参考図書】**
嶋田利広（2014）『SWOT分析 コーチング・メソッド』マネジメント社。

---

## ⑦ まとめ

　以上が業界分析の手順です。簡単に振り返ると，①業種を決める，②マーケット・ライフサイクルを調べる，③産業の特質（収益性に影響を及ぼす要因）を調べる，④市場に参加している企業数やその規模（市場シェア）などについて調べる，⑤市場における各企業の居場所（ポジション）について考える，⑥分析対象企業を1つ選んで，その企業の価値連鎖，取引先（売り手・買い手）との力関係を調べる，⑦企業がその事業に参入した経緯や，企業全体のなかにおけるその事業の位置づけを調べる，そして最後に，⑧集めた情報を分類して，組み合わせることで問題を発見する，という流れでした。

　冒頭で述べたように，これはガイドラインにすぎません。本章の説明だけでは細かい部分がわからなかったり，説明通りにはできなかったりするはずです。分析の目的や対象によって必要なデータや分析の手順は異なります。また，必要なデータが入手できない場合

もあるでしょう。各自が，必要な分析方法を設計して，必要なデータを探し，データがない場合には代用データの使用を検討したり，推定するなど，汗をかき，知恵を絞ることが必要です。それだけに，できあがった分析結果は，みなさんの努力の程度を忠実に反映したものになるはずです。なお，さらに深く学ぶためには，以下の図書も参考にしてください。

---

【参考図書】

後　正武（1998）『意思決定のための「分析の技術」』ダイヤモンド社。

坂本雅明（2016）『事業戦略策定ガイドブック』同文舘出版。

---

## 業界情報のデータベース

### A．業界の基本情報を調べる

| 形態 | 図書 | 書名 | 『業種別審査事典』 | 発行体 | 金融財政事情研究会 |
|---|---|---|---|---|---|
| URL | | | | | |
| 業界の特色，動向，業務知識，関連法規，業界団体などを図表とともに掲載している。 | | | | | |

| 形態 | Web（無料） | 書名 | 日本標準産業分類 | 発行体 | 総務省 |
|---|---|---|---|---|---|
| URL | http://www.soumu.go.jp/toukei_toukatsu/index/seido/sangyo | | | | |
| 事業所において行われる経済活動（財やサービスの生産・提供など）を分類したもの。 | | | | | |

| 形態 | 図書 | 書名 | 『会社四季報業界地図』 | 発行体 | 東洋経済新報社 |
|---|---|---|---|---|---|
| URL | | | | | |
| 主要企業の売上高・生産高・シェア，企業間の提携関係などを業種ごとに図示した資料。「オススメ情報源」としてその業界に関する参考図書やWebサイトを掲載している。 | | | | | |

| 形態 | 図書 | 書名 | 『日経業界地図』 | 発行体 | 日本経済新聞社 |
|---|---|---|---|---|---|
| URL | | | | | |
| 主要参入企業の売上高・生産高・シェア，企業間の提携関係などを業種ごとに図示した資料。日本経済新聞記者によるデータに基づく将来予測を業種ごとに掲載している。 | | | | | |

| 形態 | Web（無料） | 書名 | TDB 業界動向 主要業界の天気図 | 発行体 | 帝国データバンク |
|---|---|---|---|---|---|
| URL | http://www.tdb-di.com/tdbreport/m_industry.htm | | | | |
| 主要50業界の現状と展望をお天気マークで表現したもの。最新の動向をつかむことができる。 | | | | | |

| 形態 | 図書 | 書名 | 『日本マーケットシェア事典』 | 発行体 | 矢野経済研究所 |
|---|---|---|---|---|---|
| URL | | | | | |
| 36業種・737品目（2017年版の場合）について，市場規模，マーケットの動向，企業の動向，企業別売上高（シェア）を掲載している。 | | | | | |

| 形態 | 図書 | 書名 | 白書 | 発行体 | |
|---|---|---|---|---|---|
| URL | | | | | |

その業界に関する国の施策や世界の動き，注目のトピックなどを知ることができる。業界ごとにさまざまな白書が刊行されているため，『業種別審査事典』やリサーチ・ナビを活用し，調べたい業種にはどのような白書が存在するか調査する。

| 形態 | 図書・Web | 書名 | 業界団体の Web サイト・資料 | 発行体 | |
|---|---|---|---|---|---|
| URL | | | | | |

業界に関する動向やニュース，統計，参入企業（その業界団体に加盟している企業）などを知ることができる。業界にどのような業界団体が存在するかは『業種別審査事典』で調べることができる。

| 形態 | 図書 | 書名 | 分野別企業名鑑 | 発行体 | |
|---|---|---|---|---|---|
| URL | | | | | |

業界に属している企業のリスト・基本情報や業界動向，統計などを得ることができる。業界にどのような企業名鑑が存在するかは，リサーチ・ナビ（http://rnavi.ndl.go.jp/rnavi/）の企業・団体リスト情報や産業情報ガイドの目的の業界のページで確認できる。

## B．業界統計を調べる

### ・企業活動に関する官庁統計

| 形態 | 図書・Web（無料） | 書名 | 経済センサス | 発行体 | 総務省統計局 |
|---|---|---|---|---|---|
| URL | http://www.stat.go.jp/data/e-census/ | | | | |

日本の事業所・企業による経済活動に関する官庁統計。売上高や費用などを産業分類別に調査している。

| 形態 | 図書・Web（無料） | 書名 | 企業活動基本調査 | 発行体 | 経済産業省 |
|---|---|---|---|---|---|
| URL | http://www.meti.go.jp/statistics/tyo/kikatu/index.html | | | | |

従業者 50 人以上，資本金または出資金が 3,000 万円以上の調査対象業種に該当する国内企業について，業績や従業員の状況等に加え，経営方針や企業活動の実態を調査している。

### ・製造業・商業・サービス業に関する官庁統計

| 形態 | 図書・Web（無料） | 書名 | 工業統計調査 | 発行体 | 経済産業省 |
|---|---|---|---|---|---|
| URL | http://www.meti.go.jp/statistics/tyo/kougyo/ | | | | |

日本の工業に関する官庁統計。事業所数，従業者数，製品の出荷額，原材料使用額などを調査している。

| 形態 | 図書・Web（無料） | 書名 | 生産動態統計調査 | 発行体 | 経済産業省 |
|---|---|---|---|---|---|
| URL | http://www.meti.go.jp/statistics/tyo/seidou/ | | | | |

日本の鉱工業の生産動態に関する官庁統計。生産高，出荷高，在庫高（品目によっては燃料，動力，従業者，機械・設備なども）を調査している。

| 形態 | 図書・Web（無料） | 書名 | 商業統計調査 | 発行体 | 経済産業省 |
|---|---|---|---|---|---|
| URL | http://www.meti.go.jp/statistics/tyo/syougyo/ | | | | |

日本の商業に関する官庁統計。業種別，従業者規模別，地域別に事業所数，従業者数，年間商品販売額などを調査している。2019 年より「経済構造実態調査」に統合。

| 形態 | 図書・Web（無料） | 書名 | 商業動態統計調査 | 発行体 | 経済産業省 |
|---|---|---|---|---|---|
| URL | http://www.meti.go.jp/statistics/tyo/syoudou/ ||||||

日本の事業所・企業の販売活動に関する官庁統計。商品の種類別に販売額や月末従業者数などを調査している。

| 形態 | 図書・Web（無料） | 書名 | サービス産業動向調査 | 発行体 | 総務省統計局 |
|---|---|---|---|---|---|
| URL | http://www.stat.go.jp/data/mssi/index.htm ||||||

日本のサービス産業に関する官庁統計。事業従事者数，月間・年間売上高，需要の状況などを調査している。2019 年より「経済構造実態調査」に統合。

| 形態 | 図書・Web（無料） | 書名 | 特定サービス産業実態調査 | 発行体 | 経済産業省 |
|---|---|---|---|---|---|
| URL | http://www.meti.go.jp/statistics/tyo/tokusabizi/ ||||||

日本のサービス産業のうち，行政，経済両面において統計ニーズの高い特定サービス産業に関する官庁統計。従業者数，年間売上高と，それぞれの調査業種の特性により，部門別従事者数，契約高・取扱高，業務種類別売上高，会員数，作品数などを調査している。2019 年より「経済構造実態調査」に統合。

| 形態 | Web（無料） | 書名 | 特定サービス産業動態統計調査 | 発行体 | 経済産業省 |
|---|---|---|---|---|---|
| URL | http://www.meti.go.jp/statistics/tyo/tokusabido/ ||||||

特定のサービス産業の経営動向に関する官庁統計。従業者数，月間利用者数または入場者数，業務種類別売上高または契約高などを調査している。

| 形態 | Web（無料） | 書名 | 経済構造実態調査 | 発行体 | 経済産業省 |
|---|---|---|---|---|---|
| URL | https://www.meti.go.jp/statistics/tyo/kkj/index.html ||||||

ほぼすべての産業に属する企業について，経営組織，資本金額，売上・費用の金額，事業の内容，事業活動別売上金額，従業者数などを調査している。2019 年より，商業統計調査・サービス産業動向調査・特定サービス産業実態調査を統合した調査として実施されている。

・生活・家計に関する官庁統計

| 形態 | 図書・Web（無料） | 書名 | 家計調査 | 発行体 | 総務省統計局 |
|---|---|---|---|---|---|
| URL | http://www.stat.go.jp/data/kakei/index.htm ||||||

全国約 9,000 世帯を対象とし，家計の収入・支出，貯蓄・負債などを調査。時系列の変化を追うことを目的とする。

| 形態 | 図書・Web（無料） | 書名 | 全国消費実態調査 | 発行体 | 総務省統計局 |
|---|---|---|---|---|---|
| URL | http://www.stat.go.jp/data/zensho/2014/ ||||||

家計の収入・支出，貯蓄・負債，耐久消費財および住宅・宅地などの家計資産を総合的に調査。家計の構造を総合的に把握することと，地域的差異を明らかにすることを目的とする。

| 形態 | 図書・Web（無料） | 書名 | 国民生活基礎調査 | 発行体 | 厚生労働省 |
|---|---|---|---|---|---|
| URL | http://www.mhlw.go.jp/toukei/list/20-21.html ||||||

保健，医療，福祉，年金，所得に関する国民生活の基礎的事項を調査している。結果は各種施策の検討資料として利用される。

| 形態 | 図書・Web（無料） | 書名 | 社会生活基本調査 | 発行体 | 総務省統計局 |
|---|---|---|---|---|---|
| URL | http://www.stat.go.jp/data/shakai/2016/index.htm | | | | |
| 生活時間の配分や余暇時間における主な活動の状況など，暮らしぶりについて調査。国民の社会生活の実態を明らかにするための基礎資料を得ることを目的とする。 | | | | | |

## ・業界に特化した情報を調べる

| 形態 | Web（無料） | 書名 | 調査レポート | 発行体 | ジェトロ |
|---|---|---|---|---|---|
| URL | https://www.jetro.go.jp/world/reports/ | | | | |
| 経済・産業・統計などに関する情報がまとめられている。 | | | | | |

| 形態 | Web（無料） | 書名 | データを読む | 発行体 | 東京商工リサーチ |
|---|---|---|---|---|---|
| URL | http://www.tsr-net.co.jp/news/analysis/index.html | | | | |
| 企業情報，倒産情報，公開情報などを分析したレポート。 | | | | | |

| 形態 | Web（無料） | 書名 | みずほ銀行産業情報 | 発行体 | みずほ銀行 |
|---|---|---|---|---|---|
| URL | https://www.mizuhobank.co.jp/corporate/bizinfo/industry/index.html | | | | |
| 各種業界の動向や将来予測に関するレポートを掲載している。 | | | | | |

| 形態 | Web（無料） | 書名 | 経済レポート専門ニュース | 発行体 | ナレッジジャングル |
|---|---|---|---|---|---|
| URL | http://www3.keizaireport.com | | | | |
| インターネット上で見られる業界動向レポートへのリンク集。利用の際には各レポートの作成機関を必ず確認すること。 | | | | | |

| 形態 | Web（無料） | 書名 | CiNii Articles | 発行体 | 国立情報学研究所 |
|---|---|---|---|---|---|
| URL | https://ci.nii.ac.jp/ja | | | | |
| 日本国内の学術論文や雑誌記事を探すことができる。市場調査レポートや業界雑誌の記事が見つかることもある。 | | | | | |

## C．企業の基本情報を調べる

| 形態 | 図書 | 書名 | 『帝国データバンク会社年鑑』 | 発行体 | 帝国データバンク |
|---|---|---|---|---|---|
| URL | | | | | |
| 帝国データバンクが選定した一定の信用基準を満たす有力・優良企業を約14万社収録。業種別の総索引がついている。 | | | | | |

| 形態 | 図書・Web（有料） | 書名 | 会社四季報 | 発行体 | 東洋経済新報社 |
|---|---|---|---|---|---|
| URL | | | | | |
| 企業の基本情報がコンパクトに収録されている。刊行は四半期ごと。 | | | | | |

| 形態 | Web（有料） | 書名 | 日経テレコン21　企業検索 | 発行体 | 日本経済新聞社 |
|---|---|---|---|---|---|
| URL | http://t21help.nikkei.co.jp/reference/cat269/post-5.html | | | | |
| 日本経済新聞社が収集する企業データ（日経会社プロフィル）を検索できる。収録対象は約22,000社。 | | | | | |

| 形態 | Web（無料） | 書名 | 企業のWebサイト | 発行体 | |
|---|---|---|---|---|---|
| URL | | | | | |
| 企業自身が公開している公式情報を確認できる。「会社情報」「事業概要」「IR情報」などのページで有価証券報告書，CSR報告書，アニュアルレポートなどが入手できる。 | | | | | |

## D．有価証券報告書

| 形態 | 図書 | 書名 | 『有価証券報告書総覧』 | 発行体 | 全国官報販売協同組合 |
|---|---|---|---|---|---|
| URL | | | | | |

有価証券報告書の縮刷版。収録対象は東京・大阪・名古屋証券取引所第1・2部，地方上場会社，店頭登録会社（JASDAQ上場），上場外国会社。

| 形態 | Web（無料） | 書名 | EDINET | 発行体 | 金融庁 |
|---|---|---|---|---|---|
| URL | http://disclosure.edinet-fsa.go.jp | | | | |

有価証券報告書の最新5年分を検索・ダウンロードできる。

| 形態 | Web（有料） | 書名 | eol | 発行体 | プロネクサス |
|---|---|---|---|---|---|
| URL | http://eoldb.jp/EolDb/ | | | | |

総合企業情報データベース。日本の全上場企業の企業属性情報，財務情報，有価証券報告書等を見ることができる。

## E．最近の動向を調べる

| 形態 | Web（無料） | 書名 | CiNii Articles | 発行体 | 国立情報学研究所 |
|---|---|---|---|---|---|
| URL | https://ci.nii.ac.jp/ja | | | | |

日本国内の学術論文や雑誌記事を探すことができる。本文へのリンクも充実している。

| 形態 | Web（有料） | 書名 | 日経BP記事検索サービス | 発行体 | 日本経済新聞社 |
|---|---|---|---|---|---|
| URL | https://bizboard.nikkeibp.co.jp/academic/ | | | | |

日経BP社の雑誌約40誌の本文データベース。その他，「就活情報を収集する」タブから企業や業界の情報をまとめて見ることができる。

| 形態 | 図書・Web（有料） | 書名 | 『週刊ダイヤモンド』 | 発行体 | ダイヤモンド社 |
|---|---|---|---|---|---|
| URL | https://www.diamond.co.jp/go/digitalarchives/ | | | | |

大正2年に創刊した一般経済誌。デジタル版もある。

| 形態 | 図書・Web（有料） | 書名 | 『週刊東洋経済』 | 発行体 | 東洋経済新報社 |
|---|---|---|---|---|---|
| URL | https://id.toyokeizai.net/dcl/ | | | | |

明治28年に創刊した一般経済誌。創刊号から2015年刊行分までデジタル版が利用可能。

| 形態 | 図書・Web（有料） | 書名 | 『週刊エコノミスト』 | 発行体 | 毎日新聞出版 |
|---|---|---|---|---|---|
| URL | https://www.weekly-economist.com | | | | |

大正12年に創刊した一般経済誌。特集記事の一部をWeb上で見ることができる。特集記事全体は毎日新聞のデータベース「毎索（https://mainichi.jp/contents/edu/maisaku/）」からデジタル版を利用する。

## F．新聞記事

| 形態 | Web（有料） | 書名 | 日経テレコン21 | 発行体 | 日本経済新聞 |
|---|---|---|---|---|---|
| URL | http://telecom.nikkei.co.jp | | | | |

日経4紙（『日本経済新聞』『日経産業新聞』『日経流通新聞MJ』『日経金融新聞』）の全文記事データベース。

| 形態 | Web（有料） | 書名 | 聞蔵IIビジュアル | 発行体 | 朝日新聞 |
|---|---|---|---|---|---|
| URL | http://www.asahi.com/information/db/2forl.html | | | | |
| 『朝日新聞』の全文記事データベース。『知恵蔵』『週刊朝日』『AERA』なども利用できる。 | | | | | |

| 形態 | Web（有料） | 書名 | ヨミダス歴史館 | 発行体 | 読売新聞 |
|---|---|---|---|---|---|
| URL | http://www.yomiuri.co.jp/database/rekishikan/ | | | | |
| 『読売新聞』の全文記事データベース。『The Japan News』『現代人名録』も利用できる。 | | | | | |

| 形態 | Web（有料） | 書名 | 毎索 | 発行体 | 毎日新聞 |
|---|---|---|---|---|---|
| URL | https://mainichi.jp/contents/edu/maisaku/ | | | | |
| 『毎日新聞』の全文記事データベース。『週刊エコノミスト』も利用できる。 | | | | | |

| 形態 | Web（有料） | 書名 | 中日新聞・東京新聞記事DB | 発行体 | 中日新聞・東京新聞 |
|---|---|---|---|---|---|
| URL | http://www.chunichi.co.jp/database/ | | | | |
| 『中日新聞』『東京新聞』の全文記事データベース。 | | | | | |

## G．企業ランキング

| 形態 | 図書 | 書名 | 『全国企業あれこれランキング』 | 発行体 | 帝国データバンク |
|---|---|---|---|---|---|
| URL | | | | | |
| 企業の売上高・純利益などについて全国/都道府県別/業種別ランキングを掲載している。 | | | | | |

| 形態 | Web（有料） | 書名 | eol | 発行体 | プロネクサス |
|---|---|---|---|---|---|
| URL | http://eoldb.jp/EolDb/ | | | | |
| 総合企業情報データベース。「業種分析」から「ランキングサマリー，ランキング（全件）」，財務データなど各項目で企業を並べ替えできる。 | | | | | |

| 形態 | Web（有料） | 書名 | 日経テレコン21　調査・ランキング | 発行体 | 日本経済新聞社 |
|---|---|---|---|---|---|
| URL | http://telecom.nikkei.co.jp | | | | |
| 日経各紙等に掲載されたランキング，調査を分野別に見ることができる。ただし最新1年分ほどしか掲載されていない。過去の調査を調べる際には調査名等で再検索する必要がある。 | | | | | |

| 形態 | Web（無料） | 書名 | 東洋経済オンライン 企業ランキング | 発行体 | 東洋経済新報社 |
|---|---|---|---|---|---|
| URL | http://toyokeizai.net/category/Companyrankings | | | | |
| 東洋経済新報社による企業ランキング。さまざまな種類のランキングがある。また，上位300社，500社など会社数が多い。 | | | | | |

## H．商品ランキング

| 形態 | 図書 | 書名 | 『ダイヤモンド・チェーンストア』 | 発行体 | ダイヤモンド・リテイルメディア |
|---|---|---|---|---|---|
| URL | | | | | |
| コンビニエンスストア，スーパーマーケット等のチェーンストア業界誌。最新業界動向やランキング，海外のニュース等が掲載されている。 | | | | | |

| 形態 | Web（有料） | 書名 | 日経テレコン 21　POS 情報売れ筋商品ランキング | 発行体 | 日本経済新聞社 |
|---|---|---|---|---|---|
| URL | http://t21help.nikkei.co.jp/reference/cat397/post-385.html | | | | |
| 加工食品と生活雑貨について，店頭での売上実績を集計したランキング。毎週更新。 | | | | | |

## Ｉ．企業の歴史，過去の企業について調べる

| 形態 | 図書・Web（有料） | 書名 | 『週刊ダイヤモンド』 | 発行体 | ダイヤモンド社 |
|---|---|---|---|---|---|
| URL | https://www.diamond.co.jp/go/digitalarchives/ | | | | |
| 大正 2 年に創刊した一般経済誌。創刊号から 2016 年刊行分までデジタル版が利用可能。 | | | | | |

| 形態 | 図書・Web（有料） | 書名 | 『週刊東洋経済』 | 発行体 | 東洋経済新報社 |
|---|---|---|---|---|---|
| URL | https://id.toyokeizai.net/dcl/ | | | | |
| 明治 28 年に創刊した一般経済誌。創刊号から 2015 年刊行分までデジタル版が利用可能。2016 年以降は経済学図書室で冊子体が利用可能。 | | | | | |

| 形態 | Web（無料） | 書名 | 国立国会図書館デジタルコレクション | 発行体 | 国立国会図書館 |
|---|---|---|---|---|---|
| URL | http://dl.ndl.go.jp | | | | |
| 国立国会図書館で収集・保存しているデジタル資料を検索・閲覧できるサービス。 | | | | | |

## Ｊ．経営者・役員について調べる

| 形態 | 図書 | 書名 | 『役員四季報：全上場会社版』 | 発行体 | 東洋経済新報社 |
|---|---|---|---|---|---|
| URL | | | | | |
| 会社ごとの役員の一覧。役職，出身校等を調べることができる。 | | | | | |

| 形態 | Web（有料） | 書名 | 日経テレコン 21　人事検索 | 発行体 | 日本経済新聞社 |
|---|---|---|---|---|---|
| URL | http://t21help.nikkei.co.jp/reference/cat270/post-7.html | | | | |
| 企業の役員，公務員，各界著名人等 30 万件のデータを収録している。役職，生年月日，社内歴等を調べることができる。 | | | | | |

| 形態 | 図書 | 書名 | 『日本の創業者：近現代起業家人名事典』 | 発行体 | 日外アソシエーツ |
|---|---|---|---|---|---|
| URL | | | | | |
| 国内企業 800 社の創業者 865 人を収録した人名事典。経歴や業績，創業エピソードなどが収録されている。 | | | | | |

| 形態 | 図書 | 書名 | 『現代物故者事典』 | 発行体 | 日外アソシエーツ |
|---|---|---|---|---|---|
| URL | | | | | |
| 新聞・雑誌等で報じられた訃報をもとに，物故者の没年月日，没年齢，死因と経歴などをまとめた資料。 | | | | | |

## Ｋ．統計を探すための資料

| 形態 | 図書 | 書名 | 『民間統計徹底活用ガイド』 | 発行体 | 日本能率協会総合研究所マーケティング・データ・バンク |
|---|---|---|---|---|---|
| URL | | | | | |
| 業界団体の統計など主要な民間統計の概要をまとめた資料。分野ごとに関連の統計書について調査品目や図表サンプル等を掲載している。巻末にキーワード索引あり。 | | | | | |

Chapter 2 業界分析 ◎——51

| 形態 | 図書 | 書名 | 『データ & Data：ビジネスデータ検索事典』 | 発行体 | 日本能率協会総合研究所 マーケティング・データ・バンク |
|---|---|---|---|---|---|
| URL | | | | | |

ある数値を知りたい場合にどのような資料に当たればよいかを紹介する資料。「業界別統計編」では各業界に関するデータの出所を調べることができる。民間の調査資料も多く含む。巻末にキーワード索引あり。

| 形態 | 図書 | 書名 | 『ビジネス調査資料総覧』 | 発行体 | 日本能率協会総合研究所 マーケティング・データ・バンク |
|---|---|---|---|---|---|
| URL | | | | | |

各業界の年鑑類，調査報告，アンケート調査などを幅広く集めた目録。各種産業情報（市場規模・企業シェア等）や意識調査などに強い。民間の限定配布資料なども掲載。

| 形態 | 図書 | 書名 | 『官庁統計徹底活用ガイド』 | 発行体 | 日本能率協会総合研究所 マーケティング・データ・バンク |
|---|---|---|---|---|---|
| URL | | | | | |

業界団体が定期的に刊行する統計書等の主要な民間統計の概要をまとめた資料。

| 形態 | 図書 | 書名 | 『白書統計索引』 | 発行体 | 日外アソシエーツ |
|---|---|---|---|---|---|
| URL | | | | | |

白書に掲載されている統計資料の総索引。主題・地域・機関・団体などのキーワードから検索でき，その統計資料が掲載されている白書名，図版番号，掲載頁を確認できる。

| 形態 | 図書 | 書名 | 『国際比較統計索引』 | 発行体 | 日外アソシエーツ |
|---|---|---|---|---|---|
| URL | | | | | |

2005 〜 2009 年に国内で刊行された国際統計集・白書に収載された統計表やグラフを国名から探すことができる。国名見出しの下にはテーマ見出しがあり，その統計資料が載っている統計集・白書名，掲載頁を確認できる。

| 形態 | 図書 | 書名 | 『統計図表レファレンス事典』 | 発行体 | 日外アソシエーツ |
|---|---|---|---|---|---|
| URL | | | | | |

調べたいテーマについての統計図表がどの資料のどこにどんなタイトルで掲載されているか，キーワードから調べることができる。現在 8 分野で刊行されている。

| 形態 | Web（無料） | 書名 | e-Stat 政府統計の総合窓口 | 発行体 | 総務省統計局 |
|---|---|---|---|---|---|
| URL | https://www.e-stat.go.jp/SG1/estat/ | | | | |

官公庁が作成する統計のポータルサイト。

| 形態 | Web（無料） | 書名 | 総務省統計局 統計データ | 発行体 | 総務省統計局 |
|---|---|---|---|---|---|
| URL | http://www.stat.go.jp/data/index.htm | | | | |

総務省統計局が実施する統計の分野別一覧，総合統計書へのリンクなどが用意されている。

| 形態 | Web（無料） | 書名 | 都道府県統計書データベース | 発行体 | J-DAC |
|---|---|---|---|---|---|
| URL | https://j-dac.jp/infolib/meta_pub/G0000010STATDB1 | | | | |

各都道府県の統計書の画像データベース。検索，サムネイルまで無料公開。統計書本文は国立国会図書館デジタルコレクション（http://dl.ndl.go.jp）で利用可能。

| 形態 | Web（無料） | 書名 | 統計関連サイト | 発行体 | 日本統計協会 |
|---|---|---|---|---|---|
| URL | https://www.jstat.or.jp/links/ | | | | |
| 民間統計へのリンク集。分野ごとに配列されている。 | | | | | |

| 形態 | Web（無料） | 書名 | 各種業界の統計データ | 発行体 | 株式会社サティス |
|---|---|---|---|---|---|
| URL | http://www.satis-corp.jp/category/1201917.html | | | | |
| 各種業界の統計データへのリンク集。官庁統計・民間統計の両方が掲載されている。五十音順に配列されている。 | | | | | |

| 形態 | Web（無料） | 書名 | 調査のチカラ | 発行体 | ITmedia |
|---|---|---|---|---|---|
| URL | http://chosa.itmedia.co.jp | | | | |
| インターネットに公開されている統計情報を集約したサイト。分野やキーワードから検索できる。 | | | | | |

# Chapter 3
# 財務分析

## ① なぜ財務分析を行うのか

　企業の経済活動は，資本の流れの観点から，図表3－1のようにイメージすることができます。まず，株式や社債の発行，銀行からの借入れなどを通じて，企業は事業に必要な資本を外部から調達します。この資本は多くの場合，現金預金という形をとります。次に，その調達した資本（現金預金）を建物や機械，車両，備品，原材料，労働，通信，交通などの財・サービスに投資し，これを消費し，販売目的である商品を仕入れたり，製品やサービスを生産したりします。そして，商品や製品，サービスを顧客に販売することによって，リターンとして現金預金を回収します。このとき，消費した財・サービスの投資

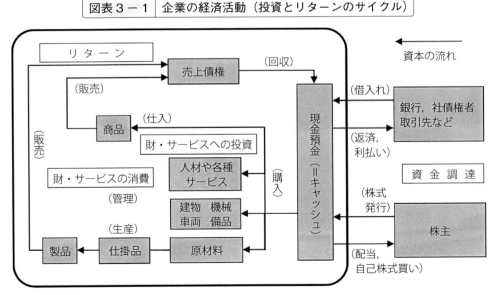

図表3－1　企業の経済活動（投資とリターンのサイクル）

出所：筆者作成。

原価を上回るリターンを獲得できれば，その超過分が儲け（資本の増加）となります。この儲けは，会計では利益とよばれますが，企業自らが事業を通じて新たに創出した資本といえます。企業は，このようにして増加した資本を配当として株主に分配したりもしますが，さらなる利益の獲得を狙って既存事業に再投資したり，新規事業の立ち上げに活用したりします。これらの事業で儲ける仕組みをしっかりと構築できていれば，再び，投資した資本を超えるリターンを得られますし，これを繰り返すことによってさらに運用する資本は増加し，企業はますます成長していきます。

　このように企業の経済活動は投資とリターンのサイクルとして捉えることができますが，その活動の結果を貨幣額（数値）で表現した報告書の集まりが財務諸表です。財務諸表には，貸借対照表や損益計算書，キャッシュ・フロー計算書など，複数の報告書があり，それぞれが企業の経済活動を固有の視点から描写しています。

　図表3－2は，主要な財務諸表とその基本構造を示したものです。詳しいことは後述しますが，貸借対照表は，資本をどこからいくら集め，それをどのような財・サービスに投下しているのか（「財政状態」），損益計算書は，財・サービスをいくら消費して，いくらのリターンを得，いくら儲けたのか（「経営成績」），キャッシュ・フロー計算書は，資金をどのような活動でいくら創出し，どのような活動でいくら使ったのか（「キャッシュ・フローの状況」）を明らかにしてくれます。

　したがって，財務諸表を有効に活用すれば，企業の経済活動の状況を多面的に把握できますし，収益性や安全性，成長性といった企業の特性を分析することによって，企業が直面する問題点や課題を抽出し，その改善や解決に向けてのヒントを得ることもできます。

　本章では，財務諸表を用いて，企業の経済活動の状況，具体的には，企業の財政状態，経営成績，キャッシュ・フローの状況を把握し，それを踏まえて，企業の収益性や安全性，

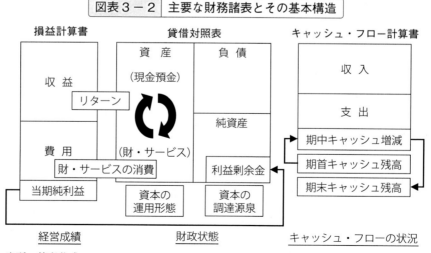

図表3－2　主要な財務諸表とその基本構造

出所：筆者作成。

成長性を分析する方法について解説します。

## ② 財務諸表を入手する

　分析対象企業を決定したら，まずは，その財務諸表を入手することから始めます。財務諸表を入手できなければ，そもそも財務分析を行うことができません。したがって，現実的には，財務諸表を入手できる企業群のなかから，分析対象企業を選択することになるのではないでしょうか。

　上場企業であれば，財務諸表を入手することは簡単です。上場企業は，金融商品取引法の規制を受け，決算日から3か月以内に内閣総理大臣に「有価証券報告書」を提出しなければなりませんが（金融商品取引法24条），そのなかの「経理の状況」で財務諸表を開示します。有価証券報告書は金融庁が運営する電子開示システム「EDINET」（http://disclosure.edinet-fsa.go.jp）を利用して提出され，誰もがインターネット上で過去5年分を閲覧することができます。また，上場企業のWebサイトには，「投資家向け情報」「IR情報」などのページがあり，そこでも有価証券報告書が閲覧可能です。なお，有価証券報告書には，財務諸表以外にも，企業の概況から事業や設備の状況まで多岐にわたる情報が含まれています（図表3-3参照）。「事業の状況」の業績等の概要や財政状態，経営成績およびキャッシュ・フローの状況の分析などは，財務諸表を読み解くための助けとなりますので，ぜひ活用してください。

　ただし，有価証券報告書は決算日から最長で3か月経過しないと見ることができませ

| 図表3-3 | 有価証券報告書の内容（第一部【企業情報】のみ） |
| --- | --- |

第一部　企業情報
　第1　企業の概況
　　　主要な経営指標等の推移，沿革，事業の内容，関係会社の状況，従業員の状況
　第2　事業の状況
　　　業績等の概要，生産・受注及び販売の状況，対処すべき課題，事業等のリスク，経営上の重要な
　　　契約等，研究開発活動，財政状態・経営成績及びキャッシュ・フローの状況の分析
　第3　設備の状況
　　　設備投資等の概要，主要な設備の状況，設備の新設及び除却等の計画
　第4　提出会社の状況
　　　株式等の状況，自己株式の取得等の状況，配当政策，株価の推移，役員の状況，コーポレート・
　　　ガバナンスの状況等
　第5　経理の状況
　　　連結財務諸表等，財務諸表等
　第6　提出会社の株式事務の概要
　第7　提出会社の参考情報

出所：筆者作成。

ん。それより早く財務諸表を入手したい場合には，決算日後1か月前後から遅くても45日以内に発表される「決算短信」を閲覧してください。決算短信は，証券取引所の適時開示の要請により，上場企業が取締役会での決算案の承認後，ただちに決算概要を発表するために作成する書類です。その添付資料には連結財務諸表が含まれます。監査法人などによる監査を受ける前のものですが，わが国では監査後の有価証券報告書提出までに修正されることはほとんどありませんので，これを利用することにさほど問題はないでしょう。なお，決算短信は，各証券取引所が提供する「適時開示情報閲覧サービス（TDNet）」（https://www.release.tdnet.info/index.html）で閲覧可能ですし，多くの場合，企業のWebサイトにも掲載されます。

上場企業については，有価証券報告書や決算短信以外に，「株主総会招集通知」を閲覧することでも財務諸表を入手できます。上場企業のような公開会社は，会社法上，定時株主総会の2週間前までに株主に対して招集通知を行わなければなりません。その際，資料として添付されるのが計算書類（会社法での財務諸表等の呼称）です。有価証券報告書の財務諸表は投資家向けの詳細な情報であり，初学者にとってはわかりにくいかもしれません。そういった場合には，会社法上の計算書類をもっぱら利用し，必要に応じて有価証券報告書を利用すればよいでしょう。なお，株主総会招集通知は，有価証券報告書の添付文書とされているため，過去5年分の計算書類もEDINETを通じて容易に入手できます。

他方，非上場企業の場合はどうでしょうか。非上場企業は，基本的に金融商品取引法の規制を受けませんので，有価証券報告書の作成義務を負いません。そのため，その財務諸表をEDINETで入手することはできません。また，会社法上，すべての株式会社は定時株主総会の後に遅滞なく決算公告を行うことになっていますが，ほとんどの中小企業は決算公告をしていないのが現状です。決算公告していない企業に対して計算書類の開示を請求できる立場にあるのは，企業と直接の利害関係のある株主や債権者（銀行など）だけです。したがって，自発的に財務諸表が公開されている場合を除き，第三者が非上場企業の財務諸表を入手するのは困難な状況となっています。

## ③ 財務諸表を見る

財務諸表を入手したら，そこに記載されているさまざまな項目の金額を用いて，企業の特性である収益性や安全性，成長性などを測るための指標（比率など）を計算し，その結果に基づいて企業の経済活動の現状と問題点や課題を明らかにします。これを「財務分析」とか「財務諸表分析」といいます。

ただし，いきなり指標を計算して収益性や安全性などの分析に入るのではなく，まずは，当期（直近）の財務諸表を見て，企業の財政状態，経営成績およびキャッシュ・フローの

状況を大まかに把握します。財務諸表には，企業の戦略や経営方針，業界やビジネスの特徴などが反映されます。このことを意識しながら財務諸表を見ることが大事です。そうすることで，財務分析は単純に指標を計算するだけの数字遊びに終わることなく，企業の実態に即した，より現実的な結論を導くことを可能にします。

企業の多くは，親会社を中心にして，子会社・関連会社とともにグループ経営を行っています。したがって，企業の経営実態を的確に把握するためには，親会社だけを対象に作成される個別財務諸表ではなく，グループ単位で作成される連結財務諸表を利用しなければなりません（連結財務諸表を作成していない場合は，個別財務諸表を利用します）。そこで，以下では，連結財務諸表を用いて財務分析を行うことを前提に，消費財メーカーであるライオン株式会社（以下，ライオンと表記します）の2017年12月期（同年1月1日から同年12月31日まで）の連結財務諸表（日本会計基準で作成）を事例として取り上げ，財務諸表の基本的な見方について解説します[1]。

## 1　貸借対照表を見てみよう

貸借対照表は，ある一定時点（例えば，決算日）における企業の「財政状態」を明らかにする報告書です。貸借対照表を見れば，企業がその経済活動で用いている資本をどこからいくら調達し（資本の調達源泉），その調達した資本をどのように運用しているのか（資本の運用形態）がわかります。その基本構造は，図表3－4のとおりです。

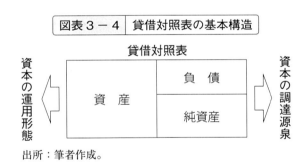

図表3－4　貸借対照表の基本構造

出所：筆者作成。

貸借対照表では，その右側に，資本の調達源泉である「負債」と「純資産」が記載されます。負債は，株主以外の者（たとえば，銀行や取引先などの債権者）から借りている部分で，

---

[1] なお，2017年12月27日，ライオン株式会社は，『グループの連結財務諸表および連結計算書類等の国際的な比較可能性の向上とグループの経営管理強化を目的に，国際財務報告基準（・・・IFRS・・・）の任意適用を決議』しており，2018年3月提出の2017年度有価証券報告書を最後に，IFRSに移行しています（日本経済新聞2017年12月27日付プレスリリース（https://www.nikkei.com/article/DGXLRSP467406_X21C17A2000000/））。そのため，本書では，便宜上，2017年度までの連結財務諸表を用いて解説しています。

返済義務のあるものです。純資産は，株主が出資した部分と企業自らが事業で稼いで創出した部分で構成されており，返済義務のないものです。この返済義務の有無は重要な違いです。他方，その左側に，資本の運用形態である「資産」が記載されます。資産は，事業で利益を獲得するために調達した資本が商品や建物，機械などに形を変えたものであり，将来，企業に資産の増加（とそれに対応する資本の増加）をもたらします。調達した資本は何かしらの形で運用されますので，貸借対照表の右側と左側は必ず等しくなります。

　貸借対照表では，さらに，企業の財政状態をより深く分析できるように，次のような工夫がなされています。


（1）資産と負債は，換金または返済されるまでの期間の長短によって，それぞれ「流動資産」と「固定資産」，「流動負債」と「固定負債」に区分表示されます[2]。具体的には，「仕入 → 生産 → 販売 → 回収」という正常な営業循環の過程にあるか，決算日の翌日から起算して1年以内に換金または返済されるならば，流動に区分されます。そうでなければ，固定に区分されます。

（2）資産も負債も，通常は，流動性の高いものから順に配列されます。たとえば，固定資産と固定負債よりも先に，流動資産と流動負債が記載されます。流動資産の区分では，換金しやすいものから順に記載されます（流動性配列法）[3]。

（3）純資産のうち，株主に直接帰属する部分はそれ以外と区別して「株主資本」に区分表示されます。さらに，株主資本は，その源泉にしたがって，株主が出資した「資本金」「資本剰余金」と，利益の内部留保である「利益剰余金」に区分表示されます。


　なお，貸借対照表のより具体的な内容については，図表3-5に連結ベースで要約していますので，そちらを参照してください。

　それでは，ライオンの2017年12月期の連結貸借対照表（株主総会招集通知に掲載されたもの）を事例に，貸借対照表の見方について説明しましょう。

　まずは，貸借対照表全体を見て，企業が運用している資本の総額とその資本をどこから調達しているのかを大まかに確認します。

---

2）　厳密には，資産には「流動資産」「固定資産」のほかに「繰延資産」に区分表示されるものがあります。繰延資産とは，サービスを受け，対価を支払ったにもかかわらず，その効果が将来に及ぶことから，その支出額を将来の期間に費用配分するために一時的に資産として計上したものをいいます。創立費，株式交付費，社債発行費などです。これらの支出額は支出時に費用処理するのが原則であり，繰延資産として計上されることは多くはありません。繰延資産がある場合には，財務分析では，固定資産に準じて取り扱ってください。

3）　固定資産の占める割合がきわめて大きい業種（鉄道・電力・ガス事業など）では，例外的に，固定性配列法の採用が認められています。この方法のもとでは，流動資産と流動負債よりも先に，固定資産と固定負債が記載されます。

| 図表3−5 | 連結貸借対照表の区分表示とその内容 |

| 資　産 | 負　債 |
|---|---|
| **流動資産**<br>営業循環の過程にある資産や，決算日の翌日から1年以内に現金化される資産 | **流動負債**<br>営業循環の過程にある負債や，決算日の翌日から1年以内に返済される負債 |
| ① **当座資産**（短期の支払いに充当し得る相対的に換金性の高い資産）<br>例）現金，預金，受取手形，売掛金，電子記録債権，有価証券 | 例）支払手形，買掛金，電子記録債務，未払金，未払法人税等，短期借入金，リース債務，賞与引当金 |
| ② **棚卸資産**（製造・販売目的で保有する資産，在庫）<br>例）商品，製品，半製品，仕掛品，原材料，貯蔵品 | **固定負債**<br>決算日の翌日から1年を超えて返済される負債<br>例）社債，長期借入金，リース債務，退職給付引当金，繰延税金負債，資産除去債務 |
| ③ **その他**<br>例）前渡金，前払費用，未収収益，短期貸付金，未収入金，貸倒引当金（△） | **純　資　産** |
| | **株主資本**<br>株主に直接帰属する部分 |
| **固定資産**<br>長期にわたって利用する資産や，決算日の翌日から1年を超えて現金化される資産 | ① **資本金**（株式を発行して株主から払い込んでもらった金額） |
| | ② **資本剰余金**（株主からの払込金額のうち資本金としなかった部分） |
| ① **有形固定資産**（長期にわたって事業で利用する目的で保有する形のある資産）<br>例）建物，機械装置，備品，車両運搬具，リース資産，建設仮勘定，土地 | ③ **利益剰余金**（企業が払込資本を元手に稼得した利益のうち，株主に分配などせずに企業内に留保した部分） |
| | ④ **自己株式**（△）（企業が買戻して保有している自社発行の株式） |
| ② **無形固定資産**（長期にわたって事業で利用する目的で保有する形のない資産）<br>例）のれん，特許権，商標権，ソフトウェア | **その他の包括利益累計額**<br>資産や負債の時価評価で生じる差額を当期の損益計算書で認識できない項目<br>例）その他有価証券評価差額金，繰延ヘッジ損益，為替換算調整勘定，退職給付に係る調整累計額 |
| ③ **投資その他の資産**（余剰資金の長期運用，他社支配・関係維持のための投資など）<br>例）投資有価証券，関係会社株式，長期貸付金，長期前払費用，繰延税金資産，貸倒引当金（△） | **新株予約権**<br>付与した新株予約権の公正な評価額 |
| | **非支配株主持分**<br>企業が親会社として支配する子会社の非支配株主（親会社以外の株主）に帰属する部分 |
| 総資産 | 総資本（負債純資産合計） |

出所：筆者作成。

① 　資産合計を確認します。企業が運用している資本の総額（企業の規模）がわかります。ライオンの場合，331,751百万円です。

② 　負債合計を確認します。企業が運用している資本の総額のうち，返済義務のある源泉から調達している金額がわかります。ライオンの場合，144,736百万円です。

③ 　純資産合計を確認します。企業が運用している資本の総額のうち，返済義務のない源泉から調達している金額がわかります。ライオンの場合，グループ全体で187,015百万円です。

## ライオンの連結貸借対照表（2017年12月31日現在）

| 科　目 | 金　額 | 科　目 | 金　額 |
|---|---|---|---|
| （資産の部） | 百万円 | （負債の部） | 百万円 |
| 流　動　資　産 | 203,495 | 流　動　負　債 | 127,225 |
| 　現　金　及　び　預　金 | 23,781 | 　支　払　手　形　及　び　買　掛　金 | 35,247 |
| 　受　取　手　形　及　び　売　掛　金 | 64,141 | 　電　子　記　録　債　務 | 19,127 |
| 　有　価　証　券 | 69,211 | 　短　期　借　入　金 | 3,754 |
| 　商　品　及　び　製　品 | 26,317 | 　1年内返済予定の長期借入金 | 285 |
| 　仕　掛　品 | 3,523 | 　未　払　金　及　び　未　払　費　用 | 50,163 |
| 　原　材　料　及　び　貯　蔵　品 | 10,368 | 　未　払　法　人　税　等 | 4,528 |
| 　繰　延　税　金　資　産 | 3,704 | 　賞　与　引　当　金 | 3,889 |
| 　そ　の　他 | 2,530 | 　返　品　調　整　引　当　金 | 382 |
| 　貸　倒　引　当　金 | △　84 | 　販　売　促　進　引　当　金 | 3,964 |
| 固　定　資　産 | 128,256 | 　役　員　賞　与　引　当　金 | 289 |
| 　有　形　固　定　資　産 | 80,981 | 　そ　の　他 | 5,591 |
| 　　建　物　及　び　構　築　物 | 24,670 | 固　定　負　債 | 17,511 |
| 　　機　械　装　置　及　び　運　搬　具 | 20,046 | 　長　期　借　入　金 | 1,569 |
| 　　土　地 | 24,195 | 　繰　延　税　金　負　債 | 4,336 |
| 　　リ　ー　ス　資　産 | 157 | 　役　員　退　職　慰　労　引　当　金 | 273 |
| 　　建　設　仮　勘　定 | 7,861 | 　株　式　給　付　引　当　金 | 155 |
| 　　そ　の　他 | 4,050 | 　退　職　給　付　に　係　る　負　債 | 7,280 |
| 　無　形　固　定　資　産 | 1,690 | 　資　産　除　去　債　務 | 375 |
| 　　の　れ　ん | 101 | 　そ　の　他 | 3,519 |
| 　　商　標　権 | 40 | 負　債　合　計 | 144,736 |
| 　　そ　の　他 | 1,548 | | |
| 　投　資　そ　の　他　の　資　産 | 45,584 | （純資産の部） | |
| 　　投　資　有　価　証　券 | 32,464 | 株　主　資　本 | 162,104 |
| 　　長　期　貸　付　金 | 36 | 　資　本　金 | 34,433 |
| 　　退　職　給　付　に　係　る　資　産 | 10,302 | 　資　本　剰　余　金 | 35,319 |
| 　　繰　延　税　金　資　産 | 1,291 | 　利　益　剰　余　金 | 97,944 |
| 　　そ　の　他 | 1,575 | 　自　己　株　式 | △　5,593 |
| 　　貸　倒　引　当　金 | △　84 | その他の包括利益累計額 | 14,455 |
| | | 　その他有価証券評価差額金 | 12,973 |
| | | 　繰　延　ヘ　ッ　ジ　損　益 | 4 |
| | | 　為　替　換　算　調　整　勘　定 | 1,901 |
| | | 　退職給付に係る調整累計額 | △　424 |
| | | 新　株　予　約　権 | 210 |
| | | 非　支　配　株　主　持　分 | 10,245 |
| | | 純　資　産　合　計 | 187,015 |
| 資　産　合　計 | 331,751 | 負　債　及　び　純　資　産　合　計 | 331,751 |

　次に，負債の部と純資産の部の内訳を見て，もう少し詳しくどのような源泉から資本を調達しているのかを確認します。その際，資産の部の場合にも共通しますが，どのような項目の金額が大きいか，業界やビジネスの特徴を反映しているところはないか，などの視点をもって見るようにしてください。

① 流動負債を確認します。1年以内に返済しなければならない源泉から調達している資本の総額がわかります。ライオンの場合，127,225百万円です。支払手形及び買掛金や未払金及び未払費用の金額が大きくなっています。

② 固定負債を確認します。1年を超えて返済期限が到来する源泉から調達している資本

の総額がわかります。ライオンの場合，17,511百万円です。固定負債のなかでは，退職給付に係る負債の金額が大きくなっています。

③　株主資本の内訳にある資本金と資本剰余金を確認します。株主から元手として直接出資された金額がわかります。ライオンの場合，69,752百万円です。また，利益剰余金を確認します。企業が過去に獲得した利益のうち，株主に分配などをせずに内部に留保している金額がわかります。ライオンの場合，97,944百万円です。

そして，最後に，資産の部の内訳を見て，企業が調達した資本をどのように運用しているのか，事業のためにどのような資産に投資しているのかを確認します。

①　流動資産を確認します。1年以内に回収される資産の総額がわかります。ライオンの場合，203,495百万円です。受取手形及び売掛金や有価証券の金額が大きくなっています。商品及び製品，仕掛品，原材料及び貯蔵品などの項目にメーカーとしての特徴が現れています。
②　固定資産を確認します。投下された資本が回収されるまでに長期間を要する資産の総額がわかります。ライオンの場合，128,256百万円です。投資有価証券の金額が大きくなっています。また，メーカーの特徴として典型的に見られるように，工場や機械などの生産設備が多く，建物及び構築物，機械装置及び運搬具，土地の金額も大きくなっています。

## 2　損益計算書を見てみよう

損益計算書は，ある一定期間における企業の「経営成績」を明らかにする報告書です。損益計算書を見れば，ある期間に企業がどのような活動でいくらのリターンを得たのか（成果），そのリターンを得るために財・サービスをどれほど消費したのか（努力），その結果，どれだけ儲かったのかがわかります。その基本構造は，図表3－6のとおりです。

会計では，投資に対するリターンのことを「収益」，消費した財・サービスの価値のことを「費用」といいます。そして，ある期間の収益から費用を差し引いた金額がプラスならば，その期間に儲けが出たことを意味します。このとき，その差額のことを「当期純利

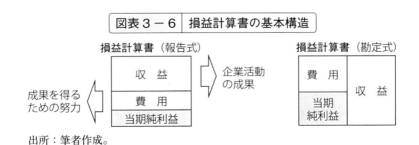

図表3－6　損益計算書の基本構造

出所：筆者作成。

益」といいます。なお，マイナスなら「当期純損失」といいます。

　会計のルールでは，経済活動の成果とそのための努力をできるだけ正確に対応させるため，収益は，商品や製品を販売した時点で計上します。他方，費用は，その収益の獲得のために財・サービスを消費した時点で計上します。収益は資金の流入（収入），費用は資金の流出（支出）をともないますが，必ずしも，そのタイミングは一致しません。たとえば，商品を掛け売りしたとき，収益は計上されますが，資金の流入は代金を回収する時点で生じます。また，有形固定資産を利用したとき，費用はその取得原価を期間配分する減価償却の手続きによって計上されますが，資金の流出はこの固定資産を取得した時点で生じます。そのため，損益計算書で利益が計上されても，債務の返済に充てる資金が不足し，倒産することもあります。この点は重要ですので覚えておいてください。

　損益計算書では，企業の経営成績をより深く分析できるように，次のような工夫がなされています。

（1）収益と費用は，その発生源泉に応じて，具体的には，①営業活動（本業），②財務・金融投資活動，③その他の臨時的な経済活動・事象のいずれで発生したかによって，図表3－7のように分類されます。

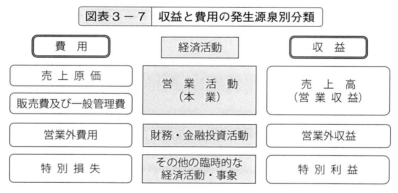

図表3－7　収益と費用の発生源泉別分類

● 営業活動：仕入，生産，販売，経営管理
● 財務・金融投資活動：資金調達（銀行借入れ，社債発行など）や余剰資金の運用（株式投資，融資など）など
● その他の臨時的な経済活動・事象：固定資産の売却や，長年保有していた有価証券の売却，地震や火災による建物の倒壊・焼失など

出所：筆者作成。

（2）活動ごとに分類された収益と費用は，その発生源泉に関連づけて対応表示され，性質（情報内容）の異なる利益が段階的に計算されます。そのため，この場合には，当期純利益だけが示されるわけではなく，売上高から売上原価や販売費及び一般管理費が差し引かれて，①売上総利益と②営業利益が，次に，営業外収益・費用が加減されて，③経

常利益が，さらには，特別利益・損失が加減されて，④税引前当期純利益（連結では，税金等調整前当期純利益）が，最後に，法人税等などが差し引かれて，⑤当期純利益（連結では，親会社株主に帰属する当期純利益）が計算表示されます。したがって，この場合の損益計算書は，売上高から当期純利益に至るまでのプロセスやその内訳がわかるようになっており，活動内容ごとに区分表示することで，企業の活動業績の改善に役立てられます。

損益計算書の具体的な内容については，図表3－8に連結ベースで要約していますので，そちらを参照してください。

それでは，ライオンの2017年12月期の連結損益計算書（株主総会招集通知に掲載されたもの）を事例に，損益計算書の見方について説明しましょう。

基本的には，トップの売上高からボトムの親会社株主に帰属する当期純利益に至るまでの「利益の段階的な計算プロセス」に沿って，大枠で見ていきます。内訳については，金額の大きな項目，業界やビジネスの特徴を反映している項目を確認するくらいでよいで

図表3－8　連結損益計算書の区分表示とその内容

| 売上高（営業収益） | 商品や製品の販売で得た収益 |
|---|---|
| －）売上原価 | 販売した商品や製品の原価 |
| **売上総利益** | 商品や製品の販売によって稼いだ利益。粗利 |
| －）販売費及び一般管理費 | 販売活動や管理活動から生じた費用。略称は販管費<br>例）販売手数料，運搬費，広告宣伝費，人件費（給料，賞与，役員報酬，福利厚生費，法定福利費，退職給付費用），旅費交通費，通信費，水道光熱費，消耗品費，租税公課，減価償却費，保険料，不動産賃借料，研究開発費，貸倒引当金繰入額，のれん償却額 |
| **営業利益** | 主たる営業活動（本業）で稼いだ利益 |
| ＋）営業外収益 | 財務・金融投資活動から生じた収益<br>例）受取利息，有価証券利息，受取配当金，有価証券売却益，有価証券評価益，為替差益，雑収入，持分法による投資利益 |
| －）営業外費用 | 財務・金融投資活動から生じた費用<br>例）支払利息，社債利息，有価証券売却損，有価証券評価損，為替差損，雑損失，持分法による投資損失 |
| **経常利益** | 本業・本業外を問わず，経常的な活動で稼いだ利益 |
| ＋）特別利益 | 臨時的な活動や異常な事象から生じた収益<br>例）固定資産売却益，投資有価証券売却益 |
| －）特別損失 | 臨時的な活動や異常な事象から生じた費用<br>例）固定資産売却損，固定資産除却損，投資有価証券売却損，投資有価証券評価損，減損損失，災害による損失 |
| **税金等調整前当期純利益** | 当期のすべての活動によって得た利益 |
| －）法人税等 | 税法上の課税額に一定の調整を加えた会計上の税金費用 |
| **当期純利益** | 企業集団を構成するすべての企業の株主に帰属する利益 |
| －）非支配株主に帰属する当期純利益 | 企業が親会社として支配する子会社の当期純利益のうち，非支配株主に帰属する部分 |
| **親会社株主に帰属する当期純利益** | 企業の株主に帰属する利益。最終利益 |

出所：筆者作成。

### ライオンの連結損益計算書（2017年1月1日から2017年12月31日まで）

| 科　　目 | 金 | 額 |
|---|---:|---:|
| 売　　上　　高 | 百万円 | 410,484 百万円 |
| 売　上　原　価 | | 171,209 |
| 　　売　上　総　利　益 | | 239,275 |
| 販売費及び一般管理費 | | 212,068 |
| 　　営　業　利　益 | | 27,206 |
| 営　業　外　収　益 | | |
| 　　受　　取　　利　　息 | 142 | |
| 　　受　　取　　配　　当　　金 | 579 | |
| 　　受　取　ロ　イ　ヤ　リ　テ　ィ　ー | 274 | |
| 　　持　分　法　に　よ　る　投　資　利　益 | 737 | |
| 　　そ　　　　　の　　　　　他 | 883 | 2,618 |
| 営　業　外　費　用 | | |
| 　　支　　払　　利　　息 | 205 | |
| 　　そ　　　　　の　　　　　他 | 493 | 698 |
| 　　経　　常　　利　　益 | | 29,126 |
| 特　　別　　利　　益 | | |
| 　　固　定　資　産　処　分　益 | 2,070 | |
| 　　投　資　有　価　証　券　売　却　益 | 364 | 2,434 |
| 特　　別　　損　　失 | | |
| 　　固　定　資　産　処　分　損 | 317 | |
| 　　減　　損　　損　　失 | 683 | 1,001 |
| 　　税　金　等　調　整　前　当　期　純　利　益 | | 30,560 |
| 法　人　税，住　民　税　及　び　事　業　税 | 7,603 | |
| 法　人　税　等　調　整　額 | 636 | 8,239 |
| 　　当　　期　　純　　利　　益 | | 22,320 |
| 非支配株主に帰属する当期純利益 | | 2,493 |
| 親会社株主に帰属する当期純利益 | | 19,827 |

しょう。なお，会社法上の損益計算書では，「販売費及び一般管理費」の諸科目は一括して記載されることがほとんどです。その場合は，有価証券報告書における損益計算書本体もしくはその注記を見てください。

① 売上高を確認します。商品や製品の販売によって収益をいくら獲得したか（活動規模）がわかります。ライオンの場合，410,484百万円です。

② 売上原価を確認します。販売した商品や製品を仕入れたり生産したりするのにコストをどれだけ費やしたかがわかります。ライオンの場合，171,209百万円です。

③ 売上総利益を確認します。商品や製品そのものの販売自体で利益をいくら稼いだかがわかります。ライオンの場合，239,275百万円です。

④ 販売費及び一般管理費を確認します。商品や製品の販売にともなう活動，企業全体の管理や運営にコストをどれだけ費やしたかがわかります。ライオンの場合，212,068百万円です。内訳では，販売促進費や広告宣伝費の金額が大きく，この2項目で販売費

Chapter 3　財務分析　◎―― 65

ライオンの有価証券報告書に掲載されている連結損益計算書（一部抜粋）

（単位：百万円）

| | 前連結会計年度<br>（自 2016 年 1 月 1 日<br>至 2016 年12月31日） | 当連結会計年度<br>（自 2017 年 1 月 1 日<br>至 2017 年12月31日） |
|---|---|---|
| 売上高 | 395,606 | 410,484 |

（中略）

| | | | | |
|---|---|---|---|---|
| 販売費及び一般管理費 | | | | |
| 　販売手数料 | | 8,623 | | 9,012 |
| 　販売促進引当金繰入額 | | 2,060 | | 2,928 |
| 　販売促進費 | | 90,107 | | 90,797 |
| 　運送費及び保管費 | | 17,829 | | 18,653 |
| 　広告宣伝費 | | 30,976 | | 29,968 |
| 　給料及び手当 | | 14,721 | | 15,034 |
| 　役員退職慰労引当金繰入額 | | 30 | | 18 |
| 　株式給付引当金繰入額 | | ― | | 155 |
| 　退職給付費用 | | 2,003 | | 1,877 |
| 　減価償却費 | | 3,767 | | 2,540 |
| 　のれん償却額 | | 81 | | 81 |
| 　研究開発費 | ※1 | 10,084 | ※1 | 10,474 |
| 　役員賞与引当金繰入額 | | 380 | | 282 |
| 　その他 | | 28,444 | | 30,243 |
| 　販売費及び一般管理費合計 | | 209,110 | | 212,068 |
| 営業利益 | | 24,502 | | 27,206 |

　　及び一般管理費の半分以上を占めています。

⑤　営業利益を確認します。主たる営業活動（本業）で利益をいくら稼いだかがわかります。ライオンの場合，27,206 百万円です。

⑥　営業外収益・費用を確認します。財務・金融投資活動で利益あるいは損失をいくら出したかがわかります。ライオンの場合，営業外収益 2,618 百万円が営業外費用 698 百万円を上回っており，1,920 百万円の利益を出しています。ライオンの連結貸借対照表の資産の部を見ればわかるように，有価証券や投資有価証券を多く保有しているため，営業外収益の受取配当金や持分法による投資利益の金額が比較的大きくなっています。

⑦　経常利益を確認します。本業か本業外かを問わず，経常的な活動で利益をいくら稼いだかがわかります。ライオンの場合，29,126 百万円です。本業でも財務・金融投資活動でも利益を出しているため，営業利益より大きくなっています。

⑧　特別利益・損失を確認します。臨時的な経済活動や異常な事象で利益あるいは損失をいくら出したかがわかります。ライオンの場合，特別利益 2,434 百万円が特別損失1,001 百万円を上回っており，1,433 百万円の利益を出しています。特別利益の固定資産処分益の金額が比較的大きくなっています。

⑨　税金等調整前当期純利益を確認します。この期間のあらゆる活動や事象によって利益

をいくら稼いだかがわかります。ライオンの場合，30,560百万円です。本業，財務・金融投資活動，臨時的な経済活動のいずれでも利益を出しているため，営業利益および経常利益よりも大きくなっています。

⑩　親会社株主に帰属する当期純利益を確認します。最終的に親会社の株主のために利益をいくら稼いだのかがわかります。ライオンの場合，19,827百万円です。法人税等調整額8,239百万円と非支配株主に帰属する当期純利益2,493百万円が差し引かれるため，その分，税金等調整前当期純利益より小さくなっています。

## 3　キャッシュ・フロー計算書を見てみよう

キャッシュ・フロー計算書は，ある一定期間における企業の「キャッシュ・フローの状況」を明らかにする報告書です。貸借対照表や損益計算書だけでは把握しきれない「資金の流れ」を明らかにします。キャッシュ・フロー計算書を見れば，ある期間に企業がどのようにしてキャッシュを生み出し，どのようにキャッシュを使ったのか，その結果，キャッシュの残高がどれだけ増減したのかがわかります。その基本構造は，図表3-9のとおりです。

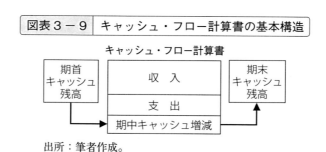

図表3-9　キャッシュ・フロー計算書の基本構造

出所：筆者作成。

キャッシュ・フロー計算書におけるキャッシュ（資金）の範囲は，即時に支払手段として利用可能な「現金及び現金同等物」です。手許現金や要求払預金（当座預金や普通預金など）のほか，容易に換金可能で価格変動リスクがほとんどない短期投資（3か月満期の定期預金や公社債投資信託など）が含まれます。貸借対照表に記載される「現金及び預金」とは必ずしも一致しない点に注意してください。

キャッシュ・フロー計算書では，企業のキャッシュ・フローの状況をより深く分析できるように，次のような工夫がなされています。

（1）収入と支出は，「営業活動によるキャッシュ・フロー」「投資活動によるキャッシュ・フロー」「財務活動によるキャッシュ・フロー」に区分表示されます。営業活動とは本業に関連する諸活動，投資活動とは設備投資や余剰資金の運用に関連する諸活動，財務活動とは資金の調達や返済に関連する諸活動のことをいいます。ただし，営業活動の区分には，純粋な営業活動による収入と支出だけでなく，利息及び配当金の受取額，利息

の支払額，損害賠償金の支払額，法人税等の支払額のように，他の区分には記載できない収入と支出も表示されます。

（2）各活動の区分では，主要な取引ごとに収入と支出が総額で表示されます（直接法）。ただし，営業活動の区分では，利益（収益・費用）と収入・支出のズレに注目して，支出をともなわない減価償却費を利益に加算したり，未収入の売上高があることを意味する売掛金の期中増加額を利益から減算したりするなど，損益計算書の税引前当期純利益（連結では，税金等調整前当期純利益）に必要な調整を加えて，期中のキャッシュ増減額を逆算して表示する方法（間接法）も認められています。この方法によると，主要な取引ごとに総額で表示されません。実務では，ほとんどの企業が間接法を採用しています。

（3）営業活動の区分では，純粋な営業活動によるキャッシュの増減額を明らかにするため，他の区分に記載できないために営業活動の区分に記載されている収入と支出を加減する前に「小計」が表示されます。

　キャッシュ・フロー計算書の具体的な内容については，図表3－10に連結ベースで要約していますので，そちらを参照してください。

　それでは，ライオンの2017年12月期の連結キャッシュ・フロー計算書（有価証券報告書に掲載されたもの）を事例に，キャッシュ・フロー計算書の見方について説明しましょう。なお，キャッシュ・フロー計算書は，金融商品取引法によってのみその作成が義務づけられており（金融商品取引法193条，財務諸表規則1条，連結財務諸表規則1条），株主総会招集通知に添付される会社法上の計算書類には含まれません（会社法435条2項および444条1項，会計計算規則59条1項，61条）。そのため，キャッシュ・フロー計算書を入手できるのは，有価証券報告書を発行している上場企業などに限られます。

　まずは，企業全体としてキャッシュがどの活動から生み出され，どの活動に使用されているのか，企業全体でのキャッシュの流れを大枠で見ていきます。そのあとで，活動ごとにその内訳を見て，キャッシュの増減に大きな影響を及ぼした項目や，企業の重要な取引に関係する項目の収入と支出の状況などを確認します。

① 営業活動によるキャッシュ・フローの合計欄を確認します。営業活動でキャッシュをいくら増減させたかがわかります。ライオンの場合，28,562百万円の増加です。なお，小計の欄を確認すると，純粋な営業活動でのキャッシュの増減額がわかります。ライオンの場合，36,013百万円の増加です。

② 投資活動によるキャッシュ・フローの合計欄を確認します。投資活動でキャッシュをいくら増減させたかがわかります。ライオンの場合，8,750百万円の減少です。

③ 財務活動によるキャッシュ・フローの合計欄を確認します。財務活動でキャッシュをいくら増減させたかがわかります。ライオンの場合，6,754百万円の減少です。

| 図表3－10 | 連結キャッシュ・フロー計算書の区分表示とその内容 |
|---|---|

| 営業活動によるキャッシュ・フロー | |
|---|---|
| ①純粋な営業活動による収入と支出 | <情報内容><br>企業が外部からの資金調達に頼ることなく，営業能力を維持し，新規投資を行い，借入金返済や配当金支払いなどのために，主たる営業活動でいくら資金を獲得したか（本業の現金創出能力）を示している。 |
| 直接法 ・商品およびサービスの販売による収入<br>・商品およびサービスの購入による支出<br>・従業員および役員に対する報酬の支出<br>・その他の営業支出 | |
| 間接法 税金等調整前当期純利益<br>＋支出を伴わない費用（例）減価償却費<br>－収入を伴わない収益（例）貸倒引当金の減少額<br>±投資・財務活動に関連する収益・費用（例）受取利息<br>±営業上の資産・負債の増減額（例）売上債権の増減額 | |
| 小計：純粋な営業活動によるキャッシュの増減額 | |
| ②他の区分に記載できない収入と支出<br>・利息及び配当金の受取額（→ 別法：投資活動の区分）<br>・利息の支払額（→ 別法：財務活動の区分）<br>・災害による保険金収入<br>・損害賠償金の支払額<br>・法人税等の支払額 | |
| 営業活動によるキャッシュ・フロー：キャッシュの増減額（△は減少）(A) | |
| 投資活動によるキャッシュ・フロー | |
| ・有形固定資産および無形固定資産の取得による支出<br>・有形固定資産および無形固定資産の売却による収入<br>・有価証券および投資有価証券の取得による支出<br>・有価証券および投資有価証券の売却による収入<br>・貸付けによる支出<br>・貸付金の回収による収入<br>・連結の範囲の変更を伴う子会社株式の取得による支出<br>・連結の範囲の変更を伴う子会社株式の売却による収入 | <情報内容><br>将来の利益獲得や資金運用のためにいくら資金を投資したか，または設備や株式などを売却していくら資金を回収したかを示している。 |
| 投資活動によるキャッシュ・フロー：キャッシュの増減額（△は減少）(B) | |
| 財務活動によるキャッシュ・フロー | |
| ・社債の発行および借入れによる収入<br>・社債の償還および借入金の返済による支出<br>・株式の発行による収入<br>・自己株式の取得による支出<br>・配当金の支払額<br>・非支配株主への配当金の支払額 | <情報内容><br>営業活動や投資活動を維持するためにいくら資金を調達したか，または借入金などをいくら返済したかを示している。 |
| 財務活動によるキャッシュ・フロー：キャッシュの増減額（△は減少）(C) | |
| 現金及び現金同等物にかかる換算差額 (D) | |
| 現金及び現金同等物の増減額（△は減少）(E＝A＋B＋C＋D) | |
| 現金及び現金同等物の期首残高 (F) | |
| 現金及び現金同等物の期末残高 (G＝E＋F) | |

出所：筆者作成。

④ 現金及び現金同等物の増減額を確認します。為替相場の変動を含む，すべての活動によってキャッシュをいくら増減させたかがわかります。ライオンの場合，13,661百万円の増加です。営業活動での28,562百万円の増加，投資活動と財務活動それぞれでの8,750百万円と6,754百万円の減少，換算差額での603百万円の増加からなります。

⑤ 現金及び現金同等物の期末残高を確認します。キャッシュが期末にいくらあるかがわ

# ライオンの連結キャッシュ・フロー計算書（2017年1月1日から2017年12月31日まで）

（単位：百万円）

| | 前連結会計年度<br>（自 2016年1月1日<br>至 2016年12月31日） | 当連結会計年度<br>（自 2017年1月1日<br>至 2017年12月31日） |
|---|---|---|
| 営業活動によるキャッシュ・フロー | | |
| 税金等調整前当期純利益 | 24,035 | 30,560 |
| 減価償却費 | 10,244 | 9,386 |
| 減損損失 | 1,114 | 683 |
| 賞与引当金の増減額（△は減少） | 832 | 30 |
| 退職給付に係る資産及び負債の増減額（△は減少） | 1,765 | 1,483 |
| 受取利息及び受取配当金 | △561 | △722 |
| 支払利息 | 276 | 205 |
| 社債利息 | 9 | ― |
| 固定資産処分損益（△は益） | 542 | △1,752 |
| 投資有価証券売却損益（△は益） | △31 | △364 |
| 持分法による投資損益（△は益） | △725 | △737 |
| 売上債権の増減額（△は増加） | △2,456 | △2,721 |
| たな卸資産の増減額（△は増加） | △2,968 | 137 |
| 仕入債務の増減額（△は減少） | 1,769 | 2,847 |
| 未払金及び未払費用の増減額（△は減少） | 4,527 | △4,667 |
| その他の流動負債の増減額（△は減少） | 850 | 1,531 |
| その他の流動資産の増減額（△は増加） | △456 | 185 |
| その他 | 549 | △71 |
| 小計 | 39,320 | 36,013 |
| 利息及び配当金の受取額 | 709 | 831 |
| 利息の支払額 | △264 | △192 |
| 法人税等の支払額 | △7,495 | △8,089 |
| 営業活動によるキャッシュ・フロー | 32,269 | 28,562 |
| 投資活動によるキャッシュ・フロー | | |
| 定期預金の増減額（△は増加） | 2,099 | △350 |
| 有形固定資産の取得による支出 | △8,945 | △10,814 |
| 有形固定資産の売却による収入 | 51 | 2,800 |
| 無形固定資産の取得による支出 | △260 | △714 |
| 投資有価証券の取得による支出 | △146 | △247 |
| 投資有価証券の売却による収入 | 81 | 928 |
| 貸付けによる支出 | △1 | △5 |
| 連結の範囲の変更を伴う子会社株式の売却による支出 | △183 | ― |
| 関係会社株式の取得による支出 | △483 | ― |
| その他 | △57 | △345 |
| 投資活動によるキャッシュ・フロー | △7,845 | △8,750 |
| 財務活動によるキャッシュ・フロー | | |
| 短期借入れによる収入 | 1,517 | 5,973 |
| 短期借入金の返済による支出 | △4,794 | △6,646 |
| 長期借入金の返済による支出 | △214 | △268 |
| 自己株式の取得による支出 | △191 | △1,118 |
| 自己株式の処分による収入 | 0 | 1,088 |
| 配当金の支払額 | △2,889 | △4,359 |
| 非支配株主への配当金の支払額 | △727 | △1,312 |
| その他 | △137 | △110 |
| 財務活動によるキャッシュ・フロー | △7,437 | △6,754 |
| 現金及び現金同等物に係る換算差額 | △526 | 603 |
| 現金及び現金同等物の増減額（△は減少） | 16,461 | 13,661 |
| 現金及び現金同等物の期首残高 | 61,278 | 77,739 |
| 現金及び現金同等物の期末残高 | 77,739 | 91,401 |

かります。ライオンの場合，現金及び現金同等物に係る増減額を見ると，13,661百万円増加しています（四捨五入により，1百万円の差が生じています）。

⑥　営業活動によるキャッシュ・フローの内訳項目を確認します。直接法で表示されていれば，キャッシュの増減に大きな影響を及ぼした項目がわかります。しかし，ライオンの場合，間接法を採用していますので，それがわかりません。その代わり，税金等調整前当期純利益30,560百万円と営業活動によるキャッシュ・フローの小計36,013百万円とのズレの原因がわかります。その原因として減価償却費，売上債権の増減額，仕入債務の増減額，未払金及び未払費用の増減額などが挙がっています。

⑦　投資活動によるキャッシュ・フローの内訳項目を確認します。キャッシュの増減に大きな影響を及ぼした項目がわかります。ライオンの場合，有形固定資産の取得による支出が大きく影響しています。将来の収益獲得に向けて設備投資に10,814百万円支出しています。

⑧　財務活動によるキャッシュ・フローの内訳項目を確認します。キャッシュの増減に大きな影響を及ぼした項目がわかります。ライオンの場合，配当関連の項目が大きく影響しています。株主への配当金として4,359百万円，非支配株主への配当金として1,312百万円支出しています。短期借入金の返済による支出は大きい金額となっていますが，短期借入れによる収入の金額と合わせて考えますと，その影響は大きくありません。

## ❹ 財務分析の流れを理解する

当期（直近）の財務諸表を見て，企業の財政状態，経営成績およびキャッシュ・フローの状況を把握したら，いよいよ収益性や安全性などの詳細な分析に入ります。財務分析では，各種指標を計算して，当期の数値と過去の数値を比較したり，企業間でその数値を比較したりして，分析対象企業の現在の状況を判断し，その問題点や課題を浮き彫りにします。その流れは次のとおりです。

①　企業には，収益性，生産性，安全性，不確実性，成長性など，さまざまな特性があります。どのような特性を分析するかを決定します。本章では，収益性，安全性および成長性の分析を取り上げます。

②　企業特性ごとに，それを測るための指標をいくつか選択します。なぜそれらの指標を選択するのか，その理由を明確にすることが肝要です。指標は数多くあります。必要に応じて取捨選択しましょう。

③　分析対象企業の当期を含む過去数期分の財務諸表（財務データ）を用いて，企業特性ごとに，各種指標を数期にわたり計算します。そして，当期の数値を過去の数値と比較して，収益性や安全性などが向上・改善傾向にあるのか低下・悪化傾向にあるのかを判

断，評価します（期間比較または時系列分析といいます）。

④　比較対象とすべき企業（同業他社など）があれば，分析対象企業の場合と同じ要領で，各種指標を計算します。そして，分析対象企業の数値を比較対象企業の数値と比較して，収益性や安全性などが比較対象企業より優れているのか劣っているのかを判断，評価します（企業間比較またはクロスセクション分析といいます）。

⑤　期間比較と企業間比較では，収益性や安全性などの変化や優劣を判断するだけでなく，指標の計算結果から，その原因が財務諸表のどの項目に現れているのかを明らかにします。また，有価証券報告書や決算説明会資料，雑誌や新聞の記事などにあたり，企業の経営戦略や経営活動の状況に照らし合わせて，なぜそうなっているのか，その具体的な原因や背景をさらに探求します。

⑥　以上の分析を総合して，財務的な視点から，分析対象企業の経済活動の現状と問題点や課題をまとめます。財務分析の範囲を超えますが，その問題点や課題に対する改善案や解決策があれば，それも提示しましょう。


ただし，財務分析を行っていくうえで，次の点に留意してください。


①　日本の企業は，日本会計基準，国際会計基準（IFRS），修正国際基準（JMIS），米国会計基準のいずれかを適用して財務諸表を作成します。いずれを適用するかで財務諸表の数値は違ってきます。また，同じ基準を適用しても，同一事象について複数の会計処理方法が認められている場合もあり，どの方法を採用するかで財務諸表の数値は違ってきます。そのため，基準や方法が変更されたり，それらが企業間で異なる場合には，比較可能性が担保されません。比較分析が困難なほどに違いが大きい場合には，その違いによる影響部分を調整する必要があります（基準や方法の変更による影響部分は，遡及処理を通じてある程度調整されています）。しかし，この調整が難しい場合には，財務諸表の数値をそのまま利用するしかありません。

②　財務諸表には貨幣額で測定できるものだけが表示されます。しかし，貨幣額で測定できないもののなかに，企業の競争力の源泉となるものが多々あります。たとえば，経営者の経営手腕，企業の信用力，企業文化，従業員の勤勉さ，製品のブランドイメージ，研究開発力，卓越した生産システム，営業上のノウハウなどはその一例です。したがって，財務分析を通じての定量的判断には限界があり，業界分析や経営分析などの結果と総合して企業を評価する必要があります。

③　企業がグループで性質の異なる複数の事業を営んでいる場合，それらを1つにまとめた連結財務諸表による分析では限界があります。有価証券報告書では，連結財務諸表の注記情報として「セグメント情報」（事業別の売上高，営業利益，資産などの情報）が開示されています。企業の収益性や成長性をより深く分析したい場合には，セグメント情報も利

用してください。本章では，セグメント情報の分析までは解説していませんが，分析方法は，後述する連結財務諸表を用いた分析の方法と同じですので，ぜひ挑戦してください。

次節以降，企業の収益性，安全性および成長性を各種指標に基づいて，どのように判断し，評価するかについて解説していきます。そこでも消費財メーカーのライオンを事例として用いますが，紙幅の都合上，時系列分析だけを取り上げます。実際の財務分析では，時系列分析と同じ要領で，必ずクロスセクション分析も行ってください。

なお，図表3－11，図表3－12，図表3－13は，ライオンの直近5期分（2013年12月期～2017年12月期）の連結財務諸表の要旨です。次節以降の各種指標の計算に必要なデータベースといえます。必要に応じて参照してください。

図表3－11 ライオンの直近5期分の連結貸借対照表（要旨）

（注）単位は百万円

| | 2013年12月期 | 2014年12月期 | 2015年12月期 | 2016年12月期 | 2017年12月期 |
|---|---|---|---|---|---|
| 流動資産 | 148,150 | 146,175 | 166,830 | 185,469 | 203,495 |
| 　現金及び預金 | 25,559 | 18,008 | 18,584 | 17,879 | 23,781 |
| 　売上債権 | 57,246 | 59,007 | 58,655 | 60,293 | 64,141 |
| 　有価証券 | 25,429 | 24,448 | 45,919 | 61,007 | 69,211 |
| 　棚卸資産 | 35,085 | 39,364 | 37,553 | 39,725 | 40,208 |
| 　その他の流動資産 | 4,828 | 5,344 | 6,116 | 6,562 | 6,150 |
| 固定資産 | 133,948 | 137,176 | 115,603 | 113,040 | 128,256 |
| 　有形固定資産 | 68,989 | 79,275 | 75,060 | 74,402 | 80,981 |
| 　無形固定資産 | 12,606 | 9,106 | 5,921 | 2,822 | 1,690 |
| 　投資その他の資産 | 52,351 | 48,794 | 34,622 | 35,815 | 45,584 |
| 資産合計（総資産） | 282,098 | 283,352 | 282,434 | 298,510 | 331,751 |
| 流動負債 | 131,656 | 115,537 | 121,247 | 123,440 | 127,225 |
| 固定負債 | 26,208 | 40,380 | 18,455 | 17,190 | 17,511 |
| 負債合計 | 157,865 | 155,918 | 139,703 | 140,630 | 144,736 |
| 株主資本 | 110,588 | 115,201 | 131,077 | 146,642 | 162,104 |
| 　資本金 | 34,433 | 34,433 | 34,433 | 34,433 | 34,433 |
| 　資本剰余金 | 31,499 | 31,499 | 34,029 | 34,508 | 35,319 |
| 　利益剰余金 | 61,410 | 66,095 | 69,414 | 82,479 | 97,944 |
| 　自己株式 | △16,755 | △16,827 | △6,800 | △4,778 | △5,593 |
| その他の包括利益累計額 | 7,860 | 5,434 | 3,375 | 2,640 | 14,455 |
| 新株予約権 | 193 | 910 | 403 | 218 | 210 |
| 非支配株主持分 | 5,590 | 5,888 | 7,873 | 8,377 | 10,245 |
| 純資産合計（自己資本）※ | 124,232 | 127,434 | 142,730 | 157,879 | 187,015 |
| 負債純資産合計（総資本） | 282,098 | 283,352 | 282,434 | 298,510 | 331,751 |

※　純資産合計を自己資本としています。

出所：筆者作成。

Chapter 3　財務分析　◎—— 73

| 図表 3 － 12 | ライオンの直近 5 期分の連結損益計算書（要旨） |

（注）単位は百万円

| | 2013 年<br>12月期 | 2014 年<br>12月期 | 2015 年<br>12月期 | 2016 年<br>12月期 | 2017 年<br>12月期 |
|---|---|---|---|---|---|
| 売上高 | 352,005 | 367,396 | 378,659 | 395,606 | 410,484 |
| 売上原価 | 153,336 | 160,677 | 162,435 | 161,993 | 171,209 |
| 売上総利益 | 198,668 | 206,718 | 216,223 | 233,613 | 239,275 |
| 販売費及び一般管理費 | 187,849 | 194,312 | 199,848 | 209,110 | 212,068 |
| 　研究開発費※ | 9,618 | 9,439 | 9,808 | 10,084 | 10,474 |
| 営業利益 | 10,819 | 12,406 | 16,374 | 24,502 | 27,206 |
| 営業外収益 | 2,357 | 2,700 | 2,454 | 2,286 | 2,618 |
| 営業外費用 | 876 | 1,047 | 729 | 498 | 698 |
| 経常利益 | 12,300 | 14,059 | 18,099 | 26,290 | 29,126 |
| 特別利益 | 1,552 | 733 | 7,923 | 31 | 2,434 |
| 特別損失 | 2,926 | 1,706 | 6,635 | 2,286 | 1,001 |
| 税金等調整前当期純利益 | 10,925 | 13,085 | 19,387 | 24,035 | 30,560 |
| 法人税等合計 | 4,213 | 5,149 | 7,382 | 6,634 | 8,239 |
| 当期純利益 | 6,712 | 7,936 | 12,005 | 17,400 | 22,320 |
| 非支配株主に帰属する当期純利益 | 615 | 567 | 1,324 | 1,449 | 2,493 |
| 親会社株主に帰属する当期純利益 | 6,097 | 7,368 | 10,680 | 15,951 | 19,827 |

※　研究開発費はすべて販売費及び一般管理費に含まれています。

出所：筆者作成。

| 図表 3 － 13 | ライオンの直近 5 期分の連結キャッシュ・フロー計算書（要旨） |

（注）単位は百万円

| | 2013 年<br>12月期 | 2014 年<br>12月期 | 2015 年<br>12月期 | 2016 年<br>12月期 | 2017 年<br>12月期 |
|---|---|---|---|---|---|
| 営業活動によるキャッシュ・フロー | 22,910 | 11,738 | 35,539 | 32,269 | 28,562 |
| 投資活動によるキャッシュ・フロー | △12,819 | △16,838 | △6,974 | △7,845 | △8,750 |
| 　有形固定資産の取得による支出 | △14,649 | △13,124 | △9,334 | △8,945 | △10,814 |
| 　有形固定資産の売却による収入 | 183 | 141 | 787 | 51 | 2,800 |
| 財務活動によるキャッシュ・フロー | △2,772 | △6,520 | △5,062 | △7,437 | △6,754 |
| 現金及び現金同等物に係る換算差額 | 709 | 829 | △374 | △526 | 603 |
| 現金及び現金同等物の増減額（△は減少） | 8,027 | △10,791 | 23,128 | 16,461 | 13,661 |
| 現金及び現金同等物の期首残高 | 40,913 | 48,941 | 38,150 | 61,278 | 77,739 |
| 現金及び現金同等物の期末残高 | 48,941 | 38,150 | 61,278 | 77,739 | 91,401 |

出所：筆者作成。

## ❺ 収益性を分析する

　企業の経済活動の目的は，調達した資本を資産に投資して運用し，投資した額を超える
リターンを得て，利益を獲得することにあります。この，企業が利益を獲得する能力のこ
とを「収益性」といいます。収益性の分析は，財務分析で最も重要視されている分析です。
それは，収益性が企業の交渉力を示す指標としての一面をもつからです。収益性の基本的
な分析視点は，少ない資本でいかに多くの利益をあげるかです。このような視点を指標化
したのが「資本利益率」です。比率が高いほど，収益性が高いと判断できます[4]。

$$
資本利益率（\%）= \frac{利益}{資本} \times 100
$$

　資本利益率には，大きく分けて，企業の収益性を「企業全体」の観点から分析する「総
資本利益率」と，「株主」の観点から分析する「自己資本利益率」とがあります。以下，
これらの資本利益率を用いて，それぞれの観点から企業の収益性を分析する方法について
解説します。

### 1　企業全体の観点から収益性を分析してみよう

　企業全体の収益性を見たいという立場からすれば，企業が調達している資本の総額すな
わち「総資本」を使って，どれだけ多くの利益を生み出したかが重要です。企業の総資本
の投資効率を表し，「企業全体」の観点から収益性を評価するための指標が「総資本利益
率」です。総資本は具体的には資産で運用されるものであり，総資産に等しいことから，
総資本利益率は「総資産利益率（Return on Assets）」ともよばれ，その英語の頭文字をと
って「ROA」とも略称されます。

　総資本と対比すべき利益としては，総資本が営業活動と金融投資活動で使用されること
から，理論的には，営業利益に金融収益（受取利息・配当金や持分法による投資利益）を加算
した「事業利益」を用いることが望ましいとされています。しかし，多くの場合，計算の
簡略化のため，企業が経常的な活動で稼いだ利益である「経常利益」を代替的に用います。
そこで，本章では，総資本と経常利益を対比させた「総資本経常利益率」を用いることに
します。

$$
総資本経常利益率（\%）= \frac{経常利益}{総資本} \times 100
$$

---

4）　なお収益性の分析で，収益性が高いと判断される業界は，新規参入の脅威を考慮する必要が生
　　じます（24頁）。

## （1）総資本経常利益率（ROA）を計算する

　まず，貸借対照表の総資本（負債と純資産の合計）と損益計算書の経常利益の金額を用いて，分析対象企業や比較対象企業の過去数期分のROAを計算します。

　ここで注意を要するのは，総資本のような「ある時点の金額（ストック値）」と経常利益のような「ある期間の金額（フロー値）」を対比させる場合には，ストック値は，フロー値に合わせるために期首と期末の平均値を用いる必要があるという点です。ただし，本章では，これ以降，計算の簡略化のため，フロー値と対比させるストック値については，期末の金額を用いることにします。

　ライオンの場合，2017年12月期のROAは，次のように計算されます。この結果は，100万円の資本を運用すれば，年間に8.8万円の利益を獲得する能力があることを意味しています。1つの目安ですが，一般に，8%〜10%を超えると優良といわれます。

$$\left( \begin{array}{c} \text{ライオンの2017年12月期の} \\ \text{総資本経常利益率（ROA）} \end{array} \right) \quad \frac{29,126}{331,751} \times 100 \quad = 8.8 （\%）$$

　図表3−14は，ライオンの直近5期分のROAを計算した結果です。過去4年間でROAが4.4%から8.8%へと大きく上昇していることがわかります。つまり，企業全体としての収益性は向上傾向にあるといえます。

**図表3−14　ライオンの総資本経常利益率（ROA）（2013年12月期〜2017年12月期）**

| | 2013年12月期 | 2014年12月期 | 2015年12月期 | 2016年12月期 | 2017年12月期 |
|---|---|---|---|---|---|
| 総資本経常利益率（ROA）（%） | 4.4 | 5.0 | 6.4 | 8.8 | 8.8 |

出所：筆者作成。

## （2）ROAの変化や優劣の原因を探る

　ROAを計算して分析した結果，分析対象企業のROAが過年度と比較して上昇または低下している，あるいは他社と比較して高い，または低いことがわかったならば，次に，その原因がどこにあるかを探ります。

　ROAは，その計算式に「売上高／売上高（＝1）」を乗じて分母と分子を入れ替えることで，次のように「売上高経常利益率」と「総資本回転率」に分解されます。

$$\underbrace{\frac{経常利益}{総資本} \times 100}_{総資本経常利益率（\%）} = \underbrace{\frac{経常利益}{売上高} \times 100}_{売上高経常利益率（\%）} \times \underbrace{\frac{売上高}{総資本}}_{総資本回転率（回）}$$

① 売上高経常利益率

売上高に占める経常利益の割合であり，経常的な活動での「利幅」の大きさを表します。この比率が高いほど，採算性の高い事業を行っており，経常的な利益獲得効率が高いことを意味します。

② 総資本回転率

総資本が売上高を通じて何回回収されているのか，もっと簡単にいえば，総資本の何倍の売上高を生み出しているのかを表します。この比率が高いほど，それだけ総資本あるいはその具体的な運用形態である総資産の利用効率が高いことを意味します。

そこで，貸借対照表の総資本，損益計算書の売上高と経常利益の金額を用いて，売上高経常利益率と総資本回転率を計算します。これらの計算結果を分析すれば，分析対象企業のROAが過去と比較して上昇または低下している原因や同業他社と比較して高いまたは低い原因が，売上高経常利益率と総資本回転率のどちらにあるのか，あるいはその両方にあるのかがわかります。

ライオンの場合，2017年12月期の売上高経常利益率と総資本回転率は，次のように計算されます。これらの積はROAの8.8%と等しくなります。

$$\left(\begin{array}{l}\text{ライオンの2017年12月期の}\\\text{売上高経常利益率}\end{array}\right) \quad \frac{29,126}{410,484} \times 100 \ = 7.1 \ (\%)$$

$$\left(\begin{array}{l}\text{ライオンの2017年12月期の}\\\text{総資本回転率}\end{array}\right) \quad \frac{410,484}{331.751} \ = 1.24 \ (回)$$

図表3-15は，ライオンの直近5期分のROAとその2つの構成要素を計算した結果です。過去4年間でROAが4.4%から8.8%へと大きく上昇している原因が，主として，売上高経常利益率の大幅な上昇（3.5%から7.1%へ上昇）にあることがわかります。

図表3-15 ライオンの総資本経常利益率（ROA）とその構成要素（2013年12月期～2017年12月期）

| | 2013年12月期 | 2014年12月期 | 2015年12月期 | 2016年12月期 | 2017年12月期 |
|---|---|---|---|---|---|
| 総資本経常利益率（ROA）（%） | 4.4 | 5.0 | 6.4 | 8.8 | 8.8 |
| 売上高経常利益率（%） | 3.5 | 3.8 | 4.8 | 6.6 | 7.1 |
| 総資本回転率（回） | 1.25 | 1.30 | 1.34 | 1.33 | 1.24 |

出所：筆者作成。

## 2 株主の観点から収益性を分析してみよう

株主はもちろん，株主から資本の管理・運用を任されている企業の経営者にとっても，

株主に帰属する資本すなわち「自己資本」を使って株主のためにどれだけの利益を生み出したのかは大きな関心事です。自己資本の投資効率を表し、「株主」の観点から収益性を評価するための指標が「自己資本利益率」です。自己資本利益率では、自己資本と対比すべき利益として、株主に最終的に帰属する利益である「当期純利益」が用いられるため、「自己資本当期純利益率」が正確な表記です。英語では Return on Equity と表記され、その頭文字をとって「ROE」とも略称されます。

自己資本は、貸借対照表の純資産のうち株主（連結の場合、親会社株主）に帰属する部分をいい、厳密には、純資産と異なります。通常、「株主資本」と「評価・換算差額等」（連結財務諸表の場合、「その他の包括利益累計額」）の合計を指します。株主に帰属しない「新株予約権」や「非支配株主持分」は含みません。しかし、本章では、計算の簡略化のため、純資産の合計額を自己資本として用います。

また、当期純利益については、連結の場合、親会社株主の観点から収益性を評価するため、「親会社株主に帰属する当期純利益」を用いる点に注意してください。

$$自己資本当期純利益率（\%）= \frac{当期純利益}{自己資本} \times 100$$

### （1）自己資本当期純利益率（ROE）を計算する

まず、貸借対照表の自己資本（純資産合計）、損益計算書の当期純利益（連結の場合、親会社株主に帰属する当期純利益）の金額を用いて、分析対象企業や比較対象企業の過去数期分の ROE を計算します。

ライオンの場合、2017 年 12 月期の ROE は、次のように計算されます。一般に 10%〜15% 程度あれば優良であると評価されます。

$$\left(\begin{array}{l} ライオンの 2017 年 12 月期の \\ 自己資本当期純利益率（ROE） \end{array}\right) \quad \frac{19,827}{187,015} \times 100 \quad = 10.6 \quad （\%）$$

図表 3 - 16 は、ライオンの直近 5 期分の ROE を計算した結果です。過去 4 年間で ROE が 4.9% から 10.6% へと大きく上昇していることがわかります。つまり、株主の観点からの収益性は向上傾向にあるといえます。

| 図表 3 - 16 | ライオンの自己資本当期純利益率（ROE）（2013年12月期〜2017年12月期） |

| | 2013 年<br>12 月期 | 2014 年<br>12 月期 | 2015 年<br>12 月期 | 2016 年<br>12 月期 | 2017 年<br>12 月期 |
|---|---|---|---|---|---|
| 自己資本当期純利益率（ROE）（%） | 4.9 | 5.8 | 7.5 | 10.1 | 10.6 |

出所：筆者作成。

## （2）ROEの変化や優劣の原因を探る

　ROEについても，分析の結果，過年度と比較して上昇または低下している，他社と比較して高いまたは低いことがわかったならば，その原因がどこにあるかを探ります。

　ROEは，その計算式に「総資本／総資本（＝1）」を乗じて分母と分子を入れ替えることで，次のように「総資本当期純利益率」と「財務レバレッジ」に分解されます。また，前者は，総資本に経常利益ではなく当期純利益を対比させていますが，ROAであることから，売上高を介して，さらに「売上高当期純利益率」と「総資本回転率」に分解されます。つまり，ROEは「売上高当期純利益率」と「総資本回転率」と「財務レバレッジ」の3要素に分解できます。

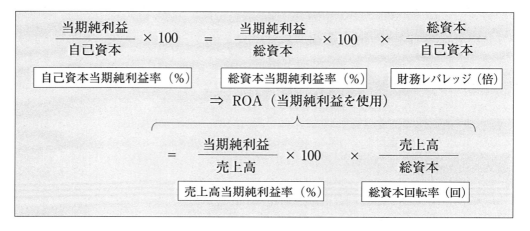

### ①　売上高当期純利益率

　ROAと共通の構成要素です。売上高に占める当期純利益（連結の場合，親会社株主に帰属する当期純利益）の割合であり，最終的な利幅の大きさを表します。この比率が高いほど，それだけ株主への配当財源となる最終利益の獲得効率が高いことを意味します。

### ②　総資本回転率

　ROAと共通の構成要素です。すでに説明したとおりです。

### ③　財務レバレッジ

　負債を活用して自己資本の何倍の総資本を調達しているか，負債の活用度を表します。他の2つの要素の変化による影響を拡大する効果を持ちます。総資本に占める負債の割合が大きくなるほど，倍率も高くなり，その拡大効果も大きくなります。

　そこで，今度は，貸借対照表の総資本と自己資本（純資産合計），損益計算書の売上高と当期純利益（連結の場合，親会社株主に帰属する当期純利益）の金額を用いて，売上高当期純

利益率，総資本回転率および財務レバレッジを計算します。これらの計算結果を分析すれば，分析対象企業の ROE が上昇または低下している原因や，他社と比較して高いまたは低い原因が，いずれの要素にあるのかがわかります。

ただし，財務レバレッジが高いことで ROE が高くなっている場合には，解釈に注意を要します。なぜなら，財務レバレッジは，他の 2 つの要素と異なり，高ければ高いほど望ましいというわけではないからです。財務レバレッジが高いと，売上高や利益の増減に対する ROE の変動幅が大きくなります。不況時には極端に数値が悪化する可能性があります。また，財務レバレッジが高すぎて，負債過多となると，倒産リスクが高まります。これは安全性の面からは望ましくありません。

ライオンの場合，2017 年 12 月期の売上高当期純利益率，総資本回転率および財務レバレッジは，次のように計算されます。なお，これら 3 つの要素の積は ROE の 10.6％と等しくなります。

$$\left( \begin{array}{l} \text{ライオンの 2017 年 12 月期の} \\ \text{売上高当期純利益率} \end{array} \right) \quad \frac{19{,}827}{410{,}484} \times 100 \quad = 4.8 \ （\%）$$

$$\left( \begin{array}{l} \text{ライオンの 2017 年 12 月期の} \\ \text{総資本回転率} \end{array} \right) \quad \frac{410{,}484}{331{,}751} \quad = 1.24 \ （回）$$

$$\left( \begin{array}{l} \text{ライオンの 2017 年 12 月期の} \\ \text{財務レバレッジ} \end{array} \right) \quad \frac{331{,}751}{187{,}015} \quad = 1.77 \ （倍）$$

図表 3 − 17 は，ライオンの直近 5 期分の ROE とその 3 つの構成要素を計算した結果です。総資本回転率がほぼ横ばい，財務レバレッジが低下傾向にあるなか，売上高当期純利益率が 1.7％から 4.8％へと大きく上昇しています。過去 4 年間で ROE が 4.9％から 10.6％へと大きく上昇している原因が，主として，売上高当期純利益率の大幅な上昇にあることがわかります。

| 図表 3 − 17 | ライオンの自己資本当期純利益率（ROE）とその構成要素（2013年12月期〜2017年12月期） |

|  | 2013 年 12 月期 | 2014 年 12 月期 | 2015 年 12 月期 | 2016 年 12 月期 | 2017 年 12 月期 |
|---|---|---|---|---|---|
| 自己資本当期純利益率（ROE）（%） | 4.9 | 5.8 | 7.5 | 10.1 | 10.6 |
| 売上高当期純利益率（%） | 1.7 | 2.0 | 2.8 | 4.0 | 4.8 |
| 総資本回転率（回） | 1.25 | 1.30 | 1.34 | 1.33 | 1.24 |
| 財務レバレッジ（倍） | 2.27 | 2.22 | 1.98 | 1.89 | 1.77 |

出所：筆者作成。

## 3 売上高利益率を分析してみよう

続いて，ROA と ROE の共通の構成要素の 1 つである売上高利益率の分析に移ります。分析対象企業の売上高経常利益率や売上高当期純利益率に過年度からの変化または他社と

の差異が存在する場合，損益計算書における段階的な利益計算構造に基づいて，その変化や差異の原因がどこにあるかを探求します。ROA や ROE のさらなる上昇へのヒントを得ることにもなります。

## （1）百分率損益計算書を作成する

具体的には，百分率損益計算書を作成します。百分率損益計算書とは，損益計算書の各項目の金額を売上高の金額で割って，百分率（パーセント）で表現したものです。損益計算書の主要な項目をベースに作成すればよいですが，より詳細な検討を行いたい場合には，販売費及び一般管理費や営業外損益の内訳項目まで含めて作成します。

$$
各項目の百分率（\%）= \frac{損益計算書の各項目の金額}{売上高} \times 100
$$

この百分率損益計算書における利益項目の比率が，売上高に対する利益の割合を意味する売上高利益率です。どの段階の利益の比率であるかに応じて，売上高総利益率，売上高営業利益率，売上高経常利益率，売上高当期純利益率とよばれます。なお，費用項目の売上原価，販売費及び一般管理費の比率はそれぞれ，売上原価率，販管費率とよばれます。

ライオンの場合，2017 年 12 月期の百分率損益計算書を作成すると，次のようになります。損益計算書の各項目の百分率は，それぞれの金額を売上高の 410,484 百万円で割ってパーセントで示したものとなっています。

図表３−18 ライオンの損益計算書と百分率損益計算書（2017年12月期）

| | 金額（百万円） | 百分率（%） | 比率の名称 |
|---|---|---|---|
| 売上高 | 410,484 | 100.0 | |
| 売上原価 | 171,209 | 41.7 | ← 売上原価率 |
| 売上総利益 | 239,275 | 58.3 | ← 売上高総利益率 |
| 販売費及び一般管理費 | 212,068 | 51.7 | ← 販管費率 |
| 営業利益 | 27,206 | 6.6 | ← 売上高営業利益率 |
| 営業外収益 | 2,618 | 0.6 | |
| 営業外費用 | 698 | 0.2 | |
| 経常利益 | 29,126 | 7.1 | ← 売上高経常利益率 |
| 特別利益 | 2,434 | 0.6 | |
| 特別損失 | 1,001 | 0.2 | |
| 税金等調整前当期純利益 | 30,560 | 7.4 | |
| 法人税等合計 | 8,239 | 2.0 | |
| 当期純利益 | 22,320 | 5.4 | |
| 非支配株主に帰属する当期純利益 | 2,493 | 0.6 | |
| 親会社株主に帰属する当期純利益 | 19,827 | 4.8 | ← 売上高当期純利益率 |

出所：筆者作成。

（2）売上高利益率の変化や差異の原因を探る

　分析対象企業や比較対象企業の過去数期分の百分率損益計算書を作成したら，売上高から経常利益または当期純利益に至る計算プロセスに沿って，各原価・費用項目の比率や各利益項目の比率などを時系列的に見たり，あるいは他社と比較したりして，売上高経常利益率や売上高当期純利益率の変化の原因や他社との差異の原因がどの項目にあるのかを検討します。

　図表3－19は，ライオンの直近5期分の百分率損益計算書（経常利益まで）です。上から見ていくと，過去4年間で，売上原価率が1.9ポイント低下し，同じポイントだけ売上高総利益率が上昇しています。商品や製品の利幅が大きくなり，その競争力や採算性が高くなっています。また，販管費率も1.7ポイント低下しています。販売活動や管理活動の効率性も高まっています。その結果，本業での利益獲得効率はさらに高まり，売上高営業利益率は3.5ポイントも上昇しています。営業外収益・費用の比率はほぼ変化がありません。以上の結果，過去4年間で売上高経常利益率を大きく上昇させた原因は，売上原価率と販管費率の低下にあることがわかります。

図表3－19　ライオンの百分率損益計算書（2013年12月期～2017年12月期）

（注）単位は％

|  | 2013年12月期 | 2014年12月期 | 2015年12月期 | 2016年12月期 | 2017年12月期 |
|---|---|---|---|---|---|
| 売上高 | 100.0 | 100.0 | 100.0 | 100.0 | 100.0 |
| 売上原価 | 43.6 | 43.7 | 42.9 | 40.9 | 41.7 |
| 売上総利益 | 56.4 | 56.3 | 57.1 | 59.1 | 58.3 |
| 販売費及び一般管理費 | 53.4 | 52.9 | 52.8 | 52.9 | 51.7 |
| 営業利益 | 3.1 | 3.4 | 4.3 | 6.2 | 6.6 |
| 営業外収益 | 0.7 | 0.7 | 0.6 | 0.6 | 0.6 |
| 営業外費用 | 0.2 | 0.3 | 0.2 | 0.1 | 0.2 |
| 経常利益 | 3.5 | 3.8 | 4.8 | 6.6 | 7.1 |

出所：筆者作成。

## 4　総資本回転率を分析してみよう

　最後に，ROAとROEのもう1つの共通の構成要素である総資本回転率の分析を行います。総資本は資産の形態で運用されています。資産全体を効率的に利用してより多くの売上高を生み出せれば，総資本回転率は高くなります。逆に，売上高に結びつかない不良資産や遊休資産を多く抱え込むと，総資本回転率は低下します。

　そこで，分析対象企業の総資本回転率に過年度からの変化または他社との差異が存在する場合には，その原因を探るために，また，そうでない場合でも，ROAやROEをさらに上昇させるヒントを得るために，いかなる資産の利用効率に変化があったのかあるいは優劣があるのかを詳細に検討します。具体的には，総資本回転率の計算式の分母の総資本

を，主要な資産項目に置き換えて，回転率を計算することで，当該資産の利用効率の変化
や優劣を判断していきます。

　なお，75頁で説明したように，厳密にはストック値（資産の金額）としては期首（前期末）
と期末の平均値を用いて計算すべきであることに注意してください。


## （1）流動資産回転率と固定資産回転率を計算する

　まず，貸借対照表の流動資産，固定資産，損益計算書の売上高の金額を用いて，流動資
産回転率と固定資産回転率を計算します。これらの計算結果を観察すれば，流動資産と固
定資産の全体的な利用効率がどう変化しているのか，他社と比較して優れているのか劣っ
ているのかがわかります。

$$流動資産回転率（回）= \frac{売上高}{流動資産}$$

$$固定資産回転率（回）= \frac{売上高}{固定資産}$$

　ライオンの場合，2017年12月期の流動資産回転率と固定資産回転率は，次のように計
算されます。

$$\left. \begin{array}{l} ライオンの2017年12月期の \\ 流動資産回転率 \end{array} \right\rangle \quad \frac{410,484}{203,495} \ = 2.02 \ （回）$$

$$\left. \begin{array}{l} ライオンの2017年12月期の \\ 固定資産回転率 \end{array} \right\rangle \quad \frac{410,484}{128,256} \ = 3.20 \ （回）$$


## （2）流動資産および固定資産の内訳項目の回転率を計算する

　続いて，資産のうち一般に重要視される手元流動性，売上債権，棚卸資産および有形固
定資産の利用効率を検討するために，これらの残高と売上高の金額を用いて，それぞれの
資産の回転率を計算します。

$$手元流動性回転率（回）= \frac{売上高}{手元流動性}$$

$$売上債権回転率（回）= \frac{売上高}{売上債権}$$

$$棚卸資産回転率（回）= \frac{売上高}{棚卸資産}$$

$$有形固定資産回転率（回）= \frac{売上高}{有形固定資産}$$

① 手元流動性回転率

　手元流動性は，手元資金ともよばれ，換金性がきわめて高い資産のことです。具体的には，現金預金と有価証券を合計して求めます。この回転率が低いほど，売上高と比べて手元資金が多すぎる，資金を有効活用できていないと解釈できます。ただし，資金繰り悪化や運転資金不足に備えてある程度の手元資金は必要なので，回転率が高すぎるのも安全性の面からは望ましくありません。

② 売上債権回転率

　売上債権は，受取手形や売掛金，電子記録債権などを合計して求めますが，そこから貸倒引当金を控除するか否かは見解が分かれます。不良債権が多い場合，貸倒引当金を控除すると，売上債権の金額は小さくなり，あたかも売上債権の回収が進んでいるような誤解を与えます。そのため，ここでは，貸倒引当金を控除せず，不良債権を含んだ売上債権の金額を用います。この回転率が高いほど，売上高と比べて売上債権が少なく，短期間のうちに売上債権が回収されており，その利用効率が高いと解釈できます。逆に，回転率が低いと，売上債権の回収状況が悪く，売掛金が長期滞留している可能性があります。

③ 棚卸資産回転率

　棚卸資産は，商品・製品，仕掛品，原材料・貯蔵品などを合計して求めます。棚卸資産は取得原価で評価されますので，原価に利益を加算した売上高ではなく，売上原価と対比させる方法もありますが，ここでは，総資本回転率を資産別に分解していますので，売上高を用います。この回転率が高いほど，売上高と比べて棚卸資産が少なく，棚卸資産が短期間に消費，販売されており，その利用効率が高いと解釈できます。逆に，回転率が低いと，売れ行きが低調で，過剰在庫や不良在庫の存在が疑われます。

④ 有形固定資産回転率

　有形固定資産は，建物，機械装置，土地などから構成されますが，貸借対照表にその合計額が記載されているので，それをそのまま用います。この回転率が高いほど，有形固定資産の利用効率が高く，良好であると解釈できます。逆に，回転率が低いと，資産の稼働率が悪いか，遊休資産や非効率的な資産が多いと考えられます。ただし，この回転率は，将来の収益獲得に向けて多額の設備投資を行うと，一時的に低下しますし，反対に，収益性が悪化し大幅な減損処理があると，一時的に上昇します。回転率に大きな変化があった

場合には，その背後にある原因を慎重に検討しましょう。

　ライオンの場合，2017 年 12 月期の手元流動性，売上債権，棚卸資産および有形固定資産の回転率は，次のように計算されます。

$$\left(\begin{array}{l}\text{ライオンの 2017 年 12 月期の}\\\text{手元流動性回転率}\end{array}\right) \quad \frac{410{,}484}{(23{,}781 + 69{,}211)} = 4.41 \quad（回）$$

$$\left(\begin{array}{l}\text{ライオンの 2017 年 12 月期の}\\\text{売上債権回転率}\end{array}\right) \quad \frac{410{,}484}{64{,}141} = 6.40 \quad（回）$$

$$\left(\begin{array}{l}\text{ライオンの 2017 年 12 月期の}\\\text{棚卸資産回転率}\end{array}\right) \quad \frac{410{,}484}{40{,}208} = 10.21 \quad（回）$$

$$\left(\begin{array}{l}\text{ライオンの 2017 年 12 月期の}\\\text{有形固定資産回転率}\end{array}\right) \quad \frac{410{,}484}{80{,}981} = 5.07 \quad（回）$$

　図表 3 - 20 は，ライオンの直近 5 期分の総資本回転率と各資産項目の回転率を計算した結果です。過去 4 年間で，総資本回転率はほぼ横ばいですが，流動資産回転率は 2.38 回から 2.02 回へとやや低下，固定資産回転率は 2.63 回から 3.20 回へと上昇しています。流動資産の内訳の回転率を見ると，流動資産の全体的な利用効率がやや悪化している大きな原因は，手元流動性の利用効率の悪化にあることがわかります。固定資産の全体的な利用効率は改善していますが，有形固定資産回転率はほぼ横ばいで，無形固定資産は僅少ですので，投資その他の資産の利用効率が改善した影響が大きいと考えられます。

図表 3 - 20　ライオンの効率性分析（2013年12月期〜2017年12月期）

|  | 2013 年 12 月期 | 2014 年 12 月期 | 2015 年 12 月期 | 2016 年 12 月期 | 2017 年 12 月期 |
|---|---|---|---|---|---|
| 総資本回転率（回） | 1.25 | 1.30 | 1.34 | 1.33 | 1.24 |
| 流動資産回転率（回） | 2.38 | 2.51 | 2.27 | 2.13 | 2.02 |
| 　手元流動性回転率（回） | 6.90 | 8.65 | 5.87 | 5.01 | 4.41 |
| 　売上債権回転率（回） | 6.15 | 6.23 | 6.46 | 6.56 | 6.40 |
| 　棚卸資産回転率（回） | 10.03 | 9.33 | 10.08 | 9.96 | 10.21 |
| 固定資産回転率（回） | 2.63 | 2.68 | 3.28 | 3.50 | 3.20 |
| 　有形固定資産回転率（回） | 5.10 | 4.63 | 5.04 | 5.32 | 5.07 |

出所：筆者作成。

Chapter 3 財務分析 ◎── 85

## ⑥ 安全性を分析する

　企業は日々の経済活動においてさまざまな法的な支払義務（債務といいます）を負います。銀行から融資を受ければ，利息や元金の支払義務を負います。取引先から掛けで商品を仕入れれば，仕入代金の支払義務を負います。企業は，いくら多額の利益を計上していても，資金繰りに行き詰まり，これらの債務の返済を期日までに履行できなければ，信用を失い，その経済活動に支障をきたします。最悪の場合，活動の継続は不可能となり，倒産します。逆に，利益を獲得できない期間が連続しても，資金があり債務を返済できれば，企業が倒産することはありません。この，企業の資金的な余裕と，資金不足による債務不履行で企業が倒産するリスクの回避度を評価する指標を「安全性」といいます。安全性の分析は，企業の評価に際し，収益性とならび重要です。

　企業は，債務不履行に陥る危険性が高くなると，それを避けようと資金繰りに追われます。信用リスクも高まり，金融機関から追加で融資を受けることも難しくなります。そうなると，将来の利益獲得に向けての投資を行うことはできません。逆に，そのような危険性がなく資金繰りに余裕があれば，将来への投資を行うことができます。そのため，企業の安全性は，収益性の改善や成長性の向上にも大きな影響を及ぼします。

　安全性の分析では，主として，貸借対照表とキャッシュ・フロー計算書を用います。以下，それぞれの報告書を用いて企業の安全性を分析する方法について解説します。

## 1　貸借対照表を用いて安全性を分析してみよう

　貸借対照表を用いて安全性を分析する場合には，短期的な視点と長期的な視点に分けて行います。短期の安全性分析では，短期間のうちに返済期日の到来する債務である流動負債を支払うだけの資金力があるかどうかの観点から，企業の債務返済能力を評価します。他方，長期の安全性分析では，返済の必要のある負債に過度に依存することなく資本を調達できているかどうか，固定資産として長期にわたって運用されている資本は返済を要しない自己資本や返済期間の長い固定負債で賄われているかどうかの観点から，企業の財務健全性を評価します。本章では，短期の安全性の指標として，流動比率，当座比率および手元流動性比率を，長期の安全性の指標として，自己資本比率，固定比率および固定長期適合率を取り上げます。

### （1）短期の安全性の指標を計算する

　まずは，分析対象企業や比較対象企業の過去数期分の流動比率，当座比率および手元流動性比率を計算します。これらは，流動負債に対してその支払原資となる資産がどの程度あるかに着目した指標です。流動比率，当座比率，手元流動性比率の順序で，支払原資と

なる資産の範囲をより換金性の高いものに限定しており，企業の債務返済能力をより厳密に評価することができます。

$$
流動比率（\%）= \frac{流動資産}{流動負債} \times 100
$$

$$
当座比率（\%）= \frac{当座資産}{流動負債} \times 100
$$

$$
手元流動性比率（月）= \frac{手元流動性}{平均月商（＝売上高 \div 12）}
$$

① 流動比率

　短期間に返済すべき流動負債に対して，短期間に資金化される流動資産がどのくらい上回っているかを表します。この比率が高いほど，企業の債務返済能力は高くなります。しかし，流動資産には即時に換金できない棚卸資産や支払手段として利用できない前払費用や仮払金などが含まれます。そのため，資金繰りに余裕をもつには，流動比率が120％〜150％くらいは必要であり，200％を超えれば理想的です。他方，100％を大きく下回ると，一般には，資金繰りが厳しいと考えられますが，小売業や外食産業のように個人消費者相手の現金商売で日銭が入ってくる業種では，資金不足に陥る危険性は相対的に低いといえます。数値だけを見て評価するのではなく，業界の特性を考慮することが重要です。

② 当座比率

　流動負債と対比させる資産として当座資産を用います。当座資産とは，流動資産のなかでも特に早期に換金される資産のことをいいます。当座資産は，現金預金，売上債権（受取手形や売掛金など），有価証券を合計して求めます。即時の換金性に劣る棚卸資産を含みません。なお，売上債権に対する貸倒引当金がわかれば，それを控除します。当座資産を用いることで，流動比率よりも厳密に企業の債務返済能力を評価できます。この比率が高いほど債務返済能力が高いことは流動比率の場合と同じです。100％を超えることが望ましいですが，業界の特性を考慮して評価すべきです。

③ 手元流動性比率

　手元流動性とは，手元資金として即時に支払可能な換金性のきわめて高い資産であり，現金預金と有価証券を合計して求めます。資金として回収されるまでに数か月かかることもある売上債権を含みません。損益計算書の売上高を12か月で割った平均月商と対比させることで，手元資金が売上高の何か月分あるか，あるいは月商の何倍あるかがわかりま

す。この比率が高いほど，資金繰りに余裕があり，企業の債務返済能力は高くなります。業種や業態，企業規模によって異なりますが，一般には，1か月〜1.5か月程度あれば安全であるといわれます。ただし，収益性の面からは，この比率があまりにも高すぎることは問題です。資金を効率的に活用できていない可能性が高いからです。バランスが大事です。

　ライオンの場合，2017年12月期の流動比率，当座比率および手元流動性比率は，次のように計算されます。

$$\left(\begin{array}{l}\text{ライオンの2017年12月期の}\\\text{流動比率}\end{array}\right) \frac{203{,}495}{127{,}225} \times 100 = 159.9（\%）$$

$$\left(\begin{array}{l}\text{ライオンの2017年12月期の}\\\text{当座比率}\end{array}\right) \frac{(23{,}781 + 64{,}141 + 69{,}211)}{127{,}225} \times 100 = 123.5（\%）$$

$$\left(\begin{array}{l}\text{ライオンの2017年12月期の}\\\text{手元流動性比率}\end{array}\right) \frac{(23{,}781 + 69{,}211)}{(410{,}484 \div 12)} = 2.7（月）$$

## （2）長期の安全性の指標を計算する

　続いて，分析対象企業や比較対象企業の過去数期分の自己資本比率，固定比率および固定長期適合率を計算します。自己資本比率は，資本の調達源泉である負債と自己資本の構成割合に着目した指標です。また，固定比率と固定長期適合率は，固定資産として長期的に運用されている資本とその調達源泉との関係に着目した指標です。

$$\text{自己資本比率（\%）} = \frac{\text{自己資本}}{\text{総資本}} \times 100$$

$$\text{固定比率（\%）} = \frac{\text{固定資産}}{\text{自己資本}} \times 100$$

$$\text{固定長期適合率（\%）} = \frac{\text{固定資産}}{\text{自己資本＋固定負債}} \times 100$$

## ① 自己資本比率

　運用している資本総額のうちどのくらいの割合を返済義務のない自己資本で調達しているのかを表します。この比率が高いほど，借入金の返済やその利息の支払いなどで資金繰りに困る可能性は低く，企業の財務健全性は高いといえます。収益性の高い企業ほど，留保利益の蓄積で自己資本が膨らみ，この比率も高くなる傾向にあります。一般に，50％を

超えれば良好とされますが，銀行からの借入れに依存しがちな日本では，上場企業でもその平均値は40％前後です。なお，高成長企業では，借入れによって事業規模を拡大することが多いので，この比率が低くなる傾向にあります。比率が低い場合には，その原因と背景まで探りましょう。

② 固定比率

固定資産への投資額が自己資本によってどの程度賄われているかを表します。固定資産への投資資本は回収までに長期間を要するので，資金繰りの面からは，返済の必要のない自己資本で調達していることが望ましいといえます。したがって，この比率は100％を下回ることが理想であり，その数値が低いほど，企業の財務健全性は高いことになります。100％を超える場合，固定資産への投資額の一部を負債で賄っていることになりますが，その数値が高いほど，資金繰りが厳しくなる可能性が高くなります。

③ 固定長期適合率

固定比率の計算式の分母を貸借対照表の自己資本と固定負債の合計額に置き換えて計算します。固定資産への投資額が自己資本と固定負債によってどの程度賄われているかを表します。この比率が100％を超えて，固定資産への投資額が自己資本さらには返済期間の長い固定負債でも賄いきれず，返済期限の短い流動負債に依存していれば，資金繰りが厳しくなります。したがって，この比率は100％を下回ることが絶対条件であり，この数値が低いほど，企業の財務健全性は高くなります。

ライオンの場合，2017年12月期の自己資本比率，固定比率および固定長期適合率は，次のように計算されます。

$$\left(\begin{array}{l}\text{ライオンの2017年12月期の}\\\text{自己資本比率}\end{array}\right) \quad \frac{187,015}{331,751} \times 100 = 56.4（\%）$$

$$\left(\begin{array}{l}\text{ライオンの2017年12月期の}\\\text{固定比率}\end{array}\right) \quad \frac{128,256}{187,015} \times 100 = 68.6（\%）$$

$$\left(\begin{array}{l}\text{ライオンの2017年12月期の}\\\text{固定長期適合率}\end{array}\right) \quad \frac{128,256}{(187,015 + 17,511)} \times 100 = 62.7（\%）$$

図表3－21は，ライオンの直近5期分の短期と長期の安全性の指標を計算した結果です。過去4年間で流動比率は112.5％から159.9％へ，当座比率は82.2％から123.5％へ，手元流動性比率は1.7月から2.7月へと大きく上昇しています。また，自己資本比率は44.0％から56.4％へと上昇し，固定比率は107.8％から68.6％へ，固定長期適合率は89.0％から

62.7％へと大きく低下しています。短期的な安全性も長期的な安全性も向上していることがわかります。

図表３−21　ライオンの安全性分析の各種指標（2013年12月期〜2017年12月期）

| | 2013年12月期 | 2014年12月期 | 2015年12月期 | 2016年12月期 | 2017年12月期 |
|---|---|---|---|---|---|
| 流動比率（％） | 112.5 | 126.5 | 137.6 | 150.3 | 159.9 |
| 当座比率（％） | 82.2 | 87.8 | 101.6 | 112.8 | 123.5 |
| 手元流動性比率（月） | 1.7 | 1.4 | 2.0 | 2.4 | 2.7 |
| 自己資本比率（％） | 44.0 | 45.0 | 50.5 | 52.9 | 56.4 |
| 固定比率（％） | 107.8 | 107.6 | 81.0 | 71.6 | 68.6 |
| 固定長期適合率（％） | 89.0 | 81.7 | 71.7 | 64.6 | 62.7 |

出所：筆者作成。

## 2　キャッシュ・フロー計算書を用いて安全性を分析してみよう

　企業が倒産しないためには，期日までに債務の返済に必要な資金の流入があるか，手元資金が豊富にあることが求められます。確かに，貸借対照表における流動比率や当座比率が高ければ，その条件を満たす可能性は高くなります。しかし，流動資産や当座資産がいくら多くても，滞留在庫が膨らみ，売上債権の回収が滞っているようであれば，資金繰りは厳しくなり，必ずしも安全とはいえません。逆に，流動比率や当座比率が低くても，日々の営業活動で資金を継続的に創出し，各種支払いに応じることができていれば，安全性に問題はありません。このように，貸借対照表の資産や負債の残高のみに基づいて行う安全性の分析には限界があります。それを補完するには，キャッシュ・フロー計算書を用いて，資金の流れをも考慮に入れた分析を行う必要があります。

　まずは，キャッシュ・フロー計算書で企業全体の資金の流れを把握し，資金が健全に循環しているかどうか，資金繰りに問題がないかどうかを判断します。そして，次に，キャッシュ・フロー情報を用いた安全性の指標を計算し，その結果から企業の安全性を評価します。本章では，いくつかある指標のうち，営業キャッシュ・フロー対流動負債比率と設備投資額対営業キャッシュ・フロー比率を取り上げます。

### （1）キャッシュ・フロー計算書を観察する

　分析対象企業や比較対象企業の過去数期分のキャッシュ・フロー計算書を観察し，営業活動によるキャッシュ・フロー（以下，営業CF），投資活動によるキャッシュ・フロー（以下，投資CF）および財務活動によるキャッシュ・フロー（以下，財務CF）の正負とその大きさの比較から，企業全体の資金の流れを把握します。次の手順で，資金循環の健全性や資金繰りの状況を評価します。

① 営業CFがプラスかどうかを確認します。プラスであれば，本業で資金を獲得できていることを意味します。マイナスであれば，本業で資金が流出している状況であり，それが続くと資金繰りに窮し，倒産の可能性が高くなります。営業CFがプラスであることは，資金の循環が健全であるための必要条件といえます。

② 営業CFがプラスであれば，その範囲内で投資CFのマイナスを賄えているかどうかを確認します。企業が存続・成長していくためには将来に向けた設備投資が不可欠であり，その支出も多くなるため，通常，投資CFはマイナスとなります。そのマイナスを営業CFのプラスで賄えていれば，資金繰りに余裕があります。余った資金を借入金の返済や株主への配当（財務CFのマイナス）に回せていれば，資金循環としてはもっとも健全なパターンです。

③ 営業CFのプラスの範囲内で投資CFのマイナスを賄えていなければ，金融機関からの借入れなど（財務CFのプラス）で投資資金の不足分を補えているかどうかを確認します。補えていれば，資金繰りに問題はありません。ただし，借入れに過度に依存していると，営業CFが増加しないかぎり，将来的には膨らんだ負債の返済で資金繰りが厳しくなります。財務CFのプラスでも補えていないならば，手元資金を取り崩している状況であり，それが潤沢にある場合を除き，資金繰りは苦しくなっています。

④ 営業CFがマイナスであれば，金融機関からの借入れなど（財務CFのプラス）で資金を融通できているかどうかを確認します。融通できていれば，金融機関からの支援を受けられており，何とか資金繰りが回っている状況です。しかし，早急に本業を立て直して営業CFをプラスに転じさせないと，近い将来，資金繰りに行き詰まります。これに対し，金融機関からの支援がないか，あっても不十分なため，保有資産の切り売り（投資CFのプラス）で資金を融通しているか，乏しい手元資金を取り崩しているならば，すでに資金繰りに行き詰まっている状況といえます。

⑤ 営業，投資および財務の3つの活動を通じて，結果的に，手元資金が増加しているかどうか（現金及び現金同等物の増減額）を確認します。資金繰りの面からは，増加していることが望ましいです。営業CFがプラスでも，設備投資が過剰であるとか，借入金の返済負担が重いと，投資CFや財務CFのマイナスを賄いきれず，手元資金は減少します。これが恒常的であれば，資金繰りは悪化します。

　ライオンの場合，2017年12月期の連結キャッシュ・フロー計算書を観察すると，営業CFは28,562百万円のプラス，投資CFは8,750百万円のマイナス，財務CFは6,754百万円のマイナスであり，手元資金の年間の増減は13,661百万円のプラスです。本業で獲得した資金の範囲内で設備投資や株主への配当を行いながら，手元資金も充実させており，資金の循環はとても健全であると評価できます。

　なお，図表3-22は，ライオンの直近5期分のキャッシュ・フローの状況を一覧表示

したものです。営業 CF は 5 期連続してプラスであり，しかも著しく落ち込んだ 2014 年 12 月期を除き，投資 CF と財務 CF のマイナスをその範囲内で賄い，多額の手元資金を積み増しています。長期にわたり健全な資金循環を形成していることがわかります。

| 図表 3 − 22 | ライオンのキャッシュ・フローの状況（2013年12月期〜2017年12月期） |

| | 2013 年 12月期 | 2014 年 12月期 | 2015 年 12月期 | 2016 年 12月期 | 2017 年 12月期 |
|---|---|---|---|---|---|
| 営業 CF（百万円） | 22,910 | 11,738 | 35,539 | 32,269 | 28,562 |
| 投資 CF（百万円） | △ 12,819 | △ 16,838 | △ 6,974 | △ 7,845 | △ 8,750 |
| 財務 CF（百万円） | △ 2,772 | △ 6,520 | △ 5,062 | △ 7,437 | △ 6,754 |
| 現金及び現金同等物の増減額（百万円） | 8,027 | △ 10,791 | 23,128 | 16,461 | 13,661 |
| 現金及び現金同等物の期末残高（百万円） | 48,941 | 38,150 | 61,278 | 77,739 | 91,401 |

出所：筆者作成。

## （2）キャッシュ・フロー情報を用いた安全性の指標を計算する

続いて，分析対象企業や比較対象企業の過去数期分の営業 CF 対流動負債比率と設備投資額対営業 CF 比率を計算します。前者は，流動負債に対して営業 CF のプラスがどの程度あるかに着目した指標です。流動比率や当座比率のキャッシュ・フロー版です。後者は，回収まで長期間を要する設備投資の資金を営業 CF のプラスの範囲内で賄えているかに着目した指標です。前者は短期の安全性の指標であり，後者は長期の安全性の指標です。

$$営業 CF 対流動負債比率（％）= \frac{営業 CF}{流動負債} \times 100$$

$$設備投資額対営業 CF 比率（％）= \frac{設備投資額}{営業 CF} \times 100$$

### ① 営業 CF 対流動負債比率

流動負債の返済に必要な資金のうち，どのくらいの割合を営業 CF で賄えるかを表します。すでに回収した資金を用いる点で，流動比率や当座比率よりも現実的かつ客観的な指標です。この比率が高いほど，企業の債務返済能力は高いといえます。40％を超えると望ましいといわれますが，あくまでも目安にすぎず，過去の数値や同業他社の数値と比較して評価することが大切です。

### ② 設備投資額対営業 CF 比率

計算式の分子の設備投資額は，キャッシュ・フロー計算書の投資 CF の内訳項目である「有形固定資産の取得による支出」から「有形固定資産の売却による収入」を控除して求

めます。営業 CF のプラスで設備投資資金をどの程度賄えているかを表します。この比率が低いほど，それだけ資金繰りに余裕があることを意味し，企業の財務健全性は高いといえます。資金繰りの面からは，本業で獲得した資金で設備投資を行うことが理想であり，100％を下回ることが望まれます。逆に，100％を超えていれば，多くの場合，設備投資のための資金の一部を借入れなどで補っています。それが続いている場合，企業が成長期や拡大期にあれば，将来の収益獲得のために積極的に設備投資を行っていると解釈できますが，そうでなければ，過剰投資の可能性が高く，財務健全性の低下が危ぶまれます。

　ライオンの場合，2017 年 12 月期の営業 CF 対流動負債比率と設備投資額対営業 CF 比率は，次のように計算されます。

$$\left.\begin{array}{l}\text{ライオンの 2017 年 12 月期の}\\ \text{営業 CF 対流動負債比率}\end{array}\right) \quad \frac{28{,}562}{127{,}225} \times 100 \;=\; 22.4\,（\%）$$

$$\left.\begin{array}{l}\text{ライオンの 2017 年 12 月期の}\\ \text{設備投資額対営業 CF 比率}\end{array}\right) \quad \frac{(10{,}814 \;-\; 2{,}800)}{28{,}562} \times 100 \;=\; 28.1\,（\%）$$

　図表 3 － 23 は，ライオンの直近 5 期分の営業 CF 対流動負債比率と設備投資額対営業 CF 比率を計算した結果です。2014 年 12 月期を境に，営業 CF 対流動負債比率は 10％台から 20％台に上昇し，設備投資額対営業 CF 比率は 100％超から 30％を切るまでに低下しています。ただし，これらの比率は，過去 2 年間では，数値そのものは良好な水準にありますが，営業 CF の減少にともなってやや悪化しています。キャッシュ・フローの観点からは，短期的な安全性も長期的な安全性も，過去 2 年間はやや低下していますが，過去4 年間を通して高い水準まで向上しており，貸借対照表を用いた安全性分析での評価と整合する結果となっています。

| 図表 3 － 23 | ライオンの営業CF対流動負債比率・設備投資額対営業CF比率 （2013年12月期〜2017年12月期） | | | | |
|---|---|---|---|---|---|
| | 2013 年<br>12 月期 | 2014 年<br>12 月期 | 2015 年<br>12 月期 | 2016 年<br>12 月期 | 2017 年<br>12 月期 |
| 営業 CF 対流動負債比率 （％） | 17.4 | 10.2 | 29.3 | 26.1 | 22.4 |
| 設備投資額対営業 CF 比率 （％） | 63.1 | 110.6 | 24.0 | 27.6 | 28.1 |

出所：筆者作成。

## ⑦ 成長性を分析する

　財務分析で評価の中心となる企業特性は，収益性と安全性です。しかし，現時点でいくら収益性や安全性が高い企業でも，将来の成長が見込めない，あるいは，その成長の度合

いが同業他社より劣る場合は，その収益性や安全性も次第に低下します。また，財務健全性の高い企業が，収益性の高い事業分野に新規参入することを考えている場合で，大きな成長の可能性が見込めるにもかかわらず，既存企業の成長度合いが相対的に低い場合は，新規参入が助長され，厳しい競争に生き残っていくことは難しいといえそうです。このとき，企業の将来における成長の可能性のことを「成長性」といいます。

　企業の成長は，経済社会における企業の影響力を増加させるものであり，規模の経済や範囲の経済によるコスト優位をもたらします。市場や環境の変化に対応し，新規事業に着手するための資金的余力を生み出し，そこで働く従業員の士気を高め，組織を活性化します。企業内外の利害関係者への利益還元を増大して，彼らに満足と安心を与えるので，企業の成長は競争力の向上につながります。

　そこで，企業の実態をより多面的に見るために，成長性についても分析しましょう。成長性の分析では，規模の拡大を企業の成長と捉え，企業の活動規模を表す「売上高」と運用資本の規模を表す「総資産」の過去から現在までの推移を時系列で観察します。過去の成長実績で，将来の成長可能性を評価します。ただし，過去の延長線上での評価には限界があります。その限界を補完するため，研究開発投資や設備投資など，将来の成長に向けた投資状況も考慮して再評価します。以下，過去の成長実績と将来の成長に向けた投資状況の観点から企業の成長性を分析する方法について解説します。

## 1　過去の成長実績から成長性を分析してみよう

　企業の成長性分析では，企業規模の代表値である売上高と総資産の過去から現在までの推移を観察することから始めます。しかし，売上高や総資産がいくら増加していても，それが利益や自己資本の増加に結びついていなければ，健全な成長とはいえません。そこで，利益と自己資本の推移も観察します。

　過去の成長実績を測るための指標には，「趨勢比率」と「伸び率」があります。実数の変化でも成長を把握できますが，期間比較や企業間比較を可能とするために，これらの比率を用いるのが一般的です。

$$趨勢比率（\%）= \frac{当年度の金額}{基準年度の金額} \times 100$$

$$伸び率（\%）= \frac{（当年度の金額 - 前年度の金額）}{前年度の金額} \times 100$$

① 趨勢比率

　ある項目の，当年度の金額が，ある特定年度（基準年度といいます）の金額を100％としたときにどうなるかを割合で示したものです。当年度の金額が基準年度の金額より増えて

いれば100％を超え，減っていれば100％を下回ります。売上高や総資産などの時系列的な変化を明らかにし，企業の成長の度合いを長期的な視野で把握するのに役立ちます。

② 伸び率

　ある項目の，当年度の金額が前年度の金額と比較してどのくらいの割合で増減しているかを示したものです。当年度の金額が前年度の金額より増えていればプラスとなり，減っていればマイナスとなります。売上高や総資産などの年単位での増減率を明らかにし，企業の成長の度合いを短期的な視野で把握するのに役立ちます。

　趨勢比率を見て，売上高や総資産などが長期的に増加または減少傾向にあるのかを把握し，伸び率を見て，それらが現在どのくらいの速度（勢い）で増加または減少しているのかを捉えるのがポイントです。

## （1）売上高や総資本などの趨勢比率と伸び率を計算する

　分析対象企業や比較対象企業の過去数期分の財務データを用いて，損益計算書の売上高と利益（本章では，経常利益を取り上げます），貸借対照表の総資産と自己資本の趨勢比率と伸び率を数期にわたり計算します。最低でも過去3期分，できれば過去5期分のデータを利用しましょう。基準年度や前年度の金額がマイナス（損失など）とか異常とかの場合は，趨勢比率も伸び率も計算結果の解釈が難しくなるので，金額が正常である年度を基準として選択するか，計算の対象外とします。

　ライオンの場合，2017年12月期の売上高の2013年12月期を基準年度とする趨勢比率と伸び率は，次のように計算されます。ライオンの売上高は過去4年間で16.6％増加しており，前期からは3.8％増加していることを意味しています。

$$\left(\begin{array}{l}\text{ライオンの2017年12月期の}\\\text{売上高の趨勢比率}\end{array}\right) \quad \frac{410,484}{352,005} \times 100 = 116.6（\%）$$

$$\left(\begin{array}{l}\text{ライオンの2017年12月期の}\\\text{売上高の伸び率}\end{array}\right) \quad \frac{(410,484 - 395,606)}{395,606} \times 100 = 3.8（\%）$$

　図表3－24，図表3－25はそれぞれ，2013年12月期を基準年度とするライオンの直近5期分の売上高，経常利益，総資産および自己資本の趨勢比率と伸び率を計算した結果です。

Chapter 3 財務分析 ◎—— 95

| 図表3－24 | ライオンの売上高, 経常利益, 総資産, 自己資本の趨勢比率 (2013年12月期～2017年12月期) |

(注) 単位は%

|  | 2013 年 12 月期 | 2014 年 12 月期 | 2015 年 12 月期 | 2016 年 12 月期 | 2017 年 12 月期 |
|---|---|---|---|---|---|
| 売上高 | 100.0 | 104.4 | 107.6 | 112.4 | 116.6 |
| 経常利益 | 100.0 | 114.3 | 147.1 | 213.7 | 236.8 |
| 総資産 | 100.0 | 100.4 | 100.1 | 105.8 | 117.6 |
| 自己資本 | 100.0 | 102.6 | 114.9 | 127.1 | 150.5 |

出所：筆者作成。

| 図表3－25 | ライオンの売上高, 経常利益, 総資産, 自己資本の伸び率 (2013年12月期～2017年12月期) |

(注) 単位は%

|  | 2013 年 12 月期 | 2014 年 12 月期 | 2015 年 12 月期 | 2016 年 12 月期 | 2017 年 12 月期 |
|---|---|---|---|---|---|
| 売上高 | — | 4.4 | 3.1 | 4.5 | 3.8 |
| 経常利益 | — | 14.3 | 28.7 | 45.3 | 10.8 |
| 総資産 | — | 0.4 | △ 0.3 | 5.7 | 11.1 |
| 自己資本 | — | 2.6 | 12.0 | 10.6 | 18.5 |

出所：筆者作成。

## （2）趨勢比率と伸び率を見て成長性を評価する

　過去数期分の売上高，経常利益，総資産および自己資本の趨勢比率と伸び率を計算したら，次のような点に留意しながら，企業の成長性を評価します。

① 　売上高や総資産の趨勢比率と伸び率を見て，これらが増加または減少する傾向はどの程度強いのか，どの程度の速度（勢い）で増加または減少しているのかを確認します。売上高や総資産の増加傾向が強く，かつ，その増加の勢いが大きいほど，高い成長が期待できます。ただし，売上高と総資産がともに増加傾向にあっても，どちらか一方が大きく上回る場合には，高い成長は期待できません。総資産の増加の割合が売上高のそれを上回れば，資産の利用効率（回転率）は低下していることになります。また，売上高の増加の割合が総資産のそれを上回れば，資産の利用効率は高まりますが，いずれそれも限界に達しますので，売上高は頭打ちになります。両者がバランスよく増加しているかどうかも，高い成長が期待できるかどうかの目安となります。これに対して，売上高や総資産の増加傾向が見られず，横ばいか減少傾向にある，増加傾向でもその勢いが衰えているような場合には，衰退か低い成長しか期待できません。

② 　経常利益の趨勢比率と伸び率を見て，売上高の増加に応じて利益も増加しているかを確認します。企業の目的は利益の獲得にあります。売上高がいくら増加しても，それに

見合う利益の増加がなければ，健全な成長とはいえません。健全な成長かどうかの目安は，売上高の増加と同じかそれ以上の割合で経常利益が増加しているかどうかです。つまり，利益の獲得効率（売上高利益率）を維持または向上させながら，売上高の増加を達成できているかを意識しましょう。

③ 自己資本の趨勢比率と伸び率を見て，総資産の増加に応じた増加をしているかを確認します。総資産がいくら増加しても，自己資本があまり増加していなければ，負債に過度に依存していることになり，財務的な安全性は低下します。これでは健全な成長とはいえません。健全な成長かどうかの目安は，総資産の増加と同じかそれ以上の割合で自己資本が増加しているかどうかです。つまり，財務上の安全性（自己資本比率）を低下させることなく，総資産の増加を達成できているかが重要です。

　ライオンの場合，趨勢比率を見ると，売上高も総資産も長期的には増加傾向にあり，過去4年間で売上高が16.6％，総資産が17.6％増加しています。伸び率を見ると，売上高は毎期3％～4％台の安定した増加となっていますが，総資産は過去2年間で5.7％，11.1％と急増しています。総資産の増加に売上高の増加が追いつかず，資産の利用効率（回転率）がやや低下しています。経常利益と自己資本は，過去4年間，それぞれ売上高あるいは総資産よりも高い割合で増加し続けています。売上高と総資産が増加するなか，売上高利益率も自己資本比率も上昇し続けており，健全な成長を実現しています。過去の成長実績からは，資産の利用効率がやや低下しているため，売上高の加速度的な増加は見込めず，高い成長はあまり期待できないともいえそうです。しかし，過去4年間で収益性も安全性も向上し続けており，安定した成長は大いに期待できます。

## 2　将来の成長に向けた投資状況から成長性を分析してみよう

　過去の成長実績が優れている企業であっても，研究開発，設備投資，人材育成，販路拡大・開拓，ブランド構築，他企業の買収など，将来の成長に向けた投資を行わないと，いずれその成長を鈍化させ，衰退の一途をたどります。逆に，売上高が減少傾向にある企業でも，将来の成長につながる活動を行っていれば，売上高や利益も増加し，高い成長を達成するかもしれません。つまり，過去の成長実績だけから将来の成長可能性を評価することには限界があります。

　そこで，この限界を補完するために，将来の成長に向けた投資状況の観点からも企業の成長性を分析しましょう。将来の成長のための活動は多々ありますが，本章では，研究開発と設備投資の2つに焦点を当てます。企業の成長にとって新製品や新技術，新規事業の開発のための研究開発と，生産能力増大のための設備投資は特に重要だからです。

　研究開発や設備投資をどれだけ積極的に行っているかを表す指標として，売上高研究開発費率と有形固定資産増加率があります。前者は，研究開発にどれくらい投資しているか

で企業の成長性を評価しようという指標です。後者は，設備投資によってどの程度有形固定資産が増加しているかで企業の成長性を評価しようという指標です[5]。

$$売上高研究開発費率（\%）= \frac{研究開発費}{売上高} \times 100$$

$$有形固定資産増加率（\%）= \frac{（当年度の有形固定資産 - 前年度の有形固定資産）}{前年度の有形固定資産} \times 100$$

① 売上高研究開発費率

研究開発費は，研究開発に投じた金額を意味し，販売費及び一般管理費だけでなく製造費用にも含まれます。損益計算書の注記でわかることが多いですが，わからない場合は，有価証券報告書の「事業の状況」の「研究開発活動」の項でその金額を確認しましょう。この比率は売上高と比べて研究開発費が多いか少ないかを表します。その数値が高いほど，研究開発を積極的に行っていることを意味します。ただし，研究開発の効果はすぐに現れるものではありません。長期的かつ継続的な活動を通じて，その成果を蓄積していくことが重要です。したがって，この比率については，単年度だけではなく，時系列的な推移を見て，企業の成長性を評価する必要があります。なお，どの程度の数値であれば望ましいかは，業種によって異なりますので，業界平均などと比較して判断しましょう。

② 有形固定資産増加率

有形固定資産の帳簿価額（取得原価から減価償却累計額を控除した金額）を用い，前年度から当年度にかけて有形固定資産がどの程度増減したかを計算します。当年度の減価償却費を上回る設備投資額があった場合，有形固定資産の帳簿価額は増加しますので，この比率がプラスでその数値が高いほど，積極的な設備投資を行っていることになります。逆に，この比率がマイナスの場合，減価償却費を下回る設備投資しかできておらず，生産規模が縮小していることを意味します。企業の成長には積極的な設備投資が欠かせませんが，有形固定資産を効率的に利用して売上高につなげていなければ過剰投資といえます。有形固

---

5）キャッシュ・フロー計算書でも，将来の成長に向けた投資状況を把握することができます。ただし，キャッシュ・フロー計算書における「投資」の範囲は，ここでいう将来の成長に向けた「投資」のそれよりも狭いことに注意してください。キャッシュ・フロー計算書の「投資CF」の区分には，設備投資は表示されますが，研究開発投資は表示されません。研究開発は営業活動に含まれるため，直接法で表示されていない限り，「営業CF」の区分を見ても，その投資状況を把握することはできません。

定資産回転率が低下していないかにも注意を払いましょう。

ライオンの場合，2017年12月期の売上高研究開発費率と有形固定資産増加率は，次のように計算されます。

$$\left(\begin{array}{l}\text{ライオンの2017年12月期の}\\\text{売上高研究開発費率}\end{array}\right) \quad \frac{10{,}474}{410{,}484} \times 100 \ = 2.6\ （\%）$$

$$\left(\begin{array}{l}\text{ライオンの2017年12月期の}\\\text{有形固定資産増加率}\end{array}\right) \quad \frac{(80{,}981 - 74{,}402)}{74{,}402} \times 100 \ = 8.8\ （\%）$$

図表3－26は，ライオンの直近5期分の売上高研究開発費率と有形固定資産増加率を計算した結果です。直近5期を通じて，売上高が増加するなかでも，売上高研究開発費率は2.5％〜2.7％の間で一定しており，すべての期で同業他7社の単純平均2.1％〜2.3％を上回っています[6]。積極的な研究開発投資を同程度に継続していることがわかります。また，有形固定資産増加率は2015年12月期以降2期連続でマイナスとなり，設備投資を控えているようでしたが，2017年12月期には前期比8.8％増とプラスに転じ，設備投資に対し積極的な姿勢を見せ始めています。将来の成長に向けた投資状況は，成長を加速させる期待を抱かせるまでには至りませんが，少なくとも，過去の成長実績による成長性の評価，すなわち，安定した成長が期待できるとした結論を補完するものとなっています。

| 図表3－26 | ライオンの売上高研究開発費率と有形固定資産増加率（2013年12月期〜2017年12月期） |

|  | 2013年12月期 | 2014年12月期 | 2015年12月期 | 2016年12月期 | 2017年12月期 |
|---|---|---|---|---|---|
| 売上高研究開発費率（％） | 2.7 | 2.6 | 2.6 | 2.5 | 2.6 |
| 有形固定資産増加率（％） | ― | 14.9 | △5.3 | △0.9 | 8.8 |

出所：筆者作成。

## ❽ まとめ

本章では，企業の財務諸表の基本的な見方と各種指標を用いて企業の収益性，安全性および成長性を分析する方法を中心に解説してきました。繰り返しになりますが，財務分析の手順について簡単にまとめておきましょう。

分析対象企業が決定したら，まずは，その財務諸表を入手します。通常は，期間比較を行うために，過去数期分の財務諸表（あるいは財務データ）を入手します。また，企業間比

---

6）同期間における同業他7社の各期の売上高研究開発費を計算し，単純平均すると，2013年度から2017年度にかけてそれぞれ2.2％，2.2％，2.2％，2.1％，2.3％となります。

較も行うため，比較対象企業の財務諸表も入手します。

　次に，分析対象企業の当期（直近）の財務諸表を見て，その財政状態，経営成績および
キャッシュ・フローの状況を大まかに把握します。企業の戦略や経営方針，業界やビジネ
スの特徴が財務諸表に反映されていれば，それらも把握します。

　そして，分析対象企業や比較対象企業の過去数期分の財務データを用いて，収益性，安
全性および成長性を測るための各種指標を計算し，分析対象企業の数値を時系列的に比較
したり，他社の数値と比較したりして，収益性や安全性などが向上しているか低下してい
るか，他社より優れているか劣っているかの判断，評価を行います。

　このようにして分析対象企業の収益性や安全性などを判断，評価したら，財務分析は終
わりと考えがちですが，そうではなく，なぜそのような結果となっているのか，その原因
を企業の具体的な行動の中に探求するところまで行います。各種指標の計算結果から，財
務諸表のどの項目にその原因が現れているのかを明らかにします。そして，それを踏まえ
て，有価証券報告書や決算説明会資料，雑誌や新聞の記事などにあたり，その原因となる
具体的な企業行動を探ります。たとえば，ライオンの場合，収益性の分析で，売上高経常
利益率の上昇の原因が売上原価率や販管費率の低下にあることがわかりましたが，さらに
深く調べますと，高付加価値商品の販売に力を入れるようになったことがわかります。原
材料価格の上昇と販促費の増加がありますが，高単価品の販売増によってそれを吸収でき
ているのです。本章では，紙幅の都合上，ライオンについて，そこまでの分析を行ってい
ませんが，財務分析の実践では，必ず行ってください。

　最後に，分析した内容を総合して，財務的な視点から，分析対象企業の経済活動の現状
と問題点や課題をまとめます。

　上記のような手順で，かつ，本章で解説した方法で財務分析を行えば，初学者でも，分
析対象企業の収益性や安全性などを判断，評価することはさほど難しくないでしょう。し
かし，収益性や安全性などの変化や優劣の原因を企業の具体的な行動から探し出すのは，
やや難しいかもしれません。しかし，それは，企業が直面する問題点や課題を抽出し，そ
の改善や解決に向けての示唆を得るためにも避けて通ることはできませんので，実践を重
ね，独自の方法を考え出したり，勘を磨いたりするよう努めてください。

　本章の解説は，初学者が財務分析を行う際に知っておいてほしい内容に留めています。
財務諸表の理解を深め，財務分析のスキルをさらに高めたい人には，以下のような書籍で
学習することをおすすめします。本章の内容を出発点に，新たな知識や手法を追加しなが
ら，財務分析を実践し，自分なりの方法論を構築していってください。

【参考図書】

大阪商工会議所編（2018）『ビジネス会計検定試験®公式テキスト1級＜改題第1版＞』中央経済社。

大阪商工会議所編（2019）『ビジネス会計検定試験®公式テキスト3級＜第4版＞』中央経済社。

大阪商工会議所編（2020）『ビジネス会計検定試験®公式テキスト2級＜第5版＞』中央経済社。

乙政正太（2019）『財務諸表分析＜第3版＞』同文舘。

木村直人（2020）『これならわかる決算書キホン50！＜2021年版＞』中央経済社。

桜井久勝（2020）『財務諸表分析＜第8版＞』中央経済社。

高下淳子（2007）『＜図解＞決算書を読みこなして経営分析ができる本＜最新版＞』日本実業出版社。

冨山和彦（2018）『［図解］IGPI流経営分析のリアル・ノウハウ』PHP研究所。

内藤文雄（2020）『会計学エッセンス＜第4版＞』中央経済社。

新田忠誓他（2020）『実践財務諸表分析＜第3版＞』中央経済社。

三富正博（2010）『目的別7ステップ財務分析法』税務経理協会。

南　伸一（2016）『オールカラー“ギモン”から逆引き！　決算書の読み方』西東社。

矢部謙介（2017）『武器としての会計思考力　会社の数字をどのように戦略に活用するか？』日本実業出版社。

山根　節（2015）『「儲かる会社」の財務諸表48の実例で身につく経営力・会計力』光文社新書。

山根　節・太田康広・村上裕太郎（2019）『ビジネス・アカウンティング　財務諸表から経営を読み解く＜第4版＞』中央経済社。

# Chapter 4
# 分析結果を踏まえた考察・総合判断

## ① 結論を導くにあたっての6つの観点

　Chapter 1 から Chapter 3 では，業界分析，経営分析，財務分析の基本的な考え方と方法について説明してきました。それぞれの分析を行う際に留意しなければならないことについては，関係する箇所で説明されていますが，その分析結果を総合的に解釈し，全体としての結論を導くに当たっては，さらに気をつけるべきことがいくつかあります。

　本章では，個々の分析結果から全体としての結論を導く思考プロセスにおいて留意しなければならないポイントについて，以下の6つの観点から説明していきます。

① 分析の目的を明確にする
② 考察の範囲を適切に定める
③ 相対的に考える
④ ミクロの眼とマクロの眼をもつ
⑤ 何をしていないのかを考える
⑥ 複数の分析の結果を総合する

　これら6つの観点のすべてをいかなる分析においても考慮しなければならないというわけではありません。また，考慮した観点を，必ず分析結果の考察や結論に「明示的に」反映させなければならないわけでもありません。しかし，これらの観点から自らが行った分析を振り返り，評価してみることで，分析の不十分なところに気づいたり，分析結果から不適切な（誤った）結論を導くのを防いだりすることが可能になります。

　上記の6つの観点には，これまでの章ですでに指摘したことと内容的に重複することも

含まれていますが，全体としての結論を導くプロセスには，個々の分析を評価するという側面もあることから，あらためて説明したいと思います。

## ② 分析の目的を明確にする

　分析の目的，すなわち何のために分析を行うのかは，本来，分析に取り掛かる前に明確にしておかなければならないことはいうまでもないでしょう。目的が明確になっていなければ，そもそも何をどう分析すればよいのかが決まらないからです。

　初学者に，特定の業界や企業をなぜ分析対象として選択したのか，その理由を問うと，自らが関心をもったから，という答えがしばしば返ってきます。しかし，これは当たり前のことです。関心がなければそもそも分析を行おうとは思わないからです。ここで強調している分析目的の明確化のためには，関心をもったからという答えでは不十分です。その関心の中身を明らかにする必要があるのです。より具体的には，なぜ・誰が・何を・いつ・どのように（いわゆる5W1H）という視点から，関心を問題意識のレベルにまで落とし込まなければなりません。

　分析目的が明確になっているかを確認することは，分析に取り掛かるはじめの段階においても，個々の分析結果に基づいて結論を導く最後の段階においても重要な意味を持っています。分析に取り掛かる段階でこのことが重要なのは，それが，どのような分析をどの範囲で行うのかを決定するための指針となるからです。逆に，分析目的が明確になっていなければ，何をどこまでやればいいのかが決まらず，あらゆる種類の分析をどこまでやっても何も結論が導けないということになりかねません。

　ここまで取り上げてきた分析の多くは，明確な目的がなくとも行うことができることに注意が必要です。つまり，分析方法自体は多くの場合，無色透明なのです。その分析結果は，ときには図や表に要約されて，ときには数字の羅列として得られます。しかし，これらの結果は，分析目的という「視点」がなければ意味をもちません。たとえば，体重計にのって，体重が60kgであることがわかったとしましょう。この結果だけに基づいて，何がいえるでしょうか。60kgという体重について，重いとか，軽いとかといった評価すらできないことに気づくでしょう。以前には70kgあり，ダイエットに取り組んでいた人にとっては，60kgという体重はダイエットの効果が出たという意味で好ましい結果でしょう。一方，先月まで50kgだった人がこの1か月暴飲暴食をしてしまった結果を心配していたのであれば，この結果は身から出たサビを確認することとなったでしょう。また，自身の健康状態に関心がある人にとってみれば，体重を知っただけでは不十分であると思うことでしょう。このように，体重が60kgであることの意味は，その情報が得られたコンテクスト（なぜ体重を知りたいと思ったのか）によって異なってくるのです。同じことが業

界分析，経営分析，財務分析にも当てはまります。

　分析目的を明確にすることの重要性は，あまりにも当たり前に思えるため，初学者のなかには，どうやってこれを行えばよいのか，かえってわからないという人もいるかもしれません。まずはじめの第一歩としては，自らがその業界や企業に関心をもったのは「なぜ」なのか，「何」（どんな現象）を面白いと感じたのかという問いを投げかけてみてください。それを何度も繰り返すことにより，分析目的は徐々に明確になるはずです。分析を進める過程で分析目的が明確になってくることもありますし，それが変わってくることもあります。ですので，分析に取り掛かる前にその目的が十分に明確になっていなかったとしても，それは必ずしも問題ではありません。しかし，個々の分析を終え，その結果を総合して結論を導こうとする際には，そもそもの分析目的が何であったのかを再度確認し，それをはっきりと認識することが必要です。個々の分析結果をどう解釈すればよいか，他にも行うべき必要な分析がなかったか，妥当な結論が導かれているか，といった評価は，分析目的に照らして行われるからです。

## ③ 考察の範囲を適切に定める

　Chapter 2では「フレームワーク」の考え方を用いることの重要性を指摘しました。カメラマンが写真の構図を決めるのと同じように，業界分析，経営分析，財務分析を行う際にも，何をフレームのなかに収めるかを決めなければなりません。この考察の範囲の決定が「適切に」行われていることが重要となります。考察の範囲の適切性は，前節で説明した分析目的に照らして評価されることになります。

　たとえば，自動車業界に関心があるとしても，分析目的が日本の自動車業界の歴史的な発展プロセスを明らかにすることにある場合と，現在の日本の自動車業界における競争状況を明らかにすることにある場合とでは，考察の範囲は当然違ってきます。前者の場合であれば，戦後の日本の自動車業界における中心的なプレイヤーであったトヨタ自動車，日産自動車，本田技研工業といった会社を対象として分析を行えば，目的に沿った結論を導くことができるかもしれません。しかし，現在の自動車業界における競争状況を明らかにしたいと考えている場合には，それでは十分ではないかもしれません。電気自動車の開発でしのぎを削っている現在の自動車業界の状況を考えれば，その動力源である車載バッテリーの開発を行っている電機メーカーも考察の範囲に含めなければならないかもしれません。また，自動運転技術での競争を視野に入れるのであれば，自動車メーカーと提携してAIの開発に取り組んでいるベンチャー企業についても調べる必要があるかもしれません。この例から，同じく自動車業界に関心がある場合でも，どこまでを考察の範囲に含めるのかは，分析目的によって変わってくるということがおわかりいただけると思います。

それでは，考察の範囲が分析目的に照らして「適切」に定められているかどうかをどのように評価すればよいのでしょうか。これに対する答えは簡単ではありません。分析目的がどのように設定されるかによって変わってくるからです。しかし，本章で説明している他の5つの観点から自らの分析を評価してみれば，考察の範囲が適切かどうかはある程度，おのずと明らかになってきます。

考察の範囲が適切に定められているかどうかの評価も，分析に取り掛かる前の段階から結論を導く最終段階までのすべての段階において重要な意味をもちます。その意味で，どこかの段階で一度考えれば終わりという性質のものではなく，常に問い続けることが必要になります。ただし，考察の範囲が変われば，具体的に行うべき個々の分析の性質や量は大きく影響を受けます。場合によっては，それまでに行った分析をやり直す必要が出てくることもあります。そのため，可能な限り，分析に取り掛かる前の段階で，考察の範囲について深く考えておくことが，結果的に，後の無駄な作業をなくし，効率的に分析を進めるために重要となってきます。もちろん，試行錯誤を通じて学ぶこともありますので，無駄なく効率的に分析を行うことが学習上，常に望ましいとはいえません。しかし，それは結果としての話であって，あくまでも分析を行おうとする際には，それに先立って分析目的に照らして適切な考察の範囲が設定されているかどうかを慎重に検討しなければなりません。そして，結論を導く段階で再度そのことを評価することが，自ら設定した問いに対して適切な答えを導くには必要となるのです。

## ④ 相対的に考える

ここまでの2つの節では，分析全体の評価に関して重要な観点を説明してきました。それに対して，本節以降で取り上げる観点は，個々の分析の評価に関係しています。

まず，個々の分析を評価するに当たっては，その結果が絶対的なものではなく，あくまでも相対的なものであることに注意することが必要です。

たとえば，Chapter 2 ではプロダクト・ポートフォリオ・マトリックスの考え方を紹介し，事業がスター，金のなる木，問題児，負け犬に分類されることを説明しました。この分類は，相対市場シェアと市場成長率の2つの軸によっています。ここで，相対市場シェアが，競争相手との関係で定義された相対的なものであることは明らかでしょう。つまり，ある企業が絶対的な意味でどれだけうまく事業を行ったとしても，競争相手がそれ以上にうまく事業を行えば，その企業の相対市場シェアは低下することになります。つまり，その企業のパフォーマンスは，他の企業との関係で評価されることになるのです。

SWOT 分析でも同様のことがいえます。SWOT 分析では，企業内部の要因について強み（Strength）と弱み（Weakness）を識別しますが，ここでの強み（弱み）は，その企業の

絶対的な強み（弱み）ではなく，あくまでも競争相手との比較での強み（弱み）です。つまり，理屈上は，ある企業が非効率な事業を営んでいたとしても，競争相手がそれ以上に非効率であれば，この点はその企業にとっての弱みではなく，場合によっては強みと考えられることになります。

　財務分析に当てはめて考えれば，この点はよりわかりやすいでしょう。Chapter 3 で取り上げられているライオンの分析では，売上高が 2013 年 12 月期から 2017 年 12 月期までの 4 年で 16.6% 増加していることが示されています。この結果を絶対的に評価すれば，ライオンは成長しているとポジティブに評価できます。しかし，ライオンに対するこのポジティブな評価は適切ではないばかりでなく，間違っている可能性すらあります。同期間におけるすべての競争相手の売上高成長率が 20% を超えていたらどうでしょうか。ライオンの売上高成長率は相対的には低いということになります。

　個々の企業に着目した分析に没頭していると，つい相対的に考えなければならないことを忘れがちになります。分析結果を解釈する際，および分析結果から何らかの結論を導く際に，良し悪しや優劣などの判断を行うに当たっては，「他社と比べて」という枕詞を暗黙的に入れながら考える癖をつけるとよいでしょう。

## ⑤　ミクロの眼とマクロの眼をもつ

　分析結果に基づいて結論を導く際には，ミクロの眼とマクロの眼の両方をもって分析結果を評価すると深みのある考察ができるようになります。ミクロの眼とマクロの眼をもつということは，分析結果を評価する際の「ズーム倍率」を変えるということを意味しています。つまり，ミクロの眼をもつとは，よりズーム倍率を上げて，細かい点を拡大して見ることで深く掘り下げていくことを指しており，マクロの眼をもつとは，より広角の視点に立って，全体を俯瞰することを指しています。

　Chapter 3 で説明されている自己資本当期純利益率を例に取り上げてみましょう。自己資本当期純利益率は，売上高当期純利益率，総資本回転率，財務レバレッジの 3 つの要素に分解されます。ライオンの場合，2013 年 12 月期から 2017 年 12 月期までの期間において，自己資本当期純利益率が 4.9% から 10.6% へと大幅に上がっており，その要因として，売上高当期純利益率の上昇が貢献していることがわかります。この分析自体が，自己資本当期純利益率についての結果をよりミクロに見ていることを意味しています。さらに売上高当期純利益率に着目してミクロに掘り下げていくと，その上昇が，売上原価率の低下（43.6% から 41.7% へ）と販売費および一般管理費比率の低下（53.4% から 51.7% へ）によってもたらされていることがわかります。セグメント情報や販売費及び一般管理費の内訳に関する情報を見ていけば，さらにミクロに掘り下げて分析することが可能となります。この

ように，ミクロの眼をもつということは，ある分析結果の原因を探るために，より細部に入っていくことを志向しています。

　逆に，マクロの眼をもって分析結果を評価することも重要です。ここでも，ライオンの例で説明しましょう。2013年12月期から2017年12月期までの期間において，売上原価率の低下（売上総利益率の上昇）が確認されていましたが，その原因として考えられることとして，たとえば，景気の回復，製品市場の拡大，新製品の発売，セールスミックスの変更，大量生産による規模の経済，生産方法の改善などが挙げられます。考えられるこれらの要因のうち，ライオンの売上総利益率の上昇をもたらした真の要因は何かを特定するには，財務諸表を見ているだけでは十分ではありません。その企業をとりまく環境を俯瞰的に見る必要があるのです。一般的な経済状況に関する情報やライオンが扱う製品についての情報を，経済紙，業界紙，インターネット等の情報ソースから収集する必要があります。

　このように，ある1つの分析は，それを行って結果が得られれば終わりというものではなく，それを起点として，ミクロとマクロの両方向に拡張することによってその分析を深めることができます。そうすることによって，多くの場合，より豊かな知見を導くことが可能となります。どこまで深めればよいかについての正しい答えはありません。自らの分析目的（第2節）と考察の範囲（第3節）に照らしながら納得ができるまで探求する姿勢をもつことが重要です。

## ❻ 何をしていないのかを考える

　本章でここまで取り上げてきた観点とは少し異なる観点をここで取り上げたいと思います。多くの分析は，財務諸表を含めたさまざまな情報に基づいて行われます。これらの情報の多くは，企業が行ったこと，業界で起こったことについてのものであることに注意が必要です。つまり，企業がしなかったことについての情報はあまり存在しないのです。

　たとえば，財務諸表は企業の活動を描写することを目的とするものであり，企業がしなかったことは財務的な変化をもたらしませんから報告の対象となりません。新聞記事や雑誌記事も同様で，企業が行ったことや業界で起こったことを伝達するのが通常であり，企業がしていないことや起こらなかったことが記事になることは稀といってよいでしょう。

　しかし，業界分析，経営分析，財務分析を行い，業界や企業を理解しようとするとき，企業がしなかったこと（業界で起こらなかったこと）は，企業が行ったこと（業界で起こったこと）と同様に，場合によってはそれ以上に重要な意味をもちます。何をしたのかと何をしなかったのかは表裏の関係にあることが多々あります。あることをしたから別のあることをできなかった（しなかった）という関係です。企業が行ったことの評価をしようとすれば，それを行ったためにできなかった（しなかった）別のこととの対比が必要となる場

合があります。つまり，別のことを行っていればどうなったかという視点で，企業が実際に行ったことを評価することが重要なのです。

第4節では，相対的に考えることの必要性を指摘しました。相対的に考えることには，競争相手と比べることもあれば，企業が潜在的に行うことができた（実際には行わなかった）ことと比べることも含まれるのです。少し専門的にいえば，機会コストを考えるということでもあります。

企業が行わなかったことや業界で起こらなかったことについての情報は多くの場合入手できませんので，それについての評価は簡単ではありません。しかし，この観点を意識するだけでも分析結果の解釈は変わってきます。また，多くはないにしても企業が行わなかったことについての情報が得られることもあります。さらに，競争相手が何を行っているかを調べると，分析対象企業が何を行わなかったのかについてのヒントが得られることが多々あります。個々の分析結果を評価し，結論を導出しようとする際にこの観点を考慮することで，より深みのある考察を行うことができるでしょう。

## ❼ 複数の分析の結果を総合する

最後に，全体的な結論を導く際には，個々の分析結果を独立に検討するのではなく，複数の分析結果を総合することが重要であることについて説明します。

再び，Chapter 3のライオンを例に取り上げましょう。2013年12月期末と2017年12月期末とを比較すると，ライオンの流動比率は112.5％から159.9％へ，当座比率は82.2％から123.5％へと大幅に上昇しています。この分析結果を，他の分析を考慮せず独立的に解釈すれば，ライオンの支払能力は高まり，安全性が改善したといえます。しかし，この解釈は常に妥当なのでしょうか。

Chapter 2で説明したプロダクト・ポートフォリオ・マトリックスを使ってライオンの事業について分析を行ったとします。その結果として，①ライオンの事業が主に「金のなる木」で構成されており，「スター」も「問題児」も「負け犬」も有していないことがわかったケースと，②ライオンの事業に「金のなる木」だけでなく，「スター」と「問題児」もバランスよく含まれていることがわかったケースとで，上記の流動比率や当座比率についての解釈がどう異なりうるのかを示してみましょう。

まず②は，「金のなる木」から生み出されるキャッシュを「問題児」に投入し，その相対的な市場シェアを高めようとするとともに，「スター」を「金のなる木」に育てようとしている状況です。このような状況において，流動比率や当座比率が上昇していることは，「問題児」や「スター」に必要とされる以上のキャッシュが「金のなる木」から生み出されていることを意味しており，ポジティブに捉えてよい可能性が高いでしょう。

他方，①の場合には，流動比率や当座比率の上昇をそのようにポジティブには捉えられないかもしれません。「金のなる木」からキャッシュを生み出しているにもかかわらず，「スター」も「問題児」ももっていないという状況は，将来について不安を抱かせます。なぜこのような状況になっているのかを考えなければなりません。経済状況から新規事業に投資するのを経営者がためらっているのかもしれませんし，有望な新規事業の種を見つけられていないのかもしれません。あるいは，経営者がリスク回避的で新規事業への投資をしたがらないのかもしれません。いずれにしてもこれらの状況において，流動比率や当座比率の上昇はよい結果とはいえなさそうです。この結果は，生み出された資金が行き場を失って企業内に蓄積されている状況を示しているのかもしれないからです。

なお，こうした解釈は，新規の資金調達や返済が行われておらず，外部業者との取引条件にも変化がないことを前提としています。当然のことながら，資金調達・返済が行われたり，取引条件が変わっていたりする場合には，それらを考慮して解釈しなければなりません。それも，ここで説明している複数の分析の結果を総合することのなかに含まれます。

このように，個々の分析の結果，一見するとよいと思える（あるいは逆に悪いと思える）結果が得られたとしても，他の分析結果と併せて考えると，異なる解釈が成り立つ場合があります。ときには，複数の分析から矛盾するように思える結果が得られることもあります。そのような場合には，まだ自分で気づけていない原因が存在している可能性があります。矛盾を矛盾のまま放置するのではなく，それを整合的に説明できる論理（仮説）を考え，それを検証する追加分析を行うことが必要となります。

## ❽ まとめ

本章では，個々の分析結果を総合的に解釈し，全体としての結論を導く際に留意すべき6つの観点について説明してきました。繰り返しになりますが，これら6つの観点すべてを常に適用し，考察や結論に明示的に反映しなければならないわけではありません。しかし，これらの観点を意識し，自ら行った分析の評価に適用することで，そこから得られる知見はより適切で豊かなものとなるでしょう。

# 第2部
# 実践編

# Chapter 5
# 業界分析をやってみよう

## ① 業界分析とは

　本章では，Chapter 1 で紹介された分析対象企業の選択の実践課題に取り組みます。それでは，まず業界分析のポイントをまとめてみましょう。

### 1　業界分析とは

　企業の将来の経営意思決定を行う際，業界内の社会的な関係や企業をとりまく状況から，その企業が営む事業の現状を把握するための手法です。

　業界分析では，分析をする業界を先に考えるのではなく，何か明確な目的のもとで，中心に据えて分析してみたいと関心をもった企業の分析を進めます。その上で，その企業が，同一の商製品やサービスを取り扱う市場において，どのような立場にあるのかを判断し，企業間の社会的な関係性を調べることが重要な目的となります。

### 2　業界分析のステップ

　業界分析は，次の3つのステップで行われます。

ステップ1：分析対象とした企業固有の特徴点を探します。

ステップ2：その特徴点が生かされている事業の業界について，企業をとりまく状況から同一業界に属する企業との比較等を実施します。

ステップ3：企業が有する資源等や財務状況から考慮されることを導き出します。

### 3　業界分析のポイント

　業界分析をうまく進める際のポイントは，以下の2点です。

（1）業界分析は，関心のある企業を起点とすること

　　業界分析を行う際は，分析をする業界を先に考えるのではなく，まずは，何か明確

な目的のもとで，中心に据えて分析してみたいと関心をもった企業の分析を進めるなかで，その企業固有の特徴点を探し出すからです。その上で，企業固有の特徴点が生かされている事業の業界を分析します。

（2）関心のある企業が営む事業は，どの業界に属しているのかを調べておくこと

企業そのものを分析しただけではわからない，有用な情報が得られるかもしれません。

## ② 業界分析の実践課題

日本経済新聞2019年2月13日付の新聞記事（電子版）に「製紙6社，営業益2割減」という記事があります。第2部では，この新聞記事をもとに北越コーポレーションを中心とした業界分析を行います。

それでは，業界分析の【実践課題】に取り組んでみましょう。

【実践課題】

1．北越コーポレーションを中心とした業界分析を行う場合，想定される比較対象企業を選んでみよう。

2．北越コーポレーションの特徴点を，想定される比較対象企業との関係から導き出し，業界分析を行ってみよう。

出所：日本経済新聞2019年2月13日付朝刊。

　業界分析では，分析対象企業の特徴点が生かされている事業について，同一業界に属する企業との比較等を実施しなければなりません。したがって，その業界の状況について説明していくことになります。この場合，業界の状況を説明して終わるのではなく，業界の状況を把握した後に，分析対象企業と他の企業の社会的な関係性に言及することが重要となります。そのため，比較対象企業の事業の特徴を述べた上で，分析対象企業がその業界においてどのような立場にあるのかを説明できるとよいでしょう。

　業界分析に取り組むにあたり，まずは，各企業の事業内容を把握する必要があります。その際には，各企業の有価証券報告書の「事業の状況」や「経理の状況」におけるセグメント情報，アニュアルレポートなどの情報をしっかりと読みましょう。

　比較対象企業を選定する際には，財務分析に支障を来さない企業を選択する必要があります。そのため，各企業の有価証券報告書の「関係会社の状況」を確認しましょう。比較対象企業が分析対象企業の持分法適用関連会社[1]である場合には，財務分析上問題が生じるため，比較対象企業を見直す必要があるでしょう。

　このような場合に財務分析上問題が生じる理由は，2つあります。1つ目は，連結財務諸表作成で，分析対象企業の投資および損益は，比較対象企業の持分相当額を算定した上で，連結貸借対照表上の投資額を増減する一方で，連結損益計算書では「持分法による投資損益」によって当期純損益の計算に含めているからです。2つ目は，連結財務諸表上の問題だけでなく，企業間で重要な影響を及ぼす関係性にあるからです。

　業界分析は，みなさんが本書のなかではじめて取り組む実践課題です。この課題をレポートにまとめる際には，分析しようとしている業界について詳しく知らない人にもわかるように説明することを心がけて取り組んでください。

　以上の点を考慮して，まずは業界分析に挑戦してみましょう。

---

[1] 関連会社とは，「出資，人事，資金，技術，取引等の関係を通じて，子会社以外の他の企業の財務及び営業又は事業の方針の決定に対して重要な影響を与えることができる」企業です（「持分法に関する会計基準」5項）。

# 学生レポート

**【実践課題】**

1. 北越コーポレーションを中心とした業界分析を行う場合，想定される比較対象企業を選んでみよう。

**比較対象企業・・・日本製紙株式会社・レンゴー株式会社**

**選考理由**

　北越コーポレーション株式会社（以下，北越コーポレーション）は，今後段ボール原紙[1]事業を展開することを 2019 年 5 月 28 日に発表しました。事業ポートフォリオ[2]を最適化するために，長年培ってきた技術を生かしていくと発表しています。

　そこで，今回，比較対象企業には，レンゴー株式会社（以下，レンゴー）と日本製紙株式会社（以下，日本製紙）を選びました。レンゴーは，日本トップレベルの段ボールを中心とした紙専門の企業にあたります。B to B[3]か B to C[4]か，専業[5]か複数業かの 2 方向ベクトルで業界をみていくと，北越コーポレーションとレンゴーは「専業×B to B」で同じ位置に属します（図 1 参照）。段ボール原紙事業に新規参入する北越コーポレーションにとって将来競合すると考えられる企業であり，同じ段ボールを扱う企業という点，紙に特化している企業という点において，無視することができない企業だと思い選定しました。また，日本製紙は，図 1 の 2 方向ベクトルでは北越コーポレーションとレンゴーの真向かいの「複数業×B to C」に位置していますが，業界上位 6 社（王子ホールディングス株式会社，日本製紙株式会社，レンゴー株式会社，大王製紙株式会社，北越コーポレーション株式会社，三菱製紙株式会社）のうち適当だと思い選びました（理由は後述します）。日本製紙は，紙以外にもエネルギーや木材などの事業も行っていますので，ここでは複数業としています。レンゴー・日本製紙以外の企業を比較対象企業として選ばなかった理由は，次のとおりです。まず，大王製紙は，2012 年 8 月に北越コーポレーションが大王製紙の株式を 22.4％取得し，関連会社[6]となっ

---

1） 段ボールのもとになる厚紙。段ボール原紙には，段ボールを構成するライナーと中芯がある。

2） 会社の事業の一覧。これにより，会社の収益性や成長性，安全性などを確認することができ，今後の戦略を立てやすくなる。

3） Business to Business。企業間取引を表し，企業が企業に向けてサービスなどを提供する。

4） Business to Consumer。企業が個人に向けて，サービスや価値を提供する。一般消費者に向けて販売する取引のことをいう。

5） その事業を専門にすること。ここでは，紙に特化した事業をいう。

6） 会社等及び当該会社等の子会社が出資，人事，資金，技術，取引等の関係を通じて，子会社以外の他の会社等の財務及び営業又は事業の方針の決定に対して重要な影響を与えることができる場合における当該子会社以外の他の会社等をいう（財務諸表等規則第 8 条第 5 項）。

ています。関連会社になると，利益など財務諸表で数値が重複してしまうため，比較対象企業として選びませんでした。また，三菱製紙株式会社は2014年8月にお互いの子会社の経営統合を発表していましたが，2015年に諸条件の合意に至らず検討および協議を中止しています。2000年にも同じように業務・資本提携を結び，発行済株式の1%から2%を持ち合うなどしています。過去にこのような関係性を持っている企業は，比較対象企業として不適当と考え，選びませんでした。そして，王子ホールディングス株式会社は，上記の三菱製紙に約33%出資している企業であり，北越コーポレーションに対しても敵対的TOB[7]を失敗させています。以上のように，業界6社のうち3社は何かしらの直接的関係がありました。比較的クリーンな関係で選んだ方が，そのような関係を考慮せずに比較できると思い，レンゴー以外のもう1つの比較対象企業として日本製紙を選びました。

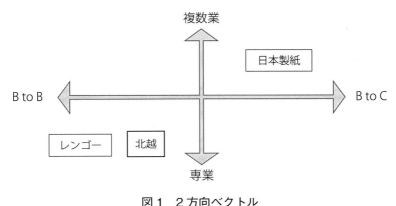

図1　2方向ベクトル

【実践課題】
2．北越コーポレーションの特徴点を，想定される比較対象企業との関係から導き出し，業界分析を行ってみよう。

　製紙業界全体において，国内市場は縮小傾向で，海外市場では紙需要が高まっていることもあり，海外展開が課題であると思われます。また，インターネットの普及により，通販などが一般化され輸送に段ボールが使われていることから，板紙の分野は堅調ですが，一方でペーパーレス化により紙自体への需要は減少傾向にあります。しかし，原料である古紙の価格が高騰したため段ボールの採算は悪化しています。その原因は，原料の調達を輸入に頼っているため，関税などの影響を受けやすいからです。さらに，製紙業界の属する企業において，工場の操業トラブルが目立っています。これにより生産ラインの一時停

---

7）買収対象会社の経営陣や関連会社の同意を得ずに行われる株式公開買い付けのことを指す。

止を余儀なくされ，製造・販売が予定より下回ることが多々ありました。

　比較対象企業であるレンゴーは，アジアでM&Aを加速させていますので，海外展開することで販路拡大などが見込めます。また，レンゴーは段ボールの最大手であり，段ボール原紙から箱まで一貫生産をしています。約7割を占める板紙・紙加工関連事業では段ボールや板紙[8]の生産を取り扱い，さらなる増収が見込めます。

　日本製紙に関しては，2016年に特種東海製紙と段ボール原紙の生産と販売の事業統合をし，好調な段ボール需要に対応できるようにしています。また，売上高の約7割を占める紙・板紙事業に関しては，新聞や印刷用紙の低迷によって減収となっています。一方で段ボールや家庭紙などが含まれる生活関連事業では増収を見込んでいます。さらに，業界の縮小傾向により新素材の開発やエネルギーの新規事業などを拡大させています。

　そのなかで，北越コーポレーションの特徴は大きく分けて2つ挙げられます。1つ目は紙への専門性，2つ目は首都圏に近い工場の所有です。まず，紙への専門性が高く，知識が豊富であるということに関しては，専業をして蓄積されてきたものだと思います。知識の豊富さがある一方，段ボール原紙事業に新規参入することで，その業界内では比較対象企業の2社に比べて下層に属するため，より努力が必要だと思います。そして2つ目の首都圏近郊の新潟県に工場を所有しているということに関しては，紙の消費が多い首都圏に近いことで輸送コストが削減でき輸送時間も短縮できるという面から特徴になると思いました。さらに，賃料は一坪あたり東京都では3,000円から6,000円である一方，1,000円相当と非常に安いものとなっています。以上のことから，新潟に工場をもつことが強みになると考えています。

**参考文献**

業界動向サーチ　製紙業界　https://gyokai-search.com/3-kami.htm
東洋経済新報社（2018）『会社四季報業界地図2019年度版』東洋経済新報社。
日本経済新聞社（2018）『日経業界地図2019年版』日本経済新聞社。
日本経済新聞社（2019）日本経済新聞2019年5月28日付夕刊。
日本製紙株式会社　企業HP　https://www.nipponpapergroup.com/
日本製紙連合会（2018）「2018（平成30）年紙・板紙内需資産報告」。
　https://www.jpa.gr.jp/file/release/20181023100746-1.pdf
ビジネスリサーチ・ジャパン（2018）『図解！業界地図2019年版』プレジデント社。
北越コーポレーション株式会社　企業HP　http://www.hokuetsucorp.com/
レンゴー株式会社　企業HP　https://www.rengo.co.jp/

---

8）　厚手のかたい紙。ボール紙など。

## 業界分析についてのコメント

### ○評価ポイント

　みなさんが取り組んでくれた業界分析ですが，「分析のヒント」をしっかりと受け止め，比較対象企業の選定および業界分析を丁寧に説明してくれています。

　比較対象企業の選定においては，北越コーポレーションと比較対象企業を B to B，B to C，専業，複数業という特徴から分類しており，各企業の事業内容がわかりやすく説明されています。それにより，比較対象企業の選定理由も説得力があるものになっています。

　業界分析では，製紙業界の現状および比較対象企業の特徴を把握することにより，北越コーポレーション独自の特徴を見出すことができています。なかでも，新潟に工場をもつ利点として，一坪あたりの賃料を調査比較したうえで根拠を示しており，説得力のある説明になっています。

### ○修正ポイント

　上記のとおり，今回のみなさんの分析は評価できるものになっていますが，さらに良い分析とするためには，まだ不十分なところも見受けられますので，この点に関してコメントします。

　まず，課題1について指摘します。比較対象企業を選ぶ際に，B to B か B to C か，専業か複数業かの「2方向ベクトル」で業界を見ているということですが，ベクトルという表現でよいのでしょうか。B to B と B to C，専業と複数業の「2つの対立軸」のような表現の方が適切でしょう。

　次に，課題2について，業界分析では，同一業界に属する企業との比較等を実施しなければなりません。今回の分析では，北越コーポレーションの特徴として，紙への専門性と首都圏に近い工場の所有の2つを挙げています。しかし，北越コーポレーションの海外売上高は，比較対象企業と比べても高い割合になっていますので，北越コーポレーションの特徴点として，海外展開も含まれるでしょう。北越コーポレーションの海外売上高は，分析対象企業に比べて2倍以上高いことから，重要な特徴点といえます。

# 模範解答

### 【実践課題】

1. 北越コーポレーションを中心とした業界分析を行う場合，想定される比較対象企業を選んでみよう。

　分析対象企業の選択を行う際には，同一業界に属し，現在競合している企業や，今後競合する可能性がある企業の経済状況を検討しなければなりません。したがって，これらの条件に合う企業を比較対象企業とします。

　北越コーポレーションの主な事業領域は，紙パルプ事業です。そこで，この課題では，紙パルプ事業に取り組む製紙業界の分析を行います。製紙業界に属する企業としては，分析対象企業である北越コーポレーションの他に，王子ホールディングスや日本製紙，レンゴー，大王製紙，三菱製紙などが挙げられます[1]。

　これらの企業のうち，現在，北越コーポレーションと競合している企業は，日本製紙です。日本製紙の事業領域は，洋紙[2]，板紙[3]，パルプ等の製造販売を行う紙・板紙事業，家庭紙，紙加工品，段ボール等の製造販売を行う生活関連事業，発電設備の運転・管理等を行うエネルギー事業，木材・建材・土木建設関連事業や物流事業等です（日本製紙株式会社『有価証券報告書』2019，93頁）。日本製紙は，国内最大級の生産キャパシティを有しており，洋紙生産量国内1位，板紙生産量国内3位，家庭紙生産量国内2位となっています（日本製紙株式会社（2019），9頁）。

　多事業展開を行う日本製紙に対して，北越コーポレーションの事業領域は，書籍や雑誌などに使用される印刷・情報用紙の製造販売を行う洋紙事業，雑誌やはがきなどの商業印刷物の製造販売を行う白板紙事業，圧着ハガキ用紙などの製造販売を行う特殊紙事業，菓子箱などの紙器や飲料用紙容器を製造販売する紙加工事業，パルプ事業等です（北越コーポレーション株式会社『有価証券報告書』2019，10頁および24頁）。なかでも，書籍や雑誌などに使用される，塗工紙とよばれる印刷・情報用紙は，北越コーポレーションの主力品種であり，2018年の塗工印刷用紙の生産高で国内2位となっています（北越コーポレーション株式会社（2019a），32頁）。2018年度の洋紙販売量が1,313千トン，板紙販売量が508千トンとなっていることからも（北越コーポレーション株式会社（2019b），3頁），北越コーポレーションが洋紙事業を主力とした事業展開を行っていることがわかります。

---

1) 企業規模の違いが分析結果に影響を及ぼす可能性があるため，業界売上規模1位から6位までの6社の中から，比較対象企業として妥当な企業を選びます。
2) 新聞用紙，印刷情報用紙，包装用紙など。
3) 段ボールを作るための段ボール原紙，お菓子の箱などに使われる紙器用板紙など。

そこで，2018 年度国内洋紙売上高に着目すると，1 位日本製紙，2 位王子ホールディングス，3 位大王製紙，4 位北越コーポレーション，5 位三菱製紙となっています（東洋経済新報社（2018），121 頁）。この結果から，3 位の大王製紙や 5 位の三菱製紙が北越コーポレーションと競合している企業として適しているとも考えられます。しかし，北越コーポレーションは，2012 年 8 月に大王製紙株式を 22.4％取得しており（北越コーポレーション株式会社『有価証券報告書』2019，4 頁および 8 頁），持分法適用関連会社としています。また，三菱製紙は，2019 年 1 月から王子製紙製品の取扱いを開始しており，王子ホールディングスは，2019 年末までに三菱製紙を持分法適用関連会社とします（三菱製紙株式会社 HP 2019）。このような関係にある企業を比較分析する場合，連結財務諸表を利用することにより，関連会社の持分相当額が重複することになるため，財務分析上問題が生じます。したがって，北越コーポレーションと資本関係を有する大王製紙および資本提携を進めている王子ホールディングスと三菱製紙を比較対象企業から除くことが望ましいと考えられます。

以上の点を踏まえ，日本製紙を比較対象企業としました。洋紙売上高で見れば，日本製紙が国内 1 位となっており，北越コーポレーションと競合していないと考えられるかもしれません。しかし，北越コーポレーションの主力である塗工印刷用紙の生産量では，北越コーポレーションが 73 万トン（占有率 21.4％），日本製紙が 87 万トン（占有率 25.6％）となっており（日本紙パルプ商事株式会社（2020），9 頁），製品レベルでは日本製紙と競合しているとも考えられます。

今後，北越コーポレーションが競合する可能性のある企業は，レンゴーです。レンゴーは，板紙，段ボール，段ボール箱の製造・販売を行う板紙・紙加工関連事業を中心としており，その他に，軟包装関連事業，重包装関連事業および海外関連事業を行っています（レンゴー株式会社『有価証券報告書』2019，92 頁）。国内ではじめて段ボール事業を開始した企業であり，現在も板紙生産から段ボール加工までを一貫して生産している段ボール大手です。

一方で，洋紙事業に特化した事業展開を行ってきた北越コーポレーションは，2019 年 5 月 28 日に段ボール原紙事業に参入することを発表しました。新潟工場に約 20 億円を投じ，2020 年に年生産能力 13 万トンの設備を導入することを予定しています（『日経速報ニュースアーカイブ』2019 年 2 月 12 日付）。このように，これまでの洋紙中心の事業展開から，縮小していく紙需要に対応するために，段ボール事業に参入を図ろうとしています。したがって，北越コーポレーションは，段ボール大手企業であるレンゴーと将来競合する可能性が生じています。

なお，王子ホールディングスや日本製紙，レンゴー，大王製紙，北越コーポレーション，三菱製紙各社は，連結財務諸表の作成においてすべて日本基準を適用しており，3 月期決算です。したがって，当該課題においては，会計基準や決算期の違いが比較対象企業の選考に影響することはありません。

【実践課題】
2．北越コーポレーションの特徴点を，想定される比較対象企業との関係から導き
出し，業界分析を行ってみよう。

　分析対象企業の選択では，分析の中心に据える北越コーポレーションが，製紙業界にお
いて，どのような立場にあるのかを外部環境・外的要因と内部環境・内的要因から判断
し，日本製紙およびレンゴーとの社会的関係性を把握します。

　そこで，まず製紙業界の外部環境・外的要因について検討します。新聞用紙や印刷・情
報用紙などの紙は，デジタル化，ペーパーレス化によって国内需要が減少しています（東
洋経済新報社（2018），121頁）。海外の製紙大手も，印刷用紙に偏らない紙依存からの脱却
を図っており，紙生産量で世界最大のインターナショナル・ペーパーは，過去10年間で
印刷用紙の生産能力を半減させています（日本経済新聞2018年5月28日付，16頁）。

　他方で，近年のネット通販の拡大により段ボール需要が増加し，段ボール原紙を主力と
する板紙は，回復が続いています（日本経済新聞社（2018a），15頁）。しかし，2018年8月
から価格が高騰し始め，11月以降に製紙各社が再度実施する値上げでも原料高を補いき
れない状況となりました（日本経済新聞2018年11月13日付，21頁）。洋紙市場は，インド
やベトナムなどのアジア地域では，人口増と経済成長に伴う需要増により，市場の拡大が
続いています（日本経済新聞2018年4月4日付，20頁）。トイレットペーパーなどの家庭紙は，
訪日外国人の増加によって需要が増えています（日本経済新聞社（2018a），15頁）。

　このような，現在の製紙業界における外部環境・外部要因から，紙依存から脱却するこ
とによる事業の多角化と海外への販路拡大をどれだけ柔軟に行うかが，各社にとって重要
になると考えられます。

　次に，製紙業界の内部環境・内的要因について検討します。日本製紙は，紙需要の減少
に伴い，紙生産設備を停止させコストダウンを図っています。一方で，需要のあるアジア
市場へ輸出することにより国内での低迷をカバーし，現地メーカーとの業務提携によって
事業拡大を進めています。さらに，環境問題への関心の高まりから紙ストローなどの紙の
利用シーンの推進，新素材の開発，発電設備の運転にも取り組んでいます。2018年度は，
印刷用紙の低迷や燃料価格の高騰により減収となりました。しかし，家庭紙の需要は堅調
で，増収が見込めています。

　レンゴーは，現在，海外M&Aを積極的に行っており，収益力向上に取り組んでいま
す（ビジネスリサーチ・ジャパン（2018），168頁）。段ボールを事業の主力としていることか
ら，今後も，国内海外ともに販路を拡大させることにより，増収が見込めます。

　北越コーポレーションの特徴点は，段ボール事業への参入と海外展開です。これまで，
洋紙事業を中心としていましたが，紙需要の減少に対応するために，新たに段ボール原紙

事業に参入します。製紙業界売上高１位の日本製紙と段ボール国内シェア１位のレンゴーに比べれば，北越コーポレーションの段ボール事業に関する収益性は不透明ですが，これまで培った技術力や既存の販路を生かすことで，洋紙事業に加え，段ボール事業が新たな収益源になると考えられます。さらに，近年，北越コーポレーションは，積極的に海外展開を進めており，2018年度の海外売上高比率は35.15％[4]となっています。これは，日本製紙が17.48％[5]，レンゴーが11.35％[6]であったことから，比較対象企業よりも北越コーポレーションの方が，原燃料価格高騰の影響を受けやすいものの，海外需要の増加により，輸出販売による増収が見込めるといえます。

（参考文献）

東洋経済新報社（2018）『会社四季報業界地図2019年度版』東洋経済新報社。

日本紙パルプ商事株式会社（2020）『図表：紙パルプ統計』。
  https://www.kamipa.co.jp/media/9531/

日本経済新聞社（2018a）『日経業界地図2019年版』日本経済新聞社。

日本経済新聞社（2018b）日本経済新聞2018年4月4日朝刊20頁。

日本経済新聞社（2018c）日本経済新聞2018年5月28日朝刊16頁。

日本経済新聞社（2018d）日本経済新聞2018年11月13日朝刊21頁。

日本経済新聞社（2019）『日経速報ニュースアーカイブ』2019年5月28日。

日本製紙株式会社（2019）『アニュアルレポート2018』。
  https://www.nipponpapergroup.com/ir/AR2018.pdf

ビジネスリサーチ・ジャパン（2018）『図解！業界地図2019年版』プレジデント社。

北越コーポレーション株式会社（2019a）『コーポレートレポート2018』。
  http://www.hokuetsucorp.com/ir/annual.html

北越コーポレーション株式会社（2019b）『2019年3月期　決算説明会』。
  http://www.hokuetsucorp.com/pdf/kessan_201903_final.pdf

三菱製紙株式会社　企業HP　https://www.mpm.co.jp/index.html

---

4）　総売上高275,807百万円から日本における売上高178,871百万円を差し引き，それを総売上高275,807百万円で除し，計算した（北越コーポレーション株式会社『有価証券報告書』2019，105頁）。

5）　総売上高1,068,703百万円から日本における売上高881,878百万円を差し引き，それを総売上高1,068,703百万円で除し，計算した（日本製紙株式会社『有価証券報告書』2019，94頁）。

6）　総売上高653,107百万円から日本における売上高579,117百万円を差し引き，それを総売上高653,107百万円で除し，計算した（レンゴー株式会社『有価証券報告書』2019，93頁）。

# Chapter 6
# 経営分析をやってみよう

## ① ファイブ・フォース分析

### 1　ファイブ・フォース分析のポイントの整理

　本節では，Chapter 2 第 2 節 5 および第 4 節で紹介されたファイブ・フォース分析の実践課題に取り組みます。それでは，まずファイブ・フォース分析のポイントをまとめてみましょう。

（1）ファイブ・フォース分析とは

　企業をとりまく環境を，「業界内の競争の激しさ」「新規参入の脅威」「代替品の脅威」「売り手の交渉力」「買い手の交渉力」という 5 つの力（Force）を視点に整理し，企業の状況を把握し戦略を考えるための手法です。

　ファイブ・フォース分析では，業界全体を捉えるというよりも，個別企業の視点に立って，その企業がどのような状況に置かれているのかを把握することで，現状把握と状況に応じた戦略を考えることが重要な目的となります。

（2）ファイブ・フォース分析のステップ

　ファイブ・フォース分析は，次の 3 つの視点から行われます（Chapter 2 の図表 2 - 12 のフォーマットを活用してください）。

ステップ 1 ：その業界にどのような企業があるか，業界内の競争はどの程度かを把握します（業界内の競争は市場規模が大きくなる可能性があるか，市場に参加する売上高上位企業の市場シェアがどうなっているか，競争している商製品の差別化ができるかを分析し，総合的に判断されます）。

ステップ 2 ：新規参入がしやすいかどうか，代替品にどのようなものがあるかを把握します（企業の新規参入は，財務健全性（安全性）の高い企業が，新規参入を考えてい

Chapter 6　経営分析をやってみよう　◎―― 123

る市場の成長性と，新規参入後，競合すると思われる企業の収益性を分析し，自社がもつ技術の応用で，その業界に参入しても競争できるかなどから総合的に判断されます）。

ステップ３：その企業にとって材料などの仕入先（売り手）との関係，完成品の販売先（買い手）との関係を整理します（売り手の交渉力は，売り手が限られているか，売り手が業界に新規参入する可能性の有無で判断し，買い手の交渉力は，買い手の消費者としての行動をコントロールできるか否か，買い手が業界に新規参入する可能性の有無で判断します）。

## （3）ファイブ・フォース分析のポイント

　ファイブ・フォース分析をうまく進める際のポイントは，以下の３点です。

① 立ち位置を明確にすること

　その企業からどのように見えるのかを意識して分析することで，より有用な情報が見えてきます。

② 業界の捉え方を考えること

　業界の範囲が狭いと競合他社ではなく代替品を扱う企業となったり，逆に広いと代替品ではなく競合他社となったりします。分析したいことに合わせて柔軟に捉えましょう。

③ 企業ごとに交渉力も異なる

　取引先が１社とは限りませんし，サプライチェーンのなかのどのポジションかによっても変わってきます。業界全体としてではなく，できる限り個別に見ていきましょう。

## ２　ファイブ・フォース分析の実践課題

　それでは，ファイブ・フォース分析の【実践課題】に取り組んでみましょう。

---

**【実践課題】**

1．北越コーポレーションのファイブ・フォース（業界内の競争の激しさ／新規参入の脅威／代替品の脅威／売り手の交渉力／買い手の交渉力）を分析してみよう。

2．1の分析結果から，北越コーポレーションが置かれている状況や関連する企業とのパワーバランスなどについて考えてみよう。

　ファイブ・フォース分析では，全体的な流れとして，本書の構成に即して，製紙業界を取り巻く状況をしっかりと把握し，業界としての魅力度や今後の方向性を把握することで，企業のSWOT分析につながる分析をしていくことになります。

　その中で，初学者によく見られる傾向として，業界の範囲が曖昧になってしまうことがあります。たとえば製紙業界といっても，さまざまな種類の紙を扱う業界全体を捉える場合もあれば，その中で特定の種類の紙に焦点を当てて捉えることもあります。あるいは，ファイブ・フォース分析の全体の範囲と，その中で展開される5つの視点それぞれで考察する際の範囲がずれてしまうということも見受けられます。範囲の設定が異なると分析の結果も大きく異なってしまいますので，ファイブ・フォースによる分析の結果が企業の方向性を正しく示すためには，分析を行う際には分析対象企業の取り扱う製品の種類なども踏まえて適切に設定することが必要です。

　分析の対象となる範囲を適切に設定することができたら，次に具体的な分析を行うことになります。このときに意識すべきことは，結果だけを捉えてしまい，どのような経緯でそのような結果が導き出されるのかについて明確にしないということがないようにしなければならないということです。たとえば「売り手の交渉力」について，「貿易摩擦の影響で業界各社が売上の下方修正を行った」という結論だけが分析結果として示されることがあります。しかし，なぜそのような現象が起こったのかについて説明せずに終わってしまっては，分析が正しく行えているとはいえません。ファイブ・フォース分析は，その業界を取り巻く環境が現在どのような状況にあるのかを分析し，その状況のなかで各企業が生き残っていくためにはどういった方向に進むべきかを，SWOT分析を用いて考察するときの重要な基礎資料となります。そのため，現在の状況についての結果だけを示すのではなく，どのような経緯からそのような結果が導き出されているのかについても明らかにすることで，深みのある分析をすることができます。

　前述のように，ファイブ・フォース分析は，現在の業界の状況を把握し，特徴や課題を洗い出しながら，分析対象の企業がこれからどのような方向に向かっていくとよいのかを検討するための基礎を示すことを目的としています。いい換えると，過去の業界の状況だけを示すのではありません。製紙業界でいえば，たとえばパソコンや電子書籍の普及により紙の需要が減少しています。実際，製紙業界において紙の需要は右肩下がりになっていますが，分析では，その事実を5つの視点それぞれから捉えていくことが重要です。「代替品の脅威」の視点から見ると，具体的にどのような商品が普及して紙の需要が減少しているのかを明らかにすることができます。また「買い手の交渉力」の視点から見ると，単に買い手である消費者が紙を必要としなくなったと分析するのではなく，消費者が紙に何を求めているのかを分析する必要があります。また「競合他社」の視点からは，競合する企業の数や競争の激しさだけを分析するので

Chapter 6　経営分析をやってみよう　◎── 125

はなく，そのなかで競合他社がどのようなアプローチでシェアを確保しようとしているかに目
を向ける必要があります。このように，それぞれの視点から，業界を取り巻く状況が「なぜ」
そのようになっているのかを分析することにより，表面的な分析ではなく，奥に潜む根本的な
要因を捉えることができるため，次の SWOT 分析につながる分析ができるようになります。

　以上の点を考慮して，まずはファイブ・フォース分析に取り組んでみましょう。最初から完
全な分析を行うことは難しいかもしれませんが，段階を踏みながら「なぜだろう」と一歩立ち
止まって考えてみることで，分析力を高めることができるようになるでしょう。

# 学生レポート

・・・・・・・・・・・・・・・・・・・・・・・・・・・・・・・・・・・・・・・・・・・・・・・・・・・・・・

【実践課題】
1．北越コーポレーションのファイブ・フォース（業界内の競争の激しさ／新規参入の脅威／代替品の脅威／売り手の交渉力／買い手の交渉力）を分析してみよう。

北越コーポレーションのファイブ・フォース分析は次のように示されると考えます。

**新規参入の脅威：低い**

・設備投資が巨額

・技術やノウハウが必要

・コピー用紙などの紙製品の需要の低下（ペーパーレス化）

・事業において成長と衰退の二分化

・規模の経済

**売り手（供給する企業）の交渉力：強い**

・原材料の高騰化　Ex）米中貿易摩擦

・環境意識の高まり

**買い手（顧客やユーザー）の交渉力：強い**

・紙にこだわらない　Ex）電子書籍

・スイッチングコスト[1] ゼロ

・製品の差が分かりにくい

**代替品の脅威：高い**

・ペーパーレス化（伝える機能）

・代替できる製品は今のところ見当たらない（包む機能・拭く機能）

・スイッチングコスト

**業界内の競争の激しさ：激しい**

・差別化[2] がしにくい

・段ボールや家庭紙を取り扱う企業が売り上げを伸ばす

　→売り上げを伸ばしている競争の激しい業界に参入することになる

・シェアの偏り（上位6社の集中）

---

1）　顧客が現在利用している製品やサービスから，他の製品などに乗り換えるときに負担しなければならない費用のことをいい，金銭的負担，心理的負担や手間などすべてのコストのことを指す。

2）　競合他社に対して，自社のポジションを確立するために意味のある違いを打ち出す活動のことをいう。

Chapter 6 経営分析をやってみよう ◎—— 127

　新規参入には，製造の段階で必要な設備に多くの資金を必要とされることに加え，高い技術力や業界で培ったノウハウが求められます。資金力を持った企業が，業界内で先行企業として優位に立ちます。また近年では，パソコンなどデジタル機器の台頭によりペーパーレス化が進み，印刷用紙や情報用紙の需要が低くなっています。一方で家庭紙や段ボールの需要は高まっています。このように市場では衰退と成長の二極化が進んでおり，製紙で収益を上げるには，規模の経済を働かせなければなりません。そのため，製品を多く生産して，コストを下げることで利益を出す必要があると考えられます。大量生産するにはそれ相応の設備や資金力，動力などが必要になるため，新規参入の障壁は高いと判断することが可能です。以上のことから，新規参入の脅威は低いと考えました。

　売り手の交渉力は，原材料の高騰と環境意識の高まりから強いと判断しました。製紙業界の企業の多くは原材料や原燃料の調達を輸入に依存し，米中貿易摩擦が生じた際，各社で売上の下方修正を行ったことから，売り手に対する交渉力は低いと考えられます。また，環境意識が高まっていることから，森林伐採や廃棄物などに十分注意する必要がでてきました。こうした点から価格や質などの指定が困難になると考えました。

　買い手の交渉力は，紙にこだわらない，多種多様なユーザーが増加していることから高いと考えました。近年はパソコンやスマートフォンなどを使って，手元でデータが見られるようになり，デジタル化，ペーパーレス化が進んでいます。また，デジタル製品に移行したときにかかる費用は限りなく少額で，むしろ「かさばらない」「まとめられる」といった点で，利便性が高いといえます。すべての紙製品は私たちユーザーにとって違いが分かりにくいことが多いですが，これは，差別化をしにくい既存製品特有のもので，紙の特性を生かしつつ，買い手のニーズを反映させる必要があります。

　代替品の脅威にも，パソコンやスマートフォンなどの電子機器の普及が影響します。電子機器の発展により，新聞用紙をはじめ印刷用紙など紙媒体の需要が減り[3]，今後も減少することが予想されます。しかしこれは，紙の"伝える"機能についてです。紙には，印刷情報用紙のような"伝える"機能，包装用紙のような"包む"機能，トイレットペーパーのような"拭く"機能の3つの機能があります。伝える機能については衰退していますが，"包む"と"拭く"機能に関しては，代替できる製品が今のところ見当たりません。伝える機能の衰退を根拠とした場合，他の2つの機能についてもその可能性があることから，ここでは代替品の脅威は高いと判断することができます。また，他の製品に移行した際にかかるコストは低いことからも，高いと判断しました。

　業界内の競争について，紙製品は他との差別化が図りにくいことや，eコマース[4]で売り上げを伸ばす段ボール，世界で需要が広がる家庭紙を扱う企業・扱わない企業で，業界

---

3）業界動向サーチ　製紙業界　https://gyokai-search.com/3-kami.htm
4）電子商取引。インターネットなどのネットワークを介して契約や決済などを行う取引状態のこと。インターネットで物を売買することの総称。

内の明暗が分かれているように見受けられます。また，製紙業界は上位6社に売り上げが集中し，そのなかでも，業界1位の王子ホールディングスの独走状態をはじめ，1位と2位の日本製紙，3位のレンゴーと4位の大王製紙，5位の北越コーポレーションと6位の三菱製紙，という区分けができるような売り上げの差があります（図1参照）。これら業界シェアの偏りから，業界内の競争は激しいと考えます。

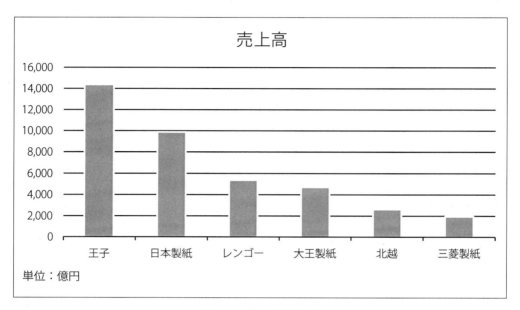

図1　上位6社売上高

【実践課題】
2．1の分析結果から，北越コーポレーションが置かれている状況や関連する企業とのパワーバランスなどについて考えてみよう。

北越コーポレーションと関連する企業とのパワーバランスについては，次のように考えます。

➡ **現状としてはかなり厳しい**
　・家庭紙[5]，段ボールは海外（特にアジア）での需要増加やネットショッピングの増加などで好調であるが，印刷用紙などの他の紙製品はペーパーレス化などの影響で不調

---

5）トイレットペーパーやティッシュペーパー，ペーパータオルなど家庭で使う紙のこと。

・専業[6) にこだわりすぎると外部からの影響を受けやすい

➡ **多角化がキー**

≪多角化[7)≫・アジアなどへの海外展開
　　　　　　　・エネルギーなど事業展開


　以上の分析の結果，業界全体としては現状かなり厳しい状況にあると考えられます。売り上げが好調な段ボールや家庭紙を扱う企業であれば，この勢いに乗じて売り上げを伸ばしていけばよいですが，それらを扱っていない企業やほかの製品に注力している企業にとっては，かなり厳しい状況です。また，これはどの業界にもいえますが，専業はメリット・デメリットが大きく出ることが多々あり，今回の北越コーポレーションにおいては，専業のデメリットの面が多く出ています。専業は専門性を高めることができる一方，頼りすぎると雲行きが怪しくなった場合に倒産などの危険性をはらんでいるため考え物です。

　これらの現状を打破するために，多角化が重要になると考えられます。多角化に関しては，海外での製造工場や販路の拡張を取り上げます。国内市場は減少傾向であるのに対し，アジアなどの新興国などでは紙製品の需要が高まっているため，これからは海外進出が求められます。さらには海外での販路を得ることでさらなる売り上げ増加を見込むことができるでしょう。また，新規事業に関しては，伝える機能の紙製品が衰退傾向にあるため，それ以外に収益を上げられるような事業を始めない限り，この先はないでしょう。しかし，いきなり関係性のない事業に参入しても悪化するばかりであるため，エネルギーや植林など関連事業を始めるべきだと考えます。


**参考資料**

業界動向サーチ「製紙業界」(https://gyokai-search.com/3-kami.htm)
東洋経済新報社編（2018）『会社四季報　2019年版業界地図』東洋経済新報社。
東洋経済新報社編（2019）『会社四季報　2020年版業界地図』東洋経済新報社。
日本経済新聞社編（2018）『日経業界地図2019年版』日経BP社
日本経済新聞2019年5月28日付「北越コーポ，段ボール原紙事業に参入　通販需要取り込み」
　(https://www.nikkei.com/article/DGXMZO45370080Y9A520C1TJ2000/)
日本経済新聞2019年11月26日付「スタバ，20年1月から紙ストロー　全店で順次切り替え」
　(https://www.nikkei.com/article/DGXMZO52625480W9A121C1HE6A00/)
日本経済新聞社（2019）『日経業界地図2020年版』日経BP社
日本製紙連合会「製紙産業の現状」(https://www.jpa.gr.jp/states/paper/index.html)
北越コーポレーション株式会社　企業HP (http://www.hokuetsucorp.com/)

---

6)　ある事業を専門にすること。
7)　企業が売上を伸ばすために，従来の主力事業とは別に新製品や新規事業において，進出・シェアの拡大を狙う事業戦略を指す。

## ファイブ・フォース分析についてのコメント

　みなさんに作成していただいたファイブ・フォース分析は「分析のヒント」を反映した内容となっており，かなり詳細な分析ができていると思います。

　分析結果の説明も十分になされており，また説明の根拠が示されているため，説得力のある内容になっています。

### ○修正ポイント

　今回の分析結果はかなり完成度が高い内容となっていますが，さらに納得できる分析にするためにも，いくつか気になった点がありますので，以下でそれらについてコメントします。

1．新規参入の脅威についての分析の中で，生産量を増やして単位当たりコストを下げることで利益を生み出す必要があるという主旨の分析がなされています。ところが，実際の製紙会社では，むしろ単価を上げて生産量を減らしています（日本経済新聞2018年9月7日付朝刊）。利益を出すためには，規模の経済を働かせて大量に生産し単位当たりコストを下げるという方法ももちろんありますが，それは生産したものがすべて販売できることが大前提となります。いまの製紙業界の現状では，供給過多の状態のため，生産量を増やすことで単位当たりコストは下がるかもしれません。しかし，場合によっては，在庫を多く抱えることにもなりかねません。そのため，製紙業界ではむしろ生産量を減らし，需給バランスを整えることで販売価格の適正化を進めるとともに，遊休となった設備や人員などを新たな製品の開発や生産に回している状況であることを念頭に置いて分析を進めることが，現実を踏まえた分析結果につながります。

2．全体を通して，丁寧な説明がなされていると思います。しかし，まだ説明が不十分な箇所も見られます。たとえば代替品の脅威に関して，紙の機能で需要の差が大きく生じている旨の記述がありますが，この説明の仕方ですと，紙の種類がすべて同じであり，同じ紙に複数の機能が宿しているかのような印象を与えます。ところが，実際には大分類としての紙ではあるものの，紙の種類はそれぞれ異なるものですので，当然ながら機能も異なってくることになります。説明にあたっては，言葉の範囲を明確にした上で，それぞれについて適切な説明をすることが必要になるでしょう。

　また，ところどころ思い込みによる分析がなされているように感じます。分析を行う際は，客観的事実を多面的に見ることが重要になります。経験により肌で感じていることは主観的事実になりますが，そのような自分の体験や感覚を前面に出して分析を行うことは，誤った判断を導く可能性もありますので，分析を行う際は客観的かつ多面的な視点から行うことを心がけると，分析結果がさらによくなるのではないでしょうか。

# 模範解答

【実践課題】
1. 北越コーポレーションのファイブ・フォース（業界内の競争の激しさ／新規参入の脅威／代替品の脅威／売り手の交渉力／買い手の交渉力）を分析してみよう。

　課題1は，北越コーポレーションをとりまく環境について，ファイブ・フォース分析を用いて把握するものです。以下の解答例では，まずファイブ・フォースを行う業界の範囲を設定した上で，現状を把握するために業界内における他社との競争の激しさを説明します。次に業界への新規参入の可能性および代替品による脅威について，最後に北越コーポレーションに対する売り手と買い手の交渉力について説明をしていきます。

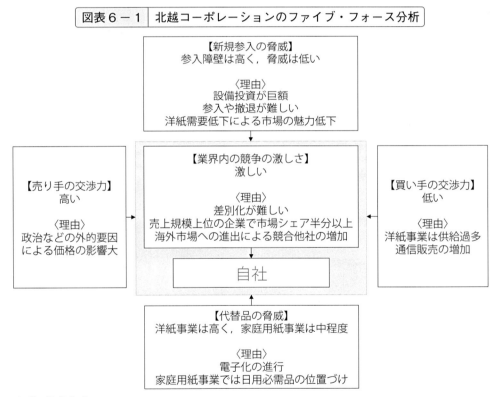

図表6−1　北越コーポレーションのファイブ・フォース分析

出所：筆者作成。

＜業界の範囲を設定＞
　まず，ファイブ・フォース分析を行う業界の範囲を決める必要があります。北越コーポレーションは製紙業を主として営んでいるので，大きく捉えて製紙業界を対象とすること

もできます。また，製紙業界は新聞紙や印刷・情報用紙，包装用紙，衛生用紙などの「紙事業」と，段ボール原紙や紙器用板紙などの「板紙事業」に分類できますが，北越コーポレーションは製紙のなかでも印刷・情報用紙などの洋紙事業を主力事業としているので，洋紙を含む「紙事業」に焦点を絞って分析を行うという選択もできます。今回は，北越コーポレーションが主力の洋紙事業に加えて段ボール原紙などの板紙事業に参入することを発表しているため，製紙業界全体を対象としたファイブ・フォース分析を行います。

<業界内の競争の激しさについて>

国内の製紙業界は，他社商品との差別化が図りにくいという点において業界内の競争が激しいといえます。ただし，2018年の工業統計調査によると2017年の従業者4人以上の事業所を対象とした，パルプ・紙・紙加工品製造業全体における製造品出荷額等は約7兆3,837億円となっていますが，2019年版日経業界地図によると国内上位5社の売上高合計は3兆9,382億円であり，国内上位5社で全体の5割を超える売上高となっています。そのため，製紙業界は実質的には上位の企業間の競争が激しいといえます。

| 図表6-2 | 産業中分類別製造品出荷額等（従業者4人以上の事業所） |

| 項　　目 | 製　造　品　出　荷　額　等 | | | |
| | 2016年 | | 2017年 | |
| | 金　額 | 前年比 | 金　額 | 前年比 |
| | （百万円） | （%） | （百万円） | （%） |
| パルプ・紙・紙加工品製造業計 | 7,273,125 | ▲ 0.1 | 7,383,746 | 1.5 |
| パルプ製造業 | 39,987 | | 43,288 | |
| 紙製造業 | 2,708,183 | | 2,704,271 | |
| 加工紙製造業 | 513,730 | | 511,769 | |
| 紙製品製造業 | 364,056 | | 384,110 | |
| 紙製容器製造業 | 2,435,915 | | 2,478,367 | |
| その他のパルプ・紙・紙加工品製造業 | 1,211,253 | | 1,261,941 | |

出所：経済産業省「工業統計調査　平成30年確報　産業別統計表」をもとに筆者作成。

また，国内の洋紙需要の減退から，各社が値上げや他事業への転換を進めています。日本製紙連合会の2020年1月における紙・板紙需給速報によると，新聞用紙の国内出荷は前年同月比7.3%減，印刷・情報用紙の国内出荷は9.1%減となっており，国内の紙に対する需要が大きく落ち込んでいることがわかります。また海外への輸出についても前年同月比12.5%減となっており，国内外ともに紙に対するニーズが弱いことがわかります（日本印刷新聞社2020年3月4日付記事）。

需要が減退していることによる生産体制の見直し，および原燃料価格や物流経費の上昇

によって，製紙大手各社が印刷・情報用紙について値上げを行っています（日本印刷新聞
社 2018 年 11 月 12 日付記事）。弱まっている需要に対し値上げを行うことで，さらなる需要
の減退も予想されます。しかし，「製紙産業は技術開発の要素が少なく，他社との商品に
よる差別化が難しいことから，商品以外の部分（リードタイムや納品方法）での競争が行わ
れてきた」（国土交通省・経済産業省・厚生労働省（2020），7-8 頁）こともあり，業界内におけ
る競争はより一層激しさを増していることがわかります。

　洋紙事業が衰退する一方で，段ボール原紙の輸出は前年同月比 69.7％の増加となってお
り，海外での段ボール需要が高まっていることが見てとれます（日本印刷新聞社 2020 年 3
月 4 日付記事）。すなわち，通信販売の増加により活性化している段ボールなどの板紙事業
が盛んになっています。その結果，洋紙事業を中心に展開していた企業が板紙事業へと進
出するケースも増加する傾向があります。さらには他の成長分野への進出，あるいは国内
だけではなく海外への輸出に積極的となっている企業も多く見られます。たとえば業界 3
位のレンゴーは，2016 年 3 月末をもって洋紙事業から撤退し，もう 1 つの主力事業であ
る白板紙事業に経営資源を集中させることを発表しています（レンゴー株式会社 HP，2015
年 11 月 30 日付ニュースリリース）。また，業界 2 位の日本製紙グループは 2018 年に洋紙事
業における生産体制の再編成を行い，洋紙事業からパッケージ，家庭紙・ヘルスケア，ケ
ミカル，エネルギーなどの成長分野へと事業転換を図っています（日本製紙グループ HP，
2018 年 5 月 28 日付ニュースリリース）。

　このように，洋紙事業における国内市場の競争環境は現状と変わらずリードタイムや納
品方法，価格による競争がその中心となる可能性は高いですが，板紙事業や海外市場では
急激な需要の増加が予想されていることから，いま以上にさらなる競争の激化が進むもの
と考えられます。


① 新規参入の脅威

　製紙を行う大企業では，紙を大量に製造するための大規模な工場や設備が必要になるだ
けではなく，原料となる木材を輸入するのであれば輸入した原材料の搬入を行うために港
湾のそばに立地することが必要となります。また，製紙を行う工程において欠くことので
きない水資源を，容易に確保できるような立地が求められます。企業によっては原料とな
る木材を自前で調達するために森林を有するなど，有形固定資産を多く保有する企業が目
立ちます。固定資産が増加することによって，企業にとっては拘束される資金を多く抱え
ることになるため，運転資金を多く確保する必要性が生じることになります。

　製紙業界は参入にあたり制度的な障壁はありませんが，物理的な障壁はかなり多く存在
しており，容易には参入できない業界です。また，固定資産を多く抱える必要があること
から，もし参入できたとしても，事業から撤退したいと考えたときに撤退しにくい業界で
もあります。そのため，総じて参入障壁は高いといえます。

さらには，現時点においてトイレットペーパーなどの家庭用紙の需要に大きな変化はありませんが，前述の通り近年におけるデジタル化の進展により，新聞や雑誌，書籍，広告などの洋紙事業に対する国内需要は低迷しており，業界全体としての魅力が低下傾向にあります。このことからも，新規参入の脅威は低いといえます。

## ② 代替品の脅威

　洋紙事業の代替品としては，電子機器が考えられます。パソコンやタブレット，スマートフォンなどの普及により新聞や書籍の電子化が進行しています。そのため，新聞や書籍の売り上げは年々大幅に減少しています。また，広告媒体も新聞や雑誌からインターネットへと移り変わりつつあるので，印刷・情報用紙はさらなる需要の減少が予想されます。さらには，エコブームにより簡易包装が主流となっている現在では，包装用紙の需要減少も大きく影響を与えています。このように，洋紙事業にとっては代替品の脅威がかなり高いと考えられます。

　またトイレットペーパーやティッシュペーパー，キッチンペーパーなどの家庭用紙については，たとえばトイレットペーパーであれば温水洗浄などが代替品と考えられます。しかし，これらの家庭用紙については大きな影響を与えるほどの代替品は存在しません。したがって家庭用紙については現状を悪化させるほどの大きな脅威は存在していないと考えられます。

## ③ 売り手の交渉力

　製紙を行う際には，原木をチップにした上でそこからパルプを製造し，紙や板紙を製造する方法と，いわゆる古紙からパルプを製造し，板紙や紙を製造する方法，そして古紙とチップを混ぜてパルプを製造し，板紙や紙を製造する方法があります。たとえば原木をチップにした上でパルプを製造するプロセスにおいては，高温高圧の蒸気を用いて木材を煮る工程などに多くの原油を必要とします。しかし，原油価格が高騰することによって，製紙に必要な燃料を安価で大量に購入することが困難になっています（図表6 - 3）。また原木についても，パルプの原料となる木材の約70％を海外からの輸入に頼っており，その割合は少しずつ増加する傾向にあります（図表6 - 4）。さらにもう1つの材料である古紙についても，近年では海外での古紙の需要増加により価格が上がっています（図表6 - 5）。

　このように，製紙業界では原価に占める原燃料の割合が年々高まってきています。特に日本の製紙会社は，図表6 - 4でも示したように原燃料の調達を海外からの輸入に依存しているため，国内外の政治や経済情勢，さらには為替変動などによっても取引価格が大きく影響を受けることになります。たとえば近年では，米中貿易摩擦の影響により，中国が段ボールの原材料である古紙の調達先を米国から日本に変更したことで，古紙の日本国内における価格が上昇しました（日本経済新聞2018年10月31日付朝刊）。

図表6-3 原油価格の推移（単位：円／リットル）

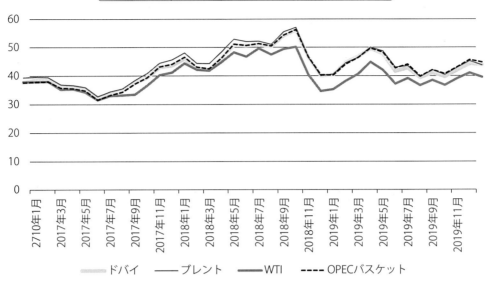

出所：新電力ネット「原油価格の推移（為替考慮・国内価格）」。

図表6-4 パルプ材入荷推移と輸入比率

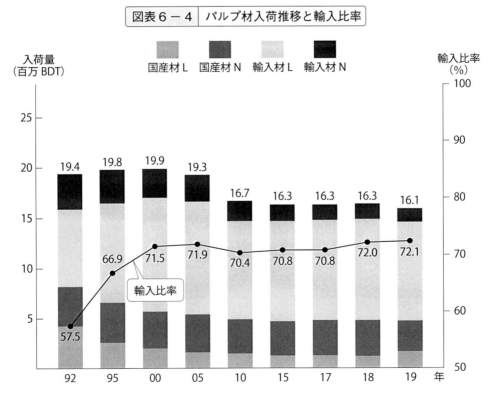

出所：日本製紙連合会HP「パルプ材：パルプ材集荷推移・輸入比率」。

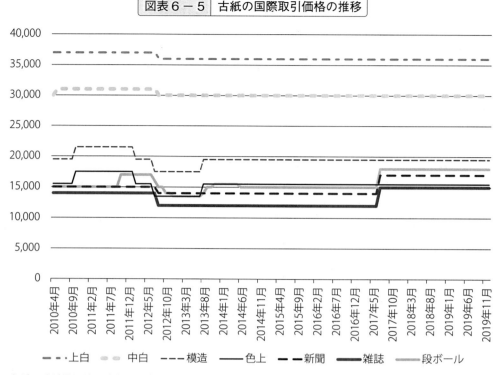

図表6－5　古紙の国際取引価格の推移

出所：公益財団法人古紙再生促進センター「年間古紙統計」に基づき筆者作成。

　これらのことを考慮すると，製紙業界では原燃料の仕入について，数量および価格に対する主導権をもたないだけではなく，さまざまな要因によって自社に不利な影響を強く受ける可能性が高いことから，売り手の交渉力は高いと考えることができます。

④　買い手の交渉力

　図表6－6より，新聞用紙や印刷・情報用紙，包装用紙など，洋紙事業を中心に幅広い紙の種類において需要が減少傾向にあることが見てとれます。これは，近年のインターネット環境の普及やデジタル化およびペーパーレス化の進展により，新聞各社ともにインターネットによるニュース配信に力を入れており，新聞の発行部数が大きく減少していること（日本経済新聞社『有価証券報告書』2020,「第2　事業の状況」），各出版社が紙媒体の書籍の発行部数を削減し，電子書籍の充実に軸足を替えつつあること（全国出版協会HP, 2019年1月25日付ニュースリリース），エコ包装の浸透により，包装用紙に対する需要が減退していることなどが考えられます。紙を用いた製品の需要が大きく減退していることが，製紙業界において紙の需要が減少している直接的な原因になっていると考えられます。

　このように，書籍であれば消費者が電子書籍と紙の書籍を選択することが可能であり，

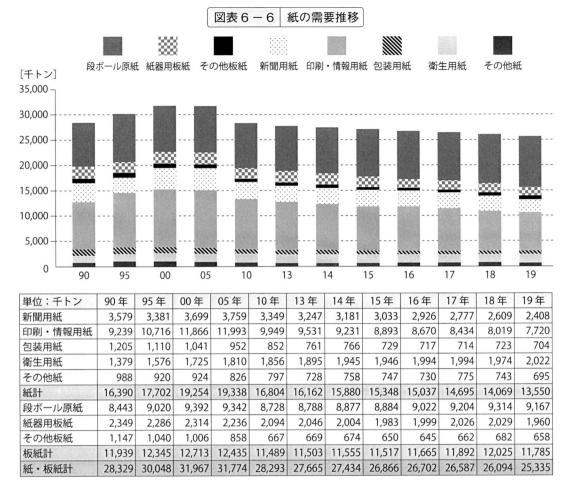

出所：日本製紙連合会HP「製紙産業の現状：紙・板紙」。

新聞であればインターネットを介したニュースで代替可能という現在の状況を踏まえると，買い手が購入する紙に対する主導権をもっているというよりは，買い手の紙に対する需要減退が，結果的に紙の価格に対する主導権を製紙会社が握れないことにつながっていると考えられます。そのため，洋紙事業を中心に買い手の交渉力は高いといえるでしょう。

ただし，すべての事業において買い手の交渉力が高いとはいいきれません。図表6－6では，段ボール原紙や衛生用紙についての需要が高まっています。たとえば段ボールなどの板紙事業については，通信販売による消費の増加などが原因となり需要が大きく増加しています。また家庭用の衛生用紙などは，代替品が少ないこともあり堅調に推移しています。これらの製品については，人口減少による需要の減退もさることながら，販売価格の値上げを行っても消費者のニーズが依然として高く推移していることから，買い手の交渉力は中程度だと考えられます。

**【実践課題】**
2. 1の分析結果から，北越コーポレーションが置かれている状況や関連する企業とのパワーバランスなどについて考えてみよう。

北越コーポレーションと関連する企業とのパワーバランスについては，次のように考えます。

➡ **現状：厳しい**

　　主力である洋紙事業は低調となっています。事業の多角化に向けて好調な段ボール事業への進出（北越コーポレーション株式会社HP，2019年5月28日付プレスリリース）や，企業価値向上に向けた大王製紙株式会社株式の取得（北越コーポレーション株式会社HP，2019年12月26日付プレスリリース）など，さまざまな取り組みを行ってはいますが，依然として厳しい状況が続いていると考えられます。

　　だからといって，今後の状況の改善がまったく見込めないというわけではありません。次に見ていくように，今後の生き残りにかけた戦略を数多く立てており，次世代を見据えた将来的な発展のための事業展開が行われています。

➡ **関連企業とのパワーバランス：製品開発の活発化による差別化**

　　複合素材の開発（北越コーポレーションHP，2019年3月25日付プレスリリース）や環境に配慮した新素材の開発（北越コーポレーションHP，2020年2月13日付プレスリリース）による他社との差別化を図り，製紙業界における確固たる位置づけを確立するとともに，紙製品の新たな方向性を見いだすことで経営の安定化を目指しています。

　以上のことから，業界全体としてはかなり厳しい状況にあると考えられます。特に，販売が好調な段ボールや家庭用紙を扱っている企業であれば，この勢いに乗じてさらなる販売強化を進めていくことができますが，洋紙を中心に扱っている企業にとっては現在の状況は厳しいと考えられます。そのような状況から脱出するためにも，王子ホールディングスと三菱製紙の資本業務提携（三菱製紙株式会社HP，2018年2月6日付ニュースリリース），大王製紙による日清紡HDの家庭紙事業買収（大王製紙株式会社HP，2017年2月10日付ニュースリリース），日本製紙による特種東海製紙との段ボール原紙の生産・販売事業の統合（日本製紙グループHP，2015年10月7日付ニュースリリース）など，製紙業界内では事業再編が盛んに行われています。

　製紙業界においては今後さらに事業再編が進む可能性があり，業界内の企業の淘汰や業

界大手の企業が企業買収により多角的な事業展開を行う可能性が高いと予想されます。また，アジアなど国外への事業展開やバイオマス発電といったエネルギー事業への進出など，国内の製紙事業だけに固執するのではなく，多角化による生き残りを模索する方向に進んでいます。北越コーポレーションも，次世代素材であるセルロースナノファイバーと先端素材である炭素繊維を融合させた新しい複合材料の開発や，環境に配慮した紙素材『パンセ』の開発など，紙をベースとした新たな製品の開発に力を入れています。また，プラスチックストローから環境に配慮した紙ストローへの切り替え（日本経済新聞 2019 年 11 月 27 日付朝刊）など，これまで他の製品で用いられていた素材の代替として紙が用いられるケースも見られます。

　このように，製紙業界全体としては厳しい現状ではあるものの，明るい兆しも垣間見えています。今後は他社の後追いではなく独自の事業としてどのように他社との差別化をはかることができるか，海外市場の新規開拓，脱プラスチックに対応した事業展開，原材料から多様な紙製品までを通じたサプライチェーンによるコスト削減と安定的な事業運営などに注力できるかどうかが重要になるのではないでしょうか。

【参考資料】

王子ホールディングス HP，2018 年 2 月 6 日付ニュースリリース「王子ホールディングス及び三菱製紙の資本業務提携のお知らせ」。
　https://www.ojiholdings.co.jp/Portals/0/resources/content/files/news/2018/20180206_mi_jp.pdf
経済産業省（2019）「工業統計調査　平成 30 年確報　産業別統計表　概況文」。
　https://www.meti.go.jp/statistics/tyo/kougyo/result-2/h30/kakuho/sangyo/pdf/2018-k3-gaikyo-j.pdf
公益財団法人古紙再生促進センター「年間古紙統計」。
　http://www.prpc.or.jp/document/publications/nenkantoukei/
国土交通省・経済産業省・厚生労働省（2020）「荷主と運送事業者の協力による取引環境と長時間労働の改善に向けたガイドライン 紙・パルプ（洋紙・板紙分野）物流編」。
　https://www.mlit.go.jp/jidosha/content/001346878.pdf
新電力ネット（一般社団法人エネルギー情報センター）「原油価格の推移（為替考慮・国内価格）」。
　https://pps-net.org/statistics/crude-oil
全国出版協会 HP，2019 年 1 月 25 日付ニュースリリース「2018 年の出版市場規模発表　紙＋電子で 3.2％減の 1 兆 5,400 億円，紙は 5.7％減，電子は 11.9％増」。
　https://www.ajpea.or.jp/information/20190125/index.html
大王製紙株式会社 HP，2017 年 2 月 10 日付ニュースリリース「日清紡ホールディングス株式会社の紙製品事業の譲受を目的とした 子会社の異動を伴う株式の取得に関するお知らせ」。
　https://www.daio-paper.co.jp/wp-content/uploads/n290210.pdf
東洋経済新報社（2018）『会社四季報業界地図 2019 年版』東洋経済新報社。
東洋経済新報社（2019）『会社四季報業界地図 2020 年版』東洋経済新報社。
日本印刷新聞社 2018 年 11 月 12 日付記事「製紙各社が 1 月 1 日出荷分から印刷・情報用紙値上げへ」。
　http://nichiin.co.jp/archives/33392/
日本印刷新聞社 2020 年 3 月 4 日付記事「【紙・板紙需給速報】20 年 1 月　板紙の輸出は 1 ヵ月連続増　新聞用紙の国内出荷は 27 ヵ月連続マイナス」。
　http://nichiin.co.jp/archives/37685/

日本経済新聞 2018 年 9 月 7 日付朝刊「三菱製紙，生産量 16％減　製紙 4 社で 100 万トン減」。

日本経済新聞 2018 年 10 月 31 日付朝刊「古紙「爆買い」で段ボール危機 米中貿易戦争の余波」。

日本経済新聞 2019 年 10 月 7 日付朝刊「産業天気図，アパレルなど 5 業種で悪化　10 ～ 12 月」。

日本経済新聞 2019 年 11 月 27 日付朝刊「スタバ，20 年 1 月から紙ストロー　全店で順次切り替え」。

日本経済新聞社「第 148 期有価証券報告書」。
　https://www.nikkei.com/nkd/disclosure/ednr/20200327S100IBAR/

日本経済新聞社編（2018）『日経業界地図 2019 年版』日本経済新聞社。

日本経済新聞社編（2019）『日経業界地図 2020 年版』日本経済新聞社。

日本製紙グループ HP，2015 年 10 月 7 日付ニュースリリース「特種東海製紙株式会社との段ボール原紙及び重袋用・一般両更クラフト紙事業に係る 基本合意書締結に関するお知らせ」。
　https://www.nipponpapergroup.com/news/mt_pdf/20151007mmn379.pdf

日本製紙グループ HP，2018 年 5 月 28 日付ニュースリリース「洋紙事業における生産体制の再編成について」。
　https://www.nipponpapergroup.com/news/mt_pdf/20180528-2mmn972.pdf

日本製紙連合会 HP「製紙産業の現状」https://www.jpa.gr.jp/states/index.html

日本製紙連合会 HP「パルプ材」https://www.jpa.gr.jp/states/pulpwood/index.html

北越コーポレーション株式会社 HP，2019 年 3 月 25 日付プレスリリース「セルロースナノファイバーと炭素繊維を融合させた複合材料の開発について」。
　http://www.hokuetsucorp.com/pdf/OSIRASE/20190325_release01.pdf

北越コーポレーション株式会社 HP，2019 年 5 月 28 日付プレスリリース「段ボール原紙（中芯）事業開始に関するお知らせ」。
　http://www.hokuetsucorp.com/pdf/OSIRASE/20190528_release01.pdf

北越コーポレーション株式会社 HP，2019 年 12 月 26 日付プレスリリース「大王製紙株式の追加取得について」。
　http://www.hokuetsucorp.com/pdf/OSIRASE/20191226_release01.pdf

北越コーポレーション株式会社 HP，2020 年 2 月 13 日付プレスリリース「環境に配慮した紙素材『パンセ』の開発について」。
　http://www.hokuetsucorp.com/pdf/OSIRASE/20200213_release01.pdf

三菱製紙株式会社 HP，2018 年 2 月 6 日付ニュースリリース「王子ホールディングス及び三菱製紙の資本業務提携のお知らせ」。
　https://www.mpm.co.jp/company/news/pdf/2018/20180206-4.pdf

レンゴー株式会社 HP，2015 年 11 月 30 日付ニュースリリース「大阪製紙株式会社の洋紙事業撤退に関するお知らせ」。
　http://www.rengo.co.jp/news/2015/15_news_028.html

Chapter 6　経営分析をやってみよう　◎―― 141

## ② SWOT 分析

### 1　SWOT 分析のポイントの整理

　本節では，Chapter 2 第 6 節で紹介された SWOT 分析の実践課題に取り組みます。それでは，まず SWOT 分析のポイントをまとめてみましょう。

#### （1）SWOT 分析とは

　企業の内部要因の「強み (S)・弱み (W)」と外部要因の「機会 (O)・脅威 (T)」を整理し，その結果に基づいて具体的な戦略を立案するための手法です。

　SWOT 分析では，「S・W・O・T」を列挙すること以上に，その組み合わせを通じて企業がとるべき今後の最適な戦略を考えることが重要な目的となります。

#### （2）SWOT 分析のステップ

　SWOT 分析は，次の 2 つのステップで行われます（Chapter 2 の図表 2 − 16，図表 2 − 17 のフォーマットを活用してください）。

ステップ 1：企業の内部・外部の要因を「S・W・O・T」に整理します。

　　　　　S（内部要因の強み）：競合他社と比較したときに，「機会」に活かせる自社の能力

　　　　　W（内部要因の弱み）：改革を進めようとする場合に障害となる自社内部の要因や不足している能力

　　　　　O（外部要因の機会）：自社にとって今後の可能性やチャンスをもたらす項目

　　　　　T（外部要因の脅威）：自社の努力だけではどうすることもできない外部環境のマイナスの項目

ステップ 2：整理した「S・W・O・T」の組み合わせから企業がとるべき戦略を検討します。

　　　　　検討すべき 4 つの組み合わせは次の通りです。

　　　　　①　S×O：強みを機会に対して活かす「積極戦略」

　　　　　②　S×T：強みを脅威の克服に活かす「差別化戦略」

　　　　　③　W×O：弱みを機会に乗じて克服する「改善戦略」

　　　　　④　W×T：弱みと脅威の結合を回避する「致命傷回避・撤退縮小戦略」

　　　　　分析の順序は，重要性と緊急性の観点から，「① → ④ → ③ → ②」となります。

（3）SWOT 分析のポイント

SWOT 分析をうまく進める際のポイントは，以下の3点です。

① 分析の対象を明確に設定すること

企業全体か？　事業単位か？　製品単位か？　顧客単位か？

それによって，もちろん「S・W・O・T」は変わってきます。自分が分析すべき対象を明確にもちましょう。

② 「S・W・O・T」は多様な角度から柔軟な考え方で検討すること

「強み」は別な角度から見ると「弱み」かもしれませんし，その逆もありえます。

「もし，〜ならば，〜は，〜の機会となる」という仮定に基づいた着想で構わないので，柔軟に幅広く可能性を発想することが大切です。

③ 分析に強弱をつけること

SWOT 分析の基本は，「機会（O）に強み（S）をぶつける戦略」を見つけ出すことです。ですから，まずはOとSの分析に十分時間をかけましょう。

## 2　SWOT 分析の実践課題

それでは，SWOT 分析の【実践課題】に取り組んでみましょう。

【実践課題】

1. 北越コーポレーションの SWOT（内部要因の強み／弱み，外部要因の機会／脅威）を分析してみよう。

2. 1の分析結果に基づき，考えられうる4つの同社の戦略オプションについて検討してみよう。

　SWOT分析は，会社の内部要因の「強み（S）」と「弱み（W）」と，外部要因の「機会（O）」と「脅威（T）」に基づいて，企業がとるべき戦略を立案するための手法です。したがって，まずは分析対象企業についてよく知ることが重要です。その際，分析対象企業の事業内容や経営資源だけではなく，その企業の経営環境として，属する業界の構造や状況，競合他社の動向，さらにはグローバルな規模での経済・社会情勢なども含めた幅広い情報収集を行うことが大切になります（これまで行ってきた業界分析やファイブ・フォース分析の結果も大いに参考になるでしょう）。

　このように集めた幅広い情報をもとに，SWOTに関する分析を進め，内部要因と外部要因の適合を図る戦略を導き出していきます。その際，収集した情報を適切に整理し，それをもとにさまざまな戦略のアイデアを生み出しやすくするために，Chapter 2の図表2－16や図表2－17のフォーマットを活用するとよいでしょう。特に，SWOTに基づき網羅的に戦略オプションを検討するためにも，図表2－17のフォーマットを使ったクロス分析はぜひやってみてください。新たな戦略オプションの発見につながると思います。

　こうして導かれたSWOTならびに戦略オプションを提示する場合には，情報の受け手の納得性を高めるために，明確な根拠をもとにした分析結果を示すよう心がけてください。特に，「機会（O）」と「脅威（T）」の分析は外部要因の分析でもあるので，客観的なデータなどをできるだけ示して説明すると説得力が増します（もちろん内部要因についても，分析結果を根拠に基づき示していくことが重要です）。たとえば，「新興国市場での堅調な紙需要」を「機会（O）」として捉えた場合，「堅調さ」を示すデータや新興国とは具体的にどのような国でなぜ堅調なのかといったことが示されるとより納得性が高まるでしょう。また「強み（S）×機会（O）」の戦略オプションとして，「海外の高まるニーズに応えるため海外で事業を行う」とした場合，一口に海外といっても，どこでどのようなニーズの高まりがあるのか，具体的にどこへ進出すればよいのかまったくわからないでしょう。このように，戦略オプションについては，SWOTに基づき自分のアイデア・考えを提示していくことになりますが，どうしてそのようなアイデア・考えが導かれるのか，可能な限り根拠を示し，丁寧に説明することで納得性が高まります。そのためにも，上で指摘した情報収集をしっかり行ってください。

　それでは，【実践課題】に取り組んでみてください。

# 学生レポート

**【実践課題】**

1. 北越コーポレーションのSWOT（内部要因の強み／弱み，外部要因の機会／脅威）を分析してみよう。

　北越コーポレーションのSWOT分析は，次のように示されると考えます。


**（内部要因・内部環境）**

S（強み）：紙への専門性

　　　　　独自の技術（オンマシンコート機械[1]など）

　　　　　製品ラインナップの豊富さ

　　　　　植物由来の新素材の用途開発

　　　　　海外での売上高比率が高い

　　　　　原料から製品まで一貫生産


W（弱み）：認知度の低さ（一般消費者にとって）

　　　　　紙事業への依存（約90%）

　　　　　受注生産[2]

　　　　　新潟工場への依存

　　　　　原料の木材チップ[3]の約96%が輸入

　　　　　単位量あたりの利益率が低い（原価が高い）


**（外部要因・外部環境）**

O（機会）：インターネット販売の普及 → 段ボール（板紙[4]）の需要増

　　　　　アジアなど新興国市場での堅調な紙需要

　　　　　訪日外国人の増加 → 家庭紙[5]の消費量・需要増

　　　　　根強い紙への安心感を持つユーザーの存在

---

1）抄紙と塗工を一工程で行うことで，大量生産を可能にする機械。生産効率やエネルギー効率が優れている。（⇔オフラインコート）

2）顧客の希望に応じて受けた数だけ取引先から指定されたデータなどを用いて生産する生産形態。（⇔大量生産）

3）木材を破砕した製造物。これをもとに紙が作られる。

4）箱や紙器などに使われる厚手の紙。

5）トイレットペーパーやティッシュペーパー，ペーパータオルなどの家庭で使う紙。

　　　　環境意識の高まり（脱プラスチックなど）

Ｔ（脅威）：ペーパーレス化[6]（紙使用の減少）
　　　　　　原材料の高騰
　　　　　　為替の影響
　　　　　　市場競争の激化（顧客ニーズの変化）
　　　　　　少子化，IT化[7]


≪詳細≫
　強みとして，北越コーポレーションが紙に特化していることから，紙に関する新製品の開発などさらなる応用を利かせることができるのではないか，と考えました。北越コーポレーションの専門性は専業[8]だからこその強みといえます。北越コーポレーションは，オンマシンコート機械など，独自の技術や生産設備を持っています。オンマシンコートは，普通の機械と比較して，高速かつ広幅なため生産効率が高いです。また，北越コーポレーションは，新潟工場に国内最大級の5号抄紙機を所有し，高品質・高効率を追求した上質紙を作ることができているほか，他の工場にも様々な生産設備を持っています。この，生産効率をあげるための独自技術や生産設備は北越コーポレーションの強みといえ，新素材の用途開発が成功した場合には，原材料における売り手の交渉力の面で北越コーポレーションはさらに強くなると思います。開発に投下できる十分な資金を持っているということもあって強みとしてあげました。製品ラインナップに関しては豊富であればあるほど，ニーズに合わせたものを提供できると考え，強みとしました。これは工場で多くの生産設備を有し，生産効率の高い北越コーポレーションならではです。さらに，北越コーポレーションは海外売上高比率が高く，業界分析でも述べたとおり，レンゴー・日本製紙と比較して約2倍となっていました。このように海外展開が進んでいることから，国内市場の衰退に対策し海外での需要に対応しているということがわかります。さらに，北越コーポレーションは原料となる木材チップから紙までを一貫生産しており，木材資源を原料とエネルギーの2面から最大限有効利用しています。また，環境にやさしい企業として森林資源や古紙を利用し，無駄なく活用しています。以上のことが強みとしてあげられます。
　次に弱みは，専業ゆえに紙事業に売上の約9割を依存しており，ほかの企業と比べて高いことがわかりました。北越コーポレーションは，印刷・情報用紙を主力としています。印刷・情報用紙は前述の通り，衰退している事業であり，需要が減少している国内でこのまま対策をとらないでいると，全体の売上自体が低下すると考えられます。また新潟工場

────────────────────────────

6）　紙の使用が減少している状態。
7）　アナログデータをデジタルデータに変換すること。
8）　ある事業を専門にすること。

への依存は，地震などの災害で，工場が使用できなくなった場合に生産ラインが止まってしまうため，過度な集中とし，弱みとしています。受注生産は，受注により成立する商売のため，認知度がこの販売スタイルに影響を与えます。現在，原材料の木材チップは自社生産していますが，輸入時に関税や為替の影響を受けやすい状況です。そのため，たとえば，米中貿易摩擦などで，原材料が高騰する事態が起き，業界内の各社が売上の下方修正を行うときには，原材料の大部分が輸入であるがゆえに，海外情勢に影響を受けやすいという弱みがあります。そして，単位価格が低いことは，顧客にとっては安く仕入れられるというメリットがある一方で，メーカーとしては利益を上げにくいことから弱みとしています。

　機会は，インターネット販売の台頭に関連します。配送する際に使用される段ボール（板紙）の需要から，今後も包む機能である段ボールなどの需要は堅調であると予想し，機会として取り上げました。また，トイレットペーパーやティッシュペーパーのような家庭紙には底堅い需要があります。特定の紙製品の需要が高まっていることや，訪日外国人の増加で家庭紙の消費量や需要が増加していることなどから，この機会を生かすべきと考えました。加えて，現在，アジアなどの新興国では経済が発展しています。紙や板紙はGDPの成長とともに消費量が増える商品であり，実際にアジアなどの新興国市場では紙需要が堅調です。経済産業省が発表した「パルプ・紙・紙加工品工業の動向」によると，「世界の紙・板紙の生産量を昭和60年以降5年ごとに見ると，60年は1億9329万トンであったが，経済発展に伴う需要増を背景として中国などの生産量の拡大により増加傾向で推移してきており，平成17年には3億6703万トンとなっている」[9]とあります。グラフを見てもアジアにおいては急増がみられます。棒グラフは左から，日本，その他のア

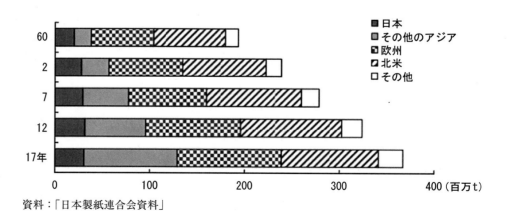

資料：「日本製紙連合会資料」

図　世界及び日本の紙・板紙の生産量推移

（引用：経済産業省　22頁）

---

9）　経済産業省
　　https://www.meti.go.jp/statistics/toppage/report/bunseki/pdf/h19/h4a0706j1.pdf　22頁

ジア，欧州，北米，その他となっています。

デジタル化が進んでも，コピー用紙などを使うユーザーが存在することで，紙製品は完全にはなくならないと考え，一部のユーザーへのアプローチも方法の1つではないかと思い，機会にしました。環境意識の高まりについては，たとえば，スターバックスがプラスチックストローの廃止を打ち出すなど，国内外で意識改革が行われています。紙ストローの開発を皮切りに，環境問題への対策としての様々な製品開発が機会となると思います。

最後に脅威としては，業界分析でも言及したように，まずペーパーレス化による印刷用紙や情報用紙の使用減少があげられます。このような用紙需要の減少は，用紙事業に特化した北越コーポレーションにとって大きなダメージになることは明白です。原材料の高騰と為替の影響は，先ほど述べた米中貿易摩擦での事例から脅威と考えます。また，北越コーポレーションは原材料の木材チップを自社で生産していますが，主に海外で生産しており，原材料のほとんどを輸入に頼っているため，貿易摩擦など価格が高騰したときには売上や原価に大きな影響を与えます。製紙業界では各企業で技術提携を行っていますが，これは顧客ニーズの変化を受け，需要の差が顕著となり競争が激化するなかで，リスクを抑え，事業の多角化を実現したり，技術提携をすることで質を向上しシェアを高めたりする必要に迫られてのものであると考えます。専業で多くのノウハウや技術を持つ北越の技術を買いたいという企業が今後出てくる恐れがあります。

一方，図「総人口の推移」は，2008年10月から2019年10月までの1年ごとの総人口推移です。そして，この図の集計を行った総務省統計局のホームページでは人口推計の結果，総人口は前年比27万6千人（0.22％），日本人人口は前年比48万7千人（0.39％）

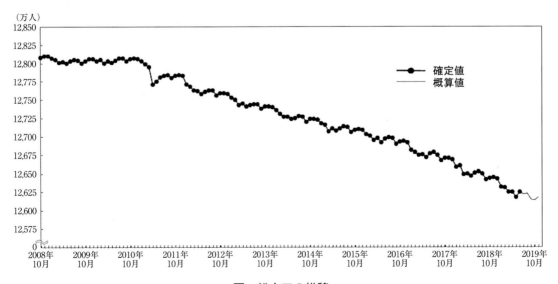

図　総人口の推移

（引用：総務省統計局　4頁）

減少し，9 年連続の減少を記録したことが示されています。このように人口が減少し，主たるユーザーの層が減ることは，消費量の減少につながる可能性が高いため，脅威になると考えます。

> 【実践課題】
>   2．1の分析結果に基づき，考えられうる 4 つの同社の戦略オプションについて検討してみよう。

　次に上記の強み，弱み，機会，脅威に基づき，考えられうる 4 つの戦略オプションについて述べたいと思います。

＜S×O＞
・段ボールや家庭紙事業に新規参入する
・アジアなど新興国に進出する
・紙ストローやスプーンなど環境対策の製品開発
・高度バイオマス環境 [10] の創造
＜W×T＞
・価格改定を行い，値上げする
・操業トラブルを回避する
＜W×O＞
・エネルギー事業に注力する
・繊維など，他の事業を始める
・工場の分散，もしくは，安定操業の取り組み
＜S×T＞
・海外（主にアジア圏）への輸出増加，現地製造・販売の増加
・品質向上

≪戦略オプションについて≫
　まず，「強み×機会」について述べます。現在段ボールと家庭紙の需要が高まっていることは述べましたが，これらの需要を機会と捉え事業を始めることが戦略として考えられます。実際に北越コーポレーションは，段ボール原紙事業に新規参入することを発表しました。また，アジアなどの新興国に進出することに関して，北越コーポレーショングルー

---

10）バイオマス環境とは，化石資源を除いた，再生可能な植物由来の有機性資源（バイオマス）を多く使う環境のこと。

プにはカナダ，フランス，中国に5つの海外子会社が存在します。中国には3つありますが，中国以外のアジア圏に新たな製造・販売子会社を設立することで，発展しているアジアに対応できるのではないかと考えました。北越コーポレーションは，原材料をブラジル，チリ，南アフリカ，オーストラリア，ベトナムなど海外から調達しています。仮に，マレーシアに製造・販売の子会社を設立し，ベトナムから原材料を調達した場合，輸送コストの削減につなげることが可能になります。また国内生産となるため，国内流通の際に関税などを考慮する必要性がなくなります。このように新興国に子会社を設立した場合にはコストを削減しながら海外需要に対応できると考えます。そして現在，脱プラスチックが取り組みとしてなされていますが，代替品に紙ストローや紙スプーンなどがあります。環境対策の一環として，このような製品が開発・販売されると，環境意識が高まっている今，需要が増加することは明らかです。環境面からは，高度バイオマス環境の創造も戦略の1つです。植物由来の原材料の開発と環境への配慮を掛け合わせたものが高度バイオマス環境の創造にあたります。再生可能な生物資源を活用することで，環境にやさしい循環型社会[11]を創造でき，企業と社会にとってよりよいものになると思います。

　次に「弱み×脅威」については，製品の値上げと操業トラブル回避があげられます。原材料の高騰や為替の影響で収益性の悪化が懸念されることを考えると，そのような外部環境の変化に対応し，十分な利益を上げられるような価格設定が重要です。値上げは買い手となる企業には痛手となるので，適正な価格を設定し，値上げに踏み切るべきだと思います。また，輸入や新潟工場での製造への依存から，自然災害による原材料の輸入困難や工場の倒壊を考えました。地震や火災などの予測できない自然災害で，工場の生産ラインが停止してしまうと，製造拠点が分散している企業であればそれをほかの工場などでまかなうことが可能ですが，一極集中している場合にはそこが止まったときのダメージは大きいです。加えて，過去に，操業トラブルにより生産が十分に行えず，売上が予想を下回ることがあったことからも，トラブル回避のためにPDCAサイクルや工場設備の最適化を図るべきです。

　そして「弱み×機会」としては，新規事業，工場の分散があげられます。現在，北越コーポレーションは，エネルギーに関して，事業ではないですが，自社生産を行っています。2014年2月には，三菱商事（株）との合弁会社であるMC北越エネルギーサービス（株）（現 連結子会社）による天然ガス発電事業を開始し，新潟工場ではパルプの製造工程で発生する黒液を電気エネルギーに変換し，工場操業に必要な電力の約70%をまかなっています。この供給を増やし，自社で使用するすべてのエネルギーを生産できるようにしたのちに，外部販売など事業として展開できれば，収益源となる可能性があると思います。ま

---

11）廃棄物（ごみ）などの発生を抑制し，廃棄物などのうち有益なものは資源として活用し，適正な廃棄物の処理を行うことで，天然資源の消費を抑制し，環境の負荷をできる限り減らす社会のこと。

た，他事業進出も戦略の1つです。研究開発を行えばセルロースなど繊維の知識は自ずと得られると思いますので，他業界よりも進出しやすいはずです。紙を製造する際に必要な知識などを他に生かすことが戦略になると思います。そして，工場の分散に関しては，「弱み×脅威」でも述べた通り，操業トラブルに対応し，安定操業をするため，工場の設備分散や，効率性向上のためのメンテナンス費用の増加などを考える必要があるかもしれません。

　最後に「強み×脅威」について述べたいと思います。前述のように，アジア圏での紙需要は増加しています。このことから，輸出増加や現地製造・販売の増加が戦略として考えられます。北越コーポレーションはレンゴー・日本製紙と比較して海外売上高比率が高く，上記戦略が成功すれば，他企業から抜き出ることが可能になります。品質向上は，苦情などに誠実に対応し品質が向上することで培われます。そのため，製品や北越コーポレーションに対する信頼性向上が，顧客の固定などにつながると考え，指摘しました。

　以上が列挙した SWOT を用いて，考えた4つの戦略です。

参考文献

業界動向サーチ　製紙業界　https://gyokai-search.com/3-kami.htm
経済産業省　パルプ・紙・紙加工品工業の動向　2017-12-13
　　https://www.meti.go.jp/statistics/toppage/report/bunseki/pdf/h19/h4a0706j1.pdf
総務省統計局　人口推計
　　https://www.stat.go.jp/data/jinsui/new.html
東洋経済新報社編（2019）『会社四季報　2020年版業界地図』東洋経済新報社。
日本経済新聞社編（2019）『日経業界地図2020年版』日経BP社。
日本製紙連合会　https://www.jpa.gr.jp/states/paper/index.html
ビジネスリサーチ・ジャパン（2018）『図解！業界地図2019年版』プレジデント社。
北越コーポレーション株式会社　企業HP　http://www.hokuetsucorp.com/
北越コーポレーション　2019　コーポレートレポート
　　http://www.hokuetsucorp.com/pdf/cr/cr2019_jp.pdf
北越コーポレーション　新潟工場　工場パンフレット
　　http://www.hokuetsucorp.com/company/pdf/hokuetsu-kishu_niigata.pdf

Chapter 6　経営分析をやってみよう　◎── 151

# SWOT分析についてのコメント

## ○評価ポイント

　みなさんが取り組んでくれたSWOT分析では，多様な側面から内部・外部の要因が検討されており，網羅的なリストになっています。それにともなって，そこから導き出される戦略オプションも合理性をもった優れたものになっています。

　また，「分析のヒント」で指摘したとおり，他の分析の結果—業界分析やファイブ・フォース分析，PPM分析など—をしっかり踏まえながら，全体として一体感のある分析になっている点も評価できます。

　「分析のヒント」では，明確な根拠を示しながら論じていくことの重要性を強調しました。その点に関しても関連データを取り入れたりしながら丁寧に論じようとする姿勢が表れており，それによって，より納得性の高い説得力のある分析となっています。

## ○修正ポイント

　上記のとおり，みなさんの分析には優れた点がいくつもあるのですが，まだ不十分なところも見受けられますので，この点に関してコメントします。そのうえで，今後より発展的な分析を行うための分析視角についても紹介します。

　まず，課題1について2点ほど指摘します。

1．北越コーポレーションの弱み（W）として，「受注生産」があげられていますが，このような記載の仕方では誤解を招く可能性があります。すなわち，同社の製品はすべて受注生産であるかのように捉えられかねません。

　同社の主力製品は「洋紙」であり，印刷・情報用紙の生産が中心であることから，基本的には受注生産ではないものと考えられます。同社の有価証券報告書では，【事業の状況】の「受注実績」として次のような記載がなされています。

　「当グループは，一部受注生産を行っているものもありますが，大部分は一般市況及び直接需要を勘案して計画生産を行い，自由契約に基づき販売しております。」（北越コーポレーション『有価証券報告書』2019，19頁）

　したがって，弱み（W）として「受注生産」をあげるのであれば，その製品を特定したうえで，それがどのような弱みとなるのかを適切に論じてください。

2．「分析のヒント」で強調していた「明確な根拠を示しながら論じていくこと」については，まだ不十分な箇所があります。もちろん客観的なデータ等の入手が難しいものもあるでしょう。その際には，それが言及されていた資料や文献等を明示することでカバーするというやり方があります。現状では，何の情報をもとに記述し論じているのかが判然としないため，適切な分析なのかどうか確認することができず，その内容を正しく評価できない部分があります。

たとえば，「開発に投下できる十分な資金を持っているということもあって強みとしてあげました」とありますが，何をもってそのような資金力があると判断できるのでしょうか。「単位価格が低い」との指摘もありますが，それはどのような資料あるいは分析に基づくものでしょうか。いずれも根拠が曖昧です。少なくとも，それが記載されていた資料等を明示する，あるいはどのような資料を分析することでそのような結論が導かれたのかを明示する必要があります。

このようなところがまだ散見されます。分析自体は間違っていないのかもしれませんが，その根拠が曖昧であったりそれを確かめることができなかったりすることで，分析の信憑性に疑問符がついてしまう可能性があるのはとても残念なことです。

次に，課題２についてですが，SWOT 分析においては，内部資源と外部環境の適合を図る戦略を導き出すために，クロス分析がとても重要になります。そこで「分析のヒント」では，Chapter 2 で紹介されている図表２−17 のフォーマットを使ったクロス SWOT 分析表の作成にぜひ挑戦してほしいとの指摘を行ったのですが，充分に理解して作成することが難しかったのか，残念ながら作成には至っていないようです。

クロス SWOT 分析表を用いることのメリットは，S（強み），W（弱み），O（機会），T（脅威）それぞれの要素間の関係性が把握しやすくなり，その組み合わせとして網羅的に戦略オプションを検討し導き出す助けになることにあります。読者のみなさんはぜひ挑戦してみてください。なお，クロス SWOT 分析表の作成例は，模範解答の図表６−10 を参照してください。また，詳細なクロス SWOT 分析表のフォーマットならびに活用例については嶋田（2014）を参考にしてください。

続いて，今後より発展的な分析を行うための分析視角について紹介します。

戦略オプションを考える場合に，時間軸を取り入れるとよりダイナミックな分析が可能になります。ここで時間軸を取り入れるというのは，短期，中期，長期といったタイムスパンで自社の戦略を考えていくということです。それは，自社の SWOT に対して短期的に取り組むべき課題と，中期的あるいは長期的に時間をかけて対応すべき課題とは異なっていると考えられるからです。したがって，それらを分けて検討することでより実践的かつダイナミックな戦略オプションの導出が可能になるのです。

戦略オプションの分析においては（S, O）の分析に力点を置くのはもちろんですが，中長期的なスパンで考えると，むしろ脅威（T）や弱み（W）をいかに強み（S）や機会（O）に変えていくかという視点が重要になります。つまり，ダイナミックな分析というのは，（S, T）や（W, O），（W, T）といった組み合わせを（S, O）にもっていくような戦略オプションについて検討するものです。時間軸を分析に取り入れることで，戦略ポジションの移動についてのダイナミックな分析を射程に含めることが可能になるのです。

Chapter 6　経営分析をやってみよう　◎── 153

# 模範解答

**【実践課題】**

1. 北越コーポレーションの SWOT（内部要因の強み／弱み，外部要因の機会／脅威）を分析してみよう。

　課題1は，SWOT 分析のステップ1の段階に対応するものです。ステップ1では，企業の内部・外部の要因を「強み（S）・弱み（W）・機会（O）・脅威（T）」に整理していきます。以下の模範解答では，課題に合わせて S，W，O，T の順に要因を列挙し，各要因を関連させながら説明していきます。なお，後述のとおり，北越コーポレーションは紙事業への依存度が高いため，分析の対象は「企業全体」としています。

　北越コーポレーションの SWOT ―内部要因の「強み（S）・弱み（W）」と外部要因の「機会（O）・脅威（T）」―を分析すると図表6－7のようにまとめられます。

＜内部要因の強み（S）／弱み（W）に関して＞

　北越コーポレーションの特徴の1つとして，「紙パルプ事業」への依存度が高いという点があげられます。同社の事業セグメントは3つ―「紙パルプ事業」「パッケージング・紙加工事業」「その他」―ですが[1]，連結売上高に占める「紙パルプ事業」の割合は91.1％となっています（北越コーポレーション『有価証券報告書』2019，104頁）。これは，比較対象企業の日本製紙株式会社の70.6％[2]（日本製紙株式会社『有価証券報告書』2019，93頁）を大きく上回っていることがわかります。

　北越コーポレーションは，同社が定める5つのコア事業―「洋紙」「白板紙」「特殊紙」「紙加工」「パルプ」―を中心に事業を展開しています（北越コーポレーション『コーポレートレポート2019』，10頁）。この5つのコア事業のうち，「洋紙」「白板紙」「特殊紙」「パルプ」の4事業が「紙パルプ事業」を構成しており，まさにこの4事業領域が同社の中心事業となっています。

　そして，「紙パルプ事業」の売上高に占める「洋紙」の割合が53.2％，「板紙」の割合が18.5％，「パルプ」が20.6％，その他が7.7％となっており（北越コーポレーション『2019年3月期　決算説明会』，3頁），5割を超える「洋紙」事業が同社の主力事業になっていること

---

1）　報告セグメントは，「紙パルプ事業」「パッケージング・紙加工事業」の2つとなっています。
2）　日本製紙株式会社には4つのセグメント―「紙・板紙事業」「生活関連事業」「エネルギー事業」「木材・建材・土木建設関連事業」―がありますが，そのうち「紙・板紙事業」について算定したものです。

| 図表6−7 | | 北越コーポレーションのSWOT |
|---|---|---|
| 内部要因分析 | 強み | ✓主力の洋紙事業—特に塗工紙・色上質紙の高い競争力<br>✓幅広いニーズに応える白板紙事業と独自製品を揃える特殊紙事業<br>✓高い海外売上高比率<br>✓高い生産性を誇る主力の新潟工場<br>✓アルパック社買収によるパルプ事業の強化<br>✓評価の高い環境経営への取り組み |
| | 弱み | ✓紙事業への高い依存度<br>✓消費者に対する低い認知度<br>✓新潟工場への高い依存度<br>✓原燃料の高い海外依存度 |
| 外部要因分析 | 機会 | ✓ECの普及による段ボール（板紙）等の需要増<br>✓インバウンドの増加による紙の需要増<br>✓新興国市場での堅調な紙需要<br>✓世界的な環境意識の高まり |
| | 脅威 | ✓急速なペーパーレス化の進展<br>✓人口減と少子高齢化による構造的需要減<br>✓市場・企業間競争の激化<br>✓原燃料の高騰・為替の影響 |

出所：筆者作成。

がわかります。

　この「洋紙」事業では，書籍・雑誌・カタログ・パンフレットなどに使用される印刷・情報用紙が生産されていますが，なかでも塗工紙が主力品種となっており，2018年度の塗工印刷用紙の生産高では国内2位のシェアを誇っています[3]。また，色上質紙は伝統と豊富な品揃えによりシェア65％以上を有する国内トップブランドとなっています（北越コーポレーション『コーポレートレポート2019』，32頁）。

　また，「白板紙」事業については，食品・医薬品・化粧品・菓子・日用品などのパッケージや出版物・カタログ表紙などの用途に用いられる幅広いグレードの白板紙を生産・販売しています（北越コーポレーション『コーポレートレポート2019』，34頁）。「白板紙」の2018年の生産量は，王子マテリア株式会社に次ぐ国内2位（19.0％）となっており（日本紙パルプ商事株式会社『図表：紙・パルプ統計』2020年2月更新版，10頁），事業規模は大きくないものの，ある程度の競争力をもった事業領域であるといえます。

---

3）　塗工印刷用紙の生産量国内1位は日本製紙（25.6％），北越コーポレーションはそれに次ぐ2位（21.4％）となっています（日本紙パルプ商事株式会社『図表：紙・パルプ統計』2020年2月更新版，9頁）。

Chapter 6　経営分析をやってみよう　◎―― 155

「特殊紙事業」については，高級印刷用紙やファンシーペーパー，情報用紙，工業用紙，特殊加工品，特殊硬質繊維ボード，機能紙などを生産しており，なかでも，研磨紙原紙や圧着ハガキ用紙，チップキャリアテープ用原紙などは高い国内シェアを占めています（北越コーポレーション『コーポレートレポート 2019』，36 頁）。また，機能紙分野は産業・工業用途が主体となりますが，安全な水を供給する水処理分野向け RO（水処理）膜支持体や木材繊維を主原料とした環境に優しい特殊硬質繊維ボード「パスコ」など，オンリーワン製品やシェアトップの製品を抱えています（北越コーポレーション『コーポレートレポート 2018』，36 頁，『コーポレートレポート 2019』，37 頁）。

　以上の点から，強み（S）として，「主力の洋紙事業－特に塗工紙・色上質紙の高い競争力」と，「幅広いニーズに応える白板紙事業と独自製品を揃える特殊紙事業」をあげています。

　一方で，先に北越コーポレーションの特徴として指摘したように，同社では，「紙パルプ事業」に 9 割依存しており，この依存度の高さが弱み（W）として指摘できます（「紙事業への高い依存度」）。

　図表 6 － 8 が示しているのは，紙・板紙の国内需要の推移です。これをみると，北越コーポレーションが主力事業としている「洋紙」事業に含まれる「印刷・情報用紙」の需要が年々急速に減っていることがわかります。したがって，「紙パルプ事業」への過度の依存は，今後，同社の事業基盤を危うくする可能性があります。

　また，主力の「洋紙事業」において，色上質紙がトップブランドとして高い競争力をもっている点を先に指摘しました。同社の色上質紙は，50 年以上の実績をもち，安定した色調と品質から，“紀州の色上質”，“色上質は紀州”といわれるほど広く愛用されてきています（北越コーポレーション HP「製品情報：色上質紙」（http://www.hokuetsucorp.com/products/youshi_pop07.html））。ただ，そうした製品の魅力とそれを生産しているのが北越コーポレーションであるという認識が十分に消費者に伝わっていない可能性があります。販売店では製品名が「紀州の色上質」のような形で表記され，それだけ伝統に根差した品質の高さを示すブランドのような形になってはいますが，社名が北越紀州製紙から北越コーポレーションへ変更されたこともあり，製品名が曖昧になってしまい，製品のブランド形成に課題を残す結果となっています。もちろん北越コーポレーションは，基本的に B to B のビジネスが中心になるため，業界内ではその品質の高さについてすでに高い認知度を誇っているのかもしれません。ただ，色上質紙等については，個人や商店，オフィス，教育機関などでの使用も考えられる製品であり，そうした消費者に対する認知度が低いことはブランド形成の面からも弱みと考えられます。そこで，弱み（W）として「消費者に対する低い認知度」をあげています。

　北越コーポレーションは，「印刷・情報用紙」を中心に 2008 年から輸出増販に取り組んでおり，2018 年には 30 万トンを超える輸出を達成しています（北越コーポレーション『コー

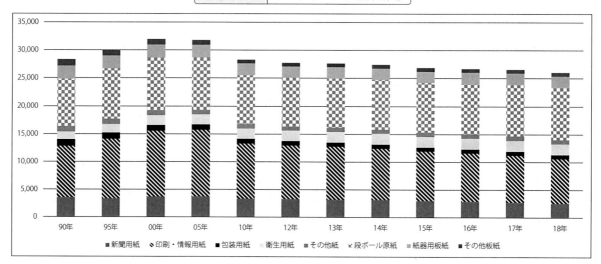

図表6-8 紙・板紙の国内需要推移

(単位：千トン)

|  | 90年 | 95年 | 00年 | 05年 | 10年 | 12年 | 13年 | 14年 | 15年 | 16年 | 17年 | 18年 |
|---|---|---|---|---|---|---|---|---|---|---|---|---|
| 新聞用紙 | 3,579 | 3,381 | 3,699 | 3,759 | 3,349 | 3,305 | 3,247 | 3,181 | 3,033 | 2,926 | 2,777 | 2,609 |
| 印刷・情報用紙 | 9,239 | 10,716 | 11,866 | 11,993 | 9,949 | 9,676 | 9,531 | 9,231 | 8,893 | 8,670 | 8,434 | 8,012 |
| 包装用紙 | 1,205 | 1,110 | 1,041 | 952 | 852 | 776 | 761 | 766 | 729 | 717 | 714 | 723 |
| 衛生用紙 | 1,379 | 1,576 | 1,725 | 1,810 | 1,856 | 1,830 | 1,895 | 1,945 | 1,946 | 1,994 | 1,994 | 1,971 |
| その他紙 | 988 | 920 | 924 | 826 | 797 | 744 | 728 | 758 | 747 | 730 | 775 | 743 |
| 紙計 | 16,390 | 17,702 | 19,254 | 19,338 | 16,804 | 16,330 | 16,162 | 15,880 | 15,348 | 15,037 | 14,695 | 14,058 |
| 段ボール原紙 | 8,443 | 9,020 | 9,392 | 9,342 | 8,728 | 8,634 | 8,788 | 8,877 | 8,884 | 9,022 | 9,204 | 9,314 |
| 紙器用板紙 | 2,349 | 2,286 | 2,314 | 2,236 | 2,094 | 2,031 | 2,046 | 2,004 | 1,983 | 1,999 | 2,026 | 2,028 |
| その他板紙 | 1,147 | 1,040 | 1,006 | 858 | 667 | 651 | 669 | 674 | 650 | 645 | 662 | 682 |
| 板紙計 | 11,939 | 12,345 | 12,713 | 12,435 | 11,489 | 11,366 | 11,503 | 11,555 | 11,517 | 11,665 | 11,892 | 12,024 |
| 紙・板紙計 | 28,329 | 30,048 | 31,967 | 31,774 | 28,293 | 27,746 | 27,665 | 27,434 | 26,866 | 26,702 | 26,587 | 26,082 |

出所：日本製紙連合会「製紙産業の現状：紙・パルプ需要推移」のデータに基づき作成
（https://www.jpa.gr.jp/states/paper/index.html#topic01）。

ポレートレポート2019』，33頁)。それにともない，海外売上高比率は2019年度には35.2％を達成しています（北越コーポレーション『有価証券報告書』2019，105頁)。これは比較対象企業である日本製紙の17.5％（日本製紙株式会社『有価証券報告書』2019，94頁），レンゴーの11.3％（レンゴー株式会社『有価証券報告書』2019，93頁）よりはるかに高い割合となっており，王子HDの32.0％（王子ホールディングス株式会社『有価証券報告書』2019，129頁）をも超えています。

　このような10年以上にわたる海外事業拡大の取り組みは，顧客との信頼関係の構築にもつながり，紙の国内需要が減退していくなかで，同社の安定的な販路の確保につながるものと考えられます。そこで，強み（S）として，「高い海外売上高比率」をあげています。

　生産面に関しては，北越コーポレーションの主力工場は新潟工場です。同社は国内6カ所に工場をもち，年間約137万トンの生産を行っていますが，新潟工場ではこの8割近い106万トンを生産しています（日経産業新聞2018年9月26日付8面)。新潟工場の主力製品は，

書籍や雑誌，パンフレット・チラシなどの「印刷・情報用紙」で，高品質と高効率を追求した「屈指の生産性を持つ」（日経産業新聞 2017 年 11 月 14 日付 3 面）国内最大級の工場となっています（北越コーポレーション『工場案内：洋紙事業本部　新潟工場』，7 頁）。また，紙の大消費地である首都圏に比較的近く，輸送コストの面で大きなアドバンテージとなっています。

　ただ一方では，新潟工場に生産が集中しているため，災害等により被災した場合に，生産に大きな影響が出ることが想定されます。また，主力製品である「印刷・情報用紙」の需要が減少している傾向にあることから（図表 6 - 8 参照），今後，新潟工場の競争力低下につながっていく可能性が考えられます。

　以上の点から，強み (S) として，「高い生産性を誇る主力の新潟工場」，弱み (W) として「新潟工場への高い依存度」をあげています。

　北越コーポレーションは，2015 年 10 月に，北米最大規模のパルプ工場をもつカナダのパルプ製造会社の Alpac Forest Products Inc. と販売会社の Alpac Pulp Sales Inc. を買収したことにより（現在は統合会社 Alberta-Pacific Forest Industries Inc.（アルパック）），市販パルプ事業が同社の第 5 のコア事業として確立してきています。先のデータに示されていたように，「紙パルプ事業」の売上高に占める「パルプ」の割合は 20.6％と，「洋紙」の53.2％に次ぐ第 2 の柱に育ってきています（北越コーポレーション『2019 年 3 月期　決算説明会』，3 頁）。

　北越コーポレーションが市販パルプ事業に本格的に進出することで，川上の資源分野の強化につながり，川上から川下まですべてにわたる事業展開が可能になり，国際競争力の強化に貢献するものと思われます。また，パルプは世界的に需要拡大の傾向が続いており，同社の収益基盤の強化にもつながるものと考えられます（北越紀州製紙グループ『コーポレートレポート 2015』，5 頁）。そこで，強み (S) として，「アルパック社買収によるパルプ事業の強化」をあげています。

　北越コーポレーションは，原料となる木材チップについてはほぼ全量（2018 年度 98％）を海外から調達しています（北越コーポレーション『コーポレートレポート 2019』，23 頁）。このように，主要な原燃料は海外からの輸入に依存しており，為替の影響ならびに市況の影響を大きく受けることになります。それが業績に対しても大きなインパクトを与える可能性があります。たとえば，日本経済新聞（2018 年 9 月 29 日付 15 面）によると，2018 年4 〜 9 月期の連結営業利益が前年同期比 2 割減になりそうな原因として，石油など原燃料費が上昇していること，紙の原料となる木材チップを海外から運ぶ輸入船の燃料代がかさんでいること，製造に使用する石油由来の薬品の価格が上昇していること，中国で展開する白板紙事業の原料となる古紙の価格が上がり採算が悪化したことなどがあげられています。また，同社の『2019 年 3 月期　決算説明会』では，連結営業利益対前年増減要因として，「原燃料価格」が 113 億円の減益要因としてあげられています[4]。そこで，弱み (W)

として，「原燃料の高い海外依存度」をあげています。

　北越コーポレーションは環境問題への取り組みも積極的に進めています。その取り組みは多岐にわたっていますが，たとえば，環境配慮型ロジスティックスの実現（木材チップを運ぶための新チップ船「スノーカメリア」就航やモーダルシフト（トラックからコンテナ輸送への転換）の推進）や，環境配慮型製品（紙製マドラー・スプーン・カップ・ストロー原紙やCNF（セルロースナノファイバー）強化材料の製品）の開発などを積極的に行っています（北越コーポレーション『コーポレートレポート2019』，15頁，20頁，33頁，37頁）。こうした取り組みの結果，日本経済新聞社の「環境経営度調査」で，毎年業界トップの評価を受けています[5]（日経産業新聞2018年1月22日付9面，2019年5月27日付7面）。今日，企業のESG[6]に対する取り組みに注目が集まるなかにあって，環境経営の推進とその取り組みに対する高い評価は同社の強みになるものと考えられます。そこで，強み（S）として，「評価の高い環境経営への取り組み」をあげています。


＜外部要因の機会（O）／脅威（T）について＞

　製紙業界にとって機会（O）となる環境変化の大きな特徴は，インターネット通販などのeコマース（電子商取引：EC）の普及により，段ボール（板紙）に対する需要が拡大していることと，インバウンド（訪日外国人）の増加にともない，トイレットペーパーやティッシュなどの家庭紙に対する需要が伸びていることがあげられます（東洋経済新報社編（2019），126頁）。

　北越コーポレーションでは，長年培ってきた洋紙・板紙製造技術を活用できることと，遊休となっている新潟工場6号抄紙機を活用できるという条件を活かして，2020年2月より，段ボール原紙の生産に参入することを発表し（北越コーポレーション『2019年3月期　決算説明会』，11頁，『2020年3月期　第2四半期　決算説明会』，13頁），実際に2月から

---

4）　具体的な内容は，チップが38億円，燃料が16億円，薬品が14億円，古紙が33億円，パルプが11億円，他が1億円で，計113億円の減益となっています（北越コーポレーション『2019年3月期　決算説明会』，4頁）。

5）　第21回の「製造業・環境経営度」ランキングでは，北越コーポレーション（当時は北越紀州製紙）が34位，王子HDが46位，レンゴーが77位，大王製紙が117位，日本製紙が130位，三菱製紙が192位となっています（日経産業新聞2018年1月22日付9面）。第22回の「環境経営度　製造業ランキング」では，北越コーポレーションは23位と大きく順位をあげています。以下，37位に大王製紙，47位に王子HD，106位にレンゴー，156位に日本製紙となっています（日経産業新聞2019年5月27日付7面）。

6）　ESGとは，環境（Environment），社会（Social），ガバナンス（Governance）の頭文字をとったもので，今日，持続的な企業の成長・企業価値の向上のためには，従来の財務だけではなく，環境・社会・ガバナンスという非財務的な観点が重要だという考え方のことです。詳しくは，『伊藤レポート2.0　持続的な成長に向けた長期投資（ESG・無形資産投資）研究会報告書』（https://www.meti.go.jp/press/2017/10/ 20171026001/20171026001-1.pdf）などを参照してください。

抄紙機の試運転を始め，4月から本格稼働をしていることは（日本経済新聞 2020 年 5 月 8 日付 18 面），同社にとって機会（O）になっていると考えられます。また，EC の普及は，商品配送用に使用されるラベル用感熱紙の特に中国での需要を急拡大させており，中国市場における感熱紙加工事業用の新工場の立ち上げを行っていることは（北越コーポレーション『コーポレートレポート 2019』，6 頁，日経産業新聞 2018 年 11 月 20 日付 7 面），同社の特殊紙・情報用紙分野における機会（O）になっていると考えられます。

　北越コーポレーションはトイレットペーパーやティッシュなどの家庭紙は扱っていませんが，インバウンド効果の影響を受ける分野として，土産物用の紙箱等の紙器や化粧品・医療品包装に使用される美粧紙などの加工紙に対する需要増がみられ（北越コーポレーション『コーポレートレポート 2019』，38 頁，日本経済新聞 2018 年 7 月 14 日付 17 面），同社の白板紙事業や紙加工事業にとって機会（O）になっていると考えられます。

　以上の点から，機会（O）として，「EC の普及による段ボール（板紙）等の需要増」と「インバウンドの増加による紙の需要増」の 2 つをあげています。

　一方，製紙業界にとって脅威（T）となる環境変化の大きな特徴は，電子媒体の普及による印刷物のデジタル化，オフィス業務のペーパーレス化によって，紙に対する需要が減少の一途をたどっていることです（東洋経済新報社編（2019），126 頁）。また，日本の総人口の減少傾向や少子高齢化の進展という構造的な要因も相まって，これからも紙需要の減少が続くことが予想されます（北越コーポレーション『コーポレートレポート 2019』，32 頁）。

　これは製紙会社にとって極めて深刻な問題であり，北越コーポレーションでもこの影響は免れず，厳しい事業環境が続いています。図表 6 - 8 のデータにも示されているように，2018 年の紙に対する需要は，2005 年のピーク時から 3 割近く減少しています。特に，「印刷・情報用紙の内需は年率 3％程度で減っている」と北越コーポレーションの岸本社長は述べています（日本経済新聞 2019 年 6 月 4 日付 16 面）。「印刷・情報用紙」は成熟化・コモディティ化が進み，他社との差別化が難しく，工場の稼働率とシェア向上のため激しい価格競争に陥りがちとなっています。それが段ボール需給にまで及んでくる可能性が一方では指摘されています（日本経済新聞 2019 年 6 月 7 日付 15 面）。

　そうしたなかで，各社利益重視の姿勢に転じ，「洋紙」に関して，2019 年に各社生産能力の削減を行い，2 割もの値上げを実施しています（日本経済新聞 2019 年 12 月 27 日付 18 面）。しかし，需給改善は一時的であり，再び供給過剰になるとの見方もあります（日本経済新聞 2019 年 6 月 4 日付 16 面）。製紙業界では，2018 年 2 月に王子 HD が三菱製紙に 33％出資して持分法適用会社にすると発表したことにより（日本経済新聞 2018 年 2 月 7 日付 15 面），王子 HD と日本製紙という実質的な 2 強体制が確立しました。国内市場がますます縮小し，国内外での競争が激化していくなかで，業界再編の流れも新たな段階に入っており，そのなかで北越コーポレーションは難しいかじ取りを求められると考えられます。そこで，脅威（T）として，「急速なペーパーレス化の進展」と「人口減と少子高齢化による構造的需

要減」「市場・企業間競争の激化」の３つをあげています。

　日本ではペーパーレス化の影響などにともない，紙に対する長期的な需要の減退が進んでいますが，アジア諸国を中心とした新興国市場では堅調に需要が増加しています。図表6－9にみられるように，日本や米国では，生産量，消費量ともに減少傾向，ヨーロッパで微増であるのに対して，日本を除くその他アジアでは生産量，消費量ともに拡大していることがわかります。「アジアでは電子化に伴う需要減を人口増と経済成長に伴う需要増が上回っており，市場拡大が続いている」（日本経済新聞2018年4月4日付20面）といわれています。

| 図表6－9 | 2015～2017年の主要国・地域の紙・板紙生産量および消費量 |

(単位：千トン)

| | 2015 | | 2016 | | 2017 | |
|---|---|---|---|---|---|---|
| | 生産量 | 消費量 | 生産量 | 消費量 | 生産量 | 消費量 |
| 米国 | 72,603 | 70,818 | 72,120 | 70,823 | 72,279 | 70,388 |
| ヨーロッパ | 106,607 | 98,323 | 107,356 | 98,417 | 109,371 | 99,505 |
| 日本 | 26,228 | 26,761 | 26,276 | 26,441 | 26,516 | 26,415 |
| その他アジア | 160,832 | 166,293 | 166,573 | 172,672 | 170,726 | 178,295 |

出所：RISI Annual Review 2017 および RISI Annual Review 2018 のデータに基づき作成[7]。

　先に，内部要因の強み（S）として「高い海外売上高比率」をあげたように，北越コーポレーションではこれまで海外事業の拡大に取り組んできています。従来からの重要な仕向先としての米国，香港，ベトナム・台湾・タイ・マレーシアに加え，インド・パキスタンへの輸出も拡大しています（北越コーポレーション『コーポレートレポート2019』，32頁）。このように，紙の国内需要が減退していくなかで，需要の増大が見込まれるアジア地域での安定的な販路を開拓・確保できているということは，同社にとって輸出のさらなる拡大へ向けて追い風となるものと考えられます。そこで，機会（O）として，「新興国市場での堅調な紙需要」をあげています。

　製紙業界にとってのもう1つの大きな機会となる要因として，環境問題に対する関心の高まり，意識の向上があります。企業のESGへの取り組みに対する注目が集まり，またSDGs（Sustainable Development Goals：持続可能な開発目標）[8]に対する取り組みに市民レベ

---

7）　なお，2015年のデータは，「東京23区のごみ問題を考える」HPに掲載のRISI Annual Review 2017のデータに基づき作成しています（https://blog.goo.ne.jp/wa8823/e/2f93260b768d3eec2b5148ecc59 6301d）。

　　また，2016-2017年のデータは，「公益財団法人　古紙再生促進センター」のHPに掲載のRISI Annual Review 2018のデータに基づき作成しています（http://www.prpc.or.jp/wp-content/uploads/sekaino toukei.pdf）。

ルでも関心が高まっています。そうしたなかで，プラスチックごみによる海洋汚染への関心の高まりから脱プラスチックの動きが顕著になり，環境負荷の高いプラスチックの代替素材として紙製品に対する注目が集まっています（日経産業新聞 2019 年 5 月 23 日付 3 面）。

　たとえば，2018 年 7 月に米スターバックスがプラスチック製の使い捨てストローを 20 年までに世界の全店舗で廃止すると宣言し，その後，米マクドナルドなどもストローを紙に切り替えています（日経産業新聞 2019 年 5 月 23 日付 3 面）。スターバックスコーヒージャパンでは 2020 年 1 月から順次，プラスチック製のストローを紙製に切り替えると発表し（日経 MJ 2019 年 11 月 29 日付 15 面），2019 年末から自社のプリペイドカードも紙製に切り替えを始めています（日本経済新聞 2020 年 2 月 18 日付 14 面）。また，（株）ネオマーケティングが行った消費者を対象にした調査では，紙ストローの導入に 7 割が賛成との結果が報告されています（日本経済新聞 2020 年 1 月 10 日付 12 面）。

　北越コーポレーションでも，「ミニマム・インパクト」製品の開発に力を入れており，紙製マドラー・スプーン・カップ・ストロー原紙の開発・製品化を行っています（北越コーポレーション『コーポレートレポート 2019』，15 頁）。脱プラスチックの流れがアジア諸国にも広がりを見せたことで需要が急速に増加し，2018 年度実績でカップ原紙・ストロー原紙は 20,000 トンの販売実績をあげ，2019 年度は 24,000 トンを見込んでいます（北越コーポレーション『2019 年 3 月期　決算説明会』，13 頁）。このように，環境問題に対する関心の高まりは，脱プラスチックの流れに対応した積極的な製品開発と，需要が旺盛な海外（アジア地域）への販路をもつことの相乗効果が見込める同社にとって，競争優位性を高める機会になると考えられます。そこで，機会（O）として，「世界的な環境意識の高まり」をあげています。

　また，木材調達に強みをもつ製紙会社では，木材などの生物資源を燃やして電気をつくるバイオマス発電所の建設にも力を入れています。バイオマス発電所は天候に左右されず安定的に発電できる再生可能エネルギーとして注目されています。日本製紙では，洋紙事業から撤退した事業所でバイオマス発電所の運転を始めるなど，発電容量の増大へ向けた取り組みを行っています（日本経済新聞 2019 年 11 月 22 日付 13 面）。北越コーポレーションでも，自社エネルギーとしてバイオマスエネルギーを活用していますが，同社のエネルギー構成比でみると 2018 年度実績で 65％程度であり（北越コーポレーション『コーポレートレポート 2019』，18 頁），外販等によって事業として成り立つほどにはなっていません。

---

8）　持続可能な開発目標（SDGs）とは，2015 年 9 月の「国連持続可能な開発サミット」で採択された「持続可能な開発のための 2030 アジェンダ」に掲げられた持続可能な開発のための 17 の目標と 169 のターゲットのことです。国連に加盟するすべての国は，2030 年までに，貧困や飢餓，エネルギー，気候変動，平和的社会など，持続可能でよりよい世界を実現するために必要な諸目標の達成を目指し取り組みを行っています（「国際連合広報センター」HP の「2030 アジェンダ」参照：https://www.unic.or.jp/activities/economic_social_development/sustainable_development/2030agenda/）。

先に，内部要因の弱み（W）として，「原燃料の高い海外依存度」について説明した際に，主要な原燃料は海外からの輸入に依存しており，為替の影響ならびに市況の影響を大きく受けることを指摘しました。近年，原燃料については高騰する傾向にあり，また海外からの調達は為替の影響を受けることで，毎期の業績に大きなインパクトを与える傾向にあります。そこで，脅威（T）として，「原燃料の高騰・為替の影響」をあげています。

---

**【実践課題】**
　2．1の分析結果に基づき，考えられうる4つの同社の戦略オプションについて検討してみよう。

---

　課題2は，SWOT分析のステップ2の段階に対応するものです。ステップ2では，ステップ1で整理した「強み（S）・弱み（W）・機会（O）・脅威（T）」の4つの組み合わせ（①S×O，②S×T，③W×O，④W×T）から企業のとるべき戦略を検討します。

　基本的には，重要性と緊急性の観点から，①「S×O」の「積極戦略」→ ④「W×T」の「致命傷回避・撤退縮小戦略」→ ③「W×O」の「改善戦略」→ ②「S×T」の「差別化戦略」と検討を進めていきます。なお，以下の模範解答では，①→ ④の順に説明していきます。

　課題1で整理した北越コーポレーションのSWOTに基づき，4つの戦略オプションを検討し，図表6－10のようにまとめました。

　ここでは，「SWOT分析についてのコメント」で紹介したような分析の時間軸を導入し，SWOTに対して短期的に対応するか，中長期的に対応するかという2つの観点から，中長期的には脅威（T）や弱み（W）を強み（S）や機会（O）に変えていく戦略ポジションの移動を念頭において分析を行っています。それに合わせてクロスSWOT分析表も，＜（a）短期的に対応するための戦略オプション＞と＜（b）中長期的に対応するための戦略オプション＞の2つに分けて作成しています。したがって，以下の模範解答でも，（a）短期的に対応するための戦略オプションと，（b）中長期的に対応するための戦略オプションに分けて説明を行っています。

　今回はわかりやすさのために分析表を2枚にしましたが，セル内で短期的と中長期的に分けて戦略オプションを明示することもできると思います。また，各戦略オプションはどのようなSWOTに基づき導き出されたのかを，外部要因（機会と脅威）と内部要因（強みと弱み）の番号の組み合わせで明示しています（たとえば，＜短期的＞の改善戦略の「段ボール事業への進出（＜1＞＜2＞①）」は，機会の＜1＞＜2＞と弱みの①に基づき導き出されたという意味です）。

Chapter 6　経営分析をやってみよう　◎―― 163

図表 6 － 10　北越コーポレーションのクロス SWOT 分析表

＜短期的に対応するための戦略オプション＞

| | 内部要因 | |
|---|---|---|
| | 強み（S） | 弱み（W） |
| | ①主力の洋紙事業―特に塗工紙・色上質紙の高い競争力<br>②幅広いニーズに応える白板紙事業と独自製品を揃える特殊紙事業<br>③高い海外売上高比率<br>④高い生産性を誇る主力の新潟工場<br>⑤アルパック社買収によるパルプ事業の強化<br>⑥評価の高い環境経営への取り組み | ①紙事業への高い依存度<br>②消費者に対する低い認知度<br>③新潟工場への高い依存度<br>④原燃料の高い海外依存度 |
| 機会（O） | 積極戦略（S×O） | 改善戦略（W×O） |
| <1> EC の普及による段ボール（板紙）等の需要増<br><2> インバウンドの増加による紙の需要増<br><3> 新興国市場での堅調な紙需要<br><4> 世界的な環境意識の高まり | SO-1）需要増が見込める地域（アジア等）での販売拡大（<2><3> ①②③④）<br>SO-2）プラスチック代替製品（紙カップ・紙ストロー）の販売拡大（<3><4> ①②③⑥） | WO-1）段ボール事業への進出（<1><2> ①）<br>WO-2）海外生産の拡大（<3> ③④） |
| 脅威（T） | 差別化戦略（S×T） | 致命傷回避・撤退縮小戦略（W×T） |
| <1> 急速なペーパーレス化の進展<br><2> 人口減と少子高齢化による構造的需要減<br><3> 市場・企業間競争の激化<br><4> 原燃料の高騰・為替の影響 | ST-1）新製品・新用途の開発（<1><2><3> ①②）<br>ST-2）パルプ事業の強化（<3> ⑤） | WT-1）製品のブランド価値の向上（<1><2> ②） |

外部要因

＜中長期的に対応するための戦略オプション＞

| | 内部要因 | |
|---|---|---|
| | 強み（S） | 弱み（W） |
| | ①主力の洋紙事業―特に塗工紙・色上質紙の高い競争力<br>②幅広いニーズに応える白板紙事業と独自製品を揃える特殊紙事業<br>③高い海外売上高比率<br>④高い生産性を誇る主力の新潟工場<br>⑤アルパック社買収によるパルプ事業の強化<br>⑥評価の高い環境経営への取り組み | ①紙事業への高い依存度<br>②消費者に対する低い認知度<br>③新潟工場への高い依存度<br>④原燃料の高い海外依存度 |
| 機会（O） | 積極戦略（S×O） | 改善戦略（W×O） |
| <1> EC の普及による段ボール（板紙）等の需要増<br><2> インバウンドの増加による紙の需要増<br><3> 新興国市場での堅調な紙需要<br><4> 世界的な環境意識の高まり | SO-1）プラスチック代替製品（紙カップ・紙ストロー）の開発強化（<3><4> ②③⑥）<br>SO-2）新機能材料（CNF）の開発と販売化（<4> ②⑥） | WO-1）海外生産の拡充（<3> ③④）<br>WO-2）新機能材料のブランド化（<4> ①②） |
| 脅威（T） | 差別化戦略（S×T） | 致命傷回避・撤退縮小戦略（W×T） |
| <1> 急速なペーパーレス化の進展<br><2> 人口減と少子高齢化による構造的需要減<br><3> 市場・企業間競争の激化<br><4> 原燃料の高騰・為替の影響 | ST-1）新製品・新用途の開発（<1><2><3> ①②）<br>ST-2）現地ニーズに対応した製品開発（<1><2> ①②③） | WT-1）バイオマス発電事業の展開（<4> ①③④）<br>WT-2）サービス化への転換（<1><2><3> ①） |

外部要因

出所：筆者作成。

（a）短期的に対応するための戦略オプション

＜「強み（S）×機会（O）」の戦略オプション＞

　「強み（S）×機会（O）」に短期的に対応するための戦略オプションとしては，まず「需要増が見込める地域（アジア等）での販売拡大」と「プラスチック代替製品（紙カップ・紙ストロー）の販売拡大」の２つをあげています。

　まず「需要増が見込める地域（アジア等）での販売拡大」についてです。北越コーポレーションは，生産性の高い新潟工場を武器に，主力の洋紙事業で，塗工紙・色上質紙を中心に高い競争力をもっていますが，国内需要は急速に減少し続けています。そこで同社は，需要の増大が見込まれるアジア地域―香港・ベトナム・台湾・タイ・マレーシア・インド・パキスタンなど―で「印刷・情報用紙」を中心とした輸出増販に取り組み，2019年度には海外売上高比率35.2％と業界トップの水準を達成しています。そうした海外事業拡大の取り組みのなかで培ってきた顧客企業との強固な信頼関係に基づき，さらなる販売拡大を図っていくことが同社の強みと機会を活かす戦略として考えられます。また，これまでの海外展開の経験やノウハウが活かせるような近隣のアジア諸国への進出を通して販売拡大を図るなどの戦略も考えられるでしょう。ただ，内需の減退を受けて，競合各社とも海外売上高の向上を目指しており（日経産業新聞2019年10月16日付6面），今後さらなる競争の激化が予想されるため，短期的に対応するための戦略オプションとしています。

　次に，「プラスチック代替製品（紙カップ・紙ストロー）の販売拡大」についてです。これは「世界的な環境意識の高まり」による脱プラスチックの動きのなかで，代替素材としての紙に注目が集まっている機会（O）を捉えたものです。この脱プラスチックの流れはアジア諸国にも広がっており，同地域に対する輸出に強みをもち，また洋紙事業のカップ原紙等とそれを使用した特殊紙事業の紙スプーンなどをもつ北越コーポレーションにとって，「プラスチック代替製品（紙カップ・紙ストロー）の販売拡大」は短期的に対応可能な戦略オプションと考えられます。


＜「強み（S）×脅威（T）」の戦略オプション＞

　「強み（S）×脅威（T）」に短期的に対応するための戦略オプションとしては，「新製品・新用途の開発」「パルプ事業の強化」の２つをあげています。

　まず，「新製品・新用途の開発」についてです。今日の「急速なペーパーレス化の進展」や「人口減や少子高齢化による構造的需要減」，そして競合企業による「市場・企業間競争の激化」という状況のなかで，紙に対する内需の急速な減少が進んでいます。そうしたなかで，北越コーポレーションが強みをもち独自性を発揮できる分野での製品開発・用途開発が脅威（T）に対する戦略オプションとして有効と考えられます。塗工紙・上級紙における新規製品の開発や色上質紙の新たな用途開発，白板紙事業における成長分野の食品一次容器や医薬品用途向けの需要開拓・新製品開発，特殊紙事業の情報用紙分野における

ハードメーカーとの取り組み強化による製品ラインナップの拡充など（北越コーポレーション『コーポレートレポート2019』, 37頁）が, 短期的に対応可能な戦略オプションであると考えられます。

次に, 「パルプ事業の強化」についてです。北越コーポレーションでは買収したアルパックを通じて市販パルプ事業に進出していますが, パルプは世界的な需要拡大が続いており, 収益面での貢献も大きくなっています。また, このパルプ事業を強化していくことによって, 競争の激しい紙事業への依存度のバランスを改善していくという効果も期待されます。このように, 「パルプ事業の強化」は, 短期的にも大きな成果が期待される戦略オプションと考えられます。

<「弱み（W）×機会（O）」の戦略オプション>
「弱み（W）×機会（O）」に短期的に対応するための戦略オプションとしては, 「段ボール事業への進出」と「海外生産の拡大」の2つをあげています。

まず, 「段ボール事業への進出」についてです。今日, 紙に対する内需が急減しているなかで, 需要の拡大がみられるのが, インターネット通販の普及による段ボール（板紙）です。北越コーポレーションでは, この機会（O）に乗じて同事業へ進出することをすでに表明していますが, これによって, 成長性のある分野への進出が可能になり, 同社の弱み（W）である紙（洋紙）事業への高い依存度の緩和へ向けた動きにもなるといえます。ただ, 各社とも段ボール事業を強化してきており, すでに一部では需給の緩みが指摘されるなど（日本経済新聞2019年6月7日付15面）, 中長期的には洋紙事業と同様の問題が生じる可能性が考えられます。したがって, 「段ボール事業への進出」は短期的な戦略オプションと考えられます。

次に, 「海外生産の拡大」についてです。北越コーポレーションは, 「新興国市場での堅調な紙需要」を機会（O）として, 輸出増販を通じた海外事業拡大を推進する一方で, 海外での生産拡大にも取り組んでいます。ECの普及にともなうラベル用感熱紙の需要急拡大に対応して, 中国で感熱紙加工事業用の新工場を立ち上げていることは先に指摘したとおりです。そうした動きは, ニーズの高い市場の近くで柔軟に生産し供給できるメリットがあり, また, その海外工場を拠点として他地域への輸出を拡大することも考えられます。そして, 同社の8割近い生産を行っている新潟工場への依存度を下げていくことにもつながります。このように, 「海外生産の拡大」は, 機会（O）を活かしながら同社の弱み（W）をカバーしていくような戦略オプションと考えられます。

<「弱み（W）×脅威（T）」の戦略オプション>
「弱み（W）×脅威（T）」に短期的に対応するための戦略オプションとしては, 「製品のブランド価値の向上」をあげています。急速な紙需要の減少が続く脅威（T）のなかで,

北越コーポレーションの「消費者に対する低い認知度」という弱み（W）は，同社の取引がB to B主体とはいえ，やはり今後の紙事業の行く末に影響を与えるものと思われます。同社の洋紙事業の色上質紙は高い競争力をもっていますが，これは消費者に近い製品であり，消費者の認知度を高めていくことで，消費者の側から選んでもらえるようになることが期待されます。そのために，ブランド価値向上に対する取り組みが重要ではないかと考えられます。その際，特殊紙事業における色画用紙などのファンシーペーパーと併せて消費者にブランド訴求をしていくことが効果的と考えられます。また，消費者にアピールするような製品のネーミングも大切ではないかと思います。

　同社でも，色上質紙のシェアアップに向けて，2015年に「色上質紙アイデアコンクール」を実施し，需要の掘り起こしと新たな用途開発の取り組みを行っています（北越紀州製紙グループ『コーポレートレポート2016』，15頁）。一方，特殊紙分野でも拡販活動としてユーザー主催の展示会への出店・協賛などを行っており，河出書房新社「大人の塗り絵」コンテストに協賛したり，日本最大級の環境イベント「エコプロ2017」で塗り絵教室を開催したりしています（北越コーポレーション『コーポレートレポート2018』，37頁）。こうした取り組みを「ブランド価値の向上」という視点から，関係事業領域とうまく連携させて継続的な取り組みとしていくことが，短期的に効果が期待される戦略オプションと考えられます。

（b）中長期的に対応するための戦略オプション
＜「強み（S）×機会（O）」の戦略オプション＞
　「強み（S）×機会（O）」に中長期的に対応するための戦略オプションとしては，「プラスチック代替製品（紙カップ・紙ストロー）の開発強化」と「新機能材料（CNF）の開発と販売化」の2つをあげています。

　まず，「プラスチック代替製品（紙カップ・紙ストロー）の開発強化」についてです。短期的なオプションとして，「プラスチック代替製品（紙カップ・紙ストロー）の販売拡大」をあげましたが，中長期的にはさらに製品の競争力を高めるため，さまざまなバリエーションをもった新製品を開発したり，高機能品を開発したりしていくことが必要になると思われます。「紙がプラスチックに代わる存在になるには課題が多い」といわれ，耐水性・耐熱性などの弱点があり，価格が割高などの問題が指摘されています（日経産業新聞2019年5月23日付3面）。すでに欧米企業との競争も始まっているようですが（日経産業新聞2019年5月23日付3面），「プラスチック代替製品（紙カップ・紙ストロー）の開発強化」を通じて，強み（S）と機会（O）の組み合わせをより強固にしていくような戦略オプションが有効と考えられます。

　次に，「新機能材料（CNF）の開発と販売化」についてです。これも「世界的な環境意識の高まり」と，同社の「評価の高い環境経営への取り組み」を活かして，中長期的な競

争力を確立・強化するため，脱プラスチック時代における従来とは異なる新素材の開発とそれを利用した革新的な製品の開発・販売が求められると考えられます。北越コーポレーションでは，2017年4月より技術開発本部に「新機能材料開発室」を開設し，セルロースナノファイバー（CNF）の応用・実用化に取り組み，「CNF表面コーティング剤」「ナノセルロースによるエアフィルタ高性能化」「CNFを母材としたオールセルロースの強化材料」などの研究・開発で成果をあげています（北越コーポレーション『コーポレートレポート2018』，11頁）。したがって，「新機能材料（CNF）の開発と販売化」は中長期的に対応すべき戦略オプションと考えられます。

<「強み（S）×脅威（T）」の戦略オプション>
　「強み（S）×脅威（T）」に中長期的に対応するための戦略オプションとしては，「新製品・新用途の開発」と「現地ニーズに対応した製品開発」の2つをあげています。
　「新製品・新用途の開発」については，短期的に対応するものとしてもあげていますが，内需が急速に減少するなかにあって，中長期的にも主力事業における新製品・新用途開発の継続は不可欠な戦略オプションであると考えられます。
　「現地ニーズに対応した製品開発」については，「新製品・新用途の開発」のバリエーションといえるものですが，北越コーポレーションの海外販売の強みを活かして，既存製品の単なる輸出という段階を越えて，現地のニーズを反映した独自製品の開発・生産・販売を他社に先駆けて展開していくことは，中長期的に競争力を高める戦略オプションと考えられます。

<「弱み（W）×機会（O）」の戦略オプション>
　「弱み（W）×機会（O）」に中長期的に対応するための戦略オプションとしては，「海外生産の拡充」と「新機能材料のブランド化」の2つをあげています。
　「海外生産の拡充」は，短期的に対応するものとしてあげている「海外生産の拡大」に対応したものですが，海外市場での工場立ち上げの経験やノウハウを活かして新たな生産拠点を確立するなど，「海外生産の拡充」を図っていくことは，新潟工場への高い依存度を下げ，中長期的な生産体制の再構成・最適化につながるものと考えられます。
　次に，「新機能材料のブランド化」についてです。紙に対する国内需要が減少を続けるなかで，北越コーポレーションは，「紙事業への高い依存度」という弱み（W）を抱えており，紙事業に代わる新たな収益源の確立が急務といえます。そこで，「S×O」に対する中長期的な対応として「新機能材料（CNF）の開発と販売化」をあげましたが，その際に，新機能材料をブランド化していくという視点から取り組みを行うことで一層競争力を強化できると考えられます。
　同社の弱み（W）として「消費者に対する低い認知度」があげられますが，取引の主体

がBtoBだとしても，消費者に直接ブランドを訴求し，その信頼性や高機能性などが認知されると，その素材を使った最終製品に対してより高い代価を支払ってくれるようになり，最終製品メーカーに対しても高い価格での素材納入が可能になることで，競合企業に対しても優位に立つことができるようになります。たとえば，ゴア社は「ゴアテックス」（防風，防水，透湿の素材で，アウトドア・ウェアに適した素材）というブランドを直接消費者に訴求し確立させたことによって，小売りの店頭では，衣料品や靴に「ゴアテックス」のロゴのタグが付けられ，他のウェアや靴よりも高い価格で販売されています。また，インテルの「Intel Inside」も同様の例といえます。これはパソコンに「Intel Inside」と表示することで競合企業との差別化を図り，消費者に対する「部品としてのブランド・イメージ」を高め，消費者のパソコン購入にも影響を与えることができたのです（山田（2014），50-57頁）。

　このように，「新機能材料のブランド化」は，同社が中長期的に取り組む有効な戦略オプションと考えられます。


＜「弱み（W）×脅威（T）」の戦略オプション＞
　「弱み（W）×脅威（T）」に中長期的に対応するための戦略オプションとしては，「バイオマス発電事業の展開」と「サービス化への転換」の2つをあげています。

　まず，「バイオマス発電事業の展開」についてです。北越コーポレーションでは，「紙事業への高い依存度」，紙生産が主力の「新潟工場への高い依存度」「原燃料の高い海外依存度」，そして「原燃料の高騰・為替の影響」などの弱み（W）・脅威（T）を克服するため，中長期的に新しい事業を展開し，現在の事業ポートフォリオを転換していく必要があると考えられます。

　そうした新しい事業の候補として考えられるのがバイオマス発電事業です。同社では，自社エネルギーとしてバイオマスエネルギーを活用していますが，外販等の事業としての取り組みは行っていません。バイオマス発電は天候に左右されず安定的に発電できることから，想定をこえる気候変動が進むなかでその存在感が高まっており，政府もバイオマス発電比率を現在の1.5%から2030年度に3.7～4.6%に引き上げる目標を掲げています（日経産業新聞2019年10月14日付1面，日本経済新聞2019年11月22日付13面）。他の製紙企業もバイオマス発電に力を入れ始めており，環境経営への評価の高い同社としても，バイオマスエネルギーに注力することは必要なことと思われます。というのも，バイオマスエネルギーで賄いきれないエネルギーについては化石エネルギー（$CO_2$排出の少ないガス）を使用していますが（北越コーポレーション『コーポレートレポート2019』，18頁），世界的に化石燃料の使用には強い逆風が吹いており，そうした動きは同社の環境経営において無視できない要因であると考えられます。

　ただ，バイオマス発電の発電単価は風力や太陽光と比べて2～3割高く，その要因とし

てコストの7割を燃料費が占めていること，そして燃料の確保にも課題がある点が指摘されています（日経産業新聞2019年10月14日付1面）。北越コーポレーションでは，子会社を通じて山形県酒田市で木質バイオマス発電の燃料に使う木材チップの工場を新設しており（日経産業新聞2018年8月31日付9面），今後，不足が予想される発電燃料の供給事業へすでに乗り出していることは，「バイオマス発電事業の展開」にとって追い風になると考えられます。

　したがって，「バイオマス発電事業の展開」は，事業ポートフォリオの転換を図っていくためにも，同社が中長期的に対応すべき戦略オプションと考えられます。

　次に，「サービス化への転換」についてです。「急速なペーパーレス化の進展」や「人口減や少子高齢化による構造的需要減」「市場・企業間競争の激化」という脅威（T）のなかで，「紙事業への高い依存度」という弱み（W）をもつ北越コーポレーションでは，中長期的に抜本的な事業構造の変革が必要になることはすでに指摘したとおりです。

　今日，製造業企業では，従来までの製品を生産・販売するというモデルから，顧客へのサービス提供を主軸としたモデルへ，すなわち，モノからサービスへという動きが加速しています（日本経済新聞2018年10月14日付2面，日経産業新聞2020年2月27日付3面）。この「脱製造業」ともいえる動きは，製造業のサービス化（サービタイゼーション）ともいわれ，製品の提供だけにとどまらず，そこにサービスを付加することで顧客に一体的な価値を提供し，継続的な収益をあげていくモデルへの転換が迫られているということです。たとえば，EC企業に包装材を提供するだけではなく，顧客企業の倉庫内で効率的な最適パッケージングサービスをトータルに提供する事業を展開するといったイメージです。

　北越コーポレーションのような業界のリーダーではない企業では，むしろ「サービス化」のような新しく革新的な取り組みを始めやすいポジションにあるといえます。リーダー企業は自社で抱える大規模な生産設備等が足かせになり，またある意味では自社の正統なビジネスを否定しかねないため，追随しにくいというジレンマに陥りがちです（山田（2015），146-147頁）。そのような状況をつくりだすことができれば，その分野でのトップ企業になることも可能といえるでしょう[9]。

　したがって，「サービス化への転換」は，それを通じて事業構造の転換を図り，競合企業に対する競争優位の確立を目指すうえで，中長期的に有効な戦略オプションと考えられます。

---

9）ここで示したように，業界内のトップ企業や競合企業とどのように競争するかという視点から戦略オプションを発想してみる―リーダー企業の「強み」を「弱み」に変え，逆に自社の「弱み」を「強み」にするような戦略を発想する―ことで，どのように中長期的に競争優位をもち業界内で固有のポジションを占めていくかという問題に対して有効な洞察が導かれます。

## 参考文献

Barney, Jay B.（2002）*Gaining and Sustaining Competitive Advantage, Second Edition*, Upper Saddle River, NJ: Pearson Education Inc.（岡田正大訳（2003）『企業戦略論―競争優位の構築と持続―【上】基本編・【中】事業戦略編・【下】全社戦略編』ダイヤモンド社。）

Weihrich, Heinz, (1982) "The TOWS Matrix－A Tool for Situational Analysis", *Long Range Planning*, Vol.15, No.2, pp.54-66.

嶋田利広（2014）『SWOT 分析 コーチング・メソッド』マネジメント社。

鈴木基史・藤田　寛編著（2014）『事例とドリルで学ぶ企業総合分析』中央経済社。

東洋経済新報社編（2018）『会社四季報　業界地図　2019 年版』東洋経済新報社。

東洋経済新報社編（2019）『会社四季報　業界地図　2020 年版』東洋経済新報社。

日本経済新聞社編（2018）『日経業界地図　2019 年版』日本経済新聞出版社。

日本経済新聞社編（2019）『日経業界地図　2020 年版』日本経済新聞出版社。

原田　勉（2003）『MBA 戦略立案トレーニング』東洋経済新報社。

松田久一（2012）『成功と失敗の事例に学ぶ 戦略ケースの教科書』かんき出版。

山田英夫（2014）『異業種に学ぶビジネスモデル』日本経済新聞出版社。

山田英夫（2015）『競争しない競争戦略』日本経済新聞出版社。

山田英夫（2019）『ビジネス・フレームワークの落とし穴』光文社。

Chapter 6　経営分析をやってみよう　◎── 171

## ③ PPM 分析

### 1　PPM 分析のポイントの整理

　本節では，Chapter 2 第 5 節で説明された PPM 分析の実践課題に取り組みます。まず，PPM 分析のポイントをまとめてみましょう。

#### （1）PPM 分析とは

　複数の事業を展開する企業の事業間の連携を考えるための手法です。

　PPM 分析は，事業と市場の関係から，その事業がキャッシュの投入を必要とする事業か，キャッシュを生み出している事業かを判断します。また，企業全体の事業のうち，どの事業に投資をすれば企業が成長するかについて，効率的な資源配分を検討することができます。

　PPM 分析では縦軸に市場成長率，横軸に相対市場シェアをとったマトリックスを作成します。この縦軸と横軸で分割された 4 つのセル（金のなる木，スター（花形），問題児，負け犬）のどのセルに事業が属し，それぞれのセルのなかでどの程度の規模の事業として位置づけられているかを根拠に，市場成長率や相対市場シェアにそれぞれどの程度注力する戦略をとるのが企業にとって最良の選択なのかについて，将来の展望を分析することが，PPM 分析の重要な目的となります。

#### （2）PPM 分析のステップ

　PPM 分析は，図表 2 - 15 の 4 つのセルに，各事業の売上高を大きさで示している円をプロットし，それをもとに分析をします。PPM 分析のための図表 2 - 15 を作成するステップは次のとおりです。

ステップ 1：企業の主要な事業（または製品）を部門ごとにまとめます。

ステップ 2：相対市場シェアを「分析対象企業の市場シェア÷業界 1 位企業の市場シェア」で求めます。分析企業のシェアが 1 位の場合は「業界 1 位企業の市場シェア÷業界 2 位企業の市場シェア」で求めます。

ステップ 3：市場成長率を「（当期市場規模−前期市場規模）÷前期市場規模」で求めます。事業ごとの市場規模を算出するためには，有価証券報告書などからセグメント（事業）ごとの販売状況を確認してください。

ステップ 4：縦軸と横軸の交点を決めるために分析対象年度の GDP 成長率を調べます。

ステップ 5：縦軸に市場成長率，横軸に相対市場シェア（左が高く，右が低い）をとり，PPM 分析の対象となる各事業をプロットします。その際，円の大きさは売上規模となります。

ステップ 6：作成した PPM から企業のとるべき戦略を検討します。

（3）PPM 分析のポイント
　PPM 分析をうまく進める際のポイントは，以下の３点です。

① 　分析対象の事業を明確に設定する
　企業が開示している情報が，他企業と同じ事業単位となっていない場合があります。分析対象の事業単位をどう設定するかを明確にしてください。

② 　成長のための投資対象事業を判別する
　「金のなる木」にある事業からの資金は，「スター」となるように「問題児」のセルにある事業に投資をすると考えられます。「スター」にある事業は資金を生み出し，かつ，資金を必要とする事業です。「問題児」にある事業は，市場成長率は高いのですが相対市場シェアが低いことから「スター」となるよう投資を受ける必要があります。「負け犬」にある事業は撤退を検討する必要が出てきます。

③ 　事業間のキャッシュ・フローや市場との関係を検討する
　企業の資源は限られていることから，どの事業がキャッシュ・フローを生み出しているのか，将来的に成長する事業はどれなのか，重点的に投資する事業はどれなのか，市場はどのように推移しているのかなどを検討してください。

## 2　PPM 分析の実践課題
　それでは，PPM 分析の【実践課題】に取り組んでみましょう。

【実践課題】
1. 北越コーポレーションが展開している事業の市場シェアから，以下の表の空欄を埋め，市場成長率や相対市場シェアを算出し，PPM を分析してみよう。

|  | 当期市場規模 | 前期市場規模 | 当期自社市場シェア（または当期自社売上高） | 当期業界１位企業市場シェア（または当期業界１位企業売上高） |
|---|---|---|---|---|
| 製品（事業）a |  |  |  |  |
| 製品（事業）b |  |  |  |  |
| 製品（事業）c |  |  |  |  |

2. 北越コーポレーションの PPM を前提とした場合，撤退すべき製品や集中して投資すべき製品がないか，また，新規に製造を考え得る製品がないかについて探求してみよう。

　PPM分析では，企業のなかにある複数の事業と，それぞれの状況を1つの図に表現して，事業間の連携を考えることで，その事業が投資を必要とするか否か，最適な資金配分のためには，どの事業に資金を集中していくべきかなどを，事業のバランスを踏まえて分析しなければなりません。そのため，その分析の方向性としては，まず，北越コーポレーションが営む事業が，「金のなる木」「スター（花形）」「問題児」「負け犬」のいずれに該当しているかを把握する必要があります。

　PPM分析は北越コーポレーションが営む事業の市場における関係を分析する手法ですので，縦軸に市場の魅力度を示す市場成長率，横軸に業界内での自社事業の地位を示す相対市場シェアをとったマトリックスを作成します。このとき，相対市場シェアの配置は，通常の配置とは異なり，左側に市場シェアが高い事業，右側に市場シェアが低い事業が配置されることには注意する必要があります。また，相対市場シェアの計算の際，北越コーポレーションの各事業は，業界トップではありませんので，業界最大手企業に対してどの程度のシェアを有しているのかの判断をすることになります。

　一方，市場成長率は，前期の市場規模と比べ，当期の市場規模がどの程度，成長しているかを前期の市場規模を基礎に比較することを通じて判断します。この方法によれば，北越コーポレーションが事業を営む業界が，表面的に成長する市場にあるかがわかります。しかし，この計算結果のみでは，実質的に成長しているかはわかりません。すなわち，表面的に成長している場合でも，名目GDPの成長率と比べるとマイナスで，実質的には成長していないと判断される場合もあります。そのため，この場合には，計算結果のプラスやマイナスで業界の市場成長率の判断をするのはよい方法であるとはいえず，名目GDP成長率との対比によって，実質的な成長率を判断する方法が賢明であるといえます。

　これらの計算結果をマトリックスに配置する際，縦軸と横軸が交わるのは，相対市場シェアが1.0倍の点となり，横軸が縦軸と交わるのは，市場成長率の値が名目GDP成長率と同じになるところとなります。そして，業界で1位のシェアをもつ企業以外は，縦軸より左側のセル（「金のなる木」「スター（花形）」）に入ることはなく，右側のセル（「問題児」「負け犬」）に入ることになります。しかし，PPM分析で得られた結果は，必ずしも収益性を正確に示しているわけではありませんので，その事業が負け犬にあるからといって，致命傷を回避するための戦略や撤退するための戦略をとることしか道がないわけではありません。PPM分析では，企業が営む複数の事業を市場との関係で比較・分析するなかで，資金を生み出す事業をいかに創出していくかが重要となりますので，まずは，業界1位企業になり，左側のセルに入るための戦略を考えることが重要となるでしょう。

　北越コーポレーションの2019年3月期の『有価証券報告書』によれば，同社の事業分類は，

「紙パルプ事業」「パッケージング・紙加工事業」「その他の事業」の3つに分けられています（103-104頁）。そのため，これら3つの事業が分析対象になりますが，市場における他の企業の事業と比較するためには，それぞれの事業の内容を確認しておく必要があります。

　北越コーポレーションにおける「紙パルプ事業」とは洋紙，白板紙，高級白紙，特殊白紙，特殊紙，高級印刷用紙，情報用紙，パルプなどです。「パッケージング・紙加工事業」は容器等のパッケージや紙加工事業です。そして，「その他」は木材事業，建設業，運送・倉庫業などのその他の事業です。これをもとに，【実践課題】1の市場における他の企業の事業も分類し，各事業における市場規模等を計算することになります。なお，【実践課題】1の市場規模の決定には，紙・パルプ業界の「上位6社」のデータを用いています。紙・パルプ業界の業界規模は5兆3,200億円といわれています。解答にあたっては，3つの事業の市場規模の金額に注意してください。また，北越コーポレーションの3つの事業分類に相当する事業を上位の他の5社に対して同様に当てはめるのは難しいと思います。事業の分類は各社各様ですので，できる限り北越コーポレーションの分類に対応するものとなるように5社の分類をしてください。

　【実践課題】2では，【実践課題】1の結果および北越コーポレーション，紙・パルプ事業の置かれている現状を踏まえた分析が必要になります。仮に，PPM分析の結果，北越コーポレーションの「紙パルプ事業」が問題児と負け犬のあいだに位置する事業となった場合でも，この事業は，同社の主要事業となっていますので，撤退を検討することは困難です。そのため，この場合には，世のなかの仕組みの変化，消費者の動向等をもとに撤退すべき製品がないか，集中して投資すべき製品がないか，そして新規に製造する製品がないかを分析する必要があります。企業の限られた資源を有効に活用し，将来的に成長する事業を見極め，重点的に投資する事業を選ぶ目が必要になります。

　以上の点を考慮して，まずは実践課題に挑戦してみましょう。

Chapter 6　経営分析をやってみよう　◎── 175

# 学生レポート

**【実践課題】**

1. 北越コーポレーションが展開している事業の市場シェアから，以下の表の空欄を埋め，市場成長率や相対市場シェアを算出し，PPM を分析してみよう。

| | 当期市場規模 | 前期市場規模 | 当期自社市場シェア（または当期自社売上高） | 当期業界1位企業市場シェア（または当期業界1位企業売上高） |
|---|---|---|---|---|
| 製品（事業）a | | | | |
| 製品（事業）b | | | | |
| 製品（事業）c | | | | |

## 【解答1】

　まず，企業の主要な製品ごとにまとめます。

　有価証券報告書によると北越コーポレーションは，洋紙，白板紙，高級白紙，特殊白紙，特殊紙，高級印刷用紙，情報用紙，パルプなどの「紙パルプ事業」，容器等の「パッケージ紙加工事業」，そして木材事業，建設業，運送・倉庫業などのその他の事業を扱う「その他」と3つに事業分類されていました。また，ここで用いる企業の主要な事業は，紙パルプ事業に設定しています。

　次に，事業ごとの推定事業規模を算定します。

　事業 A は紙パルプ事業，事業 B はパッケージ紙加工事業，事業 C はその他の事業，に設定しています。また，当期・前期市場規模は，売上高が北越コーポレーションを含む上位6社（王子ホールディングス，大王製紙，レンゴー，日本製紙，北越コーポレーション，三菱製紙）の該当する事業を合算したもので計算しました。

　ここで，北越コーポレーションの「紙パルプ事業」に対応する各企業の事業は，王子ホールディングスの機能材事業，印刷情報メディア事業，レンゴーの板紙・紙加工関連事業，軟包装事業，重包装事業，大王製紙の紙・板紙事業，日本製紙の紙・板紙事業（平成30年度は紙・パルプ事業），三菱製紙の紙・パルプ事業，イメージング事業，機能材事業です。

　また，北越コーポレーションの「パッケージング紙加工事業」に対応する事業は，王子ホールディングスの生活産業資材事業，レンゴーの板紙・紙加工関連，軟包装，重包装，海外事業，大王製紙のホーム＆パーソナルケア事業，日本製紙の生活関連事業（平成30年度は紙関連事業）です。

　そして，北越コーポレーションの「その他の事業」に対応する各企業の事業は，王子ホールディングスの資源環境ビジネス，その他の事業，レンゴーのその他の事業，大王製紙のその他の事業，日本製紙のエネルギー，木材・建材・土木建築，その他の事業，三菱製紙

の倉庫・運輸，その他の事業です。

　これらの事業の合算で紙パルプ事業，パッケージング紙加工事業，その他の事業ごとの当期市場規模は 2,039,763 百万円，1,716,333 百万円，828,700 百万円，前期市場規模は，2,156,475 百万円，1,534,290 百万円，719,078 百万円でした。

　当期自社売上高は紙パルプ事業，パッケージング紙加工事業，その他の事業の順に248,253 百万円，19,192 百万円，8,361 百万円でした。また，業界 1 位の企業は王子ホールディングスに設定しています。当期業界 1 位企業の売上高は，北越コーポレーションの紙パルプ事業，パッケージ紙加工事業，その他の事業の順に，王子ホールディングスの「機能材・印刷情報メディア」，「生活産業資材」，「資源環境ビジネス・その他」を対応させると，平成 31 年 3 月期決算の有価証券報告書よりそれぞれ 527,000 百万円，618,200 百万円，620,700 百万円でした。

　以上の結果をまとめると表 1 のようになります。単位は百万円で統一しています。

表 1　市場規模と各社売上高

| | 当期市場規模 | 前期市場規模 | 当期自社売上高 | 当期業界 1 位企業売上高 |
|---|---|---|---|---|
| 紙パルプ事業 | 2,039,763 | 2,156,475 | 248,253 | 527,000 |
| パッケージング紙加工事業 | 1,716,333 | 1,534,290 | 19,192 | 618,200 |
| その他 | 828,700 | 719,078 | 8,361 | 620,700 |

　以上の数字を用いて，北越コーポレーションの紙パルプ事業，パッケージング紙加工事業，その他の事業の順に推定事業規模を求めます。まず，3 つの事業の市場シェアは当期市場規模と当期自社売上高から，順に，12.17％，1.12％，1.01％になりました（当期自社売上高÷当期市場規模× 100 で求めています）。

　次に，事業ごとに相対市場シェアを求めます。

　相対市場シェアは，「当期自社売上高÷当期業界 1 位企業売上高」で求められるので計算すると，該当事業ごとに 0.471，0.031，0.013 でした。これらをまとめると以下の表 2 のようになります。

表 2　相対市場シェア

| | 当期市場規模 | 当期自社売上高 | 当期業界 1 位企業売上高 | 相対市場シェア |
|---|---|---|---|---|
| 紙パルプ事業 | 2,039,763 | 248,253 | 527,000 | 0.471 |
| パッケージング紙加工事業 | 1,716,333 | 19,192 | 618,200 | 0.031 |
| その他 | 828,700 | 8,361 | 620,700 | 0.013 |

　さらに，市場成長率を求めます。市場成長率を「（当期市場規模－前期市場規模）÷前期市場規模」で計算すると，-5.4％，11.9％，15.2％になりました。これにより，紙パルプ事業は衰退していて，パッケージング紙加工事業とその他の事業では，成長していると判断することができます。

表3　市場成長率

|  | 当期市場規模 | 前期市場規模 | 市場成長率 |
|---|---|---|---|
| 紙パルプ事業 | 2,039,763 | 2,156,475 | -5.4% |
| パッケージング紙加工事業 | 1,716,333 | 1,534,290 | 11.9% |
| その他 | 828,700 | 719,078 | 15.2% |

なお，分析対象年度のGDP成長率は，内閣府GDP統計によると0.7%でした。

最後にこれまでに求めた推定事業規模，相対市場シェア，市場成長率，GDP成長率を使用し，PPMを作成します。

以上計算した数字をまとめると，以下の通りです。

表4　PPM

|  | 当期市場規模 | 前期市場規模 | 当期自社売上高 | 当期業界1位企業売上高 | 相対市場シェア | 市場成長率 |
|---|---|---|---|---|---|---|
| 紙パルプ事業 | 2,039,763 | 2,156,475 | 248,253 | 527,000 | 0.471 | -5.4% |
| パッケージング紙加工事業 | 1,716,333 | 1,534,290 | 19,192 | 618,200 | 0.031 | 11.9% |
| その他 | 828,700 | 719,078 | 8,361 | 620,700 | 0.013 | 15.2% |

計算した数字をもとにPPM分析のグラフを作成すると，以下の通りです。

図1を見ると，紙パルプ事業は「負け犬」，パッケージング紙加工事業とその他の事業については，「問題児」のセルに位置していました。

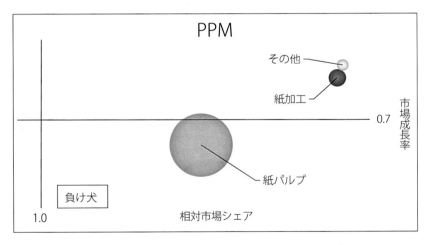

図1　PPM

【実践課題】

2．北越コーポレーションの PPM を前提とした場合，撤退すべき製品や集中して投資すべき製品がないか，また，新規に製造を考え得る製品がないかについて探求してみよう。

【解答2】

作成した図や数値をもとに，今後とるべき戦略を検討します。図1の通り，紙パルプ事業は「負け犬」，パッケージング紙加工事業とその他の事業は「問題児」に位置していました。

まず，紙パルプ事業については，負け犬のセルに位置していたことや，マイナス成長していることを踏まえると"撤退すべき"と判断することが適当であると考えられます。しかし北越コーポレーションは，紙パルプ事業が売上の約9割を占めています。このことを踏まえると，すぐに撤退することはせずに，段階的に多角的な事業展開をすべきだと考えます。

次に，パッケージング紙加工事業とその他の事業は，問題児に位置しているため，今後，改善戦略・差別化戦略を駆使することでスターになる可能性を秘めています。しかし，スターになるには多額の資金が必要であり，この選択と集中を見誤ると資金不足になってしまいます。そこで，2つの事業の市場成長率をみると，11.9%，15.2%で比較的高いと判断し，このまま投資を続けてスターを目指すべきだと判断しました。この資金の調達は，負け犬に属していた紙パルプ事業の収益をこの2つの事業に投資することでまかなうことができると考えます。

最後に新規に製造を考え得る事業としては，段ボールなどの包む製品を製造する事業への参入があげられます。近年インターネット通販の普及で宅配便などの配送業が伸びてきています。配送の際には段ボールなど中身をまとめ保護する箱が必要になります。北越コーポレーションは，紙パルプ事業において主に紙の製造を行っていることから，培われた知識や設備を新規事業に生かすことができれば，新たな収益源を確保できると考えます。また，段ボールを例にあげましたが，段ボールに代わるような軽くて中身を保護できる箱を紙ベースで開発することができれば，業界内のその分野において第一線で活躍することも可能になるのではないかと考えます。よって，新規事業としては今までの知識や設備を生かし，成長が見込める配送への対応があげられると考えました。

参考資料

王子ホールディングス株式会社　企業HP　https://www.ojiholdings.co.jp/group/
王子ホールディングス株式会社　平成31年3月期　有価証券報告書
https://www.ojiholdings.co.jp/LinkClick.aspx?fileticket=%2つN30z0DoiNc%3d&tabid=231&mid=1153

「業界動向サーチ　製紙業界」　https://gyokai-search.com/4-kami-uriage.htm
大王製紙株式会社　企業 HP　https://www.daio-paper.co.jp/
大王製紙株式会社　2019 年 3 月期　決算短信
　　https://contents.xj-storage.jp/xcontents/AS90325/2ebd8840/5f16/4284/aa57/19d988f1ed5e/14012019051742
　　9690.pdf
内閣府　国民経済計算　GDP 統計　https://www.esri.cao.go.jp/jp/sna/menu.html
日本製紙株式会社　企業 HP　https://www.nipponpapergroup.com/
北越グループコーポレートレポート　http://www.hokuetsucorp.com/pdf/cr/cr2018_jp.pdf
北越コーポレーション株式会社　企業 HP　http://www.hokuetsucorp.com/index.html
北越コーポレーション株式会社　平成 31 年 3 月期　有価証券報告書
　　http://www.hokuetsucorp.com/pdf/financial_report_2019_3.pdf
三菱製紙株式会社　企業 HP　https://www.mpm.co.jp/index.html
レンゴー株式会社　企業 HP　https://www.rengo.co.jp/

## PPM 分析についてのコメント

### ○評価ポイント

　企業は独自に「事業」を設定しており，各社独自に分類された事業を統一した事業に分類することは難しいのですが，分析対象企業6社の事業内容を詳細に検討し，適切な事業分類となっています。

　そして，北越コーポレーションのPPM分析の図では「スター」「金のなる木」「問題児」「負け犬」の4つのセルが示されており，「紙パルプ事業」が「負け犬」のセルに属し，「パッケージング・紙加工事業」と「その他の事業」が「問題児」のセルに属することが示されています。しかし，データの集計方法の問題から，計算過程は問題ありませんが，計算結果が誤っており，実際は3つの事業はすべて「問題児」に属しています。

　また，データ集計の方法に問題がないと仮定した場合の分析とみると，撤退すべき製品，集中投資すべき製品，新規に製造すべき製品の探求については，「負け犬」のセルに属している「紙パルプ事業」を主たる事業と捉え，段階的な事業展開を提案している点，市場成長率の観点から「パッケージング・紙加工事業」と「その他の事業」への集中投資を提案している点，配送業に着目し，段ボールの需要の増加を予測し，段ボールなど配送業に必要な箱等への新規参入を提案している点も評価できます。

### ○修正ポイント

　データの集計方法の問題から，計算結果が誤っており，適切なPPM分析では，3つの事業がすべて「問題児」に属することになる点は注意をする必要があります。そこで，修正すべき点について，いくつかコメントしていきます。

　まず，課題1について2点ほどコメントします。

### 1. 事業の分類について

　市場規模を算出する際，北越コーポレーション以外の5社の各事業を北越コーポレーションの3つの事業分類に振り分けたことが具体的に示されています。このなかでレンゴーの「板紙・紙加工関連事業」「軟包装事業」「重包装事業」が北越コーポレーションの「紙パルプ事業」と「パッケージング・紙加工事業」の両方に示されています。「紙パルプ事業」と「パッケージング・紙加工事業」のどちらか一方にのみ振り分けたのであれば，どちらかを削除し，一定の割合で両事業に振り分けているのであれば，その算出方法を示すようにしてください。

### 2. データの集計について

　市場規模の合計金額とそれを構成する6社の事業ごとの売上高を示すと図表6−11の

Chapter 6　経営分析をやってみよう　◎── 181

図表6－11　6社の事業ごとの売上高

| | 紙パルプ事業 | | パッケージ紙加工事業 | | その他 | |
|---|---|---|---|---|---|---|
| | 2018年 | 2019年 | 2018年 | 2019年 | 2018年 | 2019年 |
| 王子HD | 467,594 | 466,799 | 601,987 | 627,788 | 416,313 | 456,402 |
| 日本製紙 | 741,749 | 738,467 | 192,460 | 201,698 | 112,287 | 128,537 |
| レンゴー | | | 571,926 | 619,148 | 33,784 | 33,957 |
| 大王製紙 | 313,553 | 316,491 | 196,970 | 195,095 | 20,788 | 22,304 |
| 北越コーポレーション | 242,082 | 248,253 | 19,428 | 19,192 | 7,589 | 8,361 |
| 三菱製紙 | 194,354 | 196,808 | | | 7,136 | 7,186 |
| 合　計 | 1,959,332 | 1,966,818 | 1,582,771 | 1,662,921 | 597,897 | 656,747 |

（単位：百万円）

出所：筆者作成。

ようになります。

　これに対し，みなさんの分析には「事業の合算で紙パルプ事業，パッケージング紙加工事業，その他の事業ごとの当期市場規模は2,039,763百万円，1,716,333百万円，828,700百万円，前期市場規模は，2,156,475百万円，1,534,290百万円，719,078百万円でした。」とあります。図表6－11と比較すると明らかに異なっています。

　この合計金額の差がなぜ生じているかを検討したところ，みなさんの分析では「セグメント間の内部売上高又は振替高」を含んだ金額とセグメント間の取引を相殺消去した金額が混在していると推察されます。図表6－11の金額は，すべて，セグメント間の取引を相殺消去した金額です。

　みなさんの分析では「紙パルプ事業」の「当期業界1位企業売上高」に王子ホールディングスの「機能材事業」および「印刷情報メディア事業」の合計金額527,000百万円が示されています。この金額には機能材事業で14,880百万円，印刷情報メディア事業で45,329百万円のセグメント間の取引金額が含まれています。これらのセグメント間の取引金額を527,000百万円から差し引くと，端数の関係で下一桁には差が出ますが，図表6－11の466,799百万円になることから，527,000百万円はセグメント間の取引の相殺消去がされていない金額です。一方，北越コーポレーションの「紙パルプ事業」の当期売上高は248,253百万円となっており，これはセグメント間の取引が相殺消去されている金額です。

　有価証券報告書では，セグメントごとの売上高に関する情報は，まず「第2 事業の状況」の「3 経営者による財政状態，経営成績及びキャッシュ・フローの状況分析」に「販売実績」として示されています。そして，「第5 経理の状況」の「1 連結財務諸表等」に「セグメント情報」としても示されています。後者の「セグメント情報」の方が詳細に開示されていますので，こちらを参照してデータを集計してください。

　また，売上高にはセグメント間の取引における金額は含めず，「外部顧客への売上高」，つまり損益計算書の売上高で示されている金額で集計してください。なぜなら，セグメン

ト間で多額の取引が行われていれば，それだけ売上高が大きく見えてしまい，本来の外部との取引による売上高がわからなくなるからです。

続いて，より発展的な分析を行うための分析視角について紹介します。

「問題児」のセルは市場成長率が高いことから，今後，伸びていく市場です。しかし，この事業は，相対市場シェアが低いため，入ってくる少ないキャッシュ以上のキャッシュを投下していかなければなりません。この「問題児」にいる事業のシェアを伸ばすことができれば「スター」のセルに入る事業となります。「問題児」の事業が数多くある場合は，すべての事業に投資すると資金不足を起こしますので，このなかから投資すべき事業を選択することが重要となります。これに対し，「負け犬」のセルには市場成長率が低く，相対市場シェアも獲得できていない事業が入ります。入ってくるキャッシュは少ないのですが，出ていくキャッシュも少ない事業です。将来的には撤退することも検討すべき事業と考えられます。

「スター」のセルは，入ってくるキャッシュと，出ていくキャッシュがともに多い事業が入ります。短期的な利益を増やすことは難しい可能性もありますが，市場が成熟していくと出ていくキャッシュが減ることから収益源となるでしょう。また，市場が成熟するということは市場成長率が低くなることを意味します。相対市場シェアが高い状況で市場成長率が低くなると「金のなる木」のセルに属することになります。「金のなる木」は入ってくるキャッシュが多く，出ていくキャッシュが少ないことから，キャッシュの供給源となります。そのため，この資金をどこに投下するのかを検討することが必要になります。

したがって，PPM分析では，企業が営む事業がどのセルに属しているかを把握し，どのような事業戦略を立てていくかが重要になります。しかし，事業や市場の定義によって相対市場シェアや市場成長率は変わります。また，PPM分析は，資金の出入りに着目した分析手法であることから，それぞれの事業が合わさることでもたらされるシナジー効果は考慮の対象外となっています。この点に注意して，PPM分析を活用することが，企業の事業戦略に効果的だといえるでしょう。

Chapter 6　経営分析をやってみよう　◎── 183

# 模範解答

**【実践課題】**

1. 北越コーポレーションが展開している事業の市場シェアから，以下の表の空欄を埋め，市場成長率や相対市場シェアを算出し，PPMを分析してみよう。

|  | 当期市場規模 | 前期市場規模 | 当期自社市場シェア（または当期自社売上高） | 当期業界1位企業市場シェア（または当期業界1位企業売上高） |
|---|---|---|---|---|
| 製品（事業）a |  |  |  |  |
| 製品（事業）b |  |  |  |  |
| 製品（事業）c |  |  |  |  |

**【実践課題1の解説】**

　課題1は，北越コーポレーションの事業を分類するものです。北越コーポレーションには，洋紙事業，白板紙事業，特殊紙事業，紙加工事業，パルプ事業のコアとなる5つの事業およびその他の事業があります。北越コーポレーションの「セグメント情報」にある「報告セグメントごとの売上高，利益又は損失，資産，その他の項目の金額に関する情報」では，「紙パルプ事業」，「パッケージング・紙加工事業」および「その他」の3つセグメントが示されています（北越コーポレーション『有価証券報告書』2019, 103-104頁）。よって，今回のPPM分析ではこの3つの事業を対象に分析します。

**【解答】**

（単位：百万円）

|  | 当期市場規模 | 前期市場規模 | 当期自社市場シェア（または当期自社売上高） | 当期業界1位企業市場シェア（または当期業界1位企業売上高） |
|---|---|---|---|---|
| 紙パルプ事業 | 1,966,818 | 1,959,332 | 248,253 | 738,467 |
| パッケージング・紙加工事業 | 1,662,921 | 1,582,771 | 19,192 | 627,788 |
| その他の事業 | 656,747 | 597,897 | 8,361 | 456,402 |

　北越コーポレーションの「紙パルプ事業」には，5つのコアとなる事業のうち，洋紙事業，白板紙事業，特殊紙事業，パルプ事業という4つの事業が含まれ，2018年度の売上高の約90％を占めています。また「パッケージング・紙加工事業」は紙容器・菓子箱などの包材，化粧品・医療品包装に用いられる加工紙，そして圧着ハガキ・マークシート用紙・ビジネスフォームなどの印刷物を生産している事業で，売上の約7％を占めています。「その他の事業」には，「紙パルプ事業」と「パッケージング・紙加工事業」に直接・間接に関連する木材事業，古紙卸業，建設業，運送・倉庫業等が含まれ，売上の約3％となっています。また，それぞれの事業の相対市場シェアと市場規模は次ページのように計算されます。

## 1．相対市場シェアの算出

### ① 紙パルプ事業

○相対市場シェア＝分析対象企業の市場シェア÷業界１位企業の市場シェア
$$= (248{,}253 \div 1{,}966{,}818 \times 100) \div (738{,}467 \div 1{,}966{,}818 \times 100)$$
$$= 12.62\% \div 37.55\%$$
$$= 0.34$$

### ② パッケージング・紙加工事業

○相対市場シェア＝$(19{,}192 \div 1{,}662{,}921 \times 100) \div (627{,}788 \div 1{,}662{,}921 \times 100)$
$$= 1.15\% \div 37.75\%$$
$$= 0.03$$

### ③ その他の事業

○相対市場シェア＝$(8{,}361 \div 656{,}747 \times 100) \div (456{,}402 \div 656{,}747 \times 100)$
$$= 1.27\% \div 69.49\%$$
$$= 0.02$$

## 2．市場規模の算出

### ④ 紙パルプ事業

○市場成長率＝（当期市場規模−前期市場規模）÷前期市場規模× 100
$$= (1{,}966{,}818 - 1{,}959{,}332) \div 1{,}959{,}332 \times 100$$
$$= 0.38\%$$

図表 6 − 12　紙・パルプ事業の市場規模

|  | 2017 年度 | 2018 年度 |
|---|---|---|
| 王子 HD | 467,594 | 466,799 |
| 日本製紙 | 741,749 | 738,467 |
| レンゴー | — | — |
| 大王製紙 | 313,553 | 316,491 |
| 北越コーポレーション | 242,082 | 248,253 |
| 三菱製紙 | 194,354 | 196,808 |
| 合　計 | 1,959,332 | 1,966,818 |

（単位：百万円）

＜市場規模算出のための事業分類＞
・王子ＨＤ：機能材，印刷情報メディア
・日本製紙：紙・板紙事業
・大王製紙：紙・板紙事業
・三菱製紙：紙・パルプ事業，イメージング事業，機能材

出所：筆者作成。

Chapter 6　経営分析をやってみよう　◎—— 185

⑤　パッケージング・紙加工事業

○市場成長率＝（1,662,921 － 1,582,771）÷ 1,582,771 × 100

　　　　　　＝ 5.06％

| 図表 6 － 13 | パッケージング・紙加工事業の市場規模 | |
| --- | --- | --- |
| | 2017 年度 | 2018 年度 |
| 王子HD | 601,987 | 627,788 |
| 日本製紙 | 192,460 | 201,698 |
| レンゴー | 571,926 | 619,148 |
| 大王製紙 | 196,970 | 195,095 |
| 北越コーポレーション | 19,428 | 19,192 |
| 三菱製紙 | — | — |
| 合　計 | 1,582,771 | 1,662,921 |

（単位：百万円）

＜市場規模算出のための事業分類＞
・王子ＨＤ：生活産業資材
・日本製紙：生活関連事業
・レンゴー：板紙・紙加工・軟包装，重包装，海外
・大王製紙：ホーム＆パーソナルケア事業

出所：筆者作成。

⑥　その他の事業

○市場成長率＝（656,747 － 597,897）÷ 597,897 × 100

　　　　　　＝ 9.84％

| 図表 6 － 14 | その他の事業の市場規模 | |
| --- | --- | --- |
| | 2017 年度 | 2018 年度 |
| 王子ＨＤ | 416,313 | 456,402 |
| 日本製紙 | 112,287 | 128,537 |
| レンゴー | 33,784 | 33,957 |
| 大王製紙 | 20,788 | 22,304 |
| 北越コーポレーション | 7,589 | 8,361 |
| 三菱製紙 | 7,136 | 7,186 |
| 合　計 | 597,897 | 656,747 |

（単位：百万円）

＜市場規模算出のための事業分類＞
・王子ＨＤ：資源循環ビジネス・その他
・日本製紙：エネルギー，木材・建材・土木建築，その他
・レンゴー：その他
・大王製紙：その他
・三菱製紙：倉庫・運輸，その他

出所：筆者作成。

そして，内閣府によると 2018 年度の GDP 成長率は 0.1％となっています。よって，実践課題の解答および相対市場シェアと市場規模から北越コーポレーションの PPM を作成すると次の図表 6 − 15 のようになります。

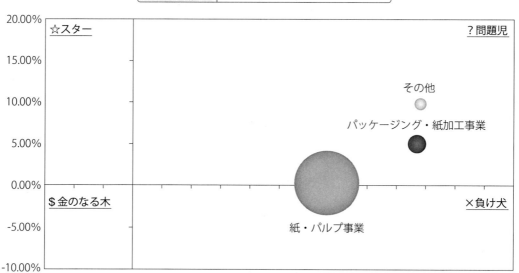

図表 6 − 15　北越コーポレーションの PPM

出所：筆者作成。

　先にも述べましたが，北越コーポレーションの主要事業は売上高の約 90％を占める「紙パルプ事業」です。2018 年度は，輸出や海外子会社の販売が好調だったことから，前年同期と比較して 2.5％の売上増となっていますが，原燃料価格の高騰等によって 9.7％の減益となっています（北越コーポレーション『有価証券報告書』2019, 17-18 頁）。また，「紙パルプ事業」の市場全体の成長率が 0.38％と横ばいの状況のなか，北越コーポレーションは売上を伸ばしています。そして，業界 1 位の日本製紙の売上高が 738,467 百万円であるのに対して，北越コーポレーションは，約 3 分の 1 の売上高 248,253 百万円をあげており，相対市場シェアが 0.34 となることから「問題児」のセルに属しています。

　同様の分析結果は，「パッケージング・紙加工事業」および「その他の事業」にもいえ，北越コーポレーション全体の売上高の約 7％を占める「パッケージング・紙加工事業」は，液体容器の形状変更や情報メディア分野の電子化により需要が減少したことから，前年同期比で 1.2％の減収で，25.4％の減益となりました。また，全体の売上高の約 3％を占める「その他の事業」は，木材事業の外部受注の増加により前年同期比 10.2％の増収でしたが，運送・倉庫業がコストアップしたことにより 13.1％の減益となっています（北越コーポレーション『有価証券報告書』2019, 17-18 頁）。そして，これら 2 つの事業の市場全体の成長率は，

Chapter 6　経営分析をやってみよう　◎——187

それぞれ5.06％および9.84％，相対市場シェアは，それぞれ0.03および0.02となることから，これらの2つの事業も「問題児」のセルに属しています。

　市場規模の成長がみられない「紙パルプ事業」は，このまま市場規模が縮小し，「負け犬」に属してしまう可能性もあります。「負け犬」に属していると撤退する方がよいと考えられますが，北越コーポレーションの「紙パルプ事業」は，売上の約90％を占めている事業ですので，この事業から撤退することは困難です。北越コーポレーションの『有価証券報告書』には「当社グループは，1907年の創業以来，一貫して紙素材を社会に提供することにより，社会経済の発展と生活文化の向上に努めております。」とあります（北越コーポレーション『有価証券報告書』2019，12頁）。よって，紙パルプ事業を中心として，いかに他の2つの事業を伸ばしていくかを考慮すべきです。紙パルプ事業，パッケージング・紙加工事業をとりまくそれぞれの事業環境をふまえた最適な資金配分によって，投資すべき事業を検討する必要があります。

---

**【実践課題】**
　2．北越コーポレーションのPPMを前提とした場合，撤退すべき製品や集中して
　　　投資すべき製品がないか，また，新規に製造を考え得る製品がないかについて
　　　探求してみよう。

---

　課題2は，PPM分析の「選択と集中」に対応するものです。実践課題1でも述べたように，北越コーポレーションの主たる事業の「紙パルプ事業」は，PPM分析では「問題児」に属しており，GDP成長率と比較した場合に衰退している市場とも考えられます。しかし，「紙パルプ事業」は売上の約90％を占めていることから，ただちに撤退するという意思決定はできません。紙・パルプ業界における「紙パルプ事業」の売上は横ばい状態ですが，北越コーポレーションは，輸出や海外子会社の販売が好調だったこともあり，前年比2.5％の増収となっています。ただ，原燃料価格の高騰や物流経費の上昇などもあることから，コスト削減に注力する必要があります。そのため，主たる事業である「紙パルプ事業」を中心に「パッケージング・紙加工事業」を伸ばしていくことが重要であると考えられます。

　「パッケージング・紙加工事業」は，PPM分析では「問題児」のセルに属しており，市場成長率は5.06％となっています。業界1位である王子ホールディングスの売上高627,788百万円に対して，北越コーポレーションは19,192百万円，相対市場シェアは0.03です。そこで，「紙パルプ事業」で得られた資金を市場成長率の高い「パッケージング・紙加工事業」に投資することによって，シェアの拡大を図り将来的に「スター（花形）」へと育つよう努力することが必要です。そして「紙パルプ事業」と「パッケージング・紙

加工事業」の成長により，直接・間接的に関連する「その他の事業」も成長すると考えられます。

「パッケージング・紙加工事業」をとりまく環境をみてみると，まず，プラスチックの問題があります。消費者庁等から2019年5月31日にプラスチック資源循環戦略が公表されました。廃プラスチックの有効利用率が低く，海洋プラスチック等による環境汚染が世界的課題になっているとしています。こうした状況からローソンはプラスチック容器の使用を削減すべく一部の店舗で紙製トレー入りの冷凍食品を販売しています（日本経済新聞2020年3月10日付朝刊，14面）。このようにプラスチック容器から紙製の容器等に変更する企業も出てきており，紙製容器の需要が増加することが予測されます。

また，国土交通省が公表した2018年度の宅配便取扱個数は，前年度と比較して約1.3%の増加となっています。よって段ボールなどの梱包材の需要が高まることが予測されます。こうした背景もあり，北越コーポレーションの『コーポレートレポート』には，「今後はすでに公表しているとおり，18億円を投資して6号抄紙機を改造し，食品やネット通販向けに需要の拡大が見込まれる段ボール原紙（中芯）事業に参入いたします。2019年7月から改造工事に着手しており，2020年には生産・販売をおこなう予定です。」とあります（北越コーポレーション（2019），5頁）。北越コーポレーションは，今後，「パッケージング・紙加工事業」に力を入れることがうかがえます。

参考文献

王子ホールディングス株式会社（2018-2019）『有価証券報告書』。
国土交通省ホームページ　https://www.mlit.go.jp/report/press/jidosha04_hh_000195.html
消費者庁・外務省・財務省・文部科学省・厚生労働省・農林水産省・経済産業省・国土交通省・環境省（2019）『プラスチック資源循環戦略』。
大王製紙株式会社（2018-2019）『有価証券報告書』。
内閣府ホームページ　https://www.esri.cao.go.jp/jp/sna/menu.html
日本製紙株式会社（2018-2019）『有価証券報告書』。
北越コーポレーション株式会社（2018-2019）『有価証券報告書』。
北越コーポレーション株式会社（2019）『コーポレートレポート』。
三菱製紙株式会社（2018-2019）『有価証券報告書』。
レンゴー株式会社（2018-2019）『有価証券報告書』。

# Chapter 7
# 財務分析をやってみよう

## ① 財務分析のポイントの整理

　本章では，Chapter 3で紹介された財務分析の実践課題に取り組みます。それでは，まず財務分析のポイントをまとめてみましょう。

### 1　財務分析とは

　財務諸表を用いて，財政状態，経営成績，キャッシュ・フローの状況といった企業の経済活動の現状を把握し，収益性，安全性，成長性といった視点から企業の特性を分析するための手法です。

　財務分析では，当期の数値と過去の数値との比較や企業間での数値の比較をつうじて，分析対象企業の現在の状況を把握し，企業が直面している問題点や課題を抽出することが重要な目的となります。

### 2　財務分析のステップ

　財務分析は，次の5つのステップで行われます。

ステップ1：分析対象企業の貸借対照表，損益計算書，キャッシュ・フロー計算書における主要な項目の構成比等を算定します。

ステップ2：企業のどの特性を分析するのかを決定し，その分析のためにどの指標を用いるのかを選択します。

ステップ3：分析対象企業の期間比較や企業間比較を行い，各指標の変化や優劣を判断します。また，その指標の計算式から，その変化や優劣を生み出している財務諸表項目を特定します。

ステップ4：ステップ3において明らかとなった，各指標の変化等の原因である財務諸表項目について，企業の経営戦略や経営活動の状況に照らし合わせて，その原

因や背景をさらに探求します。

ステップ5：以上の分析を総合して，分析対象企業の経営活動の現状，問題点，課題をまとめ，改善案や解決策を検討します。

## 3　財務分析のポイント

　財務分析をうまく進める際のポイントは，以下の3点です。

（1）適切な指標を選択する

　企業の特性を分析するための指標は数多くあります。企業の経営活動の現状や問題点を正確に描き出すためには，適切な指標を選択することが必要となります。

（2）期間比較や企業間比較を行う

　分析対象企業の財務上の強みや弱みが一時的なのか，あるいは恒常的なのかを理解するために期間比較は効果的です。また，それらが分析対象企業独自のものなのか，あるいは業界全体のものなのかを理解するために企業間比較は有効です。

（3）変化や優劣の原因や背景を探る

　企業の経営活動の問題点や課題を把握するために，各指標の変化や優劣を生み出している財務諸表項目を特定し，さらに経営戦略等と照らし合わせてその原因や背景をより深く探求しましょう。

Chapter 7　財務分析をやってみよう　◎—— 191

## ❷ 財務分析の実践課題

それでは，財務分析の【実践課題】に取り組んでみましょう。

---

**【実践課題】**

１．北越コーポレーションの 2015 年 3 月期から 2019 年 3 月期までの過去 5 年間
　　の財務分析をしてみよう。その際，収益性分析，安全性分析，そして成長性分
　　析に関する代表的な以下の指標を計算してみよう。

**【収益性分析】**
　総資本経常利益率（ROA），自己資本当期純利益率（ROE），売上高総利益率，
　売上高経常利益率，総資本回転率

**【安全性分析】**
　当座比率，自己資本比率，固定長期適合率

**【成長性分析】**
　売上高趨勢比率，経常利益趨勢比率，自己資本趨勢比率，有形固定資産増加率

２．上記指標のうち，ROE，売上高経常利益率，自己資本比率，有形固定資産増加
　　率の変化がどのような財務諸表項目の変化によってもたらされたのかを特定し
　　てみよう。なお，ROE に関してはそれを 3 分解して検討してください。また，
　　これらの財務諸表項目の変化が経営戦略とどのように結びついているのかを検
　　討してみよう。

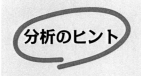

　財務分析では，分析対象企業の特性や現在の状況を把握するために，ROEや自己資本比率といった各指標を利用します。その際，分析対象企業の期間比較（時系列分析）や企業間比較（クロス・セクション分析）を行い，過去からの変化や他企業との優劣を示すことにより，分析対象企業の特性や現在の状況をより一層明確にすることができます。ただし，ここで留意すべきことは，たとえば「A社のROEは年々上昇（低下）している」や，「A社のROEはB社よりも高い（低い）」といった指標の変化や他社との差異を記述することで満足しないということです。

　こうした記述は，あくまでも分析の出発点です。仮にROEが上昇したとして，なぜ，あるいはどのようにそれが上昇したのか，を説明することが必要になります。すでに本書で説明されているように，ROEは自己資本（分母）と当期純利益（分子）に基づいて計算されますので，この指標が上昇する要因としては，相対的な意味での分母（自己資本）の減少もしくは分子（当期純利益）の増加が考えられます。次に，ROEの上昇が，相対的な分母（自己資本）の減少によるものならば，その減少は資本金の減少なのか，資本剰余金の減少なのか，利益剰余金の減少なのか，を調べます。それに対して，ROEの上昇が相対的な分子（当期純利益）の増加によるものならば，その増加は売上高の増加によるものなのか，あるいは費用の減少によるものなのか，を調べます。そして，後者であるならば，それは売上原価の減少なのか，販売費及び一般管理費の減少なのか，それ以外の費用項目の減少なのか，などを検討しなければなりません。ROEといった重要な指標の変化や他社との差異の原因を究明するには，このような展開が必要になるでしょう。

　ROEの上昇の原因が相対的な分母（自己資本）の減少，すなわち資本金や資本剰余金，利益剰余金の減少であるならば，それは企業のどのような経営戦略や財務構造に基づくものなのかを考えましょう。一方で，ROEの上昇の原因が相対的な分子（当期純利益）の増加，すなわち売上高をはじめとする収益の増加，もしくは売上原価や販売費及び一般管理費といった費用の減少によるのであれば，それはいかなる経営環境や企業行動の変化によるものなのかを考えましょう。このような売上高や資本金といった各財務諸表項目の金額の背後にあり，それらの変化の要因となる経営戦略や財務構造，さらには経営環境ならびに企業行動の変化の検討を行うことが必要です。

　こうした情報は，有価証券報告書や各社のウェブサイト上の中期経営計画やその他の投資家向け資料等から収集することができます。これらの資料を用いて経営戦略や企業行動の変化等の検討に基づいた財務分析を行うことにより，よりリアリティに富んだ財務分析，企業分析が可能になるでしょう。

Chapter 7　財務分析をやってみよう　◎—— 193

# 学生レポート

・・・・・・・・・・・・・・・・・・・・・・・・・・・・・・・・・・・・・・・・・・・・・・・・・・・・・・・・・・・・・・

【実践課題】
1．北越コーポレーションの 2015 年 3 月期から 2019 年 3 月期までの過去 5 年間の財務分析をしてみよう。その際，収益性分析，安全性分析，そして成長性分析に関する代表的な以下の指標を計算してみよう。
【収益性分析】
　総資本経常利益率（ROA），自己資本当期純利益率（ROE），売上高総利益率，売上高経常利益率，総資本回転率
【安全性分析】
　当座比率，自己資本比率，固定長期適合率
【成長性分析】
　売上高趨勢比率，経常利益趨勢比率，自己資本趨勢比率，有形固定資産増加率

【解答 1】
　2015 年 3 月期から 2019 年 3 月期の過去 5 年間の各指標について表でまとめます。また，数値に関しては小数第一位で表しています。

≪収益性分析≫
　総資本経常利益率（ROA），自己資本当期純利益率（ROE），売上高総利益率，売上高経常利益率，総資本回転率の過去 5 年間の数値は以下のようになります（なお，北越コーポレーションの有価証券報告書において，自己資本当期純利益率の数値は 2015 年から 2019 年で，5.2, 4.5, 6, 5.6, 4.8 となっていましたが，ここでは Chapter 3 に記載されている通り，「自己資本は純資産全体，当期純利益は親会社帰属の当期純利益」で計算しています。また，2016 年度から企業会計基準第 22 号「連結財務諸表に関する会計基準」を適用しており，当期純利益を親会社株主に帰属する当期純利益としておりますが，ここでは 2015 年度もすべて親会社株主に帰属する当期純利益に統一して自己資本当期純利益率を計算しています）。

表 1　収益性分析

|  | 2015 年<br>3 月期 | 2016 年<br>3 月期 | 2017 年<br>3 月期 | 2018 年<br>3 月期 | 2019 年<br>3 月期 |
|---|---|---|---|---|---|
| 総資本経常利益率（%） | 3.3 | 3.0 | 3.9 | 3.8 | 3.5 |
| 自己資本<br>　当期純利益率（%） | 5.1 | 4.3 | 5.8 | 5.4 | 4.4 |
| 売上高総利益率（%） | 16.5 | 17.8 | 20.1 | 19.4 | 18.6 |
| 売上高経常利益率（%） | 5.0 | 4.3 | 5.4 | 5.2 | 4.7 |
| 総資本回転率（回） | 0.7 | 0.7 | 0.7 | 0.7 | 0.8 |

194 ——◎

≪安全性分析≫

　当座比率，自己資本比率，固定長期適合率，それぞれの過去 5 年間の数値は以下のようになります。

表2　安全性分析

|  | 2015 年 3 月期 | 2016 年 3 月期 | 2017 年 3 月期 | 2018 年 3 月期 | 2019 年 3 月期 |
|---|---|---|---|---|---|
| 当座比率（%） | 78.7 | 80.1 | 104.7 | 98.5 | 105.8 |
| 自己資本比率（%） | 47.7 | 46.4 | 49.8 | 52.2 | 52.2 |
| 固定長期適合率（%） | 92.1 | 87.4 | 80.1 | 80.7 | 77.0 |

≪成長性分析≫

　売上高趨勢比率，経常利益趨勢比率，自己資本趨勢比率，有形固定資産増加率の過去 5 年間の数値は以下のようになります。

　また，趨勢比率は 2015 年度を基準にしています。

表3　成長性分析

|  | 2015 年 3 月期 | 2016 年 3 月期 | 2017 年 3 月期 | 2018 年 3 月期 | 2019 年 3 月期 |
|---|---|---|---|---|---|
| 売上高趨勢比率（%） | 100 | 108.1 | 114.9 | 117.8 | 120.8 |
| 経常利益趨勢比率（%） | 100 | 92.4 | 122.6 | 121.3 | 113.5 |
| 自己資本趨勢比率（%） | 100 | 100.6 | 107.4 | 113.9 | 114.4 |
| 有形固定資産増加率（%） | - 4.2 | - 5.0 | - 5.3 | - 3.1 | - 3.6 |

【実践課題】
2．上記指標のうち，ROE，売上高経常利益率，自己資本比率，有形固定資産増加率の変化がどのような財務諸表項目の変化によってもたらされたのかを特定してみよう。なお，ROE に関してはそれを 3 分解して検討してください。また，これらの財務諸表項目の変化が経営戦略とどのように結びついているのかを検討してみよう。

【解答2】

　ROE，売上高経常利益率，自己資本比率，有形固定資産増加率の順にグラフを用いて数値の変化を示し，財務諸表項目の変化ならびに経営戦略との結びつきについて述べていきたいと思います。

　なお，各グラフでは決算期を省略して年次だけを記載しています。

　まず，ROE の過去 5 年間の変化は以下の通りです。

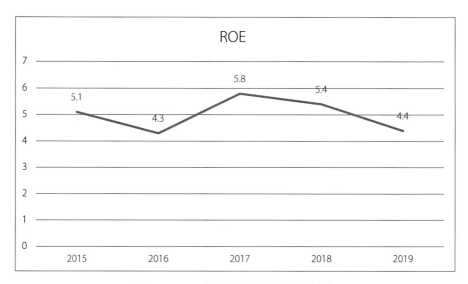

図1　ROE（自己資本当期純利益率）

ROEを売上高当期純利益率，総資本回転率，財務レバレッジに3分解すると，過去5年間で以下のような数値になりました。

表4　財務分析3分解

|  | 2015年3月期 | 2016年3月期 | 2017年3月期 | 2018年3月期 | 2019年3月期 |
|---|---|---|---|---|---|
| 売上高当期純利益率（％） | 3.7 | 3.0 | 4.0 | 3.5 | 3.3 |
| 総資本回転率（回） | 0.7 | 0.7 | 0.7 | 0.8 | 0.7 |
| 財務レバレッジ（倍） | 2.1 | 2.1 | 2.0 | 1.9 | 1.9 |

この数値をグラフにまとめると，以下のようになります。

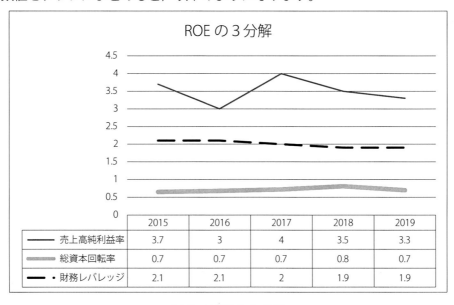

図2　ROEの3分解

ROEをみると，2016年の前後の年で数値の下降，上昇がみられました。また，ROEを3つに分解すると，総資本回転率，財務レバレッジともにあまり変化は見られず，売上高当期純利益率がROEに影響していることがわかりました。これは，当期純利益の変化によるものと判断し，下降と上昇の原因についてまとめてみました。

2016年3月期の下降については，営業外費用に着目しました。営業外費用の売上高に対する割合は2015年3月期から順に，1.1％，2.2％，1.7％，0.7％，0.8％と2016年3月期が最も高くなっていました。また，営業外費用にあたる為替差損については，2016年3月期である2015年4月から2016年3月の急激な為替の動きで，海外から原材料や原燃料を輸入する際に打撃を受け損失が大きくなり，経常利益に影響していることがわかりました。

一方，上昇については，2017年3月期の海外子会社の収益性の上昇などによって，営業利益が増加していることや，2015年に株式を取得し，完全子会社となったAlpac Forest Products Inc.とAlpac Pulp Sales Inc.の通年寄与などが影響していると考えられます。同社はカナダでパルプ製造事業を行っており，海外での競争力を高めていることから，収益性の向上が利益の上昇をもたらしたと考えました。

また，3社間でROEを比較すると，北越コーポレーションは2019年ではレンゴーに抜かれ2位となっていましたが，売上高当期純利益率では上位を維持しており，高い利益率を常に達成していました。一方，財務レバレッジでは最も低い数値でした。

次に，売上高経常利益率について述べます。推移は以下の通りです。

図3　売上高経常利益率

ここでもROEの売上高当期純利益率と同じように，2016年前後で波が見られます。前述のとおり，為替差損が2015年3月期に計上されているため，2016年3月期は利益が下がっていました。さらに細かく言及すると，持分法による投資利益が少し減少している

ように見えました。たとえば，北越コーポレーションは2012年8月に大王製紙株式会社（以下，大王製紙）の株式を22.4％取得し，大王製紙と総合技術提携基本契約を結んでいます。この場合，大王製紙が北越コーポレーションの持分法適用関連会社にあたり，北越コーポレーションは持分法による投資利益が減少しています。そして，大王製紙の有価証券報告書を見ると，円安の影響で原燃料価格が上昇し，経常利益が前年比0.3ポイント減でした。このようなことも利益の減少につながっていると考えられます。

また，売上高経常利益率も他社と比較して，高い水準で推移していました。北越コーポレーションは，以上のような利益をあげることで，成果の再投資を行い，「着実な成長とあくなき挑戦を，情熱をもって続ける企業」を目指しています。

そして，自己資本比率の変化は以下の通りです。

図4　自己資本比率

自己資本比率は，製造業では40～50％以上であれば安全であるといわれています。グラフを見ると北越コーポレーションは自己資本比率が上昇傾向にあり，現在では50％を超えているため，安全であるといえます。数値としては，2016年に少し下降し，2017年から上昇しており2019年では落ち着きをみせていました。自己資本比率は「自己資本÷総資本×100」で計算することができるため，自己資本と総資本の過去5年間の数値を表にまとめると以下のようになります。

表5　自己資本と総資本

|  | 2015年3月期 | 2016年3月期 | 2017年3月期 | 2018年3月期 | 2019年3月期 |
|---|---|---|---|---|---|
| 自己資本（百万円） | 168,573 | 169,529 | 180,034 | 191,977 | 192,861 |
| 総資本（百万円） | 351,032 | 362,658 | 362,205 | 366,447 | 368,082 |

なお，自己資本の数値は有価証券報告書を調べると，2015年度2016年度は普通株式

に係る純資産で，2017年度以降は自己資本と計算していましたが，前述の通り，「自己資本は純資産」で計算しています。以上の数値をグラフにすると以下の通りです。

図5　自己資本と総資本

　上のグラフを見ると，2016年度は総資本が急増しています。これは分母である総資本が増えることで相対的に自己資本比率が下降したものと考えられます。また，2017年度からは自己資本が増加していました。このことにより，自己資本比率が高くなっていると考えられます。以下，2016年度の総資本の増加要因，2017年度以降の総資本の増加要因，2017年度以降の自己資本の増加要因の順で述べていきます。

　まず，2016年度における総資本の急増要因は，有利子負債であるコマーシャル・ペーパーの増加があげられます。コマーシャル・ペーパーとは，短期の資金を投資家から直接調達するために発行する債券であり，流動負債にあたります。数値の変化としては，2015年度の9,000百万円から，2016年度には20,000百万円まで11,000百万円増加していました。これは，製造や販売に掛かる費用が増えたためだと考えられます。

　次に2017年度以降の総資本の増加要因について言及します。2017年度以降ではコマーシャル・ペーパーは落ち着きを見せたものの，負債の部では社債などの有利子負債，環境引当金，災害引当金，植林引当金，繰延税金負債などの増加がみられ，純資産の部では，為替換算調整勘定の減少はあったものの，その他有価証券評価差額金や利益剰余金の増加などの影響があり，総資本合計では増加を続けていました。ここで負債の部である社債の増加に言及すると，原因は主に設備投資にあると考えます。2017年度の設備投資費用は前年比135％増で，それ以降の年も増加していました。設備投資の内訳として，2017年度に新潟工場の8号回収ボイラー過熱器管更新工事（第1期）に1,427百万円投資しています。2018年度には，Alberta-Pacific Forest Industries Inc.の本社と工場で薬品貨車受入ターミナル建設工事をし，1,068百万円投資していました。このような設備投資を行うこ

とで，さらなる生産性の向上や国内外の競争力向上を図っており，売上高は年々増加する傾向にあります。

このような設備投資などのための資金調達の背景として，「工場競争力の回復と再強化」という戦略があると考えます。2019年のコーポレートレポート8頁「中期経営計画」によると[1]，「環境配慮型製品の開発」，「環境配慮型ロジスティクスの実現」，「段ボール原紙事業への参入」などが具体的戦略としてあげられていました。また，環境配慮製品に言及すると，北越コーポレーションは，自然界への影響を最小限にするミニマム・インパクトを実現するために環境に配慮した地球にやさしい製品の開発を推進しています。具体的には脱プラ時代となった今，次世代素材のCNFと先端素材の炭素繊維を融合した新素材や，プラスチックの代替となる紙ストローや紙容器の開発があげられます。このような環境に配慮した製品を作るために，積極的に設備投資を行っていることがコーポレートレポートから分かりました。

一方，2017年度以降の自己資本の増加要因としては，先ほども述べた通り，純資産の部の，その他有価証券評価差額金と利益剰余金の増加があげられます。利益剰余金に言及すると，利益剰余金は利益の留保分であり，設備投資やコストダウンなどで生産性が向上したことから，利益が増え，利益剰余金も増加したとみられます。以上のような要因で，自己資本比率は変化したと考えました。

また，3社間で比較すると，日本製紙は30％前後を推移，レンゴーは2018年で急減して安定的とはいいがたい一方で，北越コーポレーションは50％前後を推移していました。このことから，財務健全性は高いと判断できます。北越コーポレーションがこのような高い数値を維持できる理由としては，毎年利益を着実にあげていることや，返済義務のない資金調達を多く行っていることなどがあげられます。そのほかにも固定資産を減少させていることも理由の1つとしてあげられると思います。北越コーポレーションが固定資産を減少させている理由は次の有形固定資産増加率のところで述べたいと思います。

最後に有形固定資産増加率について過去5年間の変化は，以下のようになります。

---

1）http://www.hokuetsucorp.com/pdf/cr/cr2019_jp.pdf

図6　有形固定資産増加率

　過去5年間においてこの指標はマイナス成長を続けていることから，成長性でいうと衰退していると判断することができます。2019年度有価証券報告書の貸借対照表を見ると，設備投資の面では建物や工具などの金額は増えていました。しかし，減価償却費が設備投資額を上回ったことにより，有形固定資産全体は減少となっています。このことから新たな設備投資を控え，現状の設備更新に力を入れていると考えられました。

　また，減価償却費以外に，損益計算書において，例年「固定資産売却益・売却損」が多く計上されていました。貸借対照表に戻ると，機械装置及び運搬具が過去5年間で約24,000百万円減少していたことがわかりました。そして，過去の有価証券報告書をさかのぼると，このような固定資産の減少が始まったのは2011年度からだと判断することができます。それ以前のものも調べてみると，2009年度から減損損失を多く計上するようになっていました。理由としては，平成21年3月期有価証券報告書56頁には[2]，「急激な景気後退により，紙・板紙の需要は大きく減退しており，景気の本格的な回復には，従来の予想以上に長時間を要するものと予想され，紙・板紙の需給ギャップの自律的な解消は，当面見込めない状況にあります。このような状況下から，上記生産設備の停止を取締役会で決定し，帳簿価額を備忘価額まで減額し，当該減少額を減損損失として特別損失に計上」とありました。また，2011年度においても，平成24年3月期有価証券報告書65頁には[3]，「景気低迷に伴い，需要の回復が見込めないことから，生産体制の構造改革として上記設備の停止及び廃棄の意思決定がなされた」とありました。2011年度に発表された長期ビジョン『Vision 2020』の第1ステップである中期経営計画『G-1st』では，「環境重視の経営に徹し，持続的成長を目指す」とあります（参考：平成23年3月期訂正有価証

---

[2]　http://www.hokuetsucorp.com/pdf/financial_report_h21_3.pdf
[3]　http://www.hokuetsucorp.com/pdf/financial_report_h24_3.pdf

券報告書9頁[4])。さらに現在，北越コーポレーションは2020年1月には新潟工場6号機にて段ボール原紙生産を開始する予定であり，一年間に中芯原紙，130,000tの生産を見込んでいます。長期ビジョンや新規事業を達成するために，将来の使用が見込めない資産をなくすことや，各工場のシステムや設備の更新も積極的に行うことで，更なる生産性の向上に取り組んでいることがわかりました。

　有形固定資産増加率の3社間の比較では，北越コーポレーションのみマイナス成長であり，レンゴーは0％前後，日本製紙は年度により大幅に増減していました。このことから，北越コーポレーションは積極的に設備を減少させているとみることができます。

　以上，財務分析を行った結果，段ボール原紙事業に参入することとなった北越コーポレーションですが，3社間で比較すると，利益率などの点において最も健全であると判断することができました。これで留保した利益を新規事業に投資することで，新たな収益源を確保していくべきだと考えます。

参考文献

桜井久勝・須田一幸（2017）『財務会計・入門（第11版）』有斐閣。

税関　外国為替相場　http://www.customs.go.jp/tetsuzuki/kawase/index.htm

大王製紙株式会社　企業HP　https://www.daio-paper.co.jp/

日沖　健（2017）『ビジネスリーダーが学んでいる　会計＆ファイナンス』中央経済社。

日本経済新聞社編（2016）『財務諸表の見方（第12版）』日本経済新聞出版社。

日本経済新聞デジタル　北越コーポレーション　株価
　　https://www.nikkei.com/nkd/company/history/yprice/?scode=3865

北越コーポレーション　企業HP　http://www.hokuetsucorp.com/index.html

北越コーポレーション　2019年3月決算説明会資料
　　http://www.hokuetsucorp.com/pdf/kessan_201903_final.pdf

松村勝弘・松本敏史・篠田朝也・西山俊一（2015）『財務諸表分析入門― Excel®でわかる企業力―』ビーケーシー。

Financial QUEST 2.0　http://finquest.nikkeidb.or.jp/ver2/online/

---

4）　http://www.hokuetsucorp.com/pdf/OSIRASE/tanshin2303_qtr04_rev1.pdf

## 財務分析についてのコメント

### ○評価ポイント

みなさんの分析では，北越コーポレーションの過去5年間の財務データから明らかになった，自己資本比率の上昇や固定資産の削減が同社の長期ビジョン『Vision 2020』やその実現のために作成された中期経営計画と結びつけられています。財務的な結果と経営戦略との関係性の考察が試みられており，説得力を高めているといえます。

### ○修正ポイント

ただ不十分と思われる部分もありますので，さらなるブラッシュ・アップを図るために，追加的なコメントを行います。

全体に関わる部分においてみなさんにまず注意していただきたいことは，何かに着目する，あるいは焦点を絞る場合において，明確な理由づけを行うという点です。たとえば，196頁のROEの分解について言及した部分において，みなさんは，「2016年3月期の下降については，営業外費用に着目しました」と述べています。このままではなぜ営業外費用に着目するのかが明確ではありません。この点については，「2016年3月期では，2015年3月期の営業利益が6,139百万円から9,236百万円に増加し，売上高営業利益率が2.7%から3.7%へ上昇しているのに対して，経常利益は11,462百万円から10,587百万円へ減少し，売上高経常利益率が5.0%から4.3%へ下降しています。2015年3月期に比べて2016年3月期では営業利益が大幅に増加しているにもかかわらず，経常利益は減少していることから，ここでは営業外費用に着目します。」としてみてはいかがでしょうか。

次に指摘したいことは，何かを説明する際には明確な根拠を示すという点です。たとえば上記196頁の2017年3月期におけるROEの上昇に関して，みなさんは「海外子会社の収益性の上昇などによって，営業利益が増加」したことをあげていますが，「海外子会社の収益性の上昇」はどれだけのインパクトをもつものだったのでしょうか。同期の有価証券報告書によれば，国内の売上高は減収となったものの，海外子会社の収益の改善により海外売上高が2016年3月期の47,118百万円（売上高総額の19.1%）から72,456百万円（同27.6%）に増加し，売上高総額も246,849百万円から262,398百万円へ増加したこと，また売上高総利益率が17.7%から20.1%へ上昇したことも示されています（北越紀州製紙(2017)，9頁）。説明したい事実や事柄の裏づけや根拠となる記述，財務数値さらには各種指標を用いることにより，みなさんの説明力は格段に上がるでしょう。

以下は，いくつかの個別論点に関するみなさんの説明に対してのコメントになります。まずは2016年3月期の売上高経常利益率の下降の原因に関してです。みなさんは，上記の原因として持分法による投資利益の減少を指摘しています。しかしながら，金額の大きさに着目すると，2015年3月期から2016年3月期においては，持分法による投資利益の

減少よりも 2015 年 3 月期まで計上していた負ののれん償却額が計上されなくなったことの方が大きなインパクトをもっています（持分法による投資利益の減少分が約 350 百万円，負ののれん償却額の減少分は 871 百万円）。持分法による投資利益に着目してみた場合，当該項目は年々減少していますので，この減少は 2017 年 3 月期以降の売上高経常利益率の下降の原因として説明したほうが効果的ではないでしょうか。

　次に，2017 年 3 月期における自己資本比率に関してです。198 頁において，みなさんは自己資本比率に関連して，「負債の部では社債などの有利子負債，環境引当金，災害引当金，植林引当金，繰延税金負債などの増加がみられ」と述べています。このままでは負債が前年度に比べて増加したというように理解されてしまいます。確かにここであげられている項目は前年度に比べて増加していますが，負債合計額自体が減少しています。このままの説明では誤解を招くことになってしまいますので，それを避けるためにもより正確な記述を心掛けてください。

　そして自己資本比率に関する説明が行われている上記段落の最後に，「このような設備投資を行うことで，さらなる生産性の向上や国内外の競争力向上を図っており，売上高は年々増加する傾向にあります」とまとめられています。しかしながら，この段落のメインテーマが自己資本比率に関する部分であることに鑑みるならば，設備投資に関わる記述は当該段落ではなく，たとえば，有形固定資産増加率を説明している箇所で行われた方が適切であるように思われます。続く段落においてみなさんは，2019 年のコーポレートレポートに基づき，設備投資の積極性に関する記述を行っていますが，北越コーポレーション自体，有形固定資産増加率を継続的に減少させています。設備投資の積極性と有形固定資産増加率の減少というある種の矛盾を抱えた両者の関係に関しては，最後のまとめにおいて記述したほうがより効果的であるように思います。

　最後に実践課題 1 のいくつかの指標について計算根拠を追えないものがありました。それらは，2019 年 3 月期における自己資本当期純利益率（193 頁表 1），2015 年 3 月期～2017 年 3 月期の自己資本比率（194 頁表 2），2015 年 3 月期～2019 年 3 月期の固定長期適合率（194 頁表 2），の指標で計算結果が異なります。さらに，197 頁における表 5 において，2016 年 3 月期の総資本 363,658 百万円，2017 年 3 月期の自己資本 181,034 百万円，そして 2018 年 3 月期の総資本 367,244 百万円と入力ミスと思われる部分があります。これらはいずれも自己資本に関わる指標の計算に用いられています（ここでは自己資本を計算の簡便化のため期末の純資産合計を用いています）。一貫した適用がなされているか，入力ミスをしていないかなどに細心の注意を払ってください。会計基準の変更などにより用語や定義の変更，または算定方法の変更などが起こっている場合もありますので，その点にも注意してください。

## 模範解答

**【実践課題】**

1. 北越コーポレーションの 2015 年 3 月期から 2019 年 3 月期までの過去 5 年間の財務分析をしてみよう。その際，収益性分析，安全性分析，そして成長性分析に関する代表的な以下の指標を計算してみよう。

**【収益性分析】**

総資本経常利益率（ROA），自己資本当期純利益率（ROE），売上高総利益率，売上高経常利益率，総資本回転率

**【安全性分析】**

当座比率，自己資本比率，固定長期適合率

**【成長性分析】**

売上高趨勢比率，経常利益趨勢比率，自己資本趨勢比率，有形固定資産増加率

### 1．代表的指標の計算

まずは，北越コーポレーションの 2015 年 3 月期から 2019 年 3 月期における収益性分析に関わる代表的指標，すなわち総資本経常利益率（ROA），自己資本当期純利益率（ROE），売上高総利益率，売上高経常利益率，そして総資本回転率を示します（図表 7 - 1 参照）。なおここでは，Chapter 3 と同様，計算の簡便化のために，ROA は経常利益を期末の負債純資産合計で除したものを，また ROE は親会社株主に帰属する当期純利益を期末の純資産合計で除したものを使っています。そして総資本回転率の計算における総資本として期末の負債純資産合計を使っています。

| 図表 7 - 1 | 北越コーポレーションの収益性分析の各種指標（2015 年 3 月期－2019 年 3 月期） |
| --- | --- |

|  | 2015 年 | 2016 年 | 2017 年 | 2018 年 | 2019 年 |
| --- | --- | --- | --- | --- | --- |
| ROA（%） | 3.3 | 2.9 | 3.9 | 3.8 | 3.5 |
| ROE（%） | 5.0 | 4.4 | 5.7 | 5.4 | 4.7 |
| 売上高総利益率（%） | 16.5 | 17.7 | 20.1 | 19.4 | 18.5 |
| 売上高経常利益率（%） | 5.0 | 4.3 | 5.4 | 5.2 | 4.7 |
| 総資本回転率（回） | 0.7 | 0.7 | 0.7 | 0.7 | 0.7 |

出所：筆者作成。

次に，北越コーポレーションの同期間の安全性分析に関わる代表的指標，すなわち当座比率，自己資本比率，そして固定長期適合率を示します（図表 7 - 2 参照）。なおここでは，Chapter 3 と同様，計算の簡便化のために，当座資産として現金預金，売上債権，電子記録債権の合計額を，また自己資本比率および固定長期適合率の計算における自己資本として純資産合計を使っています。

Chapter 7　財務分析をやってみよう　◎―― 205

図表７－２　北越コーポレーションの安全性分析の各種指標（2015 年３月期－ 2019 年３月期）

|  | 2015 年 | 2016 年 | 2017 年 | 2018 年 | 2019 年 |
|---|---|---|---|---|---|
| 当座比率（%） | 78.7 | 80.1 | 104.7 | 98.5 | 105.7 |
| 自己資本比率（%） | 48.0 | 46.6 | 50.0 | 52.3 | 52.4 |
| 固定長期適合率（%） | 91.6 | 87.0 | 79.9 | 80.0 | 76.8 |

出所：筆者作成。

　そして，北越コーポレーションの同期間の成長性分析に関わる代表的指標，売上高趨勢比率，経常利益趨勢比率，自己資本趨勢比率，有形固定資産増加率を示します（図表７－3参照）。なおここで示す3つの趨勢比率はいずれも 2015 年３月期を基準年度としています。またここでは，Chapter 3 と同様，計算の簡便化のために，自己資本趨勢比率における自己資本として純資産合計を使っています。

図表７－３　北越コーポレーションの成長性分析の各種指標（2015 年３月期－ 2019 年３月期）

|  | 2015 年 | 2016 年 | 2017 年 | 2018 年 | 2019 年 |
|---|---|---|---|---|---|
| 売上高趨勢比率（%） | 100.0 | 108.1 | 114.9 | 117.8 | 120.8 |
| 経常利益趨勢比率（%） | 100.0 | 92.4 | 122.6 | 121.3 | 113.5 |
| 自己資本趨勢比率（%） | 100.0 | 100.6 | 107.4 | 113.9 | 114.4 |
| 有形固定資産増加率（%） | -4.2 | -5.0 | -5.3 | -3.1 | -3.6 |

出所：筆者作成。

---

【実践課題】
2．上記指標のうち，ROE，売上高経常利益率，自己資本比率，有形固定資産増加率の変化がどのような財務諸表項目の変化によってもたらされたのかを特定してみよう。なお，ROE に関してはそれを３分解して検討してください。また，これらの財務諸表項目の変化が経営戦略とどのように結びついているのかを検討してみよう。

---

## ２．指標における変化の要因の特定

　では次に，北越コーポレーションの 2015 年３月期から 2019 年３月期における ROE，売上高経常利益率，自己資本比率，有形固定資産増加率の変化の要因を探っていきましょう。

### （１）ROE と売上高経常利益率の変化の要因

　図表７－１によると，北越コーポレーションの ROE は，この５年間，4.4%（2016 年３月期）～ 5.7%（2017 年３月期）の間を推移しています。では，この変動は何によってもたらされているのでしょうか。この要因を明らかにしてみましょう。その際に考慮すべきであるのが，Chapter 3 において説明されているように，ROE が売上高当期純利益率，総資本回転率，そ

して財務レバレッジという3つの要素に分解することができるという点です。そこでまずは，同社のROEを3つの要素に分解し，その変化の要因を探ってみます（図表7－4参照）。

**図表7－4** 北越コーポレーションのROEとその構成要素（2015年3月期－2019年3月期）

| | 2015年 | 2016年 | 2017年 | 2018年 | 2019年 |
|---|---|---|---|---|---|
| ROE（％） | 5.0 | 4.4 | 5.7 | 5.4 | 4.7 |
| 売上高当期純利益率（％） | 3.7 | 3.0 | 4.0 | 3.8 | 3.3 |
| 総資本回転率（回） | 0.7 | 0.7 | 0.7 | 0.7 | 0.7 |
| 財務レバレッジ（倍） | 2.1 | 2.1 | 2.0 | 1.9 | 1.9 |

出所：筆者作成。

　北越コーポレーションのこの5年間のROEの変化とその3つの要素の変化を対比させてみます。同社のROEに関して，2016年3月期と2019年3月期は4％台でしたが，その他の3期では5％台でした。その構成要素である総資本回転率は5年間0.7回のままで変化がありません。また財務レバレッジは2.0倍の±0.1倍前後を推移し，ROEの変化に大きな影響を与えているとはいえません。それに対して，売上高当期純利益率は，3.0％（2016年3月期）〜4.0％（2017年3月期）の間を推移しており，その変動は大きいとはいえませんが，この比率が3％台前半のときROEは4％台にとどまり，3％台後半のときROEは5％台となっていますので，同社のROEの変化は売上高当期純利益率によって左右されていると考えられます。

　ここで留意すべきなのは，当期純利益が，売上高から各段階での費用項目を控除して得られる最終利益である点です。このことに着目すると，その前段階で発生している売上総利益，営業利益，経常利益といった利益の発生状況を知ることはより重要であるといえます。本課題では，売上高経常利益率の変化も検討することになっていますので，まずはこの点を検討し，その後に売上高当期純利益率の変化に言及することにします。

　北越コーポレーションの売上高経常利益率および売上高当期純利益率の変化に影響を与えている要因を明らかにするために，同社の2015年3月期から2019年3月期までの要約連結損益計算書を作成し，売上高に対する比率を求めてみます（図表7－5参照）。

**図表7－5** 北越コーポレーションの損益計算書項目の構成比率（2015年3月期－2019年3月期）

| （単位：％） | 2015年 | 2016年 | 2017年 | 2018年 | 2019年 |
|---|---|---|---|---|---|
| 売上高 | 100.0 | 100.0 | 100.0 | 100.0 | 100.0 |
| 売上原価 | 83.5 | 82.3 | 79.9 | 80.6 | 81.5 |
| 売上総利益 | 16.5 | 17.7 | 20.1 | 19.4 | 18.5 |
| 販売費及び一般管理費 | 13.8 | 14.0 | 15.2 | 15.2 | 14.9 |
| 営業利益 | 2.7 | 3.7 | 4.9 | 4.2 | 3.7 |
| 営業外損益 | 2.3 | 0.5 | 0.4 | 0.9 | 1.0 |
| 経常利益 | 5.0 | 4.3 | 5.4 | 5.2 | 4.7 |
| 特別損益 | -0.3 | -0.3 | -0.6 | -0.1 | -0.1 |
| 当期純利益 | 3.7 | 3.0 | 4.0 | 3.8 | 3.3 |

出所：筆者作成。

図表 7 - 5 によれば，北越コーポレーションの同期間の売上原価は売上高の 79.9%（2017年 3 月期）～ 83.5%（2015 年 3 月期）の間で変化し，その変動は 3.6 ポイントです。同社の販売費及び一般管理費の売上高に占める割合は，13.8%（2015 年 3 月期）～ 15.2%（2017 年3 月期）の間で推移し，その変動は 1.4 ポイントと大きくありません。さらに，営業外収益と営業外費用の差額である営業外損益も，持分法による投資利益が好調であった 2015年 3 月期（2.3%）を除いて，0.4%～ 1.0%の間で推移しています。このように，北越コーポレーションにおける販売費及び一般管理費と営業外損益の売上高に対するそれぞれの変動の幅は小さく，このことは，同社の売上高営業利益率や売上高経常利益率が売上高総利益率に左右されていることを意味します[1]。事実，2016 年 3 月期から 2019 年 3 月期の間，売上高総利益率が 19.0%を超えると売上高経常利益率は 5%を超え，逆に前者がそれを下回れば後者は 5%を下回っているのです。

次に，北越コーポレーションの，ROE を構成する 3 つの要素の 1 つである売上高当期純利益率を検討してみましょう。この利益率は，すでに述べたように，3.0%（2016 年 3 月期）～ 4.0%（2017 年 3 月期）の間にとどまっています。この変動の小ささは，過去 5 年間において売上高経常利益率が 5%前後で推移している上に，特別損益の割合が－0.6%～－0.1%で推移していることに起因しています。したがって，同社では，売上高営業利益率や売上高経常利益率と同様，売上高当期純利益率も売上高総利益率によって左右されると考えられます。このことは，ROE が売上高総利益率の大きさによって決定されることを意味します。

では，北越コーポレーションは，売上高総利益率の変化に影響を及ぼす売上高と売上原価のそれぞれの変動についてどのような認識をもっているのでしょうか。同社の『有価証券報告書』における記述をもとにその認識を探ってみましょう。順番は逆になりますが，まずは売上原価を取り上げてみます。ただし，売上原価に関する同社の記述は，あまり多くありません。具体的には，同社の扱う原燃料は市況商品であるため価格変動リスクにさらされている点，また国内事業では輸入原燃料を多用しているため為替リスクにもさらされているという点です（北越紀州製紙 (2015)，17 頁）。さらに同社は，事業環境の厳しさから徹底したコストダウンに取り組んでいることにも言及しています（北越紀州製紙 (2015)，20 頁）。

それに対して，北越コーポレーションの売上高に関する記述は豊富です。同社の売上高は，図表 7 - 3 の売上高趨勢比率において示されているように，2015 年 3 月期以降，毎年増加し，5 年間で 20.8 ポイント増加しています。ただし，同社の『有価証券報告書』における「財政状態，経営成績及びキャッシュ・フローの状況の分析」では，2016 年 3 月

---

1）ただし，売上高営業利益率と売上高経常利益率の間で興味深い関係がみられます。それは常に営業外収益が営業外費用を上回っている点です。そのなかでも持分法による投資利益がもっとも大きな影響を及ぼし，売上高経常利益率の上昇に貢献しています。

期以降，毎年，同社の国内売上高が減少していることが記述されています。そこで，同社の2015年3月期から2019年3月期までの国内売上高と海外売上高の推移を確認してみましょう（図表7-6参照）。

**図表7-6** 北越コーポレーションの海外売上比率（2015年3月期-2019年3月期）

| （単位：百万円） | 2015年 | 2016年 | 2017年 | 2018年 | 2019年 |
|---|---|---|---|---|---|
| 売上高 | 228,400 | 246,849 | 262,398 | 269,099 | 275,807 |
| 国内売上高 | 200,087 | 199,731 | 189,942 | 181,323 | 178,871 |
| | 87.6% | 80.9% | 72.4% | 67.4% | 64.9% |
| 海外売上高 | 28,313 | 47,118 | 72,456 | 87,776 | 96,936 |
| | 12.4% | 19.1% | 27.6% | 32.6% | 35.1% |

出所：筆者作成。

　図表7-6によれば，北越コーポレーションの輸出や海外子会社の販売をつうじた海外売上高の売上高全体に占める割合は，2015年3月期の12.4%から2019年3月期の35.1%へと大きく増加しています。こうした海外売上高の大幅な増加は，同社の戦略に基づいているようです。北越コーポレーションは，少子高齢化やICT化の進展による構造的な変化を受け，国内の印刷・情報用紙に対する需要が長期的な漸減傾向にあるとの見通しを示しており（たとえば北越紀州製紙（2016），12頁），そうした厳しい国内事業環境のもと，海外事業の拡大による事業構造の転換を図る必要性を認識し，2020年までに「あらゆる事業環境の変化に対応し得る真のグローバル企業」になることを目指した長期経営ビジョン「Vision 2020」を2011年4月に策定しているのです（北越紀州製紙（2017），12頁）。この経営ビジョンを達成するための第1ステップとして，同社は2011年4月に「G-1st」を，そして2014年4月に第2ステップとして「国内事業の収益基盤の強化」と「海外事業への積極的な進出」を掲げた中期経営計画「C-next」を策定しています（北越紀州製紙（2016），12頁）。北越コーポレーションの海外売上高の増加はこの「海外事業への積極的な進出」に基づくものであるといえます。

　そして同社は，「Vision 2020」の達成に向けた最終ステップとして，2017年4月に「海外事業拡大」「工場競争力再強化」そして「連結経営体制基盤強化」を基本方針とする新たな中期経営計画「V-DRIVE」を策定し，海外事業の拡大をもっとも大きな柱としています。その中期経営計画の成果が現れる2018年3月期より，海外売上高比率は30%を超え，2019年3月期には全売上高の3分の1を超えるほどになっています。このように，北越コーポレーションは，国内紙パルプ産業における構造的な需要減少の見通しから海外事業の拡大を目指した事業構造の転換を図り，海外売上高の大幅な増加を達成しているのです。

（2）自己資本比率の変化の要因

　次に，北越コーポレーションの自己資本比率の変化の要因を探ってみましょう。同社の自己資本比率は，2015年3月期の47.7%から2019年3月期の52.2%へと年々高まっており，

その長期的な財務健全性は高くなっているといえます。同社の長期的な財務健全性がどのように改善されているのかを明らかにするために，同社の 2015 年 3 月期から 2019 年 3 月期までの要約連結貸借対照表のうち純資産の各構成要素の負債純資産合計に占める割合を求めてみます（図表 7 − 7 参照）。

図表 7 − 7　北越コーポレーションの純資産項目の構成比率（2015 年 3 月期− 2019 年 3 月期）

| （単位：%） | 2015 年 | 2016 年 | 2017 年 | 2018 年 | 2019 年 |
|---|---|---|---|---|---|
| 資本金 | 42,020 | 42,020 | 42,020 | 42,020 | 42,020 |
| | 12.0% | 11.6% | 11.6% | 11.4% | 11.4% |
| 資本剰余金 | 45,469 | 45,401 | 45,396 | 45,524 | 45,348 |
| | 13.0% | 12.5% | 12.5% | 12.4% | 12.3% |
| 利益剰余金 | 77,454 | 82,670 | 90,752 | 98,814 | 105,599 |
| | 22.1% | 22.7% | 25.1% | 26.9% | 28.7% |
| 株主資本合計 | 154,720 | 159,904 | 168,010 | 176,383 | 183,034 |
| | 44.1% | 44.0% | 46.4% | 48.0% | 49.7% |
| 純資産合計 | 167,273 | 168,579 | 180,294 | 191,155 | 192,106 |

出所：筆者作成。

　北越コーポレーションの同期間の負債純資産合計額は，2015 年 3 月期の 351,032 百万円から 2019 年 3 月の 368,082 百万円へと増加しています。ただし，資本金はこの 5 年間 42,020 百万円で変化がなく，その結果，資本金の構成比率は低下しています。また，資本剰余金はこの 5 年間で 2015 年 3 月期の 45,469 百万円から 2019 年 3 月期の 45,348 百万円へ減少しており，その構成比率も低下しています。それに対して，利益剰余金は，2015 年 3 月期の 77,454 百万円から 2019 年 3 月期の 105,599 百万円へ毎年増加し，その構成比率は 22.1 ％から 28.7 ％へ上昇しています。したがって，北越コーポレーションの長期的な財務健全性の向上は，内部留保の増加によって達成されたといえます。こうした利益剰余金の増加がどのようになされたのかを理解するために，北越コーポレーションの利益剰余金の変動を連結株主資本等変動計算書に基づいて整理してみます（図表 7 − 8 参照）。

図表 7 − 8　北越コーポレーションの利益剰余金の変動（2015 年 3 月期− 2019 年 3 月期）

| （単位：百万円） | 2015 年 | 2016 年 | 2017 年 | 2018 年 | 2019 年 |
|---|---|---|---|---|---|
| 期首残高 | 71,306 | 77,454 | 82,670 | 90,752 | 98,814 |
| 期中変動 | | | | | |
| 　剰余金の配当 | -2,260 | -2,260 | -2,261 | -2,264 | -2,267 |
| 　当期純利益 | 8,359 | 7,476 | 10,380 | 10,327 | 9,155 |
| 　その他変動 | 48 | | -37 | | -103 |
| 期末残高 | 77,454 | 82,670 | 90,752 | 98,814 | 105,599 |

出所：筆者作成。

　図表 7 − 8 によると，北越コーポレーションはこの 5 年間，もっとも少ない当期純利益を計上した 2016 年 3 月期（7,476 百万円）でも，もっとも大きな当期純利益を計上した 2017 年 3 月期（10,380 百万円）でも，配当額は毎年約 2,260 百万円と一定になっていま

す。その結果，毎年，約5,200百万円～約8,100百万円の内部留保が積み上がっています。こうした長期的な安全性の高さを達成するための内部留保の充実は，中期経営計画「V-DRIVE」における基本方針の1つ，「連結経営体制基盤強化」を図るためのものといえるでしょう。

### （3）有形固定資産増加率の変化の要因

では最後に，北越コーポレーションの有形固定資産増加率の変化の要因を探ってみましょう。企業の成長のためには積極的な設備投資が不可欠です。この指標は，設備投資によってどの程度，有形固定資産が増加しているかに着目することで，企業の成長性を評価しようとするものです。図表7－3によると，同社の有形固定資産増加率は毎年マイナスになっています。このことは，北越コーポレーションの生産規模が年々縮小していることを意味します。まずは，同社の有形固定資産の内訳の変化を連結貸借対照表から確認してみましょう（図表7－9参照）。

図表7－9 北越コーポレーションの有形固定資産項目の変動（2015年3月期－2019年3月期）

| （単位：百万円） | 2015年 | 2016年 | 2017年 | 2018年 | 2019年 |
|---|---|---|---|---|---|
| 建物及び構築物（純額） | 34,720 | 33,544 | 32,966 | 32,641 | 32,787 |
| 機械装置及び運搬具（純額） | 96,351 | 89,024 | 80,891 | 75,733 | 72,001 |
| 工具，器具及び備品（純額） | 811 | 869 | 1,055 | 1,049 | 1,072 |
| リース資産（純額） | 1,443 | 779 | 256 | 259 | 271 |
| 建設仮勘定 | 2,274 | 1,809 | 2,843 | 4,391 | 3,151 |
| 山林 | 2,624 | 3,543 | 3,535 | 3,166 | 3,090 |
| 土地 | 22,214 | 22,824 | 22,831 | 22,730 | 22,504 |
| 有形固定資産合計 | 160,439 | 152,395 | 144,381 | 139,972 | 134,880 |
| 有形固定資産の減少額 | 7,020 | 8,044 | 8,014 | 4,409 | 5,092 |

出所：筆者作成。

図表7－9で示しているように，北越コーポレーションの有形固定資産合計は，2015年3月期末の160,439百万円から2019年3月期末の134,880百万円へ，25,559百万円減少（15.3％減少）しています。なお，2015年3月期期首の時点でこの合計額は167,459百万円であったため，この5年間で19.5％減少していることになります。有形固定資産のなかで金額的にもっとも減少したのが機械装置及び運搬具です。同資産は，この5年間（期末ベース）で24,350百万円減少しており，これは2015年3月期における同資産の25.3％減少を意味します。では，北越コーポレーションの有形固定資産の減少はどのように行われているのでしょうか。同社の連結キャッシュ・フロー計算書から有形固定資産の新規取得と減価償却費の関係性を抽出します（図表7－10参照）。

Chapter 7 財務分析をやってみよう ◎── 211

| 図表 7 − 10 | 北越コーポレーションの設備投資と減価償却費（2015 年 3 月期− 2019 年 3 月期）|

| （単位：百万円） | 2015 年 | 2016 年 | 2017 年 | 2018 年 | 2019 年 |
|---|---|---|---|---|---|
| 有形固定資産の新規取得 | 10,859 | 8,379 | 12,932 | 13,705 | 15,626 |
| 減価償却費 | 19,006 | 19,552 | 19,093 | 19,065 | 18,390 |

出所：筆者作成。

　図表 7 − 10 において示されているように，北越コーポレーションは，8,379 百万円（2016
年 3 月期）〜 15,626 百万円（2019 年 3 月期）の間で，この 5 年間毎年，新規設備投資を行っ
ていますが，その金額は減価償却費の範囲内にとどまっています。こうした毎年の減価償
却費の枠内で新規投資を進めていくという同社の設備投資に対する慎重な姿勢は，「減価
償却費の範囲内での設備再投資を継続しており，資金余力を一時的に有利子負債削減に振
り向けることで効率的な資金運用を維持しております」（北越紀州製紙（2018），22 頁）と述
べられているように，戦略的な行動です。ではなぜ北越コーポレーションは，減価償却費
の範囲内でコントロールしながら新規設備投資を行っているのでしょうか。これはおそら
く，長期経営ビジョン「Vision 2020」およびその実行に向けた中期経営計画「V-DRIVE」
において，事業構造の転換の必要性からの海外事業の拡大，そしてそのための積極的な海
外投資[2]を謳いつつ，財務健全性の向上・維持の達成を目指しているからであると考え
られます。ある種矛盾する 2 つのタスクの同時達成が求められているために，同社はこう
した慎重な設備投資を進めていると考えられるのです。
　北越コーポレーションのこのような慎重な投資行動は，売上高につながっているのでし
ょうか。つまり，同社は，有形固定資産を効率的に利用しているのでしょうか。最後に，
同社の有形固定資産回転率を確認します（図表 7 − 11 参照）。

| 図表 7 − 11 | 北越コーポレーションの有形固定資産回転率（2015 年 3 月期− 2019 年 3 月期）|

| （単位：回） | 2015 年 | 2016 年 | 2017 年 | 2018 年 | 2019 年 |
|---|---|---|---|---|---|
| 有形固定資産回転率 | 1.4 | 1.6 | 1.8 | 1.9 | 2.0 |

出所：筆者作成。

　図表 7 − 11 によると，北越コーポレーションの有形固定資産回転率は，2015 年 3 月期
の 1.4 回から年々高まり，2019 年 3 月期には 2.0 回になっています。これは，同社が新規
設備投資を減価償却費の範囲内で収め，有形固定資産合計を年々減少させているなかで，
海外子会社の販売や輸出の拡大により売上高が増加しているためです。したがって，同社
は有形固定資産を効率的に利用し，売上高の増加につなげていると考えられます。

───────────────

2 ）事実，「V-DRIVE」では，2020 年を目標として，海外事業を含めて，戦略投資 500 億円，設備
　投資 400 億円，総額 900 億円といった具体的な投資計画が示されています（北越紀州製紙（2017），
　13 頁）。

北越コーポレーションは，国内紙パルプ産業における構造的な需要減少の見通しから事業構造の転換を図り，「あらゆる事業環境の変化に対応し得る真のグローバル企業」になることを目指した長期経営ビジョン「Vision 2020」を策定しました。このビジョンに基づいて，同社は，海外売上高の大幅な増加による事業構造・収益構造の転換や，内部留保の拡大をつうじた長期的な安全性の改善を試み，現在のところ成果をあげています。また，同社は減価償却費の枠内で，海外において新規設備投資を継続的に行っており，財務体質の改善と事業構造の転換の同時達成という難しいチャレンジに取り組んでいます。上記で行った財務分析によれば，こうした投資も現在まで海外売上高の増加につながっているといえ，かくして，北越コーポレーションの事業構造の転換は現在のところ順調に進んでいると評価することができるでしょう。

参考文献

北越紀州製紙／北越コーポレーション（2015-2019）『有価証券報告書』。

# Chapter 8
# 総合判断をやってみよう

## ① 総合判断のポイントの整理

　第2部では北越コーポレーションを取り上げ，業界分析，経営分析および財務分析を行ってきました。本章では，これらの結果から全体的な結論の導出に取り組みます。

### 1　総合判断の基礎
　業界分析では，想定される比較対象企業を選び，こうした企業との相互関係から北越コーポレーションの特徴を明らかにしてきました。また，経営分析では，ファイブ・フォース分析，SWOT分析およびPPM分析を通じて北越コーポレーションの現状と同社の採りうる戦略オプションの検討を試みました。そして，財務分析では，収益性分析，安全性分析および成長性分析を通じて，これらの時系列での変化と経営戦略との関係について分析してきました。こうしたプロセスを経て，各章・節でそれぞれの分析結果が導かれてきました。

　ここでは前章までで明らかになってきた結果を独立して検討するのではなく，相互に関連づけて分析していきます。分析にあたっては，Chapter 4で説明している，結論を導くにあたっての6つの観点に留意して，各分析結果から全体としての結論を導くよう心がけてください。

### 2　総合判断のステップ
　総合判断は，次の5つのステップで行われます。
ステップ1：Chapter 5からChapter 7までの業界分析，経営分析および財務分析の結果を，論理的に整合する結果，矛盾する結果および現段階では判断が難しい結果などにグルーピングしてみます。
ステップ2：論理的に整合する結果および矛盾する結果をもたらしている原因を探りま

す。場合によっては，Chapter 5 から Chapter 7 までで用いた資料よりもより詳細な資料（ミクロの眼）や，より俯瞰した資料（マクロの眼）が追加的に必要となる場合があるかもしれません。

ステップ3：論理的に整合する結果か矛盾する結果かの判断が現段階で難しい結果については，分析または資料やデータが不足している可能性も考えられます。こうした結果を解釈するにあたっては，追加的な分析や資料やデータの追加収集の必要性についても吟味します。

ステップ4：分析結果を相対化するために，同業他社との比較を行います。この分析を行うことによって，分析対象企業の分析結果が特有のものなのか，業界の特徴なのかが見えてくる場合があり，分析結果を客観化するのに役立ちます。

ステップ5：以上のステップを通じて，分析対象企業の現状を明らかにするとともに，課題を抽出していきます。抽出された課題と分析目的とを照らし合わせて，改善案や解決策を検討していきます。

## 3　総合判断のポイント

総合判断をうまく進める際のポイントは，以下の3点です。

（1）結論を導くにあたっての6つの観点の第1は，分析の目的を明確にするということでした。そのため，まずは総合判断を行う上での目的を明確にしましょう。

（2）第2の観点は，考察の範囲を適切に定めることでした。第1部および第2部を通じて業界分析，経営分析および財務分析を学び，この手法を活用して分析を進めてきたわけですから，総合判断のスタートにあたっては，まずはこれらの分析結果を考察の範囲として構いません。ただし，分析が進むにつれて，分析目的に照らして適切な考察の範囲が設定されているかどうかは，逐次，再評価していく必要があるかもしれません。

（3）論理的に整合する結果からよりも，一見，論理的に矛盾する結果または現段階では判断が難しい結果からのほうが，分析を通じて貴重なインプリケーションが得られる場合が少なくありません。なぜこうした結果が生じるかを，その原因に着目して丹念に検討を加えていくことが，優れた総合判断を導き出す王道となります。

## ② 総合判断の実践課題

それでは，総合判断の【実践課題】に取り組んでみましょう。

【実践課題】
1．北越コーポレーションの第2部Chapter 5からChapter 7までの業界分析，経営分析および財務分析の結果から，北越コーポレーションの現状と課題を抽出するとともに，想定される比較対象企業との比較を通じて，北越コーポレーションの業界内における位置づけと，業界の特徴を把握してみよう。

2．1で抽出した北越コーポレーションの課題のうち，喫緊の課題をいくつか取り上げ，その改善案または解決策を根拠をあげながら検討してみよう。

総合判断は，全体的な流れとして，本書の構成に即して行われます。そのため，業界分析の結果導き出される，紙への専門性を活かした海外展開や，財務分析の結果を考慮した，潤沢な留保利益の新規事業などへの投入といった，事業ポートフォリオの最適化が課題として指摘されていくことになるかと思います。全体的な構成は，そのような方向で構いません。ただ，こうした分析においては，特定の部分に分析が偏ったり，表面的な課題の指摘と短絡的な解決策に終始したりする傾向が初学者にはしばしば見られます。まずは，企業の現状を包括的に分析し，数ある課題のなかから本質に迫る課題を見いだすことから始めなければなりません。そして，単なる課題の指摘に留まらずに，こうした課題に現時点でどの程度取り組んでいて，さらにどの程度が今後の課題として残されているかにまで言及できると，分析に深みが出てきます。

このような網羅的な分析を行うためには，単にこれまでの分析結果をイメージとして捉えるのではなく，一度，分析結果の一覧表を作成して結果を俯瞰して，分析対象となっている企業の現状と課題を時系列的に把握するとともに，同業他社とクロスセクショナルに比較して課題の深刻さを洗い出してみることをお勧めします。こうした一覧表は，課題の深刻度の順位づけや，課題間の関連性を把握するのに役立ちます。

分析対象企業の課題の洗い出しとその各課題の深刻度が把握できたら，次にその課題の解決策を検討していきます。このとき課題の理解が表面的であると，本質的な解決策に迫ることが

できません。そこで，まずなぜそのような課題が生じ，現時点でなぜその課題が解決できていないかを把握する必要があります。そのためには，当該企業が公表する有価証券報告書はもとより，ホームページやコーポレートレポートなど企業の公表する情報をしっかりと読み込み，あわせて関連する記事など社外から公表されている情報も収集して照らし合わせ，当該企業の現状と実力を把握しておかなければなりません。また，解決策を模索する場合も，単に需要の減少している事業から撤退して需要の見込める分野へ進出するとか，安易な新規事業の立ち上げといった，短絡的で，決め打ち的な戦略では現実的には太刀打ちできません。さまざまな可能性を探ることも重要です。こうした分野や事業には，必ずといっていいほど先発企業が待ち構えていたり，同業者がすでに目をつけていたりすることが多いからです。

　また，北越コーポレーションの属する製紙業界のように，需要動向の激しい業界では，その動向に合わせた多角化や，事業構造の見直しといった課題が分析結果として出てくることが珍しくありません。そうした課題への解決策を模索する場合，当該企業に限った分析や既存の事業だけを念頭においた事業構造の見直しだけでは自ずと限界があります。当然，新製品や新技術の開発なども視野に入れて事業構造を見直していく必要があります。ただし，その場合も，やはり同業他社の動向や，技術開発や新製品の開発状況にも目配りしておくことが不可欠です。加えて，こうした事業ポートフォリオの再編が，それぞれの事業間の無駄を省き，それでいて企業の戦略全体として整合性をもって進められているかも視野に入れて分析していかなければなりません。成熟した業界で，歴史の長い企業ほど，事業ごとの縦割りが組織的に進み，これがしばしば事業ポートフォリオの再編の障害となることが少なくないからです。

　以上の点を考慮して，まずは総合判断に挑戦してみましょう。最初からすべて事がうまく運ぶとは限りません。1つ1つ段階を踏んで少しずつで構いませんから分析力に磨きをかけていきましょう。

# 学生レポート

**【実践課題】**

1. 北越コーポレーションの第2部Chapter 5からChapter 7までの業界分析，経営分析および財務分析の結果から，北越コーポレーションの現状と課題を抽出するとともに，想定される比較対象企業との比較を通じて，北越コーポレーションの業界内における位置づけと，業界の特徴を把握してみよう。

　これまでに行った業界分析から，業界の特徴についてまとめます。業界の特徴としては，発展と衰退の二極化が進んでいることで明暗が分かれていることがわかりました。具体的には，通信販売の普及により板紙市場が拡大するとともに，海外での紙市場が発展していましたが，印刷・情報用紙に関してはペーパーレス化が進み衰退していました。また，環境問題意識が高くなっており，プラスチック製品に代わる紙製品が注目されています。このような状況のなかで業界に属する企業は，海外展開をすることでさらなる収益を確保するべきだということがわかりました。これは，国内における需要が頭打ちとなっているためです。また，衰退している事業を扱う企業においては多角化をすべきだということもわかりました。

　そのような業界内で北越コーポレーションは，紙への専門性が高い一方で，減少傾向にある印刷情報用紙などの生産を主に行っていることがわかりました。

　そして経営分析，財務分析から北越コーポレーションの現状と課題をまとめます。

　まず北越コーポレーションの現状としては，業界分析のところでも述べたとおり，「紙への専門性」を生かし，「海外展開」が進められていました。繰り返しになりますが，北越コーポレーションの紙に関する事業が占める売上は約9割，海外売上高は約35％と，ほかの企業と比較して高い水準でした。売上は年々上昇しているものの，主に扱っている製品が衰退している印刷・情報用紙であるため，PPM分析を行うと，問題児・負け犬に分類されました。財務分析を行うと，ほかの企業と比較して北越コーポレーションの財務健全性は高い結果でした。これらを踏まえ，これまでに留保した利益を用いて新規事業に投資を行うことで，新たな収益源を確保し業界内でさらなる上位を目指すべきです。

　以上をもって，業界全体としてかなり厳しい現状ですが，さらなる収益を見込むことのできる戦略を行っていくべきだと考えられます。

　このような現状のなか，北越コーポレーションの課題は「事業ポートフォリオの最適化」だと考えられます。変化していく環境に，その都度対応することができるようにすべきです。具体的には，前述した「家庭紙などの需要増」「印刷・情報用紙の需要減」に対応することが課題としてあげられます。

【実践課題】
　2．1で抽出した北越コーポレーションの課題のうち，喫緊の課題をいくつか取り上げ，その改善案または解決策を根拠をあげながら検討してみよう。

　前述のとおり，課題は「事業ポートフォリオの最適化」で，具体的には「衛生用紙の需要増」「印刷・情報用紙の需要減」への対応があげられます。「事業ポートフォリオの最適化」は，北越コーポレーションが紙に関わる事業を多く展開していたため，今後の対応を既存事業に加えるかたちで考察していきます。

　まず，「家庭紙・段ボールの需要増」への対応から述べていきます。先ほども述べたように，トイレットペーパーなどの衛生用紙，段ボール用紙などの板紙の需要が増加しています。しかし，北越コーポレーションはそれらを製品として扱っていません。この需要に，紙への専門性の高い北越コーポレーションは対応すべきです。2019年5月，北越コーポレーションは，「約20億円の投資を行い，段ボール原紙事業に新規参入し対応すること」を発表しました[1]。一年間で130,000トンの生産能力を見込み，2020年1月に生産開始を予定しています。これは紙に特化してきた北越コーポレーションの技術・ノウハウと課題点を掛け合わせたものであると考えられます。また，既存の工場を使うことで初期投資をなるべく抑えることができます。さらなる収益の確保のためにも，新規事業参入を成功させることを優先すべきです。

　次に，「印刷・情報用紙の需要減」に関して述べていきます。北越コーポレーションの売上約9割を，印刷・情報用紙の洋紙事業が占めていました。このままでは，売上が減少する一方であるため，上記のような新規事業を行い，事業ポートフォリオを最適化することが求められます。また，事業の偏りをできるだけなくし，様々な環境の変化に対応できるようにしなければなりません。その解決策として，上記の段ボール原紙事業への新規参入のほかに，「チップの加工段階」を生かした新たな事業展開を提案したいと思います。今回，チップの加工段階を取り上げたのには大きく3つ理由があります。1つ目は，紙事業にとらわれない多角的な事業展開，2つ目はこれまでの技術の蓄積，そして3つ目は環境意識の高まりです。

　グラフをみると，紙需要は低迷しています。しかし，北越コーポレーションの場合は，これまでに蓄積した技術を宝の持ち腐れにするよりも，技術を生かした事業展開のほうが，参入しやすさなどの点でメリットが大きいと思います。確かに紙を生産するにあたって直面する問題が多いです。具体的には，原料となるパルプを得るために森林伐採を行うことが自然破壊につながることなどがあげられます。紙に関わる新たな事業展開をする

---

1）https://r.nikkei.com/article/DGXMZO45370080Y9A520C1TJ2000?s=3

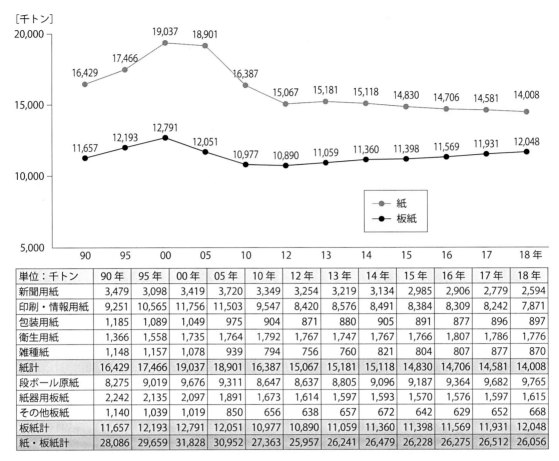

図1　紙・パルプ推計

資料：経済産業省「紙・パルプ統計」。

と，多角化を推し進めることはできないため，北越コーポレーションが掲げている事業ポートフォリオの最適化を行うことの弊害になるのではないかと考えました。

　企業HPやコーポレートレポートなどをみると，北越コーポレーションは自社製造の約7割をまかなうことのできるエネルギー生産能力をもつことがわかりました。この生産能力をまかなっているのは，「黒液」と呼ばれる木材から繊維を採取する際に得られるものです。この黒液を燃やすことで電気を作っていました。また，この黒液を採取する際にチップを蒸解することでセルロースと呼ばれる繊維を採取しています。木材チップから電気エネルギーとなる黒液，紙の原料になるセルロースを効率よく採取していることから，原料の効率的な採取方法を提案することが可能だと思います。製紙業界に属する他の企業や，セルロースを用いる企業にとって，そのノウハウは有効活用できると思います。

　また，原料となるパルプに関して，従来は漂白の際に塩素ガスが使用されていたものを，北越コーポレーションは無塩素漂白を行うことで，環境にやさしいパルプをつくることに

成功しています。このように，環境に配慮したパルプを作ることができていることや，パルプ事業が第5のコア事業として成り立つほど収益を見込むことができているため，この原料を，アパレルメーカーなどセルロースを使用する企業に販売することも対応策として考えられます。

　北越コーポレーションは，環境に配慮した製品の開発，既存事業の最適化など多くの戦略を行っていました。それらに付随して上記の課題のうちどちらを先に解決するにせよ，事業ポートフォリオの最適化を行うことが大切であると考えます。そして，最適化を行うことで業界内の生き残りはもちろんのこと，業界トップを目指す今後の北越コーポレーションに注目したいと思います。

### 参考文献

王子ホールディングス株式会社　https://www.ojiholdings.co.jp/group/
会計の基礎知識　https://www.freee.co.jp/kb/kb-accounting/settlement_roa_roe/
業界動向サーチ　製紙業界　https://gyokai-search.com/3-kami.htm
業界動向サーチ　電力業界　https://gyokai-search.com/3-denryoku.htm
経済産業省　商工業実態基本調査　https://www.meti.go.jp/statistics/tyo/syokozi/result-2/h2c6klaj.html
経済産業省　生産動態統計　https://www.meti.go.jp/statistics/tyo/seidou/result/ichiran/08_seidou.html
経済産業省　生産動態統計　2018年報
　　https://www.meti.go.jp/statistics/tyo/seidou/result/gaiyo/resourceData/06_kami/nenpo/h2dgg2018k.pdf
経済産業省　パルプ・紙・紙加工品工業の動向
　　https://www.meti.go.jp/statistics/toppage/report/bunseki/pdf/h19/h4a0706j1.pdf
桜井久勝・須田一幸（2017）『財務会計・入門　（第11版）』有斐閣アルマ。
税関　外国為替相場　http://www.customs.go.jp/tetsuzuki/kawase/index.htm
全国段ボール工業組合連合会　https://zendanren.or.jp/
総務省統計局　人口推計　https://www.stat.go.jp/data/jinsui/new.html
大王製紙株式会社　企業HP　https://www.daio-paper.co.jp/
東洋経済新報社（2018）『会社四季報業界地図2019年度版』東洋経済新報社。
内閣府　GDP総計　https://www.esri.cao.go.jp/jp/sna/menu.html
日本経済新聞「スタバ，20年1月から紙ストロー　全店で順次切り替え」
　　https://www.nikkei.com/article/DGXMZO52625480W9A121C1HE6A00/
日本経済新聞　電子版　北越コーポレーション　株価
　　https://www.nikkei.com/nkd/company/history/yprice/?scode=3865
日本経済新聞社（2018）『日経業界地図2019年版』日本経済新聞社。
日本経済新聞社編（2016）『財務諸表の見方（第12版）』日本経済新聞出版社。
日本経済新聞2019年5月28日付夕刊。
日本製紙株式会社　企業HP　https://www.nipponpapergroup.com/
日本製紙　コーポレートガバナンス　https://www.nipponpapergroup.com/ir/20190703JCGC.pdf
日本製紙連合会（2018）「2018（平成30）年紙・板紙内需資産報告」。
　　https://www.jpa.gr.jp/file/release/20181023100746-1.pdf
日本製紙連合会　2019　紙・板紙内需試算報告　https://www.jpa.gr.jp/file/release/20190121102029-1.pdf
日沖　健（2017）『ビジネスリーダーが学んでいる　会計＆ファイナンス』中央経済社。
ビジネスリサーチ・ジャパン（2018）『図解！業界地図2019年版』プレジデント社。

北越コーポレーション株式会社　企業 HP　http://www.hokuetsucorp.com/

北越コーポレーション　経営説明会資料　2017 年 5 月
　　http://www.hokuetsucorp.com/pdf/keiei_setsumeikai_201705.pdf

北越コーポレーション　コーポレートレポート 2019　http://www.hokuetsucorp.com/pdf/cr/cr2019_jp.pdf

北越コーポレーション　新潟工場　工場パンフレット
　　http://www.hokuetsucorp.com/company/pdf/hokuetsu-kishu_niigata.pdf

北越コーポレーション　2019 年 3 月決算説明会資料
　　http://www.hokuetsucorp.com/pdf/kessan_201903_final.pdf

松村勝弘・松本敏史・篠田朝也・西山俊一（2015）『財務諸表分析入門― Excel®でわかる企業力―』ビーケーシー。

三菱製紙株式会社　企業 HP　https://www.mpm.co.jp/

三菱 UFJ リサーチ＆コンサルティング　外国為替相場情報　http://www.murc-kawasesouba.jp/fx/index.php

レンゴー株式会社　企業 HP　https://www.rengo.co.jp/

レンゴー　2019 アニュアルレポート　https://www.rengo.co.jp/financial/img/pdf/2019_japanese.pdf

EDINET　http://disclosure.edinet-fsa.go.jp/EKW0EZ0001.html?lgKbn=2&dflg=0&iflg=0
　（日本製紙　EDINET コード：E11873
　　レンゴー　EDINET コード：E00659
　　北越コーポレーション　EDINET コード：E00645）

EDIUNET 業界平均　https://industry.ediunet.jp/

Financial QUEST 2.0　http://finquest.nikkeidb.or.jp/ver2/online/

# 総合判断についてのコメント

○評価ポイント

　北越コーポレーションの課題の抽出にあたって，紙・パルプ業界全体の生産量の推移を取り上げている点は，総合判断を行っていく上で必要となるマクロの眼が意識されていて，業界全体を俯瞰することができていました。同社をミクロの眼で分析するに先立って，極めて厳しい業界に身を置いているという認識のもとに分析を進めることができたのではないかと思います。また，改善策の検討にあたっても，同社の有価証券報告書，ホームページやコーポレートレポートなどを精読し，扱う原材料の特質，製造工程，製品や副産物および同社のもつノウハウなどを洗い出し，社会における環境意識の高まりなども勘案して新規事業の提案ができているため，説得力がありました。

○修正ポイント

　1つの企業の分析を行うのに，業界分析，経営分析および財務分析とさまざまな角度から分析を行うのは，それだけ分析対象となっている企業が多面体であることを意味します。特定の分析手法だけに偏らずに，さまざまな角度から分析していかなければ，その真の姿を捉えることができません。また，多くの分析手法が組み合わされて分析されるのは，それぞれの分析手法に特性があり，万能な分析手法は存在しないということを意味します。したがって，総合判断にあたっては，多面体である企業にバランスよく焦点を当て，各分析手法の特徴を織り込みながら分析を進めていく必要があります。

　北越コーポレーションを分析する場合でも，当該会社を時系列的に分析するだけでは限界があります。同業他社やライバル企業を横断的に分析することで，相対化を図る必要もあります。そうすることではじめて浮かび上がってくる課題や特徴があります。総合判断にあたって，こうした視野を取り入れることができればさらに奥行きのある分析となっていきます。

Chapter 8　総合判断をやってみよう　◎── 223

# 模範解答

・・・・・・・・・・・・・・・・・・・・・・・・・・・・・・・・・・・・・・・・・・・・・・・・・・・・・・・・・・・・

> 【実践課題】
> １．北越コーポレーションの第2部 Chapter 5 から Chapter 7 までの業界分析，経営分析および財務分析の結果から，北越コーポレーションの現状と課題を抽出するとともに，想定される比較対象企業との比較を通じて，北越コーポレーションの業界内における位置づけと，業界の特徴を把握してみよう。

１．総合判断を行うにあたって，まずは北越コーポレーションが厳しい環境下にある製紙業界において解決するべき課題を抽出し，生き残る上で必要となる改善策のいくつかを検討することを目的としたいと思います。分析の範囲については，Chapter 5 から Chapter 7 にかけて行ってきた業界分析，経営分析および財務分析の結果のレビューから始めていきますが，必要に応じて追加分析を行っていきます。

（１）業界分析とファイブ・フォース分析結果のレビュー

　わが国の製紙業界では，経済産業省「紙・パルプ統計」および日本製紙連合会の「紙・パルプ産業の総合需要図」によれば，古紙約60％と木材（パルプ）約40％を原料に，各種の紙・板紙製品を年間あたり約25,000トン生産しています。ただし，その生産量は年々減りつつあります。その内訳は，2019年ベースで印刷・情報用紙が40.7％，衛生用紙が7.3％および包装・加工用紙が52.0％となっています。こうした現状を踏まえた上で，以下では製紙業界の現状とファイブ・フォースによる分析結果をレビューしていくことにします。

　まずは，順を追って各分析の結果から確認していきます。次の図表8－1は Chapter 5 で行った業界分析の結果を，また図表8－2は Chapter 6 で行ったファイブ・フォース分析の結果を簡潔にまとめたものです。

　まず，業界分析の結果から，製紙業界の特徴として国内外の需要が大きく変化しているということが読み取れます。国内では従来型の新聞用紙や印刷・情報用紙需要が減少傾向にあります。これに対して，家庭紙は国内需要の堅調さもさることながら，インバウンドの外国人旅行者による消費も確実に成長してきており，今後もこの傾向は続くものと期待される状況にあります。また，近年では EC の普及によって段ボール原紙を主力とする板紙に対する需要が年々増加しており，まだまだ伸びしろがあると期待される領域となっています。つまり，需要の中心が，これまでの情報伝達媒体の紙から，生活を支える紙，または商製品を包み込む紙へと急速に移りつつあることがわかります。

　これに対して，海外の需要は，とりわけアジア市場における需要が人口増加とそれにと

| 図表8−1 | 業界分析結果の概要 |

| | | |
|---|---|---|
| 外部環境・外的要因 | （1）新聞用紙や印刷・情報用紙などの紙は，デジタル化，ペーパーレス化によって国内需要が減少。 | |
| | （2）紙生産量で世界最大のインターナショナル・ペーパーは，過去10年間で印刷用紙の生産能力を半減。 | |
| | （3）段ボール原紙を主力とする板紙は，ECの普及により需要が増加。 | |
| | （4）洋紙市場は，インドやベトナムなどのアジア地域では，人口増と経済成長に伴う需要増により市場の拡大。 | |
| | （5）家庭紙は，訪日外国人の増加によって需要が増えており，海外での需要も増加傾向。 | |
| 内部環境・内的要因 | （1）従来事業（洋紙事業）の競合相手は日本製紙，新規事業（板紙・紙加工関連事業）の競合相手はレンゴー。 | |
| | （2）日本製紙は，紙需要の減少に伴い，紙生産設備を停止させコストダウンを図っている。 | |
| | （3）日本製紙は，需要のあるアジア市場へ輸出することにより国内での低迷をカバーし，現地メーカーとの業務提携によって事業拡大。 | |
| | （4）家庭紙の需要は堅調。 | |
| | （5）レンゴーは，現在，海外M&Aを積極的に展開。 | |

出所：筆者作成。

| 図表8−2 | ファイブ・フォース分析結果の概要 |

| 1 新規参入の驚異 | （1）参入や撤退がしにくい業界 | 高い |
|---|---|---|
| | （2）業界としての魅力が低くなっている | |
| 2 業界内の競争 | （1）製紙業界は実質的には上位の企業内における競争 | 激化 |
| | （2）紙事業における国内市場の競争環境 | 現状 |
| | （3）板紙事業や海外市場 | 激化 |
| 3 代替品の脅威 | （1）洋紙事業 | 高い |
| | （2）家庭用紙 | 現状 |
| 4 売手の交渉力 | 原燃料の仕入価格に対する主導権を持たない | 高い |
| 5 買手の交渉力 | （1）洋紙事業については，デジタル化やペーパーレス化の進展により供給が需要を大きく上回っているので販売価格が低迷 | 高い |
| | （2）板紙事業については，通信販売の増加などにより需要が高まっているため，販売価格の値上げを行っても消費者のニーズが高い | 中程度 |

出所：筆者作成。

もなう経済成長を背景に，印刷・情報紙，包装用紙および段ボール原紙を中心に伸びてきています。そのため各社は，国内の需要低迷を補う市場として海外市場の取り込みを狙っている様子がうかがえます。

　製紙業界ではこのような大きな需要の変化に見舞われているため，各社は従来の得意分野に特化した経営に固執するのではなく，需要の伸びの期待できる分野への進出を余儀なくされてきています。こうした状況を受けて，Chapter 6では特定の事業に焦点を当てた分析ではなく，製紙業界全体を対象としたファイブ・フォース分析を行うことになりました。

　まず，新規参入という観点から業界を分析した場合，製紙業界は紙製造のために一定規模の設備と技術を必要とするだけでなく，原料となる木材を森林として保有したり，パルプ事業へ進出したりしているため，新規の参入だけでなく撤退も難しいというのが分析結

果でした。また，従来の情報伝達手段としての紙に対する需要は衰退の一途で，新たな需要への対応も求められているため，紙製造の基礎的技術をもたない事業者にとってはかなり敷居の高い業種とみることもできます。

　こうした参入・撤退障壁の高さから，製紙業国内大手5社の売上高の合計が，パルプ・紙・紙加工品製造業全体における製造品出荷額等の50％超を占めるほど業種内の競争は厳しい状況となっていました。そうしたなかで，国内の印刷・情報用紙の需要の減退に対応するため，各社とも海外市場への進出と段ボール原紙のような新たな需要の取り込みに利益の源泉を求めてしのぎを削っている状況がうかがえます。

　代替品の脅威は，取扱製品によって一様ではありませんでした。電子媒体による置き換えが進む印刷・情報用紙にとっては脅威が高いものの，家庭用紙などのなかには需要が堅調なだけでなく，プラスチックの代替品となりうるものも含まれているため，それほど脅威とならないものもあります。

　売手の交渉力に関しては，木材，パルプおよび古紙のいずれも外部からの購入に頼る部分が多く，かつ輸入に依拠する比率も高いため，全般的に売手の交渉力は強い業種ということができます。これに対して，買手の交渉力については，代替品の脅威と同様に取扱製品によって異なってきます。需要が減退している印刷・情報用紙については買手の交渉力が強く，競争要因としては不利に働きます。しかし，家庭用紙などは取り扱う製品の魅力によって，買手の交渉力は一様ではありません。また，需要が国内外で高まっている段ボール原紙に関しては，買手の交渉力を押さえ込める可能性があります。

（2）経営分析の結果のレビュー

　Chapter 6の第2節と第3節では，SWOT分析とPPM分析を通じて，北越コーポレーションの現状と戦略オプションならびに資本の再配分について分析を進めてきました。次の図表8-3と図表8-4はこれらの分析結果の概要を簡潔にまとめたものです。

　SWOT分析やクロスSWOT分析から得られた同社の現状分析と今後採りうる戦略シナリオは，概ね次のようなものです。まず積極的攻勢策として考えられるのが，同社の主力である洋紙事業を，海外でもとりわけ需要が伸びているアジアに向けて展開していくという戦略です。また，多様なニーズに対応可能な白板紙事業と特殊紙事業をプラスチック代替製品の分野で展開していくというのももう1つの攻めの戦略シナリオです。差別化戦略として考えられるのは，新機能素材を開発して製品化していく，または海外における各地のニーズに対応した製品開発を展開していくといった戦略シナリオです。また，改善戦略の弱点強化策として考えられるのは，これまで軸足を置いてこなかった段ボール事業への進出や海外における現地生産といった戦略シナリオです。今後さらなるペーパーレス化や紙からの脱却に備えるのであれば，バイオマス発電事業やサービス事業への展開といった致命傷回避策も戦略の選択肢に入ってくる可能性があります。

| 図表8－3 | クロスSWOT分析結果の概要 |

| | | | 内部要因 | |
|---|---|---|---|---|
| | | | 強み（S） | 弱み（W） |
| 外部要因 | 機会（O） | | 積極的戦略（S×O） | 改善戦略（W×O） |
| | | 短期戦略 | （a）需要が見込める地域（アジア等）での販売拡大 | （a）段ボール事業への進出 |
| | | | （b）プラスチック代替製品（紙カップ，紙ストロー）の販売拡大 | （b）海外生産の拡大 |
| | | 長期戦略 | （a）プラスチック代替製品（紙カップ，紙ストロー）の販売拡大 | （a）海外生産の拡充 |
| | | | （b）新機能素材（CNF）の開発と製品化 | （b）新機能材料のブランド化 |
| | 脅威（T） | | 差別化戦略（S×T） | 致命傷回避・撤退縮小戦略（W×T） |
| | | 短期戦略 | （a）新製品・新用途の開発 | （a）製品ブランドの価値の向上 |
| | | | （b）パルプ事業の強化 | |
| | | 長期戦略 | （a）新製品・新用途の開発 | （a）バイオマス発電事業の展開 |
| | | | （b）現地ニーズに対応した製品開発 | （b）サービス化への転換 |

出所：筆者作成。

| 図表8－4 | PPM分析結果の概要 |

| | |
|---|---|
| 現状分析 | （1）紙・パルプ事業は，このまま市場規模が縮小すると，負け犬に属してしまう可能性あり |
| | （2）紙・パルプ事業は，売上の約90％を占めている事業のため，この事業からの撤退は困難 |
| | （3）紙・パルプ事業を中心として，パッケージング・紙加工事業とその他の事業を伸ばすことを考慮すべき |
| 資本再配分 | （1）紙・パルプ事業の売上は，輸出や海外子会社の販売が好調だったことから2018年度比2.5％の増収 |
| | （2）紙・パルプ事業を中心にパッケージング・紙加工事業を伸ばしていくことが重要 |
| | （3）紙・パルプ事業で得られたキャッシュを市場成長率の高いパッケージング・紙加工事業に投資することによって，シェアの拡大を図り将来的にスター（花形）に育成 |
| | （4）紙・パルプ事業とパッケージング・紙加工事業を成長させることにより，直接・間接的に関連するその他の事業も成長させる |
| | （5）将来的に成長させるその他事業には，プラスチックの代替品としての紙製容器などが考えられる |

出所：筆者作成。

　PPM分析においてもSWOT分析の結果と整合する分析結果が導き出されていました。PPM分析によると，まずは同社が軸足を置く紙・パルプ事業が，このまま市場規模が縮小するといつかは「負け犬」，すなわち衰退期を迎えてしまうことは明らかでした。ただ，当該事業は同社の売上の90％を占めており，同事業を基軸として他の事業が展開されているため，簡単には撤退するわけにはいきません。したがって，当面は紙・パルプ事業を中心に据えながら，パッケージング・紙加工事業とその他の事業を伸ばしていくという製品ポートフォリオで臨まざるを得ない現状を浮き彫りにしました。こうした分析のインプリケーションとして，紙・パルプ事業の国内の落ち込みを，輸出または海外子会社を通じ

た販売で取り戻すとともに，ここで得られたキャッシュを市場成長率の高いパッケージング・紙加工事業へと配分して成長率の高い事業へと育て，将来的にはその他関連事業としてプラスチック代替製品事業や新機能材料の開発等へとつなげていくという資本再配分のシナリオが導き出されてきます。

（3）財務分析結果のレビュー

Chapter 7 では，2015 年 3 月期から 2019 年 3 月期の財務分析を通じて北越コーポレーションの収益性，安全性および成長性を分析した上で，これらの推移の源泉を分析することによって，同社の近年事業展開を評価しました。次の図表 8 − 5 はその分析結果を簡潔にまとめたものです。

図表 8 − 5 財務分析結果の概要

| ROE と売上高経常利益率の変化要因 | （1）ROE の変化は売上高当期純利益率によって左右されていると考えられる |
| | （2）売上高営業利益率や売上高経常利益率は売上高総利益率に左右される |
| | （3）売上高当期純利益率も売上高総利益率によって左右されている |
| | （4）売上高の伸びは主に海外売上高の伸びによって達成されている |
| 自己資本利益率の変化要因 | （1）利益剰余金は，2015 年 3 月期から 2019 年 3 月期まで年々増加し，その構成比率は 22.1％から 28.7％へ大幅に増加している |
| | （2）長期的な財務健全性の向上は，内部留保の増加によって達成されている |
| | （3）この間，約 5,200 百万円〜約 8,100 百万円の内部留保が積み上がっている |
| 有形固定資産増加率の変化要因 | （1）減価償却費の枠内で新規投資を進めていくという慎重な投資姿勢が窺える |
| | （2）有形固定資産を効率的に利用して，売上高の増加につなげている |

出所：筆者作成。

先の図表 7 − 4（および図表 8 − 6）からも明らかなように，北越コーポレーションのROE は，国内の紙需要が落ち込むなかでも，この間 4.4％から 5.7％の間を維持してきました。製紙業界の ROE は決して高くはありません。そうしたなかでも同社は一定の水準を維持していることが確認できています。要因を分析した結果，同社は，売上総利益を維持することによって一定の ROE を保っていることが判明しています。そしてこの売上総利益の源泉が，コストダウンと海外売上高にあることも明らかにされています。この間，同社は海外売上高比率を 12.4％から 35.1％まで引き上げることによって（図表 7 − 6 参照），ROE を維持してきました。

また，ROE の分析を通じて，長期的な財務の健全性を向上させている要因が内部留保を手厚くしていることによって達成されていることも明らかとなっています。内部留保が利益剰余金として毎年積み上がっていたため，売上高が毎年伸びていても，ROA が一定の範囲内での変動に留まっていたわけです。こうした戦略は将来投資に対する備えとみることもできます。一方，有形固定資産増加率の変化の分析を通じては，同社の既存事業に

対する慎重な投資姿勢と，保有する固定資産の効率的活用を指向している姿勢がうかがえました。国内では今後とも印刷・情報用紙に対する需要の低迷が不可避で，競争の激化が予想されるため，既存事業の効率的経営が生き残りの鍵となっていることを十分理解しての戦略とみることができます。

### （4）製紙業界の現状と北越コーポレーションの課題

　これまで業界の現状と競争要因についての分析を通じて，製紙業界においては，国内ではICT化の急激な進展と少子高齢化を背景に，新聞用紙や印刷・情報用紙の需要が年を追うごとに減少の一途をたどる一方，ECの普及によってパッケージング・紙加工事業に対する需要が国内外で伸びてきており，需要の中身が大きく転換してきていることが明らかとなりました。また，国内の印刷・情報用紙に対する需要の落ち込みに対して，アジアを中心とした海外では人口増加や経済発展を背景に需要が増加傾向にあり，こうした事業の主戦場は海外へ移りつつあることも明らかとなってきました。

　このような急激な需要の変化に見舞われている製紙業界は，参入障壁は高いものの，撤退も難しく，限られたプレーヤーで競争する市場環境にありました。また，パルプや古紙を原材料とするため売手の交渉力が強く，製品の種類によっては電子媒体で代替可能なものも出てきたため，買手の交渉力が強いものもあり，競争環境は厳しさを増していました。ただ，これまでは製紙各社も得意分野を中心にそれなりの棲み分けを図ってきていましたが，近年の製紙業界をめぐる需要の激変が，製紙各社にさらなる対応を迫ってきていることが明らかとなりました。

　こうした厳しい競争環境にある製紙業界にあって，塗工紙・色上質紙といった洋紙事業および白板紙事業と特殊紙事業を得意分野としてきた北越コーポレーションにとって，これらに対する国内需要の落ち込みはまさに経営を左右する問題でした。そこで，SWOT分析およびPPM分析を通じて明らかとなったように，同社の主力である洋紙事業を海外でもとりわけ需要が伸びているアジアに向けて展開していくという戦略が示唆され，また当面は紙・パルプ事業を中心に据えながらもパッケージング・紙加工事業とその他の事業を伸ばしていくという戦略が示唆されました。すなわち，同社の課題として，変化する需要に応じた事業ポートフォリオの再構築が示唆されたわけです。

　これらの課題に対して，北越コーポレーションの取り組みがどれほど実を結んでいるかについて財務分析を通じて確かめたところ，海外需要の取り込みについてはある程度成果があげられていることを確認することができました。しかし，パッケージング・紙加工事業への展開はまだ緒についたばかりで，未だ成否を判断する段階にはありませんでした。ただ，こうした新規事業への進出に備えて，内部留保を厚くしている様子はうかがい知ることができました。以上がこれまでの分析を通じて把握することができた製紙業界および北越コーポレーションの特徴と課題ですが，総合評価にあたってはさらにもう1つ取り入れるべ

き観点があります。相対的に分析するという観点です。すなわち，ライバルとの比較です。

業界分析のところで明らかにしたように，北越コーポレーションにとって，主力である洋紙事業のライバルは日本製紙で，新規に展開しようとしているパッケージング・紙加工事業のライバルはレンゴーでした。以下の図表8－6は3社のROEをまとめたものです。

北越コーポレーションが4～6％の間で推移しているのに対して，洋紙事業のライバルである日本製紙はこの間大きくROEを下落させてしまっているのが明らかです。とりわけ，2019年3月期は自家発電設備やパルプ製造設備のトラブルや新聞事業資産の減損処理などで赤字転落を余儀なくされています。日本製紙との比較で見る限り北越コーポレーションは安定したROEを達成しているとみることができます。この要因と考えられるのは，財務分析のところでも触れたように，同社の海外進出戦略です。同社は洋紙事業の国内需要の落ち込みを補うために，海外市場への展開を試みました。以下の図表8－7は3社の売上高に占める海外売上高または海外関連事業の売上高の割合を有価証券報告書に基づいてまとめたものです。

図表から明らかなように，北越コーポレーションがこの間，海外売上高の割合を倍増させたのに対して，日本製紙は3％伸ばしたにすぎません。まさに明暗を分けた原因の1つ

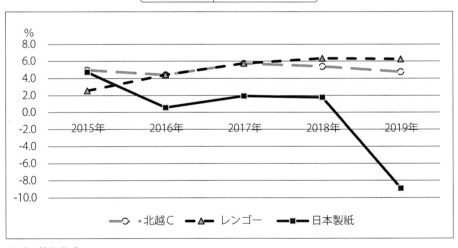

図表8－6　製紙3社のROE

出所：筆者作成。

図表8－7　3社の売上高に占める海外売上高の割合（％）

|  | 2015年 | 2016年 | 2017年 | 2018年 | 2019年 |
|---|---|---|---|---|---|
| 北越C | 17 | 19 | 27 | 32 | 35 |
| レンゴー | 5 | 5 | 5 | 11 | 11 |
| 日本製紙 | 14 | 14 | 14 | 16 | 17 |

出所：筆者作成。

になっています。一方，パッケージング・紙加工事業のライバルであるレンゴーは，2017年以前は5%と海外関連事業の売上高の比率は小さく，ここ2年も11%にすぎません。それにもかかわらず，近年 ROE が逆転されているということは，それだけ当該事業の需要が堅調であることを示唆しています。したがって，従来事業ではより一層海外需要を取り込みながら，新規事業においてはレンゴーの牙城をいかに切り崩すかが，大きな課題となっています。

---

**【実践課題】**

2．1で抽出した北越コーポレーションの課題のうち，喫緊の課題をいくつか取り上げ，その改善案または解決策を根拠をあげながら検討してみよう。

---

【実践課題】1では北越コーポレーションを起点として，ミクロの眼から分析を行ってきました。ここで北越コーポレーションの喫緊の課題の分析に入る前に，今一度マクロの眼から業界の特徴と課題を確認しておきましょう。以下の図表8−8は製紙業界全体の生産量の推移を製品の種類ごとにグラフにまとめたものです。

図表8−8 生産量の推移

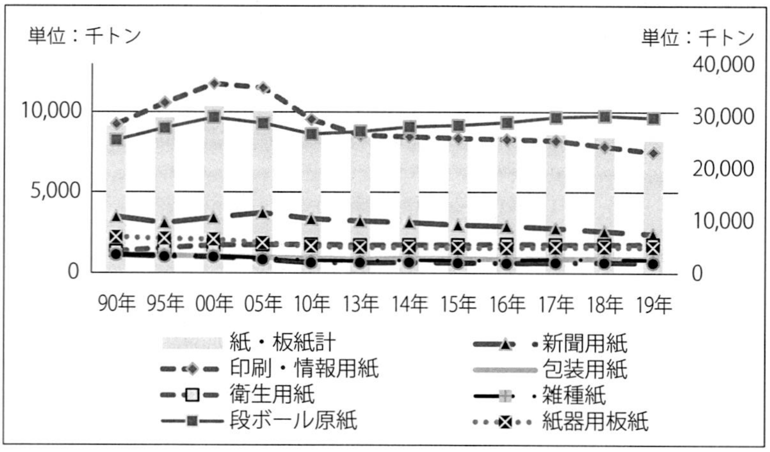

出所：経済産業省（2019）より筆者作成。

この図表から明らかなように，製品のなかには段ボール原紙や衛生用紙のように年々着実に生産量を増やしているものもありますが，棒グラフで表されている紙・板紙合計は年々減少の一途をたどり，直近の2019年度では2,500万トンを下回っています。製紙各社はこうした状況を打開すべく製品輸出に取り組み始めていますが，この事実は輸出増加のペースを上回る勢いで生産の縮小が進んでいることを意味しています。もちろん，こう

した傾向が続いたとしても，輸出をさらに拡大したり，環境の変化によって新たに需要の伸びが期待できる分野に進出することである程度対応することは可能です。

ただ，海外市場の需要や一定期間需要の伸びが期待できる分野があったとしても，やがては飽和状態をむかえます。こうした状況下で，やはり根本的な打開策としては，継続的な研究開発活動を通じた新たな製品や，新素材の開発または新サービスの提供といったところが結局のところは重要になってきます。

北越コーポレーションもこうした現状を認識し，研究開発活動や社内エネルギーの効率的活用などに取り組んでいます。有価証券報告書やコーポレートレポートによると，バイオマス発電で工場内の動力を生み出したり，セルロースナノファイバー（以下CNFと記す）を用いた新素材の開発に取り組んでいます。

バイオマス発電は，パルプ製造過程で発生するパルプ液（黒液）を燃料にボイラーを燃焼させてエネルギーで回収するタイプの発電です。ただ，こうしたバイオマス発電は，すでに他社が工場で発電した電力を電力会社に販売するところまで漕ぎ着けており，やや後塵を拝しています。また，CNFにしても他社ではすでにCNFパウダーやCNFシートとして製品化に成功しているところもあり，出遅れ感は否めない部分があります。こうした状況を目の当たりにすると，北越コーポレーションの研究開発活動は，製紙業界で生き残っていく上で十分かという懸念が生じてきます。

以下の図表8－9は2019年度のわが国における研究開発費（計画ベース）上位10社をリストアップしたものです。もちろん，研究開発費の額は業種，扱う製品や技術，企業規模によって異なります。製薬業界は売上高に対して十数パーセントを占めることも珍しくありません。ただ，図表にあげられたグローバルに事業を展開している業種では，毎年，売上高に対して一定割合の研究開発活動を行っているのが現状です。

| 図表8－9 | 2019年度研究開発費（計画）上位10社 | | |
|---|---|---|---|
| 順位 | 会社名 | 研究開発費（億円） | 売上高比率（%） | 前年比増減率（%） |
| 1 | トヨタ自動車 | 11,000 | 3.7 | 4.9 |
| 2 | ホンダ | 8,600 | 5.4 | 4.9 |
| 3 | 日産自動車 | 5,500 | 4.8 | 5.1 |
| 4 | デンソー | 5,200 | 9.5 | 4.5 |
| 5 | ソニー | 5,000 | 6.7 | 3.9 |
| 6 | 武田薬品工業 | 4,910 | 14.9 | 33.3 |
| 7 | パナソニック | 4,800 | 6.1 | -1.8 |
| 8 | 日立製作所 | 3,350 | 3.7 | 3.7 |
| 9 | キャノン | 3,125 | 8.1 | -1.0 |
| 10 | 第一三共 | 2,250 | 23.9 | 10.5 |
| 10 | 大塚HD | 2,250 | 16.2 | 4.1 |

出所：日刊工業新聞2019年7月23日付。

こうした上位企業に対して，北越コーポレーションが2019年度に計上した研究開発費を有価証券報告書で確認すると約8億円弱でした。もちろん，研究開発は必ずしも成功するとは限りません。こうした現実を反映して，わが国会計基準でも原則として支出時に費用処理することとなっています。そのため，ただお金を払えばいいというものではありません。しかし，需要が先細りとなっている製紙業界にあっては，ある程度リスクを取って一定規模の研究開発活動を継続していかなければ，将来へとつながる光が見えてこないのも事実です。種を蒔いたとしても必ずしも花が咲くとは限りませんが，種を蒔いておかなければ花は絶対に咲かないからです。そこで，製紙業界においてライバル関係となっている3社間で研究開発費を比較してみることにしましょう。

　以下の図表8－10は，3社の売上高に対する研究開発費の割合の推移を各社の有価証券報告書に基づいてまとめたものです。図表から明らかなとおり，北越コーポレーションの研究開発費の割合は毎年ほぼ売上高の0.3％程度に収められています。今後，段ボール事業で競争を展開していくレンゴーとほぼ同程度です。ただし，これまで印刷・情報紙でライバル関係にあった日本製紙と比較すると倍近く水をあけられています。日本製紙は海外展開では北越コーポレーションよりもやや出遅れてしまったようですが，国内の現状を考えると当然，今後は海外展開にも力を入れてくることは必至です。これからも国内外で長いライバル関係が続くことを考えると，このあたりで研究開発活動でも並んでおきたいところです。そのためには，こうした研究開発活動の強化を継続的に支えることを可能にするという観点から事業ポートフォリオの再構築を進めていかなければなりません。これが北越コーポレーションにとって喫緊の課題といえるでしょう。

| 図表8－10 | 売上高に占める研究開発費の割合 |

（単位：％）

|  | 2015年 | 2016年 | 2017年 | 2018年 | 2019年 |
|---|---|---|---|---|---|
| 北越C | 0.32 | 0.29 | 0.30 | 0.26 | 0.29 |
| レンゴー | 0.27 | 0.27 | 0.27 | 0.24 | 0.23 |
| 日本製紙 | 0.52 | 0.55 | 0.57 | 0.57 | 0.63 |

出所：筆者作成。

　これまで分析を通じてみてきた同社の事業ポートフォリオの再構築の1つ1つの方向性は，いずれも納得のいくものでした。海外事業の拡充，段ボール原紙事業の中核化，プラスチック代替材料の開発と製品化は，いずれも一見タイムリーな戦略と捉えることができました。ただ，同社の有価証券報告書やコーポレートレポートといった公表資料を分析してみて見えてこないものもありました。それは展開が図られている各事業間の戦略の摺り合わせです。同社がこうした戦略の摺り合わせを図ってこなかったかどうかまでは確認できませんでしたが，少なくとも外部には充分アピールできていないのではないかと判断できます。

たとえば，現在，主に海外展開しているのは国内の需要が落ち込んでいる印刷・情報用紙が中心で，主要な仕向地は東アジア，東南アジアおよび南・西アジアです。これに対して，今後中核化を図っていく段ボール事業やプラスチック代替材料の展開先が国内だけなのか，やはり海外も視野に入っていて，従来の印刷・情報用紙の仕向地と同じなのか，異なる展開を図っていく戦略なのかは必ずしも明らかとはなっていません。少なくともプラスチック代替材料の展開は，こうした地域よりは欧米やオセアニアの優先度を高くしたほうが他社に先んじる確率を高くするように思えます。もちろん，社内でそうした摺り合わせが完了していれば，後は見せ方の問題だけで済みますが，十分な摺り合わせが行われていないとすれば，急務の1つといえるでしょう。現段階では，各戦略が放射線状に伸びている感が拭えません。

こうした懸念が生じる1つの背景に，製紙業界のように限られたプレーヤーで競争する市場環境で，国内市場の縮小という事態に見舞われた場合，往々にして事業ポートフォリオの再構築の名のもとに，大手以下の横並びの多様化に終わってしまう場合が少なくないことがあげられます。

たとえば，北越コーポレーションは2019年3月期に海外売上高35％を達成していますが，業界最大手の王子HDも2018年3月期には同売上高31％を達成しています。また，同社は，2020年度から段ボール原紙の生産に乗り出しますが，段ボールを主軸とするレンゴーは2019年度にドイツ段ボール大手を買収して重量包装事業の強化と海外進出を一気に加速し，海外進出ではやや後塵を拝した日本製紙もオーストラリアの包装材メーカーから段ボール・包装事業を買収し，段ボール事業進出と海外進出へと大きく舵を切っています。このように各社とも同じような策を講じていますが，それらが既存事業とどのような関係にあり，展開されている各事業間でどのように整合性が保たれているかが，外部からは見えにくくなっていることが少なくありません。

やれることは何でもやるということも重要ですが，なり振り構わずやるのではなく，限られた資源を有効に活用し，各戦略が無駄なく内的整合性をもって進められるのでなければ，研究開発活動を長期的に支えるだけの資源を安定して生み出すことができません。そうした摺り合わせが内部的に収斂しているのであれば，それをある程度，社内外に見える化しておくことも重要です。

こうした北越コーポレーションの戦略が外部にどれほどアピールできているかを判断するのに有効な方法の1つは，資本市場が同社をどのように見ているかを分析してみることです。分析を締め括るにあたって，これまでの分析の抜け落ちた視点として，最後に資本市場が北越コーポレーションをどのように評価しているかを確認することによって，別の角度から同社の課題を探ってみたいと思います。

資本市場における企業の評価指標にはさまざまなものがありますが，ここではそのなかでも代表的なPBR（Price Book-value Ratio：株価純資産倍率）とPER（Price Earnings Ratio：

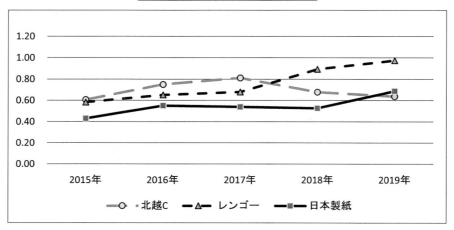

図表8－11　製紙3社のPBR

出所：筆者作成。

株価収益率）を通じて見ていくことにします。

　PBRは，株価を1株当たりの純資産で除した倍率で，株価が純資産の何倍で売買されているかを示す指標です。理論上は，その会社が解散すると仮定した場合，残された純資産の価値が1株につきいくらであるかを表します。図表8－11から明らかなように，3社のなかでは北越コーポレーションが一番低く0.6～0.8倍で推移しており，5年平均では約0.7倍となっています。レンゴーも日本製紙も当初は北越コーポレーションをやや下回っていましたが，直近では逆転してレンゴーが他の2社を引き離しにかかっているのがわかります。2019年3月における東京証券取引所1部上場のパルプ・紙業種12社におけるPBRの加重平均値は0.8倍でしたので，3社のうち業種平均を上回っていたのはレンゴーだけで，他の2社は若干平均に及ばない状況です。

　PERは，株価を1株当たりの利益で除した倍率で，1株当たりの投資額を1株当たりの利益によって何年で回収できるかを示した指標です。図表8－12から明らかなように，北越コーポレーションとレンゴーのPERは5年間を通じて拮抗しており，5年間の平均で見ると北越コーポレーションが13.81倍，レンゴーのほうが15.30倍で若干上回っています。これに対して日本製紙は5年間の平均だと30.80倍で他の2社を大きく上回りますが，これは同社の2016年3月期の業績が海外子会社の減損損失の計上で一気に悪化したにもかかわらず，本業の業績が順調で株価がそれほど反応しなかったために，一時的にPERが上昇したことに起因しています。PERは，分子の株価が上昇してもその値は高くなりますが，分母の利益が小さくなっても株価にそれほど変化がなければやはり値は上昇します。また，すでに説明したように，2019年3月期は，設備トラブルや新聞事業関連の減損損失の計上で赤字に転落して大きく業績を悪化させています。こうした乱高下の影響がなければ，およそ20倍台前半に収まっていたと見ることができます。2019年3月に

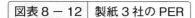

図表8－12　製紙3社のPER

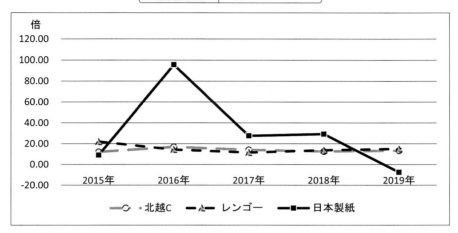

出所：筆者作成。

おける東京証券取引所1部上場のパルプ・紙業種12社におけるPERの加重平均値は21.7倍でしたので，日本製紙がほぼ業界平均で，他の2社は平均を下回っている状況です。

このように北越コーポレーションは，PBRやPERで見る限り，業界平均やライバルと目されるレンゴーや日本製紙のそれを下回っています。換言すれば，資本市場は北越コーポレーションの戦略をそれほど高く評価していないということになります。こうした状況を放置しておけば，やがては高資本コストという形で自らに跳ね返ってきます。つまり，同じ資本を調達するにしても，他社よりも高いコストを負担しなければ調達することができなくなり，競争上不利な立場に追いやられることになります。

資本市場の評価を改善し，資本コストを抑制する最善の策は，市場との情報ギャップを埋めていくことです。現在進めている海外進出，新製品や新素材の開発，新規事業への進出やそれにともなうM&Aといった各戦略が，業界内の横並びを意識してバラバラに展開されているのではなく，それぞれ整合性をもって戦略的に展開されていることをしっかりとアピールしていけば，資本市場の評価も自ずと北越コーポレーションの内在価値に近づいていきます。

参考文献

伊藤邦雄（2014）『新・企業価値評価』日本経済新聞出版社。
乙政正太（2020）『財務諸表分析（第3版）』同文舘出版。
経済産業省（2019）「紙・パルプ統計」。
桜井久勝（2020）『財務諸表分析（第8版）』中央経済社。
澤田直宏（2020）『ビジネスに役立つ経営戦略論―企業の戦略分析入門―』有斐閣。
東京証券取引所（2020）「その他統計資料―規模別・業種別PER・PBR（連結・単体）一覧―」『マーケット情報』。
　https://www.jpx.co.jp/markets/statistics-equities/misc/04.html（閲覧日：2020年5月25日）
日刊工業新聞2019年7月23日付。

日本製紙連合会（2019）「紙・パルプ産業の総合需要図」。
　https://www.jpa.gr.jp/states/brief/index.html（閲覧日：2020 年 5 月 20 日）
「製紙大手，喜べぬ好業績　コロナなどで需要減の憂鬱」『日本経済新聞』2020 年 5 月 25 日。

# 第3部
## 資料編

# 生活雑貨業界の企業分析
## ― HAPiNS を中心として―


## 1．はじめに

　生活雑貨とは，家庭生活に関連する雑貨の総称をいう。日用雑貨とも表現される生活雑貨には，日常生活に必要なこまごまとした品物，「雑貨」の部分と日常生活で使用する品物，「日用品」の部分とが混在するため，現在の生活雑貨は，家庭生活に関連するインテリア雑貨，キッチン雑貨，バス雑貨，トイレ雑貨，ガーデニング雑貨，文房具，掃除用具などの日用雑貨全てを含み，広範囲となる[1]。

　「巣ごもり消費」という言葉が広く使われるようになった昨今，注目されるようになったこの分野は，自宅での生活を充実させる人達がその主なターゲット層になる。そして，これらの人々は，生活や趣味の充実，癒やしを求め，生活雑貨商品を活用する。事実，外出自粛の逆風のなか，売上高を伸ばした企業もある。2020 年 3 月の既存店売上高が 9％増だったホームセンターのジョイフル本田は，住宅資材や DIY 関連のほか，生活雑貨が売れたというデータもある（『日本経済新聞』2020 年 4 月 17 日付夕刊記事）。

　生活雑貨業界はギフト向けの需要が底堅く，各社が色や柄，サイズの異なる商品を多数取りそろえることで品ぞろえの拡充を続けている。地方中核都市への出店・改装も進み，近年では，ニトリホールディングスが，家具販売企業として単価が高い家具だけでなく，食器や家電，掃除用具，園芸用品などの生活雑貨を充実させ，インターネットを通じた販売も行うことで客を呼び込むようになっている（ニトリ公式通販「ニトリネット」（https://www.nitori-net.jp/ec/））。また，同様の現象は，良品計画でも見られ，同社は，家具はもちろん，生活雑貨や食料品など，幅広い商品を取り扱うだけでなく，包装を簡略化し，シンプルで判りやすい包装を施すなど（https://ryohin-keikaku.jp/ryohin/），差別化を図っている[2]。

　このように見た場合，生活雑貨業界の競争は激しさを増している。しかし，RIZAP グループは，ここ数年のあいだに，イデアインターナショナルやパスポート（現 HAPiNS）を相次いで傘下に収め，この業界に参入してきた。この企業買収は，プライベートジムで一世を風靡した同社が，採算改善

---

1）　三省堂　大辞林第三版
　　（https://www.weblio.jp/content/%E7%94%9F%E6%B4%BB%E9%9B%91%E8%B2%A8?dictCode=SSDJJ）。
2）　ニトリホールディングスは，1979 年に「家具屋からの脱却」を目的に，「ホームファニシング宣言」をしている（https://www.nitorihd.co.jp/division/history.html）。

という"結果にコミット"すべく実施した買収戦略の一例である（RIZAP グループ株式会社（2016），11頁）。しかし，2019年3月期の決算は，90億円の当期純利益を計上した2018年3月期とは異なり，193億円の当期純損失を計上するに至っている（RIZAP グループ株式会社（2019），7頁および9頁）。

RIZAP グループのこの状況については，赤字決算公表当時，多くの批判的意見が見られた（日本経済新聞 2018年12月7日付夕刊記事）。その標的は，負ののれん計上にともなう収益計上という会計手法に起因するものである。しかし，その会計手法による高収益化処理を除く同社の業績低迷の原因は，消費者の根強い節約志向が影響している（日本経済新聞 2020年2月14日付夕刊記事）。そして，もし仮に，その分析が正しいとすれば，RIZAP グループの業績悪化の原因は同社に限ったことではない。

そこで，本分析では，業績悪化で批判を受けることになった RIZAP グループで，生活雑貨業を営む HAPiNS を分析対象企業とし，業界分析・経営分析・財務分析を行うことで，同社が今後進むべき方向性を模索してみることにしたい。

## 2．業界分析

### 2－1．生活雑貨業界の基本情報

HAPiNS が事業を営む生活雑貨業界では，日常生活で用いられる様々な商品が販売される。そのため，一般的には，キッチン用品，洗濯用品，バス・トイレ用品，掃除用品，収納用品，健康用品，文房具，化粧品など，ジャンルを問わず，国内で流通している商品だけではなく，海外製品，ユニークな製品，「FukuFukuNyanko」や「MouMou アニマルズ」のマスコット商品など，あまり知られていないマイナーな商品も取り扱われる。

また，生活雑貨は，文字通り，日常の生活で利用される雑貨であるため，大手の生活雑貨店などは，駅ビルやショッピングセンター，アウトレットモールなど，消費者が日頃よく利用する施設に出店する傾向が強く，生活雑貨品のみを扱う中小店でも交通の要所となるような駅や街に近い場所への出店が多くなっている。そして，近年の生活雑貨人気から，消費者の節約志向がある中でも，生活雑貨用品には幅広い層から支持を受けている状況にある。

### 2－2．生活雑貨業界の業界規模

生活雑貨業界上位10社の売上高の合計は，年々，増加傾向にある（図1）。しかし，その分析を業界としてではなく，企業別に見た場合，パスポート，ヴィレッジヴァンガードのように売上高を落としている企業も存在する（表1）。そのため，生活雑貨業界上位10社の売上高合計が伸びている要因は，ひとえに，生活雑貨業界の売上高の約半数を占める良品計画が売上高を大きく伸ばしていることに起因する。なお，良品計画が好調なのは，衣料品の価格の見直しや厳冬もあって衣料品が急伸し客数が大幅に増えたことなどがあげられる（日本経済新聞 2018年3月1日付朝刊記事）。また，従来は若い女性を中心に支持されてきたこの業界の利用者に，最近では男性や年配者が加わり，老

【図1】生活雑貨業界の売上高上位10社の年度別合計推移（単位：億円）

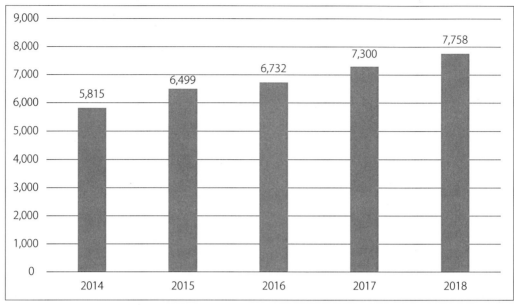

出所：売上高上位10社の有価証券報告書より集計し作成。

【表1】生活雑貨業界上位10社の年度別売上高（内訳）（単位：百万円）

| 年度 | 2014 | 2015 | 2016 | 2017 | 2018 |
|---|---|---|---|---|---|
| 良品計画 | 259,600 | 307,200 | 332,500 | 378,800 | 409,600 |
| パル | 108,000 | 114,400 | 116,400 | 123,200 | 130,400 |
| 東急不動産 | 87,900 | 95,700 | 97,200 | 97,100 | 97,400 |
| ヴィレッジヴァンガード | 46,000 | 46,700 | 35,700 | 34,100 | 33,800 |
| レック | 29,300 | 33,900 | 37,000 | 39,200 | 42,200 |
| SHO-BI | 16,000 | 16,200 | 17,700 | 17,000 | 16,800 |
| パスポート | 11,300 | 10,900 | 10,200 | 8,700 | 9,700 |
| トランザクション | 10,100 | 10,300 | 11,900 | 13,400 | 15,400 |
| ミサワ | 7,600 | 8,100 | 8,100 | 9,200 | 10,200 |
| Hamee | 5,700 | 6,500 | 8,500 | 9,300 | 10,300 |

出所：売上高上位10社の有価証券報告書より作成。

若男女を問わず，幅広い支持を受けるようになっている。このことは，従来に比べ，取り扱う商品のジャンルが多様化し，北欧からアジアンまで多岐にわたる商品が非常に多くなったことに原因があると考える[3]。

老若男女から幅広い支持を受け始めている生活雑貨業界の中で，今回分析対象企業とする

---

3) 良品計画が取り扱うタオルやスリッパなどのファブリックスやエレクトロニクス，ステーショナリーなどの商品は，ブランドとして消費者に評価されており，同社の売上に大きく貢献するなど，従来にはない傾向が見て取れる（Shared Research「良品計画」(7453) (https://sharedresearch.jp/system/report_updates/pdfs/000/035/061/original/7453_JP_20201002.pdf?1601623968)）。

HAPiNSは，若年層で1人暮らしの女性やミニ家族をターゲットにした事業展開を行っている。しかし，2018年8月1日より社名がパスポートからHAPiNSへ変更された当時の同社の売上高は，毎年，減少傾向にあり，2016年度には102億円あった売上高も2017年度には87億円となっている（株式会社パスポート（2018c），2頁）。

一方，マーケット・ライフサイクルの観点から[4]，生活雑貨業界の上位10社の売上高の推移を見る限り，生活雑貨業界は現在，全体的には成長期の段階にある（図2）。なかでも，業界最大手の良品計画は，シンプルで使い勝手の良い収納雑貨とヘルスケア商品が長期間にわたり人気を得ていることから（無印良品「人気商品ランキング2018年」(https://www.muji.com/jp/feature/ranking2018/)），いまだに成長を続けているようにも見て取れる。しかし，同社の営業収益の商品別の構成を見る限り，その売上の内訳は，「衣類・雑貨」や「食品」など，多角化したことによる商製品の売り上げが成長していることに起因する部分も大きいことから（株式会社良品計画（2019），17頁），生活雑貨業界に属する企業の成長はほぼ終わり，成熟期に突入していると考えるのが妥当だと思われる。

また，マーケット・ライフサイクルは，企業活動を，導入期，成長期，成熟期，衰退期の4段階に区分し，今現在，企業がどの位置にあるのかを把握することで，今後の戦略を立てることを可能にする。したがって，現在の生活雑貨業界が成熟期に移行しているとするならば，同業界では，今後，大きな成長は見られないことが予想され，業界に属する企業には，衰退期に入る前に次の成長を促す施策が必要になる。

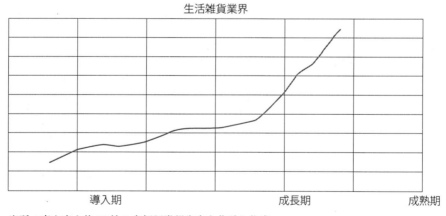

【図2】生活雑貨業界のマーケット・ライフサイクル

出所：売上高上位10社の有価証券報告書を集計し作成。

---

4）マーケット・ライフサイクルとは，「製品や市場は必ず誕生から衰退までの流れを持ち，市場の成長段階に応じて必要とされるキャッシュの規模や取るべき戦略が変わってくることを示唆するもの」をいう（経営を学ぶ～経営学・MBA・起業～「マーケットライフサイクルと規模の効果」(https://keiei-manabu.com/strategy/market-lifecycle.html)）。

## 2−3．ファイブ・フォース分析

　生活雑貨業界を，ファイブ・フォース分析の観点からも確認してみることにしたい。

　ファイブ・フォース分析（Five Force Framework）とは，1979年10月，『ハーバード・ビジネス・レビュー』に投稿されたマイケル・ポーター教授の論文で提唱されたフレームワークで，自社がおかれた競争環境および収益性をその特性を左右する5つの要因から理解する手法をいう。このときの5つの競争要因は，①新規参入の脅威，②代替品の脅威，③業界内の競争，④買い手の交渉力，⑤売り手の交渉力を指し，これらを分析することで企業を取り巻く競争環境を明確にする。そして，この分析方法を活用することで，その企業のおかれた状況を認識し，競争を優位に進めることを可能にする[5]。以下，それぞれの観点から5つの競争要因の分析を行うと，次のようになる（図3）。

【図3】生活雑貨業界のファイブ・フォース分析

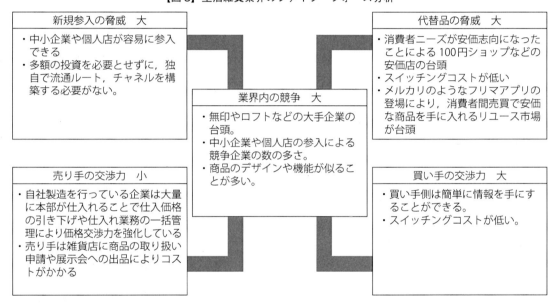

出所：業界動向SEARCH.COM「雑貨業界」（https://gyokai-search.com/3-zakka.html）を参考に作成。

　以下では，それぞれの項目を詳しく見ていくことにしたい。

① 新規参入の脅威 【大きい】

　新規参入の脅威は，分析対象となる業界に他社が新たに参入する際のしやすさを分析する指標である。そして，その業界に参入する際，資金力や技術力などの参入障壁が仮に低いと判断されれば，この業界には，次々と他社が参入し業界内の1企業の魅力度は下がっていくことになる（関根次郎訳

---

5) Porter, M. E., (1979) *How Competitive Forces Shape Strategy*, Harvard Business Review, Vol.57, No.2, pp.137-145（関根次郎訳（1997）「5つの環境要因を競争戦略にどう取り込むか」『Diamondハーバード・ビジネス』第22巻第2号，64-75頁）．

(1997), 66頁)。

生活雑貨業界では，技術的優位性は小さく，技術や特許などの法規制がない。また，大規模な設備投資や，販売ルートの構築などが必要ないので，大手の企業だけではなく，中小企業や個人店などが参入しやすい業界である。現在の生活雑貨業界は，良品計画を中心とした寡占状態にあるが，競合他社が数多く存在する。その一方で，生活雑貨主体の企業が大手グループ企業の傘下に入る動きが進んでいる。これは，グループ企業の傘下に入ることで，事業拡大の機会が増え，同業者間での競合が高まることを期待してのものである（東洋経済新報社編（2019），232頁）。したがって，新規参入の脅威は大きいと考えられる。

② 代替品の脅威 【大きい】

代替品の脅威は，既存の商品・サービス市場が代替品に奪われ得る可能性を分析する指標である（関根次郎訳（1997），71頁）。

最近の消費者は商品の利便性と安さを重視する。また，メルカリのようなフリマアプリの登場により，消費者間売買で安価な商品を手に入れるリユース市場が台頭している（日本経済新聞 2019年10月17日付朝刊記事）。生活雑貨の場合には，継続して利用している生活雑貨の代わりに類似の生活雑貨を利用するのにかかるコスト，すなわち，スイッチングコストが低いため，代替品の脅威が大きいと考えられる。

③ 業界内の競争 【大きい】

業界内の競争は，敵対関係にある競合他社と競争をして利益を上げることができるかを分析する指標である（関根次郎訳（1997），72頁）。

生活雑貨業界は，良品計画，パル，東急ハンズなど知名度や資金力，ブランド力の高い企業が台頭し，現在は，3社合計で80％のシェアがある。しかし，新規参入の3coinsなどの企業が積極的に店舗数を拡大させていることや，中小企業や個人店の参入もあることから競合他社は増えている（業界動向 SEARCH.COM「雑貨業界」）。また，商品の差別化は，参入企業の多さから，困難である。したがって，業界内の競争は大きいと考えられる。

④ 買い手の交渉力 【大きい】

買い手の交渉力は，強大な購買力を持ったプレーヤーに対して販売を行っている企業が収益を上げることができるかを分析する指標である（関根次郎訳（1997），69頁）。

現代の消費者はインターネットやSNSの活用により，購買活動に伴う製品情報の比較が容易となった。また，同様の機能をもつ商品へのスイッチングコストは低いため，消費者は容易に他の商品へ移行できる。したがって，買い手の交渉力は大きいと考えられる。

⑤ 売り手の交渉力 【小さい】

売り手の交渉力は，自社で製造する製品に必要な部品・原材料の納入業者との力関係を分析する指標である（関根次郎訳（1997），69頁）。

自社で製造を行う企業は，部品・原材料を大量に本部が仕入れることによって，仕入原価の引き下げを可能にする。また，製造に必要な部品・原材料は，特定業者が独占的に行っているわけではないことから，納入業者間での競争があり，企業が，業者に対する仕入業務を一括管理することができれば，価格交渉力を強化できる可能性が大きいといえる。したがって，売り手の交渉力は小さいと考えられる。

このように見てくると，生活雑貨業界が晒されている脅威は極めて大きい。しかし，繰り返しになるが，単に「生活雑貨」という場合，その範囲は広く，ナチュラルや北欧，プチプラやファンシーなど，ジャンルや価格帯も様々である。また，トレンドも頻繁に移り変わるため，業界内で何度も挑戦することができる。これは，生活雑貨の魅力である。そのため，今後の生活雑貨業界での成功のためには，消費者の購買行動の変化を如何に察知し，各々のコンセプトを明確にして差別化をはかることが重要であり，企業のブランドイメージを確立していくことで，収益を安定化させる道を探ることが必要となろう。

## 3．経営分析

### 3－1．HAPiNS の特徴

2016年に RIZAP グループの連結子会社となった HAPiNS は，173店舗を展開し，インテリア雑貨，生活雑貨を中心に各種雑貨商品を販売する。同社は，設立50年目を迎えた2018年，社名をパスポートから HAPiNS へと変更した。HAPiNS は，「HAPPY（幸せ）＋in（中にある）＋s（たくさんの人の）＝"たくさんの人の中にある幸せ"」という想いを込めた造語で，「お客様，株主様，社員」がお店や商品を通じてハッピーになるという設立由来の精神を引き継いだものとされる。現在，300社以上にのぼる取引先を通じて幅広く品ぞろえをする一方で，自社開発商品や取引先と共同開発した HAPiNS オリジナル商品を作り，他の店では手にできない商品のシェアを高めようとしている（HAPiNS「オリジナル商品について」(https://www.hapins.co.jp/about/original.html)）。その結果，HAPiNS は，同業他社と比べ，特徴的な企業といえる（図4）。

HAPiNS は自社製造の雑貨を含む雑貨のみを販売している。このことは，輸入雑貨のみを取り扱う同業他社や雑貨以外の商品を取り扱う同業他社とは異なる HAPiNS 独自の特徴であり，企業を分析する際の基礎となる。そして，それは，企業の今後を検討する際の強さと弱さを炙り出す助けにもなると思われるため，以下では，HAPiNS の視点で分析をしてみることにしたい。

【図4】生活雑貨業界におけるHAPiNSの特徴

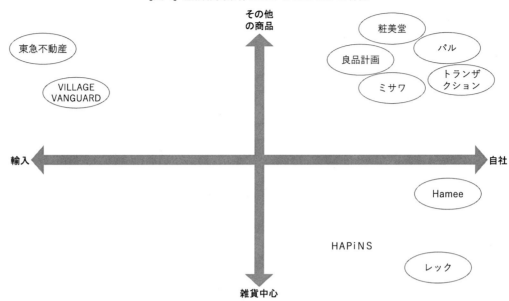

出所：各企業の有価証券報告書を参考に作成。

### 3－2．HAPiNSの経営戦略

「ハッピー創造カンパニー」という経営理念を掲げるHAPiNSは，お客様の毎日を楽しく彩るインテリア雑貨の専門店チェーンとして，お客様だけではなく，株主，取引先，従業員まで，HAPiNSのビジネスにかかわるすべての人びとが楽しく，美しく，夢のある人生を実現してハッピーになることで社会に貢献したいと考えている（HAPiNS「会社の紹介・ご案内」(https://www.hapins.co.jp/about/))。そして，同社は，「メインブランド『HAPiNS…』のブランディングを推し進め，…『HAPiNS』の認知度向上を図るとともに，『商品開発の追求』と『商品カテゴリーの絞り込み』の2つの構造改革」に取り組んでいる（株式会社HAPiNS（2019a），5頁）。このとき，考えられる主な経営戦略には，（1）オリジナルキャラクターによるオリジナル商品の販売，（2）成長拡大路線のほか，（3）新カテゴリー商品の導入とインテリア商品の強化がある（FISCO（2019））。以下では，これら3つの経営戦略をそれぞれ見ていくことにする（株式会社パスポート（2018a），14頁）。

（1）オリジナルキャラクターによるオリジナル商品の販売

近年のHAPiNSは，通常の生活雑貨に加え，HAPiNSオリジナル商品を増やしている。オリジナル商品の開発は，自社開発や共同開発，様々であるが，触り心地の良さや驚くようなふわふわ具合に特徴がある「はんなり豆腐」のクッションはHAPiNSオリジナルキャラクターでありオリジナル商品である。結果，近年のHAPiNSは，「商品を仕入れてから売る」という従来のスタイルから「商品を作り・売る」というスタイルに転換し，お客様の声に耳を傾け，自社で素材や品質を選び抜いたオリジナル商品を制作・販売することに力を入れている[6]。

## （2）成長拡大路線

近年の HAPiNS は，積極的に店内内装のブラッシュアップを実施している。その結果，幅広い世代から支持を得るようになり，中心顧客である 30 代・40 代女性だけでなく，シニア層も含むファミリーへと顧客層が拡大した。また，デベロッパーからの店舗評価が以前より高まったため，東京都心や大阪市内などの大都市の他，地方都市のショッピングセンターなど，好立地に出店する計画があり，現在ではすでにアリオ葛西（東京都江戸川区）やイオンモール鈴鹿（三重県鈴鹿市）などに出店している。

## （3）新カテゴリー商品の導入とインテリア商品の強化

近年の HAPiNS は，「一人暮らし」や「ミニ家族」をキーワードにした商品ラインナップを展開している。従来の生活雑貨業界では展開していなかった新たなカテゴリーとして，デザイン性の高いメンズ用のソックスや，300 ～ 500 円で金額を統一したアクセサリー，高品質・高評価の日本製の化粧品を導入するだけではなく，自社の商品開発でインテリア商品を強化している。その結果，HAPiNS における部門別売上高の構成比は，ライフファブリックス部門が高くなっている。

## 3－3．HAPiNS の SWOT 分析

このように HAPiNS の経営戦略を見てみると，HAPiNS は，オリジナルのキャラクター展開など，同じ生活雑貨業界にはない独自の特徴があり，その特徴を積極的に利用することで，業績を改善している。ここで，HAPiNS の現状について SWOT 分析を行い，分析結果に基づいた同社の戦略を考えると図 5 のようになる。

以下では，まず，図 5 の SWOT 分析の，強み，弱み，機会，脅威それぞれの特徴のうち，象徴的な点をより詳しく見ていくことにしたい。

### 【強み（S：Strengths）】

RIZAP グループの連結子会社になったことで，商品の見直しを行うことができ，グループ内企業とのコラボレーションや仕入先変更による原価率低減などのシナジー効果を生み出せるだけではなく，オリジナル商品の展開により，他社商品との差別化ができている。また，コンセプトショップの存在は，認知度の向上につながっており，自社アプリを開発・連携することで，実店舗への来客やインターネット通販サイトへの集客を促進できている。

---

6) HAPiNS は，300 社以上に上る取引先を通じて幅広く品ぞろえする一方で，自社開発商品や取引先と共同開発した HAPiNS オリジナル商品を増やしてきており，現在では，苦労していたオリジナル商品の開発も進み始めたとされる。また，オリジナル商品の企画にあたっては，全国各店の店長が聞いた「こんなモノがほしい」といった顧客の声や売れ筋商品のデータを反映させながら，商品部が基本プランを作成し，販売部門との意見交換を通じて商品概要を決定する手順をとり，工場や取引先と細部のチェックを行って作り上げていく形態を取っている。このようにみてみると，HAPiNS は「商品を仕入れて売る」スタイルから「商品を作り上げて売る」スタイルへ変わることで，他の店では手にすることができない独自の商品を増やしているといえる（Kabutan 市場ニュース「HAPiNS Research Memo（4）」(https://kabutan.jp/news/marketnews/?b=n201901160651)）。

**【図 5】 HAPiNS の SWOT 分析**

| | | 内部環境 | |
| --- | --- | --- | --- |
| | | ＜強み（S）＞ | ＜弱み（W）＞ |
| | | ・RIZAP グループのシナジー効果<br>・オリジナル商品の展開<br>・「アニマル」を追求したコンセプトショップ<br>・自社アプリ | ・商品数が膨大<br>・男性客の取り込み不足<br>・低い自己資本比率 |
| 外部環境 | ＜機会（O）＞<br>・家庭滞在時間の伸び<br>・ネット通販の普及<br>・レジ袋有料化<br>・SNS の浸透 | ＜積極化戦略（S×O）＞<br>・オリジナルキャラクターを活かした商品展開 | ＜段階的施策（W×O）＞<br>・ネット通販による新規顧客の獲得（男性客の取り込み） |
| | ＜脅威（T）＞<br>・少子化<br>・異業種による参入<br>・労働力不足 | ＜差別化戦略（S×T）＞<br>・ターゲット層の拡大<br>・他社と同質化しない品ぞろえ（RIZAP とのコラボレーション商品など） | ＜専守防衛（W×T）＞<br>・商品の選択と集中 |

出所：有価証券報告書を参考に作成。

**【弱み（W：Weaknesses）】**

「ジブン色，一人暮らし」，「幸せ空間，ミニ家族」を根幹のコンセプトに「お家の中のくつろぎライフスタイル」をブランドコンセプトとしたことから（株式会社 HAPiNS（2019a），5 頁），子供や女性向けの商品が多く，ターゲット層が狭い。これに対し，商品数は膨大なため，選択肢が増えすぎ，戦略商品の販売促進が阻害されている可能性がある。また，自己資本比率が低く，借入金に依存した経営のため，企業の安全性は低い。

**【機会（O：Opportunities）】**

若い世代を中心とした在宅時間の伸びにより（NHK 放送文化研究所（2016），52 頁），デスクや椅子などの家具・家電製品の売り上げが増加することが期待される。また，HAPiNS が機会をどう活かすかという戦略の側面になるが，ネット通販の普及による E コマースの利用増加の傾向から，自社アプリを開発している。さらには SNS の浸透による宣伝機会の増加により，現在進めている MD リフォーム（品ぞろえ改修）などの商品見直しを行い，更なる需要拡大を狙える可能性がある。

**【脅威（T：Threats）】**

既存企業の良品計画やニトリ，新規参入企業の 3coins などの競合企業に押され，業績が低迷する恐れがあるほか，少子化の影響で，ターゲットとする顧客層の数の減少が確実視されている。また，労働力不足により，製品やサービスに対する需要に対して，生産や販売を行う企業側の供給が間に合わなくなる可能性もある。

以上の分析の結果，HAPiNS は，RIZAP グループ企業となることで，2016 年度から 2 年間続い

た売上高の減少傾向に歯止めをかけ，収益性を高めることに成功していると考えられる。しかし，HAPiNS の商品のターゲット層は，女性・子供に限られるなど，他の企業が想定している範囲より狭いことから，このままでは爆発的な売上の増加は期待できない。そのため，近年は，巣ごもり消費で業界人気が高まってはいるものの，新規参入企業の台頭もあり，増えたパイの分け前を充分に享受できていないと推察され，幅広い消費者層の獲得ができていない点を改善していくか，現在のターゲット層の消費意欲を更に刺激していくかの戦略的思考をもつことが急務であると考える。

　そこで，次に，外部環境（機会（O）と脅威（T）þと内部環境（強み（S）と弱み（W））を掛け合わせて導き出される合理的な戦略を考えることにしたい。

## 【専守防衛（W × T）】

　まずは，企業にとっての致命傷を回避する専守防衛戦略を考えたい。現在の HAPiNS は，膨大な数の商品を販売している。この商品の数を絞り込み，製造・販売に要するコストの削減を図るとともに，オリジナルキャラクター商品を充実させることで，企業ブランドの向上と，店舗運営の効率化，戦略商品の販売促進を目指すことが考えられる。

## 【段階的施策（W × O）】

　次に，弱みを強みに改善する段階的施策として，消費者層の拡大を考察する。現在の HAPiNS は，既述のように，女性・子供をターゲットとする経営を行っている。これは，実際の店舗での経営が主たる営業活動の場である HAPiNS の集客能力に起因する。しかし，ネット通販の普及は，普段，店舗に足を運びづらい男性が商品を購入する機会を提供する。また，実際の店舗にはないネット通販限定の商品などを提供できれば，男性客だけではなく，女性客も通販サイトに誘導でき，通販と店舗の両方で売上を確保する可能性を見出せる。

## 【差別化戦略（S × T）】

　さらに，HAPiNS は，RIZAP グループ企業となったことで，同業他社にはないコラボレーション商品の展開が可能になる。これは，RIZAP 自体が，同業他社にはないダイエットジムとしての特徴を有するからであり，そのコラボレーション商品の展開は，シニア層も含むおしゃれなファミリーをターゲット層に取り込み，拡大するだけでなく，通販店舗から実際の店舗へと，男性客を誘導できる可能性を秘めている。また，これは，年間を通じたギフトとしての商品を強化することを可能にし，他社との差別化と認知度向上を達成できるかもしれない。

## 【積極化戦略（S × O）】

　2020 年 7 月からのレジ袋有料化は，オリジナルに特化したエコバッグの売り上げを増加させる可能性がある。HAPiNS は，RAIZAP とコラボレーションした商品展開だけではなく，「アニマル」を追求したオリジナルのデザインやキャラクターを活かしたエコバッグで，顧客を取り込めるかもし

れない。そして，そこで培い向上させたブランドイメージを基礎にして，インテリア，寝具の商品展開を行う中で，商品価値のさらなる向上を目指すことができる。

## 4．財務分析

　これまでの分析で，生活雑貨業界で事業を営む HAPiNS は，（1）業界の上位 10 社には入るものの最大手の良品計画と比べるとその売上規模は圧倒的に少ないこと，（2）巣ごもり消費の影響で，消費者層の拡大が見込まれる業界ではあるが，HAPiNS 自体は，ターゲット層が狭いため，現状のままでは，そこまでの効果が見込めないこと，（3）業界自体は，マーケット・ライフサイクルでいうところの成長期の段階にあるとも見て取れるが，業界内の競争が激しく，新規参入企業の脅威も大きいうえ，買い手の交渉力や代替品の脅威にさらされるこの業界の状況は成熟期にあると見て，戦略的に行動することが重要であることが明らかとなった。

　そして，HAPiNS が，この状況下で採る戦略には，（1）取り扱う商品の選択と集中を明確にすることと，（2）インターネット環境を利用した新規顧客の開拓，（3）RIZAP とコラボした商品やオリジナルキャラクターを前面に押し出した商品を展開することで，ブランドイメージを確立させることが考えられると指摘した。これは，業界最大手ではない HAPiNS では，コスト・リーダーシップを採るに足る潤沢な資金をもっていないからである。しかし，HAPiNS は，集めた資金で，オリジナル商品やギフト商品，インテリア商品に特化した経営をすることで，利益率の改善，ターゲット層の拡大，他社との差別化を図ることができれば，業界内で確固たる地位を築き，飛躍を遂げることができる可能性を秘めている。ただ，それを実践するためには，HAPiNS にその戦略を実施するだけの余力があるかが問題となる。そこで，以下では，企業の財務状況の観点から，HAPiNS の可能性を検討することにしたい。

　なお，分析にあたっては，HAPiNS の 2013 年度から 2018 年度までの有価証券報告書を基礎に，RIZAP グループの傘下にある HAPiNS が，単体の経営でどの程度グループに貢献できているのか，また，資金需要が生じた場合，グループの財政状態を悪化させることがないのかを検討すべく，企業の現在の収益性と安全性を分析する。また，今回の分析では，HAPiNS を軸として分析を進めていくが，特徴をわかりやすくするために，業界最大手の良品計画と，HAPiNS と同様に売上高が減少傾向にあるヴィレッジヴァンガードコーポレーションの 2 社を比較対象企業として適宜取り上げ，分析を進めていくことにする[7]。

### 4－1．収益性分析

　収益力を測る指標の 1 つに総資産利益率がある。利益を総資産で割った比率で示すこの指標では，会社が持っているすべての資産を用いて，会社が一定期間にどの程度の利益を上げているのか

---

7）HAPiNS は 3 月末決算（2015 年度以前は 2 月末決算），ヴィレッジヴァンガードは 2 月末決算，良品計画は
　5 月末決算である。

を可視化することが可能になる。一般に企業の収益力を見る収益性分析では，分子の利益が複数あるため総資産利益率の利益に何を用いているのかを明確にする必要がある。英語では，Return On Assets ということから ROA と略称されるこの指標で，よく使う利益は，純利益であるとされる（日本経済新聞社編（2016），131-132 頁）。しかし，ここでは，本業の収益性を評価するため，あえて営業利益を用いた ROA（総資産営業利益率）を計算し，その上昇下降の原因を，ROA の構成要素である総資産回転率や売上高営業利益率などから明らかにすることにする[8]。

まず，図6を参照されたい。図6は，HAPiNS と良品計画，ヴィレッジヴァンガードコーポレーションの 2013 年度からの 6 年間の ROA の推移である。この図からわかることは，良品計画が高い ROA で，全期間を通して安定した収益力を維持しているのに対し，HAPiNS は利益率が低いことである。また，HAPiNS のそれは，同程度の ROA となっているヴィレッジヴァンガードと比べても安定をしておらず，年度によって HAPiNS の ROA は大きな上下動を繰り返している。よって，HAPiNS の企業単体での収益性は不安定であると考えられる。

次に，ROA の構成要素のうち総資産回転率を比較する。売上高を総資産で割ることで計算される総資産回転率とは，ある企業が 1 年間の売上高を上げるために総資産を何回転させたかを示す指標である。資産の効率性を示す指標と捉えられる総資産回転率の高低は，少ない資産で多くの売上を上げるための経営効率を把握する指標として利用されることが多いとされる（日本経済新聞社編（2016），132-133 頁）。

図7は，上記3社の総資産回転率を示したものであるが，HAPiNS は他 2 社と比較して回転率が高く，総資産の利用効率が高いことがわかる。しかし，2017 年度から，HAPiNS の総資産回転率は

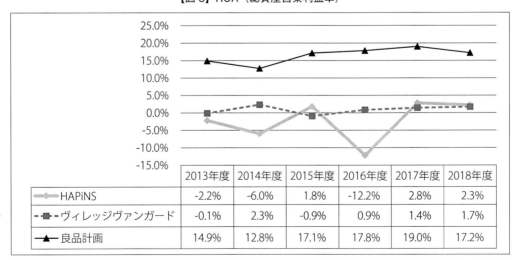

【図6】ROA（総資産営業利益率）

| | 2013年度 | 2014年度 | 2015年度 | 2016年度 | 2017年度 | 2018年度 |
|---|---|---|---|---|---|---|
| HAPiNS | -2.2% | -6.0% | 1.8% | -12.2% | 2.8% | 2.3% |
| ヴィレッジヴァンガード | -0.1% | 2.3% | -0.9% | 0.9% | 1.4% | 1.7% |
| 良品計画 | 14.9% | 12.8% | 17.1% | 17.8% | 19.0% | 17.2% |

出所：各企業の有価証券報告書を参考に作成。

---

[8] 本書の該当箇所では経常利益を用いた分析を解説しているため（本書 75-76 頁），ここでの分析は，企業の本業によって利益の源泉が如何に生み出されたか，により焦点をあてた分析となっている。

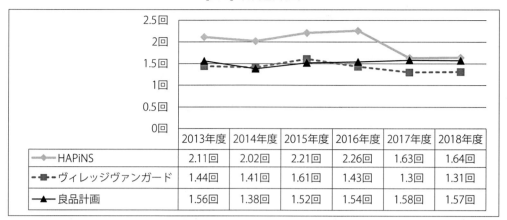

【図7】総資産回転率

| | 2013年度 | 2014年度 | 2015年度 | 2016年度 | 2017年度 | 2018年度 |
|---|---|---|---|---|---|---|
| HAPiNS | 2.11回 | 2.02回 | 2.21回 | 2.26回 | 1.63回 | 1.64回 |
| ヴィレッジヴァンガード | 1.44回 | 1.41回 | 1.61回 | 1.43回 | 1.3回 | 1.31回 |
| 良品計画 | 1.56回 | 1.38回 | 1.52回 | 1.54回 | 1.58回 | 1.57回 |

出所：各企業の有価証券報告書を参考に作成。

【図8】有形固定資産回転率

| | 2013年度 | 2014年度 | 2015年度 | 2016年度 | 2017年度 | 2018年度 |
|---|---|---|---|---|---|---|
| HAPiNS | 17.14回 | 22.3回 | 32.06回 | 21.92回 | 8.51回 | 6.96回 |
| ヴィレッジヴァンガード | 11.7回 | 10.63回 | 19.85回 | 16.96回 | 19.55回 | 20.67回 |
| 良品計画 | 9.92回 | 7.37回 | 8.15回 | 8.61回 | 9.19回 | 8.86回 |

出所：各企業の有価証券報告書を参考に作成。

下がっている。この利用効率の下落は何に起因しているのか，以下では，有形固定資産回転率と棚卸資産回転率の観点から詳しく見ていくことにする。

　有形固定資産回転率は，工場や店舗などの有形固定資産が，有効活用されているかどうかを分析するための指標である（矢部謙介（2017），103頁）。HAPiNSの同指標は，2015年度を境に低下している（図8）。これは，HAPiNSが，新規店舗の出店や店舗内装・外観刷新による新規顧客開拓を成長戦略として掲げていたことに起因する。なかでも，最も回転率が下がっている2017年度は，直営店32店舗の新規出店・15店舗の改装を行っている（株式会社パスポート（2018c），8頁）。現在，HAPiNSの新規直営店は売上高が好調である一方，既存店は低調であることを考えると（株式会社HAPiNS（2019b），6頁），既存店に対しては，改装による積極的な設備投資をしたものの，期待した

生活雑貨業界の企業分析　◎──253

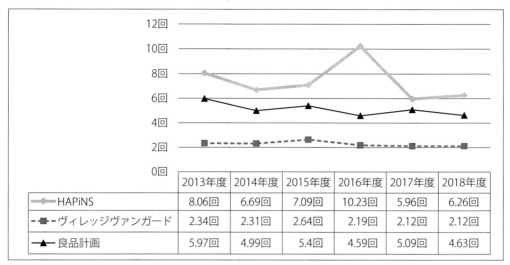

【図9】棚卸資産回転率

出所：各企業の有価証券報告書を参考に作成。

ほどの売上高を計上できていないといえそうである。このことが，有形固定資産回転率の低下の原因になっているため，採算の取れない店舗から撤退するなどの判断が必要になっている[9]。

　また，総資産の中から，棚卸資産だけを取り出して，売上高を割ることで計算される指標を，棚卸資産回転率という。この指標の数値が高いと，企業の棚卸資産は短期間で効率よく回転していることになる。そして，企業は，余計な製品在庫や仕掛品を持たない状態で在庫管理ができているため，資金の効率化に貢献していると考えられる（日本経済新聞社編（2016），132-134頁）。HAPiNSの同指標は，2016年度に3.1ポイント増加するイレギュラーはあるものの，他2社と比べ，安定して高い数値で推移しており，棚卸資産が短期間で消費・販売される状況にある（図9）。そして，2016年度の回転率の大幅な増加は，HAPiNSの「MDリフォーム（品ぞろえ改修）」によるところが大きいといえなくもない。MDリフォームは，定期的に注力する商品を見直すことを意味するが，その後は再び商品在庫が増加し，売上高が思うように伸びていないことを考えると，今後も注力する商品の見直しを継続することが重要であると考えられよう。

　最後に，ROAの構成要素のうちのもう一方である売上高営業利益率を比較する。営業利益を売上高で割って算出する売上高営業利益率は，本業での利幅を表す（日本経済新聞社編（2016），130-131頁）。利幅は企業の収益力を測る代表的な物差しといえ，その指標の数値が大きければ大きいほど，企業の収益性は高くなる。HAPiNSの同指標は，ROAの分析結果と同様の結果であるといえ，良品計画が全期間を通して高い数値を安定して維持しているのに対し，HAPiNSは著しく低い状況にある。また，HAPiNSのそれは，同程度の数値となっているヴィレッジヴァンガードと比べても安定をしておらず，年度によってHAPiNSの数値は大きな上下動を繰り返している。よって，HAPiNSの企

---

[9] HAPiNSは，2017年度，18店舗の退店を決めている（「2108年3月期 月次情報」（http://www.hapins.co.jp/ir/monthly2018.html））。

**【図 10】 売上高営業利益率**

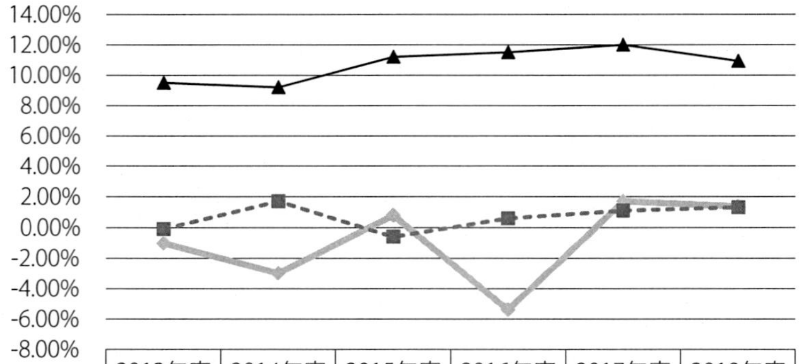

| | 2013年度 | 2014年度 | 2015年度 | 2016年度 | 2017年度 | 2018年度 |
|---|---|---|---|---|---|---|
| HAPiNS | -1.00% | -3.00% | 0.80% | -5.40% | 1.70% | 1.37% |
| ヴィレッジヴァンガード | -0.10% | 1.70% | -0.60% | 0.60% | 1.10% | 1.32% |
| 良品計画 | 9.50% | 9.20% | 11.20% | 11.50% | 12.00% | 10.94% |

出所：各企業の有価証券報告書を参考に作成。

**【図 11】 売上原価率**

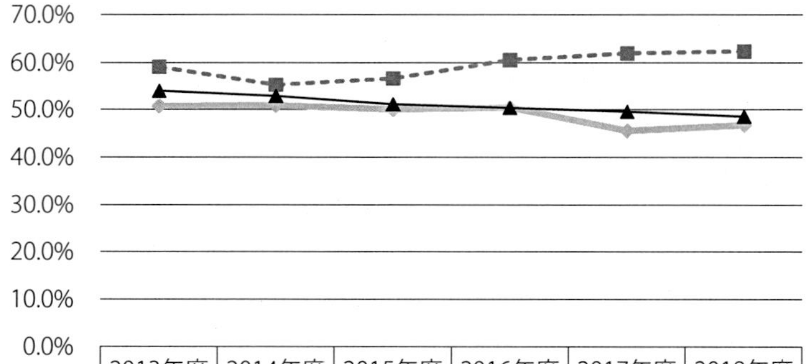

| | 2013年度 | 2014年度 | 2015年度 | 2016年度 | 2017年度 | 2018年度 |
|---|---|---|---|---|---|---|
| HAPiNS | 50.7% | 50.9% | 50.0% | 50.4% | 45.5% | 46.7% |
| ヴィレッジヴァンガード | 59.2% | 55.4% | 56.8% | 60.6% | 62.0% | 62.4% |
| 良品計画 | 54.1% | 52.9% | 51.1% | 50.3% | 49.6% | 48.5% |

出所：各企業の有価証券報告書を参考に作成。

業単体での利幅にはばらつきがあるといえ，原因を探る必要が生じる。

　この，原因を分析する手法には，売上原価率と販売費及び一般管理費率が考えられる。

　ここで，売上原価とは，売上高の内訳が商品か製品かで異なるが，1 会計期間の売上高の計上額に対応する仕入原価または製造原価のことを指す（日本経済新聞社編（2016），108 頁）。そのため，売上原価率は，売上高に占める売上原価の割合であるといえ，売上高から売上原価を差し引いたものが売上総利益であることを考えると，1 から売上総利益率を差し引き，パーセンテージで表したも

生活雑貨業界の企業分析　◎——— 255

**【図 12】販売費及び一般管理費率**

| | 2013年度 | 2014年度 | 2015年度 | 2016年度 | 2017年度 | 2018年度 |
|---|---|---|---|---|---|---|
| HAPiNS | 50.3% | 52.1% | 49.2% | 55.0% | 52.8% | 52.0% |
| ヴィレッジヴァンガード | 40.9% | 43.0% | 43.8% | 38.8% | 36.9% | 36.3% |
| 良品計画 | 36.7% | 38.1% | 37.8% | 38.4% | 38.7% | 40.8% |

出所：各企業の有価証券報告書を参考に作成。

のが，売上原価率ということになる（日本経済新聞社編（2016），131頁）。HAPiNSの同指標は，2017年度におよそ5ポイント低下している（図11）。その要因のひとつは前年度43.8％あった商品仕入れ値を41.0％に改善できたことに起因する（株式会社パスポート（2018b），10頁）。また，同年度は，人気オリジナルキャラクター商品が再販され，同分野の売上が好調となるなど，HAPiNSブランドの構築による業績の牽引により（株式会社パスポート（2018a），1頁），高付加価値商品の販売増があったことが推察でき，これら2つの要因が，売上原価率の低下の原因と考えられよう。

　一方，販売費及び一般管理費は，企業の販売活動や一般管理業務で生じる費用をいう。この費用は，企業の活動成果である収益と直接的な対応関係を把握できる費用ではないが，本業の利益を得るために必要な経費を表すことから期間的な対応をさせ，営業利益を計算する（日本経済新聞社編（2016），108頁）。そのため，販売費及び一般管理費率は，売上高営業利益率を計算する際，売上総利益率から控除する比率であるということになる。HAPiNSの同指標は，数値上，大きな変動はない（図12）。しかし，売上高が前年度から大幅に落ち込んだ2017年度に，5期ぶりに当期純利益を黒字化できたのは，物流業務委託会社を変更するだけではなく，人件費の削減，家賃の削減，物流機能の強化および物流コストの低減を図ったことで，販売費及び一般管理費を大幅に削減できたことによるところが大きい（株式会社パスポート（2018a），5頁および10頁）。HAPiNSにとっては，売上収益の安定を図ることが最重要の課題であるが，営業利益を確保するという意味でも，MDリフォームなどを通じた品ぞろえの改善や，販売費及び一般管理費の内訳項目の精査を通じたコスト削減を推し進めることが重要となる。

## 4－2．安全性分析

　財務健全性の観点から，分析対象企業の資金的な余力を短期的側面から測る指標のひとつに流動

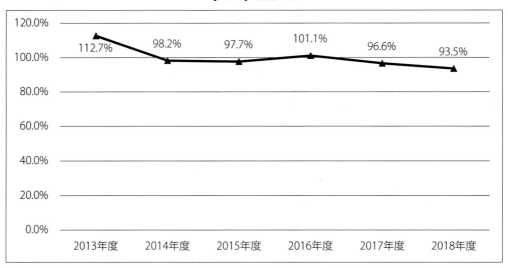

【図13】流動比率

出所：有価証券報告書を参考に作成。

比率がある。流動負債の何倍の流動資産を分析対象企業が持っているかという，流動資産と流動負債の割合から，企業の短期的な支払い能力を評価するこの指標では，企業の倒産リスクを可視化するものとされている（日本経済新聞社編（2016），92-93頁）。理論上は200％以上が望ましいとされる流動比率で（日本経済新聞社編（2016），92-93頁），資金繰りに余裕をもつには，少なくとも120～150％程度は必要で（桜井久勝・須田一幸（2018），276頁），100％以下だと資金繰りが苦しいといわれる。HAPiNSの同指標は，ここ数年，100％付近にあるため，資金繰りについてはあまり余裕がない企業である（図13）。これは，近年の積極的な成長拡大路線により，店舗数，つまり固定資産が増加し，それにともなう負債もあわせて増加していることが原因と考えられる。したがって，前述の有形固定資産回転率の推移も踏まえ，新規店，既存店共に有効活用し，売上高を伸ばすとともに，多くの資金を回収する必要がある。

　これに対し，固定資産を自己資本で割って計算する固定比率は，固定資産がどの程度，自己資本でまかなわれているかを，長期的な資金余力の観点から示す指標のことをいう。固定資産の購入で，投下資金は文字通り長期に固定されることになる。そのため，固定資産の購入には，返済期限のない自己資本をあてることが望ましく，自己資本を超える部分は負債で補う必要性があることから，100％以下での運用が求められる（日本経済新聞社編（2016），94頁）。HAPiNSの同指標は，300％を優に超え，400％近くある（図14）。近年の積極的な成長拡大路線で，店舗数を増やしすぎたことで，固定資産の保有割合が高くなっている。そのため，固定資産にかかる負債に関する支払いを，新たな負債により調達した資金でカバーしなければならない状態にあるといえ，安全性が極めて低いということができよう。

【図14】 固定比率

出所：有価証券報告書を参考に作成。

## 4－3．財務分析から得られる知見

　これまでの分析にしたがえば，現在のHAPiNSは，収益性が高いとはいえず，収益力の面で，グループに対し，特筆するほどの貢献をしているとはいいがたい状況にある。それは，HAPiNSの総資産回転率が他2社よりは高いものの，積極的な出店計画の最中にあるため，有形固定資産の利用効率が下がりつつあり，結果として，総資産回転率もやや下がっている状況にも見て取れる。また，在庫を抱えすぎる傾向にあることから，棚卸資産回転率も下がっている。

　売上高が不安定であることから，営業利益を高い数値で維持するためには，売上原価率と販売費及び一般管理費率を下げることが望まれる。そして，売上原価率を下げるには，高付加価値商品の販売による利幅の確保と，原材料等の仕入原価の削減が望まれる。また，販売費及び一般管理費率を下げるには，売上高に直接的な対応のない本業にかかる人件費や家賃の削減を行うだけではなく，店舗の再配置や削減で，遊休資産や非効率的な資産にかかる経費など，削減できるものを見つけ，処分などをすることで，資金の投資効率やコスト削減を見直すべきであると考えられよう。

　一方，安全性の面では，固定比率が非常に高いことが懸念材料としてあげられる。2018年度のRIZAPグループの有価証券報告書では，グループの固定比率自体も100.9％あり，HAPiNSの資金繰りがさらに悪化すると，グループ企業に影響を及ぼす恐れがある。HAPiNSは，現在，多くの固定資産を保有し，それらを負債でまかなっているため，自己資本を増やすか，固定資産売却で得られる資金を返済に充てるなどにより，少しでも安全性を改善しなければ大きな問題を引き起こす可能性があると思われる。

## 5．HAPiNSの今後の課題

　生活雑貨業界は競合他社も多いため，業界内の競争は激しい。また，ギフト向けの需要が底堅い

ため，競合他社はそろって品ぞろえの拡充を続けている。現在，この業界では，地方中核都市への出店・改装も進み，競争が激しさを増している状態である。加えて，外国からの輸入雑貨や格安な商品，機能性やデザイン性を重視した商品など，幅広い選択肢が存在し，消費者の購買意欲は増している。結果，国内の消費者が節約・低価格志向にある中でも，業界内の活動は活発化しており，小売業界の競争が激しくなっている。

今回，本分析で注目した HAPiNS は，財務分析からもわかるように，積極的な出店計画で，店舗数を増やしたことで固定資産が増加したことが災いし，資金繰りが悪化している。そのため，業界内で生き残るには，まず，選択と集中を意識した商品開発と，販売商品の差別化を目指すことがさらに必要であるとともに，拡大しすぎた店舗数などの財務面を圧迫している部分の改善を行わなければならない。

今現在，良品計画は，従来の 20 代から 40 代の客層を高齢者まで拡大し，日常生活に欠かせない野菜，魚，肉，惣菜も揃えたことで顧客の来店頻度が高まり，大勢の客が詰めかけている。また，ヴィレッジヴァンガードの客層は，10 代から 20 代となっているが，都道府県単位でのセグメント展開も可能で，流行を生み出すヴィレッジヴァンガードでのプロモーションは，現在，新たな広告展開手法として注目されている。一方，30 代から 40 代の女性からシニア層も含むお洒落なファミリーへとターゲット層の幅を広げる戦略を，RIZAP グループからの支援を受け採用した HAPiNS は，一時的に戦略が奏功し，1 店舗あたりの売上高が回復傾向になったことが災いしたのかもしれない。

多くの企業がひしめき合う非常に厳しい生活雑貨業界の中で生き残るためには，顧客のニーズに寄り添い，他社と差別化した唯一無二の雑貨店になる必要がある。そういう思いが，オリジナリティの高い自社製品やミニ家族向けの家具，Pavish Pattern シリーズを持つ HAPiNS を再生する手立てである。このような状況を考えると，良品計画の「わけあって，安い」というコンセプトやヴィレッジヴァンガードの「遊べる本屋」のようにオリジナルのイメージを各店舗で統一し，認知されることが大切になる。HAPiNS には，「独自のキャラクターを持つ雑貨屋」という強みがある。そのイメージを世に認知させるため，まずは資金繰りを安定させることが最優先であると考える。

## 主要引用・参考文献

Porter, M. E., (1979) *How Competitive Forces Shape Strategy*, Harvard Business Review, Vol.57, No.2, pp.137-145（関根次郎訳（1997）「5 つの環境要因を競争戦略にどう取り込むか」『Diamond ハーバード・ビジネス』第 22 巻第 2 号，64-75 頁）.

NHK 放送文化研究所（2016）『2015 年国民生活時間調査報告書』
　　（https://www.nhk.or.jp/bunken/research/yoron/pdf/20160217_1.pdf）

株式会社 HAPiNS HP（https://www.hapins.co.jp）。

株式会社 HAPiNS（2019a）『有価証券報告書』（http://www.kabupro.jp/edp/20190621/S100G4EF.pdf）。

──────（2019b）『2019 年 3 月期 期末決算補足資料』
　　（https://www.hapins.co.jp/image_ir/pdf/interim_figure190515.pdf）。

株式会社パスポート（2018a）『2018 年 3 月期 第 3 四半期決算説明会資料』
　　（http://www.hapins.co.jp/image_ir/pdf/interim_figure180214.pdf）。

──────（2018b）『2018 年 3 月期 決算説明会』

（https://www.hapins.co.jp/image_ir/pdf/interim_figure180515.pdf）。

―――― （2018c）『有価証券報告書』（http://www.kabupro.jp/edp/20180622/S100DB7S.pdf）。

株式会社良品計画 HP（https://ryohin-keikaku.jp）。

―――― （2019）『有価証券報告書』（https://ssl4.eir-parts.net/doc/7453/yuho_pdf/S100FTRN/00.pdf）。

Kabtan HP（https://kabutan.jp）。

業界動向 SEARCH.COM「雑貨業界」（https://gyokai-search.com/3-zakka.html）。

金融庁「EDINET」（http://disclosure.edinet-fsa.go.jp）。

経営を学ぶ～経営学・MBA・起業～「マーケットライフサイクルと規模の効果」
  （https://keiei-manabu.com/strategy/market-lifecycle.html））。

桜井久勝・須田一幸（2018）『財務会計・入門（第 12 版）』有斐閣。

三省堂『大辞林（第三版）』weblio 辞書（https://www.weblio.jp/cat/dictionary/ssdjj）。

Shared Research「良品計画」（7453）
  （https://sharedresearch.jp/system/report_updates/pdfs/000/035/061/original/7453_JP_20201002.
  pdf?1601623968）。

証券取引所「適時開示情報閲覧サービス（TDNet）」（https://www.release.tdnet.info/index.html）。

東洋経済新報社編（2019）『会社四季報 業界地図 2020 年版』東洋経済新報社。

ニトリ公式通販「ニトリネット」（https://www.nitori-net.jp/ec/）。

ニトリホールディングス HP（https://www.nitorihd.co.jp）。

日本経済新聞社『日本経済新聞』日本経済新聞社。

日本経済新聞社編（2016）『財務諸表の見方（第 12 版）』日本経済新聞出版社。

―――― （2019）『日経業界地図 2020 年版』日経 BP 社。

FISCO（2019）『企業調査レポート HAPiNS 7577 東証 JASDAQ』
  （http://www.fisco.co.jp/uploads/HAPiNS20190116.pdf）。

MUJI 無印良品 HP（https://www.muji.com/jp/ja/store）。

矢島雅巳（2019）『決算書はここだけ読もう 2020 年版』弘文堂。

矢部謙介（2017）『武器としての会計思考力 会社の数字をどのように戦略に活用するか？』日本実業出版社。

RIZAP グループ株式会社（2016）『有価証券報告書』
  （https://ssl4.eir-parts.net/doc/2928/yuho_pdf/S1007SXT/00.pdf）。

―――― （2019）『2019 年 3 月期　決算短信』（https://ssl4.eir-parts.net/doc/2928/tdnet/1708952/00.pdf）


### 【執筆者】

西南学院大学

板谷奈泉・渡邉大貴・日高義治・占部直人・吉永章汰・黒澤茉世

### 【研究協力者】

西南学院大学

佐竹真優・戸田萌菜・豊福明良

熊本県立大学

井上詩央里・黒木まどか・堀尾桜子・渡邊杏

九州産業大学

江口和也・小林礼人・山下竣也

# 製薬業界の企業分析
## ―中外製薬株式会社を中心として―

## 1. はじめに

　「緊急事態宣言を発令」。これは，2020年4月8日の日本経済新聞朝刊第1面の見出しである。そこには，「安倍晋三首相は7日，政府の新型コロナウイルス感染症対策本部で特別措置法に基づく緊急事態宣言を発令した。感染が急拡大している東京，神奈川，埼玉，千葉，大阪，兵庫，福岡の7都府県が対象で実施期間は7日から5月6日まで。宣言が出たことで7都府県の知事は外出自粛や営業休止を要請する法的な裏付けを得た」とあり，今回のコロナウイルスの脅威に対する政府の対応が見て取れる。

　ここで注目を集めるのは，このような未知のウイルスに対するワクチンや特効薬を開発する製薬会社だと思われる。そして，政府による感染症拡大防止のための取り組みを報じた同日の新聞紙面には，第一三共が，コロナ研究で特別組織を立ち上げたこと（日本経済新聞2020年4月8日付朝刊第13面），翌日の新聞紙面には，中外製薬が，コロナウイルスに対して治療薬の治験に入ることの記事が掲載された（日本経済新聞2020年4月9日付朝刊第13面）。しかし，今現在，世界中のどの企業も，このウイルスに対する明確な効果をもつワクチン・特効薬を開発できていない。ゆえに，各製薬会社は，研究機関と共同でワクチン・特効薬の開発に日夜取り組んでいる[1]。

　そこで，以下では，現在の環境下で，そのワクチン・特効薬の開発に期待が高まっている中外製薬株式会社を分析対象企業とし，業界分析・経営分析・財務分析を行ってみることにしたい。

## 2. 業界分析

### 2-1. 製薬業界の基本情報

　まず，中外製薬が事業を営む製薬業界の基本情報をおさえておきたい。

　製薬業界は，「新薬の研究開発に注力する企業のほか，新薬の特許が切れた後に同じ有効成分を使う安価な後発薬（ジェネリック）を手がける企業が活躍する」業界と定義される（日経速報ニュース

---

1) コロナウイルスに関しては，2020年9月25日時点で，少しずつではあるが，研究成果を目にすることができるようになり，有効性が高いことが期待される薬品がいくつか取り上げられている（AnswersNews「新型コロナウイルス 治療薬・ワクチンの開発動向まとめ【COVID19】」（https://answers.ten-navi.com/pharmanews/17853/））。

アーカイブ 2020 年 9 月 4 日付記事)。そのため，この業界では，医薬品が取り扱われる。

　また，製薬業界では，医薬品を提供することはもちろん，医薬品を必要としている人に速やかに医薬品を提供できる環境整備が重要である。とりわけ，薬の有効性や安全性は，必要不可欠な大前提であることから，製薬業界では，薬機法（「医薬品，医療機器等の品質，有効性及び安全性の確保等に関する法律」，旧薬事法）をはじめとした厳しい法規制のもと，医薬品への研究開発・新薬創出が進められ，医療の現場や日常生活で用いられる様々な医薬品が販売される。

**【図 1】製薬業界企業の活動内容**

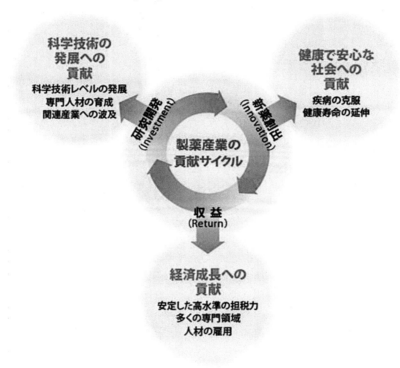

出所：日本製薬工業協会「7．製薬産業の社会的貢献」図表「製薬産業が取り組む 3 つの貢献」
（http://www.jpma.or.jp/medicine/med_qa/info_qa55/q51.html）より引用。

　通常，医薬品は，「医療用医薬品」と「一般用医薬品」の 2 つに分けられる。このうち，医療用医薬品とは，医師によって処方された処方箋によって販売される医薬品のことであり，患者が自由に購入できないものをいう。これに対して，一般用医薬品は，薬局・薬店で自由に購入することができる市販薬（大衆薬）のことをいい[2]，ドラッグストア・薬局などのカウンター越しに処方箋無しで購入できる医薬品のことを指す（日本ジェネリック製薬協会（2016），1 頁）。

　これらの医薬品を主に取り扱う製薬業界は，人の生死に関わる業界で，病気の治療や予防に貢献

---

2）市販薬は，OTC（Over The Counter Drug（薬局のカウンター越しに購入できる薬））とも呼ばれる。

することから，景気の動向に影響を受けることが少ないとされている。そのため，製薬業界は，軒並み安定した業界だといえる。

【図2】日本の製薬業界の過去30年間の業界規模の推移

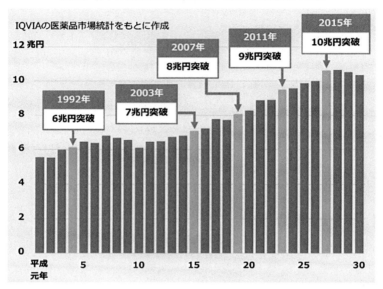

出所：AnswersNews「市場1.9倍に拡大も マイナス成長時代の入り口に―データで振り返る平成の医薬品市場」
（https://answers.ten-navi.com/pharmanews/16140/）より引用。

## 2－2．製薬業界の業界規模

製薬業界が営む我が国医薬品販売の業界規模（売上高合計）は11.3兆円，近年の薬機法（旧薬事法）による薬価引き下げで国内市場の伸び率は鈍化したものの，それなりの規模にある。

【図3】製薬業界の動向（2019決算版）

出所：業界動向SEARCH.COM「製薬業界」（https://gyokai-search.com/3-iyaku.htm）より引用。

これに対し，2019年の世界の医薬品市場の売上高は，全体で1兆2,504億ドル，日本円に換算すると，約133兆円（1ドル＝106円で為替換算）である。このなかで日本市場は，全体の40.8％を占め世界最大規模を誇るアメリカ市場，11.3％の中国市場に次いで，第3位となっている（日本経済新聞社編（2019），135頁）[3]。

我が国がこれまで世界有数の市場規模を維持できているのは，国民全員を公的医療保険で保証す

【図4】2019年医薬品地域別売上高

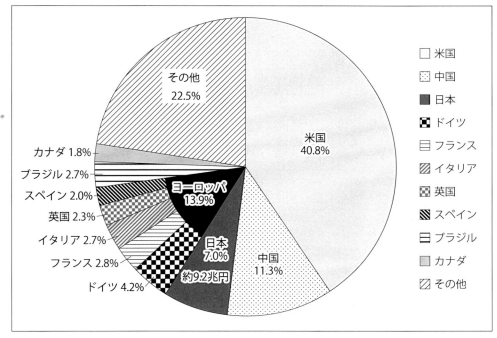

出所：AnswersNews「日本の医薬品市場, 5年平均成長率が初のマイナスに…主要14カ国で唯一」
（https://answers.ten-navi.com/pharmanews/18738/）を参考に作成。

る国民皆保険制度の存在が大きい。この制度は, すべての国民を国民健康保険もしくは被用者保険のなんらかの公的な医療保険制度に加入させ, 加入者がいつでも必要な医療を受けることができるようにするもので（厚生労働省（2012）, 362頁）[4], 加入者のすべてから, 保険料（税）を納めてもらうことで, 医療費負担を支え合うように出来ている。また, この制度では, 原則, 被保険者で差異のない医療行為を可能にするうえ, 加入者は医療機関を自由に選べるため, 皆保険を維持するために投入された公費の補助も受けることで, 安い医療費で高度な医療が受けられる環境にある（厚生労働省（2018a）, スライド1）。そして, この制度の運用で, 我が国は, 世界最高レベルの平均寿命と高い保健医療水準を実現し, 国際的にも高い評価を受けている（健康・医療戦略推進本部（2017）, 3-4頁）。

しかし, この制度は加入者（被保険者）であれば, 誰でも無条件に高度な医療行為を受けることを可能にする。そのため, 現在では, 少子高齢化による医療費の増加が問題となり（厚生労働省「平成29年度国民医療費の概況（https://www.mhlw.go.jp/toukei/saikin/hw/k-iryohi/17/index.html）」結果の概要（https://www.mhlw.go.jp/toukei/saikin/hw/k-iryohi/17/dl/kekka.pdf）), その医療費の抑制が喫緊の課題となっている。

---

3） ヨーロッパをひとつの市場とする場合は, 日本市場の市場規模は第4位となる。また, 業界規模と地域別売上高の違いは, 外貨を換算する時点のレートの違いのほか, 業界規模での売上高は業界企業の医薬品売上高の合算で計算することに起因するものと考える。
4） 国民皆保険体制は, 1961年に改正された国民健康保険法（昭和33年法律192号）によって確立した制度で, 病気やけがの場合に安心して医療が受けられるようにする相互扶助の精神がその根底にある。

**【図5】医療費の推移**

（単位：兆円）

| | 総　計 | 医療保険適用 | | | | | | | 公　費 |
|---|---|---|---|---|---|---|---|---|---|
| | | 75歳未満 | | | | | | 75歳以上 | |
| | | | 被用者保険 | 本　人 | 家　族 | 国民健康保険 | （再掲）未就学者 | | |
| 平成26年度 | 40.0 | 23.4 | 11.6 | 6.0 | 5.1 | 11.8 | 1.4 | 14.5 | 2.0 |
| 平成27年度 | 41.5 | 24.2 | 12.2 | 6.4 | 5.2 | 12.0 | 1.5 | 15.2 | 2.1 |
| 平成28年度<br>（構成割合） | 41.3<br>（100%） | 23.9<br>（57.8%） | 12.3<br>（29.9%） | 6.5<br>（15.8%） | 5.2<br>（12.7%） | 11.5<br>（27.9%） | 1.4<br>（3.5%） | 15.3<br>（37.2%） | 2.1<br>（5.1%） |
| 平成29年度①<br>（構成割合） | 42.2<br>（100%） | 24.1<br>（57.0%） | 12.8<br>（30.4%） | 6.9<br>（16.3%） | 5.3<br>（12.5%） | 11.3<br>（26.7%） | 1.4<br>（3.4%） | 16.0<br>（37.9%） | 2.1<br>（5.0%） |
| 平成30年度②<br>（構成割合） | 42.6<br>（100%） | 24.0<br>（56.5%） | 13.1<br>（30.8%） | 7.1<br>（16.6%） | 5.3<br>（12.4%） | 10.9<br>（25.7%） | 1.4<br>（3.4%） | 16.4<br>（38.5%） | 2.1<br>（5.0%） |
| ②－① | 0.34 | ▲0.04 | 0.27 | 0.19 | 0.00 | ▲0.31 | ▲0.01 | 0.38 | 0.00 |

出所：厚生労働省「平成30年度医療費の動向─MEDIAS─」
　　　（https://www.mhlw.go.jp/topics/medias/year/18/index.html）より引用。

　この医療費高騰の問題に対し，政府は，「国民が安心できる医療・介護」の観点から，後発医薬品（ジェネリック医薬品）の普及促進や，国保改革の施行，医療費適正化，負担能力に応じた負担の見直しなどを検討している（厚生労働省（2018b），365-398頁）。しかし，それは，国内の製薬業界の薬価引き下げを意味し，主力薬の特許期間が終了し始めた製薬業界企業にとっては，収益源が大幅に絶たれるだけではなく，後発医薬品でも大きな収益を見込めないことから，業界全体の利益は縮小する傾向にあり（業界動向SEARCH.COM「製薬業界」）[5]，国内市場の成長率は，今後，マイナスになることが予想される。そして，このことは，世界市場のここ5年の年平均成長率が4.7%，今後は3～6%のあいだで成長することが予想されている状況を考慮した場合には（AnswersNews「日本の医薬品市場，5年平均成長率が初のマイナスに…主要14カ国で唯一」），対策が急務であることを意味する。

　ここで，図6を参照されたい。これは，製薬業界上位10社の2014年度から5年間の売上高の推移を示したものである。我が国製薬業界最大手の武田薬品工業は売上高首位をキープし，2017年度から2018年度にかけて売上高が大幅に上昇している。これは，同社が，2018年5月に，アイルランドのシャイアー社とのあいだに成立させた企業買収合意により，シャイアー社を完全子会社化した結果，同社の売上高が武田薬品工業の売上高増加分として含まれた結果である（武田薬品工業株式会社（2019），26頁）。また，業界第4位の第一三共の売上高はほぼ横ばいとなっている。一方，業界第6位の中外製薬の売上高は，年々上昇傾向にある[6]。

---

5）ジェネリック医薬品とは，ある機関が9～17年もの歳月と，数百億円以上の費用をかけて開発した新薬（先発医薬品）の特許期間を満了したあとに販売される，新薬と「同じ有効成分を使った，品質，効き目，安全性が同等で，低価格」な薬をいう（日本ジェネリック製薬協会（2016），1-3頁）。

製薬業界の企業分析 ◎── 265

【図6】製薬業界上位10社の売上高

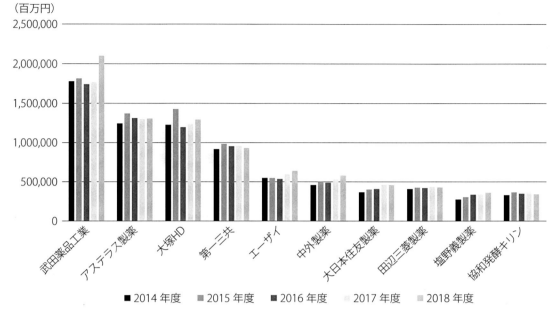

出所：売上高上位10社の有価証券報告書を参考に作成。

　製薬業界上位10社の売上高の推移からは，既述のように，近年の製薬業界の市場規模は急激な増加傾向というよりは，緩やかな増加傾向にあることがわかる。しかし，それは，2年に1度行われる薬価改定で，薬価の引き下げ規制を強化する国のコントロール下にある業界が，薬価の引き下げやジェネリック医薬品の使用促進の影響を受け，利幅を縮小させつつあるなかで達成している結果であることを考えると，業界規模はすでに飽和状態にあるとも見て取れる。
　また，業界内の市場シェアは我が国製薬業界の最大手である武田薬品工業を中心にして，数社でほぼ業界内の市場シェアの大半を占めており，製薬業界大手各社はがんや精神疾患などの有効な治療薬が少ない領域や希少疾患薬分野に投資を集中することで高収益が見込める医薬品の開発にシフトしている（業界動向SEARCH.COM「製薬業界」）。そのため，製薬業界でこの業界の序列を崩すには，医療用医薬品で高い効果が見込まれる新薬を研究開発し創薬するなど，画期的な発見がない限り難しいのではないかと思われる。
　ところで，製薬業界で事業を営む会社については，以下に示す（1）原薬メーカー，（2）製剤メーカー，（3）委託系のように，非常に細かく分類される。

（1）原薬メーカー
　医薬品が製品として世の中に供給されるためには，医薬品原薬が製剤化される必要がある。病気

---

6）武田薬品工業株式会社および第一三共株式会社の連結会計年度は，毎年，4月1日からの1年間，中外製薬株式会社の連結会計年度は，毎年，1月1日からの1年間となっている。

の診断，治療，予防のため，的確な有効性と高い安全性を充足する医薬品は，医薬品医療機器法第2条で厳密に定義されているが，原薬はその医薬品（製剤）に含まれる有効成分のことをいう。この有効成分は，医薬品の品質を確保するうえで，重要となることから，原薬の製造に関しても充分な管理が必要となる。しかし，原薬は，医薬品ではあるものの，一般の消費者には販売されず，製剤の原料（製造専用医薬品）として業界各社に販売されることが医薬品医療機器法施行規則に規定されていることから（日本医薬品原薬工業会「医薬品原薬とは」（http://www.jbpma.gr.jp/bulk-pharmaceuticals/about））,原薬メーカーは，製剤化される医薬品の有効成分を製造し，製薬会社に販売するメーカーということになる[7]。

　原薬メーカーには，医薬品に含まれる有効成分そのものを自社製造するメーカーもあれば，自社製造ではなく，国内・海外から原薬を調達してくるメーカーも含まれる（日本医薬品原薬工業会「メイドインジャパンの価値」（http://www.jbpma.gr.jp/bulk-pharmaceuticals/made-in-japan)・「原薬を取り巻く法規制」（http://www.jbpma.gr.jp/bulk-pharmaceuticals/environment））。そのため，国内・海外から原薬を調達する企業には，製剤メーカーに原薬を販売する商社や，化学的特徴をもつ製品が結果として製剤に関与するメーカーなども該当する。

（2）製剤メーカー

　原料メーカーから仕入れられた原料は，製剤され，医薬品が作られる。このとき，原薬を製剤化するメーカーを製剤メーカーという[8]。そして，製剤メーカーが製剤する医薬品は，医療用医薬品，一般用医薬品，検査薬に分けられる。

　このうち，医師の処方のもと，病院や診療所，調剤薬局などで受け取ることができるものが「医療用医薬品」であり，医療用医薬品メーカーは，先発医薬品，後発医薬品（ジェネリック医薬品），その他医薬品を製薬・販売する。これに対し，薬局やドラッグストアなどで購入できるものが「一般用医薬品」であり，一般用医薬品メーカーは，医療用の効能重視の医薬品と比べると安全性が重視された医薬品を製薬・販売することは既に述べたとおりである。また，検査薬メーカーは，身体に直接使用しない，血液検査や尿検査に用いられる体外診断用医薬品のメーカーで，病気を診断する際の医薬品を取り扱う（日本臨床検査薬協会「DMRとは？」（http://www.jacr.or.jp/dmr/index.html)）[9]。

　製薬業界では，医療用医薬品の売上が市場全体の売上高の約9割を占めている。ところが，医療用医薬品の市場では，政府の指導のもと，これまでの先発医薬品が市場売上高の大半を占めていた状況からジェネリック医薬品が市場売上高の大半を占める状況へと，その販売割合を変化させる状況にある（厚生労働省（2018b），386-388頁）[10]。これは，製薬業界全体で先発医薬品に比べ，研究開

---

7）　日本標準産業分類では，医薬品原薬製造業は「主として医薬品の原末，原液を製造する事業所をいう」と規定している（総務省「日本標準産業分類」1651）。
8）　より正確には，「主として医薬品，医薬部外品の製剤（他に分類されるものを除く）を製造（一貫製造及び小分けを含む）する事業所をいう」と規定している（総務省「日本標準産業分類」1652）。
9）　ここで，DMRとは，臨床検査薬（Diagnostics）に関連する医療情報（Medical information）を提供する者（Representatives）を象徴する名称として，日本臨床検査薬協会が制定した用語である。

**【図7】医薬品流通の仕組み**

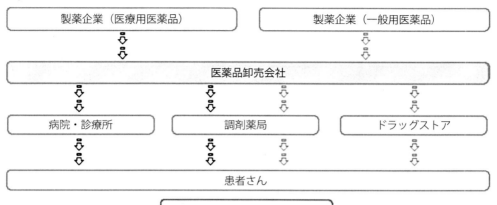

出所：東邦ホールディングスグループ「医薬品流通の仕組み」
（https://www.tohoyk.co.jp/ja/recruit/industry/pharm/）より引用。

**【図8】先発医薬品とジェネリック医薬品**

出所：日本製薬工業協会「5．薬を創り育てる」図表「先発医薬品（新薬）とジェネリック医薬品」
（http://www.jpma.or.jp/medicine/med_qa/info_qa55/q40.html）より引用。

発費が少なく，薬価も安く設定されているジェネリック医薬品の使用促進に取り組んだ結果で，成果であると考えられる。しかし，新たな病気が発見されたとき，これに対処するためには，潤沢な資金を投入し，的確な有効性と高い安全性を兼ね備えた新薬の研究・開発能力を如何に維持できているかが非常に重要であると考える。そのため，製薬業界の今後を左右するのはこの製剤メーカーの活動次第であるともいえよう（沢井製薬 SCIENCE SHIFT「過渡期を迎えた製薬企業（前編）～ふくらむ研究開発費，上がる新薬創出のハードル」(https://scienceshift.jp/think-about-ploblem-of-2025-3-first/)，

---

10) 『厚生労働白書』によれば，2017年9月時点の後発医薬品の数量シェアは65.8%となっており，2020年9月までに，後発医薬品の使用割合を80%とする目標を掲げている。

および「過渡期を迎えた製薬企業（後編）〜2025年に向けて新たなビジネスモデルが必要となる」(https://scienceshift.jp/think-about-ploblem-of-2025-3-second/))。

（3）受託系（医薬品製造受託機関）

　製剤メーカーが行う業務のうち，医薬品（治験薬・市販薬を含む）の開発・製造を受託する企業を受託系（医薬品製造受託機関（CMO：Contract Manufacturing Organization））という。2005年の改正薬事法により医薬品の開発・製造を全面受託できるようになった受託系企業では，医薬品の製造に関する製造管理・品質管理基準を示した適正製造規範（GMP：Good Manufacturing Practice）をクリアする必要があるものの，GMPに対応できる技術力と設備を開発ライン・製造ラインともに備えているため，受託系企業1社で開発から製造までのすべてを担うことができるようになっている（Answers製薬業界用語辞典「医薬品製造受託機関」(https://answers.ten-navi.com/dictionary/cat03/3032/))。

　新薬の研究・開発には，莫大な研究開発費がかかるうえ，その許認可には，厳しい条件が課されるため，近年の製薬業界では，資金力が大きい企業ほど新薬開発がしやすいという規模の経済が働いている。そのため，この分野のメーカーは，近い将来，医療用医薬品メーカーか一般用医薬品メーカーとの協力が必要不可欠になると思われる。

　このように見てくると，一概に製薬業界という場合でも，その企業が原料メーカー，製剤メーカー，受託系のいずれに属する企業かについては，注意をする必要がある。また，それぞれに属する企業に対する情報の入手可能性を考えると，原料メーカーは，医薬品の原料を知らない限り比較することが難しいこと，受託系は，製剤メーカーが提供している情報内容から，業界内で活動している企業であるかを判断する必要があることなど，情報を入手する場合に制約が多いものと考える。そこで，ここからは，製薬業界に属する企業の中でも，私たちの生活にもっともなじみが深い会社の多い，製剤メーカーを想定した分析をしていくこととする。

## 2－3．ファイブ・フォース分析

　我が国製薬業界のうち，製剤メーカーを取り巻く現状について，ファイブ・フォース分析の観点からも確認してみることにしたい。

　ファイブ・フォース分析（Five Force Framework）とは，1979年10月，『ハーバード・ビジネス・レビュー』に投稿されたマイケル・ポーター教授の論文で提唱されたフレームワークで，自社がおかれた競争環境および収益性を，その特性を左右する5つの要因から理解する手法をいう。このとき，考慮される5つの競争要因は，「業界内の競争」・「新規参入の脅威」・「代替品の脅威」・「売り手の交渉力」・「買い手の交渉力」に分けられる。そして，これら5つの力から，業界の魅力度を分析し，その業界の魅力を高く維持することによって，収益性を確保する。また，この分析をすることは，その企業を取り巻く競争環境を明確にし，その企業の課題や強みを再認識することを可能にするだけではなく，脅威に対する対策を講ずることで，収益性の減少を防ぎ，競争を優位に進める

ことが可能になる[11]。

　以下，それぞれの観点から 5 つの競争要因の分析を行うと，次のようになる。


（1）業界内の競争

　製薬業界が関係する「我が国の医療提供体制は，国民皆保険制度とフリーアクセスの下で国民が必要な医療を受けることができるよう整備が進められ，国民の健康を確保するための重要な基盤となっている」が，「急激な少子高齢化に伴う疾病構造の多様化，医療技術の進歩，国民の医療に対する意識の変化等，医療を取り巻く環境が変化する」現在の状況では，「どのような医療提供体制を構築するか」が重要となる（厚生労働省（2018b），370 頁）。とりわけ，「国民健康保険制度は，近年，低所得者や高齢で医療の必要が高い人が多く加入しているといった構造的な問題を抱えており，制度の持続可能性を確保するための対応が必要」とされる分野である（厚生労働省（2018b），388 頁）[12]。

　その主要な問題が，前述の医療費の増加問題であり，我が国政府は，「先発医薬品と同等の臨床効果が得られる」「後発医薬品を普及させることは，医療の質を保ちつつ患者負担の軽減や医療費の効率化を図ることができ，医療保険財政に資する」とし，2007 年から「後発医薬品の使用を推進してきた」（厚生労働省（2018b），386-388 頁）。その方針は現在も続いており，「昨今，革新的かつ非常に高額な医薬品が登場し，国民負担や医療保険財政に与える影響が懸念されている」ことを理由に，「効能追加等に伴う市場拡大への速やかな対応，毎年薬価調査・毎年薬価改定，新薬創出等加算の抜本的見直し，イノベーションの評価，長期収載品の薬価の見直しなどを盛り込んだ薬価制度の抜本改革を実施」するとともに（厚生労働省（2018b），368 頁），「後発医薬品の使用割合を 80％」にすべく，診療報酬改定で，「医療機関，薬局の後発医薬品使用（調剤）体制に関する評価の基準の引き上げ」を行うなど，使用促進を図っている（厚生労働省（2018b），387 頁）。

　しかし，国が後押しする後発医薬品は，開発コストは低いものの，その販売価格は，薬価改定により，先発医薬品の半分以下で算定されるのが現状である。また，莫大なコストと時間を投資してようやく許認可を受けた先発医薬品も，近年の薬価改定は販売価格を逓減させる傾向にあるため，資金が潤沢にない企業は，余程の確実性がない限り，コストパフォーマンスの観点から，研究開発を躊躇する事態を引き起こす。したがって，大半の企業は，競合他社との特徴的な違いを示せないまま，事業を営むことが予想される。加えて，業界の市場シェアは，売上高上位数社で大半を占めているが，製剤メーカーのなかには，唯一絶対の医薬品を用意できる企業は存在しないので，消費する側から圧倒的な支持を得ている企業はないと考えられるうえ，大半の場合，特定の病気や症状

---

11) Porter, M. E., (1979) *How Competitive Forces Shape Strategy*, Harvard Business Review, Vol.57, No.2, pp.137-145（関根次郎訳（1997）「5 つの環境要因を競争戦略にどう取り込むか」『Diamond ハーバード・ビジネス』第 22 巻第 2 号，64-75 頁。）.

12) 国民皆保険は，国民健康保険（国保）と被用者保険で実現しているが，「所得が高く医療費の低い現役世代は被用者保険に多く加入する一方，退職して所得が下がり医療費が高い高齢期になると国保に加入するといった構造的な課題がある」点については，「高齢者医療を社会全体で支える観点に立って，75 歳以上について現役世代からの支援金と公費で約 9 割を賄うとともに，65 歳〜74 歳について保険者間の財政調整を行う仕組み」を設けるなど，制度の維持に努めている（厚生労働省（2018a），スライド 13）。

には，特定の有効成分を有する医薬品が複数存在することを考えると，ある企業がその業界で飛び抜けた存在になることは難しい（日本経済新聞社編（2019），134頁）。そのため，製薬業界の業界内の競争は激しいと考える。

（2）新規参入の脅威

　規制緩和で，後発医薬品の開発が認可されるようになったときから，業界に参入する企業は増えている（業界動向 SEARCH.COM「製薬業界」）。これは，先発医薬品と同じ有効成分を有する医薬品について，規格試験などで承認を得れば，後発医薬品として製造・販売することができるようになったことに起因する。そして，後発医薬品の開発投資には，先発医薬品ほどの膨大な研究開発投資を必要としないことや，一部を除いて臨床試験が不要なことは，少子高齢化により，国内市場の魅力度は下がったとしても，医薬品を製造・販売できれば，利幅が下がったとはいえ，ある程度の収益性が見込める。また，海外展開に向けた明確なヴィジョンがある場合には，国内専従よりも堅調な業績を見込める。したがって，財務健全性の高い企業の新規参入への意思決定を後押しする可能性があることは否定できない。

　しかし，後発医薬品の使用促進を掲げる政府の方針などで，新規参入の障壁が以前ほど厳しくはなくなったとしても，新薬の許認可等についての承認審査は，依然として厳格なままである。例えば，製薬会社や病院，医師が臨床試験（治験）を行う場合には，医薬品全般の品質や，有効性，安全性の確保など規定する薬機法（旧薬事法）により，医薬品全般に関する規制を受けるほか，臨床試験（治験）結果で得られるデータの信頼性を高めるために定められた「医薬品の臨床試験の実施の基準に関する省令（GCP：Good Clinical Practice）」を遵守した臨床試験（治験）の実施が必要とされるなど（厚生労働省「2．治験のルール「GCP」」（https://www.mhlw.go.jp/stf/seisakunitsuite/bunya/fukyu2.html）），厳然たる高い参入障壁が今もなお存在する。また，新薬の研究開発には莫大な投資額が必要なため，資金が潤沢な企業ほど新薬開発がしやすく，規模の優位性が働くとされる（業界動向 SEARCH.COM「製薬業界」）。さらに，医薬品の製造，品質管理について，医薬品の製造業者は，原薬の製造から最終製品の市場への出荷までの全工程を把握し，適正な管理・監督の基準を満たさなければならないため，ここでも多大な費用が必要になる。そのため，財務健全性が高い企業であったとしても，新規参入については，専門の技術が必要なことや，新薬を研究開発し，医薬品として製造・販売するまでには，多くの業界では想像し得ない程，莫大な資金力が必要とされることを考え，意思決定をくだすことが求められる。この場合，製薬業界に新規参入し成功するには，クリアすべき大きな参入障壁をいくつも解決しなければならないことから，その脅威は他業種ほど大きくはないと考える。

（3）売り手の交渉力

　製薬業界の分析対象を製剤メーカー中心で見る場合，その原料・原液を仕入れる先は，原薬メーカーや，原薬を代わりに仕入れてくる商社などである。また，製剤の一部または全部を外部委託する場合には，その委託先は受託系（医薬品製造受託機関（CMO））である。そのため売り手の交渉力に

ついては，原薬メーカーと受託系との関係から見る必要がある。

　まず，原薬メーカーとの関係から見る場合，製剤メーカーが製薬をするときに，製剤化される医薬品の有効成分を自社製造できる場合は，原薬メーカーとの関係を想定する必要はない。しかし，その有効成分を有する原薬を自社製造できない場合は，有効成分を持つ原薬が医薬品を創る大前提であることを考えると，原薬メーカーからその有効成分を持つ原薬を調達できるかが重要となる。また，原薬メーカーにとっては，特許が切れた医薬品は，先発医薬品だけではなく，後発医薬品の製剤メーカーも原薬の納入先と考えられるうえ，製剤に明るく，施設や技術，ノウハウがあれば原薬メーカーとしてではなく，製剤メーカーとして参入することも考えられる。そのため，この場合には，売り手の交渉力は大きいと考えられる。

　一方，受託系との関係から見る場合，製剤メーカーは，医薬品の開発から販売承認までの時間を効率化するため，臨床試験（治験）に関する業務を，専門性の高い人材を活用できる医薬品開発業務受託機関（CRO：Contract Research Organization）に外部委託することがある。このとき，CRO は，企業，医療機関，行政機関等の依頼により，医薬品等の臨床開発および臨床試験（治験）に関わる業務を，受託，または労働者派遣等で支援する外部機関となり，GCP 省令にしたがった業務委託契約に基づいて受託業務を遂行する（Answers 製薬業界用語辞典「CRO」(https://answers.ten-navi.com/dictionary/cat03/22/))。この場合に CRO が行う業務は，製剤メーカーからの委託によって成り立つことを踏まえると，売り手の交渉力は，委託する企業と受託する企業のバランスに左右されることになる。そして，現在は，製薬業界各社が高収益を見込める分野の新薬開発競争に鎬を削る最中にあるため，CRO の奪い合いが激しくなるなど，依頼を考える企業が常に CRO を確保できる状況にはない（日本経済新聞 2017 年 8 月 17 日付朝刊第 15 面）。また，受託系の中には，資金力には問題があるが，GMP に対応できる技術力と設備を開発ライン・製造ラインともに備えているため，受託系 1 社で開発から製造までのすべてを担うことができる企業も存在する。そのため，これらのことを考慮すると，売り手の交渉力は大きいと考える。

（4）買い手の交渉力

　製薬業界の分析対象を製剤メーカーで見る場合，完成した医薬品の販売先には，医療機関や薬局・ドラッグストアなどが考えられる。そして，それは，最終的にはその医薬品を必要とする患者（消費者）に販売される。そのため買い手の交渉力については，消費者との関係から見る必要がある。

　現在の医薬品のなかには，既に特許期間が終了し，先発医薬品だけではなく，後発医薬品が併存するもの，近いうちに特許期間が終了し，後発医薬品が販売されるようになるものが数多く存在する。そして，政府が，医療費の削減のため，同じ有効成分を有し，薬価の低い後発医薬品の使用を推奨する状況にあることは，前述のとおりである。

　この場合，特許期間が終了するまで長期間の猶予がある新薬は，特定の病気や症状に的確な有効性が認められ，類似の医薬品と比べ，期待される効果が大きい場合，医師の処方にしたがって新薬を服用すること以外には考える余地はない。しかし，特許期間の中でも類似の効果が期待される先

発医薬品が多数存在し，競合する場合や，特許期間が過ぎ，先発医薬品のほかにも競合する後発医薬品が併存する場合には，医師が処方する医薬品以外で同様の有効成分を有する，より安価な医薬品の処方を希望する患者がいることや，一般薬で済ませる消費者がいることも想定される。そのため，このような現状を踏まえると，医薬品の消費については，一部の領域では，有効性が高い医薬品を製造する製薬業界の方が強い立場にあるとも考えられるが，病気や症状に対する処方薬が複数ある現状では，医師の処方次第であること，消費者次第であることが想定される。したがって，この場合の買い手の交渉力は大きいと考える。

（5）代替品の脅威

　製薬業界で事業を営む製剤メーカーが製造・販売する商品は，医薬品で，医師からの処方によるものであるか否かにかかわらず，特定の病気や症状に的確な効果が期待されるものである。そのため，特定の条件の下で競合する代替品となりうるものは，同様の有効成分を保有する医薬品以外には存在しないと思われる。ただし，製薬業界の事業を予防医療の観点で見た場合には，健康を維持するために服用されるサプリメントや，健康効果が期待される食品が代替品に相当するかもしれない。しかし，それらは，製剤メーカーが長年の研究開発を行い，許認可や特許を得て，新薬を創出し，製造・販売する医薬品のような特定の病気・症例に的確な有効性と高い安全性を発揮するモノではない。また，予防医療に対する製薬業界の活動で生み出される医薬品とサプリメント・健康食品とでは，期待される効果も異なり，仮に，この分野の医薬品と比較した場合でも，その市場規模が逆転する恐れは極めて低いといえる。したがって，この場合，医薬品に代替するものは，実質的には存在しないため，代替品の脅威は小さいと考える。

　したがって，ファイブ・フォース分析の結果としては，製薬業界は，（1）医療機関や病院・薬局などで，医薬品を購入する患者や消費者のため，的確な有効性と高い安全性を有する医薬品を製造・販売しているが，①業界売上高上位数社で業界の市場シェアの大半を占めていること，②的確な有効性が求められる医薬品の特性上，差別化が難しいことから，③薬価改定等の外部圧力が大きくなった市場で，患者・消費者の需要を，業界内の各企業が，より多く確保すべく，激しい競争を繰り広げる状況にあること，（2）①患者・消費者の需要は，少子高齢化の加速により，国内市場自体は縮小しつつあると見ることもできるが，高齢者の受診が増え，医療費が増大していることを考えると，飽和状態の業界内でもまだ競争の余地があると判断する企業が，この業界に新規参入しているとも考えられること，②ただし，新規に参入する企業にとっては，新薬の研究開発や創薬には，莫大な資金が必要なうえ，研究開発投資が常に製薬の許認可につながるわけではないことを考えると，参入障壁は依然として高いものがあると判断されるため，新規参入の脅威は，資金力や技術力などの問題をクリアできない限りは，他の業種ほど大きいとはいえないと判断できると思われる。

　また，（3）製薬企業は，製剤メーカーに限る場合，①医薬品の製薬に原薬を必要とするが，この有効成分を有する原薬は，特定の企業が製造していることが多いため，提供する売り手（原薬メーカー）に対する買い手（製剤メーカー）のバランスに均衡が取れていないと考えられることや，原薬

**【図9】製薬業界（製剤メーカー）のファイブ・フォース分析**

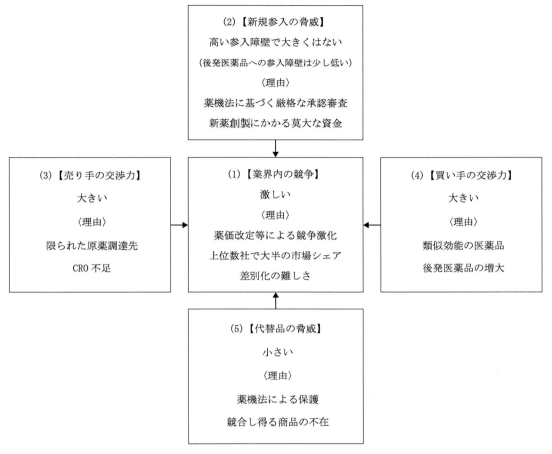

出所：業界動向 SEARCH.COM「製薬業界」などを参考に作成。

メーカー自体が，製剤メーカーになり得る可能性を考えると，売り手優位の状況にあることと，②新薬の創製には，許認可のための試験に合格する必要があるが，現在では，この手続を効率化するため，製剤メーカーが医薬品製造受託機関（CMO）や医薬品開発業務受託機関（CRO）に業務を委託するとした場合，これらの機関から委託業務の受託を得られるかが競争になることが多いため，こちらでも売り手優位の状況にあると考えられることから，売り手の競争力が大きいことがわかる。一方，(4) 製薬企業が提供する医薬品を服用する患者や消費者は，①医師から処方される医薬品で，特定の病気や症例に的確な有効性を高水準で期待できる場合の医薬品に対しては，企業の論理を展開できるが，②有効性に大きな差異が認められない場合の先発医薬品や，先発医薬品だけではなく後発医薬品が存在する場合の医薬品や市販薬の場合には，患者や消費者に選択肢が与えられ，市場の意向に左右されると考えられるため，総合的には，買い手の競争力は大きいことになる。しかし，(5) 製薬業界が提供する医薬品は，比較的類似の効果を有する代替品と考えられるものがあまりなく，医薬品自体が薬機法によって規制を受ける対象であることを考えると，代替品によって業界が

著しく脅かされることはないと思われるため，代替品の脅威は小さいと考えられる。

　いずれにしても，新薬の研究開発・創薬が競争優位のドライバーとなる製薬業界（製剤メーカー）では，研究開発費への投資が莫大になることから，現在の，政府の社会保障費抑制による薬価引き下げや後発医薬品の台頭などのあおりを受ける業界であったとしても，業界内にドラスティックな衝撃が走る可能性は乏しいと思われる。それゆえ，今後の製薬業界は，研究開発のリスクを抑えつつ，資金を投下する先の選択と集中を図りながら，M&Aによるスケールメリットと，海外市場の新規確保の機会を生かして安定的な収益を確保する道を探す必要があるといえよう。

## 3．経営分析

### 3－1．中外製薬株式会社の特徴

　2002年10月1日，中外製薬株式会社は，スイスに本拠地を置く世界有数の製薬企業，ロシュ社と戦略的提携契約を行い，日本ロシュ社と合併するとともに，ロシュ・グループの傘下に入った（日経産業新聞2002年10月1日付第16面，2002年10月2日付第12面，および日本経済新聞2002年10月2日付朝刊第9面）。一般用医薬品メーカーと見なされる傾向の強かった中外製薬が，抗体医療を中軸に据える医療用医薬品メーカーへの大転換を推し進めるなか，世界的アライアンスを推し進めるロシュ社との思惑が合致した結果生まれたこの合併は，「海外企業による日本企業買収の成功例」といわ

【図10】製薬業界（製剤メーカー）における中外製薬株式会社の特徴

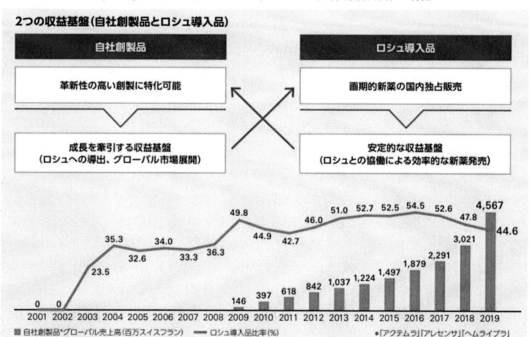

出所：中外製薬株式会社（2020），19頁より引用。

製薬業界の企業分析　◎——275

れる。そして，このアライアンスで，飛躍的に創薬能力を高めた中外製薬は，ロシュ社とのあいだに互恵的な相乗効果を生み出し，相当程度の経済効果を生み出している[13]。その結果，中外製薬は，アイルランド製薬大手のシャイアーを傘下に収めた武田薬品工業や，イギリスの製薬大手アストラゼネカと抗がん剤の分野で大型提携を結んだ第一三共のような（日本経済新聞 2019 年 3 月 29 日付夕刊第 1 面，2019 年 3 月 30 日付朝刊第 11 面，および日経産業新聞 2019 年 4 月 1 日付第 2 面），同業他社と比べ，特徴的な企業といえる。

### 3−2．中外製薬株式会社の経営理念

　「すべての革新は患者さんのために」という事業哲学のもと，事業経営を展開する中外製薬グループは，ステークホルダーの多様な期待に応える企業像を実現し，企業の社会的責任を果たすべく，自らの存在意義（Mission），価値観（Core Values），目指す姿（Envisioned Future）をミッションステートメント（＝企業理念）として掲げる（中外製薬株式会社「企業理念 / 行動規準」(https://www.chugai-pharm.co.jp/ir/policy/philosophy.html)）。そしてそれら 3 つの企業理念は，具体的に次のように設定され，それぞれの事業を戦略的に行う際の礎となっている。

存在意義（Mission）

　「革新的な医薬品とサービスの提供を通じて新しい価値を創造し，世界の医療と人々の健康に貢献する」ことを Mission とし，「患者中心の高度で持続可能な医療を実現する，ヘルスケア産業のトップイノベーターとなること」を目標に，社会とともに発展することを経営の基本方針としている（中外製薬株式会社（2019c），9 頁）。

価値観（Core Values）

　Mission の実践にあたって，「患者中心」，「フロンティア精神」，「誠実」に沿った事業活動を行う。
　　1．患者中心
　　　患者さん一人ひとりの健康と幸せを最優先に考えます
　　2．フロンティア精神
　　　自らを磨き，新たな発想で，イノベーションを追求します
　　3．誠実
　　　常に誠実な行動で，社会の期待に応えます
　この基本方針のもと，「すべての革新は患者さんのために」という考え方に沿って，革新的な創薬を柱とするイノベーションに集中し，一人ひとりの患者さんにとって最適な医療の提供によ

---

13)　中外製薬が戦略的提携を結び，グループ傘下に入ったロシュ社は，1896 年に設立された世界有数の製薬企業である。同社は，スイスのバーゼルに本拠地を置き，世界 150 カ国以上でビジネスを展開する企業で，「医薬品」と「診断薬」の 2 つの事業を主軸に，幅広い領域で医療に貢献している（中外製薬株式会社「ロシュ社との戦略的提携」(https://www.chugai-pharm.co.jp/ir/individual/roche_alliance.html)）。

276 ──◎

る社会課題の解決と健全な社会の発展を目指すとともに，持続的な企業価値拡大を図る（中外製薬
株式会社（2019c），9頁）。

目指す姿（Envisioned Future）

　「ロシュとの協働のもと，独自のサイエンス力と技術力を核として，患者中心の高度で持続可能
な医療を実現する，ヘルスケア産業のトップイノベーターとなる」ことを目指している（中外製薬
株式会社（2019a），11・15頁）。

## ３－３．中外製薬株式会社の SWOT 分析

　このように見てくると，中外製薬は，形式的には，我が国の製剤メーカーにはない外資傘下に入
るという戦略的提携と日本ロシュとの合併という選択をしたが，実質的には，グループ傘下であり
ながら，社名・代表者の変更はなく，自主独立経営を行うという新しいビジネスモデルをつくるこ
とに成功している。また，ロシュ社は，戦略的提携の合意に基づき，中外製薬の発行済株式総数の
59.9％を保有はするが，経営の独立性を保つことと，中外製薬の東京証券取引所市場第一部におけ
る上場の維持に協力することに合意している。そして，中外製薬は，この戦略的提携で，ロシュ社
製品の国内独占販売と，ロシュ社の開発・販売網を通じた自社製品のグローバル市場への展開が可
能になるとともに，安定的な収益基盤が確立することで，革新性の高い技術・創薬への集中投資を
可能にする（中外製薬株式会社「ロシュ社との戦略的提携」[14]）。そこで，まずは，中外製薬株式会社が，
なぜこのような戦略を採ったのかについて，SWOT 分析を用いて確認することにしたい。

　まず，SWOT 分析は，企業を取り巻く環境から導き出される「脅威（T；Threats）」と「機会（O；
Opportunities）」を把握するとともに，企業内部の資源等から，「弱み（W；Weakness）」と「強み（S；
Strength）」を評価する手法である。そして，その分析をすることで，分析対象企業の保有する内部
資源に強さがない場合には，その市場から撤退すべきか（W×T），撤退せず，機会を活かして改善
する戦略を段階的に打っていくか（W×O），を判断する。一方，企業の保有する内部資源に強さが
あると判断できる場合には，競合他社とのあいだに差別化を図り，業界の中で独特の強さを持つ戦
略を採るか（S×T），現状以上の業績を確保するため，機会をより有効に活用する積極策に打って
出るか（S×O），の戦略を立案することが可能になる。

　ここで，問題とされるのは，外部環境と内部環境をどのように評価・把握するかであるが，外部
環境については，これまでに分析してきたファイブ・フォース分析が参考になる。すなわち，外部
環境は，業界に適用される法規制や，為替や市況などの経済状況，製品製造で用いられている特許
などの技術といった自社の努力だけではどうすることもできない要因と，業界で競合関係にある，
または，競合関係になるかもしれない企業や原材料の仕入先企業との関係のほか，顧客との関係，

---

14）この戦略的提携は，ロシュ社にとっても，①日本のビジネス環境に即したローカル経営基盤の展開，②世
　界有数の市場である日本でのプレゼンスの強化，③日本初の画期的新薬を得る機会の拡大，などのメリット
　があったと思われる。

代替品の問題といった，自社にとって今後の可能性や内容次第ではチャンスをもたらす要因を根拠に分析されるものである。これに対して，内部環境は，改革を進めようとする場合に障害となるヒト・モノ・カネ・情報などの経営資源の問題や，競合他社と比較したときに「機会」に活かせる自社の経営資源等の利点から，内部環境が外部環境に対してどれほど力を発揮できるかで評価されると解される。そのためSWOT分析では，競合他社との関係次第で，変動することも予想される，現在の外部環境を前提としたときに，内部資源を活用することが，企業の活動業績を向上させる機会と捉えるか，悪化させる脅威と捉えるかが重要な鍵となる。

以上を踏まえ，中外製薬のSWOT分析を考えると，次のようになる。

**【図11】中外製薬株式会社のSWOT分析**

| 内部環境 | 強み | 弱み |
|---|---|---|
| | ・製品ラインアップ | ・海外売上の大半がスイス |
| | ・安定的な収益基盤 | ・がん領域の医薬品は国内トップだが高価 |
| | ・革新性の高いサイエンス・技術力 | ・がん領域以外の医薬品の競争力 |
| 外部環境 | 機会 | 脅威 |
| | ・デジタルの技術革新 | ・人口構成の劇的変動 |
| | ・ライフサイエンスの飛躍的進歩 | ・薬機法などの法規制と薬価改定 |
| | ・持続可能な医療としてのバイオ | ・医薬費抑制目的で後発医薬品の使用促進 |

出所：中外製薬株式会社「ロシュ社との戦略的提携」，および
　　　同（2019a）7 - 10，13・14，および18頁等を参考に作成。

以下では，これらについて特徴的な点のみをより詳しく見ていきたい。

強み：ロシュ社との戦略的提携

　一般用医薬品メーカーと見なされる傾向の強かった中外製薬が，抗体医療を中軸に据える医療用医薬品メーカーへの大転換を推し進めるなか，世界的アライアンスを推し進めるロシュ社との思惑が合致し，成立した2002年の戦略的提携は，研究開発能力次第で業界内でのプレゼンスを高める機会はあるものの，市場での存在感に思うほどの成果を上げることができず，研究開発に必要な資金力に乏しいと考えられた当時の中外製薬が，自社を改善すべく打った戦略であると考える。そして，それは，ロシュ社からの画期的な製品の導入につながり，製品ラインアップや開発パイプラインの拡大をもたらした結果，がん領域では国内売上シェアとステークホルダー満足度で，秀でた存在感を得たことに加え，研究開発をはじめとする各事業基盤が強化されたほか，アクテムラやアレセンサ，ヘムライブラなどの自社創製医薬品がロシュ社のネットワークを通じ，グローバル製品として成長している。その結果，中外製薬は，安定した収益基盤を得ることができ，現在では，革新性の高い技術・創薬への集中投資を可能としている。

弱み：グローバル化の遅れ

　連結会計年度 2018 年の売上収益のデータでは，中外製薬株式会社は，ここ 5 年間，順調に売上高を伸ばしている（中外製薬株式会社（2019c）1 頁）。しかし，同年度の製商品別売上高は，日本が 399,906（百万円）であるのに対し，海外は 127,939（百万円），うち 109,938（百万円）はスイスが占めている（中外製薬株式会社（2019c）83 頁）。これに対し，武田薬品工業の 2018 年度売上収益に関するセグメント情報では，日本 571,016（百万円），米国 828,985（百万円），欧州およびカナダ 405,641（百万円），ロシア／ CIS（ロシアなどの旧独立国家共同体）59,741（百万円），中南米 88,115（百万円），アジア 105,411（百万円），その他 38,315（百万円）（武田薬品工業株式会社（2019），133 頁），第一三共では，日本 595,901（百万円），北米 160,220（百万円），欧州 89,759（百万円），その他の地域 83,885（百万円）となっており（第一三共株式会社（2019），81 頁），中外製薬の海外への展開は，武田薬品工業や第一三共と比較して，充分にできていないと見て取れる。これは，中外製薬の主力医薬品は，がん領域に特化することで，国内第一のシェアを誇るようにはなったが，医薬品自体も高価で使用が限られることと，がん領域以外の医薬品の競争力が同業他社と比して不十分な状況が考えられるため，対策を練ることが必要である。

機会：業務の効率化

　中外製薬は，2020 年 2 月末に，人工知能（AI：Artificial Intelligence）を使い，医薬情報担当者（MR：Medical Representative）が，「訪問先，日時，自社医薬品の情報提供に利用した資料名など」をスマートフォンから音声で報告するだけで，顧客関係管理（CRM：Customer Relationship Management）の各項目に自動で内容を登録し，分類する RECAIUS™（リカイアス）報告エージェントを採用することを決定した。このシステムの導入により，中外製薬では，「1000 人規模の MR の報告にかかる負荷を軽減し，」「『医療用医薬品の販売情報提供に関するガイドライン』の変更に伴い，より詳細な業務記録を残すこと」が求められるようになった「MR がアポ待ちのすき間時間を活用し，手軽に業務報告が行えることで，」「報告の効率化を実現」することを期待している（東芝デジタルソリューションズ「中外製薬の MR 活動に，AI との会話で業務報告ができる『RECAIUS 報告エージェント』を採用〜 1000 人規模の MR の業務報告にエージェント AI を活用し，報告負荷の軽減・効率化を実現〜」2020 年 2 月 27 日ニュースリリース（https://www.toshiba-sol.co.jp/news/detail/20200227.htm））。また，デジタルを活用した高度な個別化医療の実現と R&D（Research and Development：研究開発）プロセスを革新することで，飛躍的進歩をとげたライフサイエンスの分野で持続可能な医療としてのバイオの可能性が開けてくる（中外製薬株式会社（2016），18 頁）。したがって，これらの機会を有効活用することができれば，医薬品卸にかかる時間と費用を削減できるだけではなく，研究開発のスピードを劇的に上げ，革新性の高い技術・創薬を生み出せるかもしれないといえ，中外製薬の業績が向上する可能性を秘めている。

脅威：事業構造改革

　人口は世界規模では増加傾向にあるが，我が国では減少傾向にあり，少子高齢化が進んでいるため，高齢者にかかる医療費の増大を働く世代でまかなえなくなることが想定され，如何にその医療費を抑制していくかが重要になっている。そして，政府は，薬機法の法規制や薬価改定，後発医薬品の使用促進で，製薬業界の研究開発および創薬活動への意思決定にブレーキをかける状況にある。この医薬品に関する介入は，年々難易度が高くなり，莫大な研究開発費が必要になる我が国製薬業界の，国内メインの企業には大きな打撃となるだけではなく，国内市場の縮小と相まって，高収益にもとづく業績を維持できなくなっている。一方，海外市場への展開を積極的に実施している企業の業績は堅調に推移していることを踏まえると，製薬業界の各企業は，生き残りをかけ，市場規模が大きく，今後も成長が見込める海外市場で如何にマーケットシェアを確保するか，また，限られた資源をイノベーションに集中投資できる体制に如何に変革していくかが重要となる（業界動向 SEARCH.COM「製薬業界」）。そのため，製薬業界の各企業にとっては，既存プロセスやコスト構造の抜本的見直し，及びデジタル等も活用した新たな事業構造のデザインが課題となるといえる（中外製薬株式会社（2019c），10-12 頁）。

## 3－4．中外製薬株式会社の経営戦略

　これまでの分析では，ファイブ・フォース分析で得られた結果を，中外製薬が事業を営む医療用医薬品メーカーとしての今後の可能性のなかで検討し，SWOT 分析における外部環境の要因分析に反映させてきた。また，SWOT 分析では，外部環境に加え，業界内での中外製薬の位置づけを企業内部の経営資源等から分析し，その現状と企業としての可能性を検討してきた。そして，ファイブ・フォース分析，SWOT 分析から得られた結果は，既存企業間での開発競争が激化するなか，世界的製薬企業であるロシュ社と戦略的提携を結ぶことで，中外製薬は企業としての安定した収益基盤を得ることができ，研究・開発をより強化することができているということであり，中外製薬が研究開発・創薬する自社創製品は，革新性の高い創薬に特化させることができている現状から，成長を牽引する収益基盤となったといえることを示していた[15]。

　しかし，近年の業界各社は，がんや精神疾患など，有力な治療薬が少ない領域への投資に集中している状況で，買収や外部連携を通じ，規模を追うよりも有力な新薬候補品を拡充する動きが目立っている。また，有望企業の買収額も膨らんできており，たとえば，国内最大手の武田薬品工業は，2019 年 1 月，アイルランド製薬大手のシャイアーを日本企業として過去最高額の 6 兆 2,000 億円で買収し，世界 8 位となる巨大製薬企業を誕生させている（日本経済新聞社編（2019），134 頁）。

　ところで，このような現状のなか，中外製薬は，企業独自で，どのような戦略を打ち立てているのであろうか。以下では，中外製薬の経営戦略について更に詳しく考察することにしてみたい。

　まず，中外製薬が現在のポジションを獲得し，積極的な戦略を打てるようになったのには，前述

---

15) 戦略的アライアンスから 15 年間で，売上は 3.5 倍，営業利益は 4.9 倍となっている（中外製薬株式会社（2019b），5-8 頁）。

のロシュ社との戦略的提携契約の成功が大きい。2002年にロシュの傘下に入ってから約20年がたった中外製薬では，潤沢となった研究開発費用を駆使して，新薬を創製し，売上収益を伸ばすなかで，業界大手と見なされるようになった。しかし，その資本構成だけを見れば，中外製薬に対するロシュ社の株式保有比率は約60％と過半数を占めており，中外製薬は，ロシュ社の連結子会社にすぎない状況にあるが，その社名は，元の「中外製薬」のまま上場企業であり続け，永山氏が代表者であり続けていることは，前述の通りである。このように，過半数の株式を握られながらも，経営の独立性を保てている中外製薬の強みには，次の3つが考えられる（久川桃子（2016））。

（1）バイオ・抗体医薬領域について強み

1980年代まで合成医薬品しか手掛けていなかった中外製薬は，それ以降，バイオテクノロジーを用いた創薬企業へと方針転換を図っている。そして1983年の米国ベンチャー企業「Genetics Institute社」への資本参加とエリスロポエチン（EPO）製剤の共同研究開発は奏功し，5年半後にバイオ医薬品「エポジン®」の日本での製品化に成功している（中外製薬株式会社「バイオへの挑戦」（https://www.chugai-pharm.co.jp/ir/history/history04.html））。当時の国内にはバイオテクノロジーを用いた創薬の技術やノウハウはなかったが，この短期間での開発成功は，中外製薬の技術力と組織力の強さを示したものといえる。

バイオ医薬品は，人体が自然に生産する分子の構造に似ているため，多くの病気において高い治療効果があると同時に，病気の診断に役立っている。これに対し，今までの主流であった化学合成の低分子医薬品は，段階的な化学合成の工程を経て生産される医薬品であり，分子が小さく，ごく少数の機能的な分子グループを含む単純な構造をした有機化合物となっている。そのため，バイオ医薬品はこの低分子化合物に比べて，変化に敏感な生物を用いた製造工程で作られることになり，これまでの低分子医薬品では改善の見られなかった病気の治療にも効果があることが証明されている（日本製薬工業協会（2012））[16]。

このように見た場合，バイオ医薬品には，1．がん等の難病に対して治療効果が期待できること，2．元々人間の体内にあるたんぱく質（ホルモン・酵素・抗体等）を使って薬を作るため，からだに優しいこと，3．バイオ医薬品の一種である抗体医薬品は，ヒトの持つ免疫機能を応用し，からだの悪い部分に直接働きかけるため，副作用のリスクが少ないことなどのメリットがある（ジーンテクノサイエンス「バイオ医薬品とは？」（https://www.g-gts.com/business/））。しかし，バイオ医薬品は，良好な治療効果をあげていても，これまでの医薬品とは原料や製造法が異なり，特殊で大規模な製造設備が必要となるため，その設備投資に充分な資金力を持ち合わせる企業が少なく，医薬品の単価も，新薬と同様，高額となる（研友企画出版「『バイオ医薬品』は，効果は高いが値段も超高額。同じ効果で価格を抑えた『バイオシミラー』に注目」（https://www.kenyu-kikaku.co.jp/health/201910.php））。

中外製薬株式会社は，2005年以降，一般用医薬品事業・診断薬事業を売却し，医療用医薬品に集

---

16）バイオ医薬品は，たんぱく質や，哺乳類細胞，ウイルス，バクテリアなどの生物によって生産される物質に由来する（日本製薬工業協会（2012），1頁）。

【図12】先発医薬品とバイオ医薬品

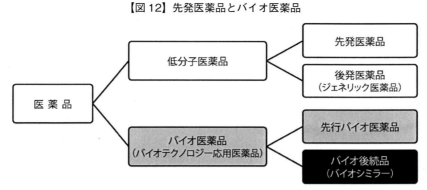

出所：あゆみ製薬株式会社「バイオシミラーとは？」
（https://www.ayumi-pharma.com/ja/healthcare/biosimilar/about.html）より引用。

中した（中外製薬株式会社（2018b），3頁）。そして，国産初の抗体医薬品を2005年に発売している。バイオ医薬品の一種であるこの抗体医薬品は，関節リウマチ治療薬として，欧米でもロシュ社を通して116カ国（2018年1月現在）で承認を受けて使用されている（中外製薬株式会社（2018b），11・14頁）。抗体医薬品は，特定の細胞や分子に作用し，ピンポイントで効き目を発揮するので，高い治療効果が期待できる。それに加えて，副作用の軽減も期待できるので，未来の医薬品として世界中で注目を浴びている。このようにみてくると，「中外製薬は，日本で抗体医薬品の創製・開発・製造・販売までを成功させた数少ない企業」である。また，成長を続ける抗体医薬品市場においても，国内シェアのトップを維持しており，「日本の抗体医薬品の分野を牽引する存在となっている」。このことは，「抗体医薬品の有効特許件数，抗体研究の基盤と技術は世界レベルの高い水準を確立している」ことからも明らかである（久川桃子（2016））。

（2）がん領域での強み

抗体医薬は，既述のように，「標的とした分子だけを攻撃するので，高い効果が見込まれ，副作用が少ないという特徴がある」（久川桃子（2016））。このことをがん領域に当てはめて考えると，「がん細胞などの細胞表面の目印となる抗原をピンポイントでねらい撃ちするため，高い治療効果と副作用の軽減が期待でき」，正常な細胞にはほとんど影響がない。また，「病気の原因の組織で過剰に作られるタンパク質を抗原として認識して結合する抗体医薬品」もある（中外製薬株式会社「抗体医薬品とは？」（https://www.chugai-pharm.co.jp/ptn/bio/antibody/antibodyp09.html））。

中外製薬は，この抗体医薬品の分野で「アバスチン」や競争力のある「アクテムラ」などを販売し，本国内のがん領域ではトップシェアの地位にある（中外製薬株式会社「領域別の概況」（https://www.chugai-pharm.co.jp/ir/ar2017/img/pdf/06.pdf））。また，約500人のがん専門のMRを有していることから（久川桃子（2016）），病院などの医療現場と製薬会社とのあいだで医薬品の必要充分な情報を共有し，医薬による被害を最小限に抑える活動を重視していることも大きな特徴である。

（3）一般用医薬品事業の売却

　中外製薬は，2004年7月30日，採算が悪化している一般向け医薬品（大衆薬）事業を切り離し，ライオンに譲渡することを発表した（日本経済新聞2004年7月31日付朝刊第11面）。これは，主力の医療用医薬品に経営資源を集中したい中外製薬と，家庭用品の販売網を活用し医薬品事業を拡充したいライオンの思惑が一致した結果である。中外製薬は，ここを潔く売却することで資金を得て，「強みとするバイオ・抗体医薬をはじめとする新薬の開発に注力する戦略」がとれるようになった（久川桃子（2016））。その結果，一般消費者向けの商品を失い，当然，企業の知名度は落ちたとされるが，適切な「選択と集中」を行うことで効率的な資金分配，経営体制を確立した。

　現在の中外製薬は，ロシュ・グループのメンバーで，コア事業である医療用医薬品事業に集中し，がん領域および新しいタイプの医薬品である抗体医薬の分野でトップシェアを有し，ヘルスケア産業のトップイノベーターを目指せるようになったため（中外製薬株式会社（2018b），24頁，および同（2019b），28頁），保有ブランドとのシナジーが期待できるライオンへ当該事業を事業譲渡したことは，中外製薬にとって事業価値最大化への最善の策であったといえるだろう。


　この3つの観点は，中外製薬が，ロシュ社との提携により，屈指の研究基盤を共有する方向に舵を切り，相互に切磋琢磨することで，売り上げ，営業利益ともに大きく拡大することができたことで，互恵的な相乗効果を生んだ結果，相互に必要性を認識できていることの証左である。また，このようなロシュ社とのアライアンスによる競争優位性は，中外製薬に「グローバルトップクラスの競争力獲得・発揮」と「成長加速への選択・集中」の2つを重点テーマとした「トップ製薬企業」という目標の実現のための新たな戦略を生み出した（中外製薬株式会社（2018a），5頁）。

　そして，中外製薬は，革新的技術による独創的新薬，明確な優位性をもった医薬品を連続して創製するため，中分子創薬技術確立（環状ペプチドをベースとする新規分子への次世代コア技術候補としての集中），がん・免疫研究基盤強化（アカデミアとの協働による革新的人材，設備の獲得，ロシュとの連携によるバイオマーカー探索の強化）の2つに注力している（中外製薬株式会社（2016），18頁）[17]。

　そもそも中外製薬は，「国産初の抗体医薬品の創製に成功し，革新的な独自の抗体改変技術による確固たる創薬基盤を確立」した企業である。その中外製薬の代表的な技術には，リサイクリング抗体創製技術やバイスペシフィック抗体生産技術がある（中外製薬株式会社「独自の技術」（https://www.chugai-pharm.co.jp/profile/rd/technologies.html））。

　ここで，リサイクリング抗体®創製技術とは，標的抗原に対する親和性は高くても，①抗原に1度しか結合することができない，②抗原に結合するだけで抗原を血液中から除去することはできな

---

17）中外製薬株式会社が中分子医薬品の創薬技術の確立を目指すのは，分子のサイズで分類される医薬品は，そのサイズ次第で，効果に違いが出るためであり，「従来医薬に多い低分子医薬品は工業的に合成できるため安価だが，狙っていない細胞にも達してしまうなどの課題がある」点，「抗体医薬などの高分子医薬品は標的を絞って作用するため効果は高いが生産工程が複雑で価格が高い」点を考慮すると，「両者の中間に位置する中分子医薬は双方の長所を備えることが可能」であるとして開発に乗り出している（日経産業新聞2018年7月31日付記事第9面）。

製薬業界の企業分析　◎—— 283

い，という通常の抗体の 2 つの限界を克服したリサイクリング抗体を創製する技術である。そして，このリサイクリング抗体は，ある抗原に結合し，細胞内でその抗体を分解するため，抗原が血液中に蓄積することを防ぐだけでなく，同一の抗体が同じ種類の抗原に再度結合し，同じことを繰り返す結果，効果を持続することが期待できるようになっている（中外製薬株式会社「SMART-Ig®（リサイクリング抗体®創製技術）」(https://www.chugai-pharm.co.jp/ir/individual/technologies_popup1.html)）。

　これに対して，バイスペシフィック抗体生産技術は，種類の異なる 2 種類の抗原と同時に結合する技術である。これまでの通常抗体は「2 つの抗原結合部位が同一の抗原にしか結合しない」抗体であるのに対し，「『バイスペシフィック抗体』は 2 種類の重鎖と 2 種類の軽鎖から成り，左右の抗原結合部位が異なる抗原と結合できる抗体」となっている。生産上の課題が多くあったバイスペシフィック抗体は，中外製薬が「独自の抗体工学技術を駆使し工業生産化を可能とした結果」，2 種類の異なる抗原と同時結合することで，抗原が引き起こす悪影響を阻害した薬効の増強や，2 種類の抗原をつなぐことによる薬効の発現といった多様な効果が期待されるようになっている（中外製薬株式会社「ART-Igg®（バイスペシフィック抗体生産技術）」(https://www.chugai-pharm.co.jp/ir/individual/technologies_popup3.html)）。

　ただ，研究がうまくいき，革新的な新薬の創製がなったとしても，開発の段階で，承認に時間がかかるようでは，せっかくの技術も意味をなさない。中外製薬は，「開発では，革新的な医薬品をいち早く患者さんのもとへ届けるため，多くの医療機関・治験施設の協力のもと，研究，薬事，医療安全性，生産などの各機能を一貫管理する」体制を構築し，「スピード，効率性，科学性に優れた臨床試験の推進を実現」している。また，「ロシュ・グループとの連携による多数のグローバル開発（国際共同治験）の推進や，個別化医療に基づく診断薬との同時開発の推進を通じ，国内の開発・承認申請の先進事例」を生みだしている（中外製薬株式会社「ビジネスプロセス」(https://www.chugai-pharm.co.jp/profile/about/process.html)）[18]。

　また，近年の成長ドライバーにはゲノム（genome）が考えられている。

　ここで，ゲノムの定義には所説あるが，ゲノムを，遺伝子（gene）と染色体（chromosome）の合成言語とするならば，ゲノムは，DNA のすべての遺伝子情報のことである（中外製薬株式会社「ゲノムとは？」(https://www.chugai-pharm.co.jp/ptn/bio/genome/genomep09.html)）。そして，ゲノムがここまで考慮されるようになったのは，これまでの治療とは異なる視点を提供するからである。

　すなわち，今までの治療は不特定多数の患者を対象としていたものが主流であった。しかし，ゲノムを細かく調べることが可能になれば，その患者の体質や病気の特性に合わせた治療が行えるようになる。そのため，この方法が実用化されれば，患者の身体の負担が軽減され，副作用も少なくなるなど，最も効果が期待できる治療が可能になると思われる。無論，この治療を行うために

---

18) これらは，成長ドライバー製品（アバスチン・アクテムラ等）への集中投資による売上成長の実現や，エリア特性に適応した機能横断チーム編成と自律的な戦略の構築，その戦略遂行体制の確立を経て，競合他社への競争優位を達成すると考えられるものである（中外製薬株式会社「中期経営計画」(https://www.chugai-pharm.co.jp/profile/strategy/midterm_plan.html)）。

【図13】リサイクリング抗体創製技術

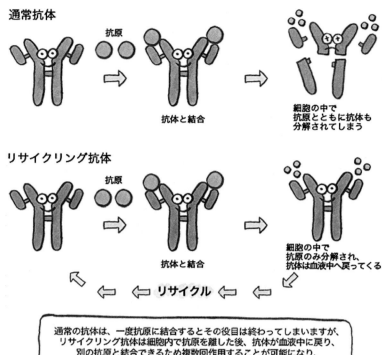

出所：中外製薬株式会社「次世代型の抗体医薬品とは？」
（https://www.chugai-pharm.co.jp/ptn/bio/antibody/antibodyp16.html）より引用。

【図14】バイスペシフィック抗体生産技術

出所：中外製薬株式会社「次世代型の抗体医薬品とは？」より引用。

は，遺伝子診断を行う必要があるが（中外製薬株式会社「ゲノム解析の将来とは？」(https://www.chugai-pharm.co.jp/ptn/bio/genome/genomep11.html)），このゲノム解析の段階においても，病気の予防や診断・治療に結びつけることができるなど，可能性を秘めている。そして，「現在，遺伝子情報（DNAの塩基配列）は，自動的に解読でき，コンピューターで解析できる」ようになっている（中外製薬株式会社「ゲノム解析とは？」(https://www.chugai-pharm.co.jp/ptn/bio/genome/genomep10.html)）。

　ゲノム解析の結果，生み出されるゲノム創薬は，「ゲノム情報のデータベースを活用して，病気の原因になる遺伝子やその遺伝子が作るたんぱく質の情報を調べ，そのたんぱく質に結合する分子や抗体から薬を作る方法」である（中外製薬株式会社「ゲノム創薬とは？」(https://www.chugai-pharm.co.jp/ptn/bio/genome/genomep12.html)）。ゲノム創薬は，「従来の薬の作り方とは異なり，遺伝子の情報から病気に関係する遺伝子を同定して，ターゲットを絞りこんで薬が開発できるので，薬の開発期間が短く」なるというメリットがある。そして，現在では，「酵素や受容体などのタンパク質に加え，mRNA や DNA までも医薬品の対象となるため，3 千から 1 万種類の薬を作ることができると予想」されている。そのため，ゲノム研究が結実した暁には，病気や患者の遺伝子情報を利用した薬により，「副作用が少なく高い効果が期待できる薬」ができることになる（中外製薬株式会社「ゲノム創薬のメリットとは？」(https://www.chugai-pharm.co.jp/ptn/bio/genome/genomep13.html)）。

　がん領域の治療薬に強みをもつ中外製薬は，この遺伝子治療の分野でも研究を推し進めている。その手法は，未確定の模様であるが，がん細胞にがんを抑制する遺伝子や免疫を高める遺伝子を組み込んでがんを抑制したり，骨髄細胞に抗がん剤の副作用を抑える遺伝子を組み込んで，抗がん剤の副作用を抑えたりする治療の研究が行われているようである。

　中外製薬は他の製薬会社よりもいち早く合成医薬品からバイオ医薬品への研究に着手し，日本で初の製品化に成功した。そして，そのバイオ医薬品の一種である抗体医薬品の分野で，中外製薬のポジションは，相当なものである。この中外製薬の成功には，思うような成果が上げられなかった一般用医薬品に早々に見切りをつけ，潔くこの事業を売却し，そこで得た資金をバイオ・抗体医薬品をはじめとする新薬の開発に集中した戦略が大いに貢献している。したがって，中外製薬は，今後も抗体医薬品を中心にバイオ医薬品の分野で業界内での地位を確固たるものとして資金を生み出し，ゲノム創薬などの新分野を開拓し，成長させていくことが重要であり，ゲノム創薬が成長ドライバーとなったとき，わが国における業界内での地位は不動のものになると考えられる。

## 4. 財務分析

　本節では，中外製薬の掲げる創薬志向について，財務分析に基づいて考察する。分析にあたり，財務諸表を入手し，企業の利益を獲得する力を分析する収益性分析と財務的な構造を分析する安全性分析の観点から武田薬品工業と第一三共との比較を通じて中外製薬の現状分析を行う。その上で中外製薬の創薬志向に対して，将来的な成長力を分析する成長性分析の観点からその効果を測定し，今後の持続可能性について検討する。

## 4－1．収益性分析

3社の売上高総利益率と売上高営業利益率の2点について見ていく（図表1参照）。

図表1から分かるように，中外製薬の売上高総利益率は50％台と，他2社と比べて低い。一方で，中外製薬の売上高営業利益率は他2社と比べて非常に高い。

**【図表1】売上高総利益率と売上高営業利益率**

| 売上高総利益率 | 2012年 | 2013年 | 2014年 | 2015年 | 2016年 | 2017年 | 2018年 |
|---|---|---|---|---|---|---|---|
| 中外製薬 | 56.50% | 55.87% | 52.71% | 51.84% | 49.58% | 52.42% | 54.66% |
| 武田薬品工業 | 70.42% | 71.02% | 70.70% | 70.39% | 67.74% | 71.99% | 68.54% |
| 第一三共 | 65.97% | 64.02% | 64.86% | 67.70% | 63.42% | 63.96% | 60.78% |

| 売上高営業利益率 | 2012年 | 2013年 | 2014年 | 2015年 | 2016年 | 2017年 | 2018年 |
|---|---|---|---|---|---|---|---|
| 中外製薬 | 19.32% | 18.59% | 16.45% | 17.40% | 15.63% | 18.52% | 21.44% |
| 武田薬品工業 | 5.66% | 8.23% | -7.27% | 7.24% | 9.00% | 13.66% | 9.77% |
| 第一三共 | 9.93% | 9.98% | 8.09% | 13.22% | 9.31% | 7.94% | 9.00% |

出所：各社有価証券報告書より作成。

このことは中外製薬の売上原価に対する利益マージンが他社に比べて少ない一方で，同社の販売費及び一般管理費が節約されていることを意味している。言い換えると，他社に比べて中外製薬の創薬に対する研究開発が積極的ではないため特許等による収益が少ないのに対して，販売費及び一般管理費が節約されていることで利益を確保することができていたと考えられる。

次に，中外製薬のROAとROEを見ていく（図表2参照）。図表2から，中外製薬のROAとROEはともにほとんどの期間において他2社と比較して高い。また，ROEを売上当期純利益率，総資本回転率，財務レバレッジの3項目に分解したところ，直近4年間において，財務レバレッジが他2社に比べて低く，かつ残りの2項目についてより高い。つまり，中外製薬のROEの高さは，自己資本への依存度が高い状況の下，効率的な資産の活用と商品の販売の両立によって達成されていると言えるのである。

## 4－2．安全性分析

安全性分析を行うに当たり，短期的な支払い能力を評価する指標として当座比率を，長期的な財務の健全性を評価する指標として自己資本比率と固定長期適合率を用いる（図表3参照）。

当座比率について，中外製薬は300％を超えており，他2社と比較して非常に高い。これは，流動負債の少なさに起因しており，現時点における短期的な支払い能力が十分にあるといえる。

第二に長期的な安全性分析について考える。中外製薬の自己資本比率は一貫して80％前後を推移しており，他2社と比較しても非常に高い。また，固定長期適合率についても中外製薬は一貫して低い。

この2点から，中外製薬の財務的健全性は非常に高いといえる。

製薬業界の企業分析　◎──287

**【図表2】3社のROEとROA**

| 中外製薬 | 2012年 | 2013年 | 2014年 | 2015年 | 2016年 | 2017年 | 2018年 |
|---|---|---|---|---|---|---|---|
| ROE | 8.87% | 9.10% | 8.76% | 11.43% | 9.54% | 10.63% | 12.31% |
| 売上高当期純利益率 | 12.12% | 12.25% | 11.29% | 12.50% | 11.06% | 13.77% | 16.05% |
| 総資本回転率 | 59.90% | 60.90% | 62.49% | 70.54% | 67.32% | 62.66% | 63.05% |
| 財務レバレッジ | 1.22 | 1.22 | 1.24 | 1.30 | 1.28 | 1.23 | 1.22 |
| ROA | 11.57% | 11.32% | 10.28% | 12.27% | 10.52% | 11.61% | 13.52% |

| 武田薬品工業 | 2012年 | 2013年 | 2014年 | 2015年 | 2016年 | 2017年 | 2018年 |
|---|---|---|---|---|---|---|---|
| ROE | 4.33% | 4.31% | -6.48% | 4.15% | 7.35% | 9.25% | 2.11% |
| 売上高当期純利益率 | 6.18% | 6.48% | -8.05% | 4.62% | 8.28% | 10.55% | 5.20% |
| 総資本回転率 | 64.19% | 62.00% | 68.61% | 47.26% | 39.85% | 43.12% | 15.12% |
| 財務レバレッジ | 1.09 | 1.07 | 1.17 | 1.90 | 2.23 | 2.04 | 2.69 |
| ROA | 3.63% | 5.10% | -4.99% | 3.42% | 3.59% | 5.89% | 1.48% |

| 第一三共 | 2012年 | 2013年 | 2014年 | 2015年 | 2016年 | 2017年 | 2018年 |
|---|---|---|---|---|---|---|---|
| ROE | 7.71% | 6.18% | 26.64% | 10.37% | 6.62% | 8.59% | 7.48% |
| 売上高当期純利益率 | 6.63% | 4.77% | 34.69% | 8.15% | 4.97% | 6.23% | 10.05% |
| 総資本回転率 | 59.03% | 60.31% | 46.38% | 51.90% | 49.88% | 50.60% | 44.53% |
| 財務レバレッジ | 1.97 | 2.15 | 1.66 | 2.45 | 2.67 | 2.73 | 1.67 |
| ROA | 5.86% | 6.02% | 3.75% | 6.86% | 4.64% | 4.02% | 4.01% |

出所：各社有価証券報告書より作成。

**【図表3】当座比率，自己資本比率，固定長期適合率**

| 当座比率 | 2012年 | 2013年 | 2014年 | 2015年 | 2016年 | 2017年 | 2018年 |
|---|---|---|---|---|---|---|---|
| 中外製薬 | 359.21% | 344.67% | 281.16% | 329.00% | 323.39% | 339.60% | 317.23% |
| 武田薬品工業 | 281.51% | 136.74% | 109.27% | 108.71% | 97.77% | 119.48% | 28.63% |
| 第一三共 | 106.93% | 98.06% | 194.65% | 205.31% | 147.27% | 166.87% | 172.87% |

| 自己資本比率 | 2012年 | 2013年 | 2014年 | 2015年 | 2016年 | 2017年 | 2018年 |
|---|---|---|---|---|---|---|---|
| 中外製薬 | 82.00% | 82.18% | 80.79% | 77.36% | 78.13% | 81.28% | 82.27% |
| 武田薬品工業 | 91.64% | 93.11% | 85.14% | 52.59% | 44.84% | 49.13% | 37.22% |
| 第一三共 | 50.75% | 46.57% | 60.38% | 40.79% | 37.45% | 36.69% | 59.85% |

| 固定長期適合率 | 2012年 | 2013年 | 2014年 | 2015年 | 2016年 | 2017年 | 2018年 |
|---|---|---|---|---|---|---|---|
| 中外製薬 | 34.62% | 32.35% | 32.26% | 38.35% | 37.55% | 34.77% | 40.76% |
| 武田薬品工業 | 62.14% | 79.03% | 84.65% | 82.59% | 103.55% | 89.87% | 95.25% |
| 第一三共 | 72.65% | 69.14% | 76.01% | 72.96% | 63.25% | 62.85% | 40.79% |

出所：各社有価証券報告書より作成。

　しかしその一方，前述の財務レバレッジの低さも加味すると，中外製薬の経営方針は消極的であると評価できるかもしれない。なぜなら他人資本の投入による事業の拡大等，収益性を高める手段としてレバレッジを利かせることが有効な場合があり，そのような収益増加の機会を中外製薬は失

っている可能性があるためである。

　以上のことから，中外製薬の財務健全性は高いが，その一方で事業拡大等に対して積極的とは言い難い姿勢を改善する必要があるかもしれない。

## 4－3．成長性分析

　中外製薬はロシュ（スイス）の傘下の下，一般薬部門を売却し，創薬に注力し始めている[19]。中外製薬がいかに研究開発に注力しているかを確認するために，売上高に占める研究開発費の割合である売上高研究開発費比率と2012年度1月期をベース年度とした研究開発費の増加率を研究開発費成長率として表す。

　まず，研究開発費について見ていく。売上高研究開発費比率は2012年1月期から2018年1月期にかけて17%前後を推移しており，一見，研究開発に注力していく傾向が見られない。そこで売上高研究開発費比率を売上高と研究開発費に分解して分析していく。

　研究開発費は図表4より，312,303百万円（2016年1月期）から382,096百万円（2014年1月期）の間を推移している。それに対して売上高は386,552百万円（2012年1月期）から579,787百万円（2018年1月期）にかけて増加している。売上高が増加しているなかで売上高研究開発費比率が一定していることに鑑みると，研究開発費の総額は増加しており，中外製薬は研究開発に注力していることの一端が見て取れる。

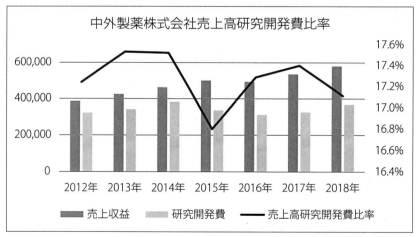

【図表4】中外製薬株式会社の売上高研究開発費比率と研究開発費成長率（趨勢比）

| 研究開発費成長率（趨勢比） | 2013年 | 2014年 | 2015年 | 2016年 | 2017年 | 2018年 |
|---|---|---|---|---|---|---|
| 中外製薬 | 111.47% | 121.25% | 125.75% | 127.57% | 139.48% | 148.86% |
| 武田薬品工業 | 106.30% | 118.91% | 104.50% | 97.19% | 101.28% | 114.59% |
| 第一三共 | 103.70% | 103.40% | 113.16% | 116.24% | 128.01% | 110.48% |

出所：各社有価証券報告書より作成。

---

19）本章3－4．中外製薬株式会社の経営戦略（3）一般用医薬品事業の売却を参照。

次に，研究開発費成長率について見ていく。中外製薬の研究開発費は 2013 年 1 月期以降増加を続けており，2018 年 1 月期ではベース年度に設定した 2012 年 1 月期から 148.86%の増加を記録している。これは，他 2 社の増加率よりも大きく，中外製薬の研究開発への注力が見て取れる結果となっている。

## ４－４．中外製薬の企業経営方針の持続可能性

前述の内容から，中外製薬は多額の研究開発費の投入に伴って，創薬志向の強い企業経営の実現を図っていると考えられる。この経営方針を持続させるためには継続的な研究開発費の計上が不可欠であり，中外製薬の安全性分析をもって，多額の研究開発費の捻出が今後も可能であるか，判断することが必要であると考える。

この点について，前述の安全性分析の結果から，中外製薬の財務は非常に安定しており，また財務レバレッジの値も低いということが明らかになっている。自己資本の高さ，すなわち借入をする余力を残している点から，中外製薬は資金的な余裕を十分に有しており，中外製薬の創薬志向を強めるという経営戦略は高い持続可能性を有しているといえる。

## ５．まとめ

最後に中外製薬の業界分析・経営分析・財務分析を通じた結論を述べたい。

中外製薬の創薬志向に対して，成長性分析の観点からその効果を測定し，今後の持続可能性について検討してきた。前述の財務分析の結果より中外製薬の財務が非常に安定しているのは，ロシュ社との提携により安定的な収益基盤を獲得しそれを研究開発費にまわすことができているためである。その結果，創薬の分野（特にがん領域）においてトップポジションを築いている。中外製薬が売上をよりのばすためにも，企業財務の効率性を向上させる必要がある。そのため今後は事業の選択と集中を行わなければならない。なかでも，中外製薬が次世代成長ドライバーとして力をいれているゲノム創薬に注目している。このゲノム解析による次世代医療によって近い将来オーダーメイド治療が主流となってくるだろう。そのため，ゲノム解析技術によってどれほどの付加価値を患者に与えることができるかが中外製薬の成長の兆しになると考える。

また，中外製薬の収益の多くを占めるバイオ・抗体医薬品の分野においては，いかにその費用を抑えて売上を伸ばしていくかが問題となってくる。そのため，複数の情報を統合したデータ基盤の整備，IT 技術の導入が今後の中外製薬の発展に欠かせないものであると考える。今後も高齢化が進む日本において社会保障費抑制の動きはさらに進み，薬価の引き下げも避けられない状況であるため，製薬業界にとって厳しい状況が続くが，それを打開する中外製薬の変革に注目し，製薬業界の今後の動向についてさらに調査していきたいと思う。

### 主要引用・参考文献

Porter, M. E., (1979) "How Competitive Forces Shape Strategy", *Harvard Business Review*, Vol.57, No.2, pp.137-145
  （関根次郎訳（1997）「5 つの環境要因を競争戦略にどう取り込むか」『Diamond ハーバード・ビジネス』第 22 巻第 2 号，64-75 頁）.

あゆみ製薬株式会社 HP（https://www.ayumi-pharma.com）。

Answers 製薬業界用語辞典（https://answers.ten-navi.com/dictionary/）。

AnswersNews- 製薬業界で話題のニュースがよくわかる HP（https://answers.ten-navi.com/pharmanews/）。

株式会社ジーンテクノサイエンス HP（https://www.g-gts.com）。

金融庁「EDINET」（http://disclosure.edinet-fsa.go.jp）。

業界動向 SEARCH.COM「製薬業界」（https://gyokai-search.com/3-iyaku.htm）。

健康・医療戦略推進本部（2017）『「健康・医療戦略」一部変更案』
  （https://www.kantei.go.jp/jp/singi/kenkouiryou/suisin/ketteisiryou/dai17/siryou1.pdf）。

研友企画出版「『バイオ医薬品』は，効果は高いが値段も超高額。同じ効果で価格を抑えた『バイオシミラー』に注目」（https://www.kenyu-kikaku.co.jp/health/201910.php）。

厚生労働省 HP（https://www.mhlw.go.jp/index.html）。

厚生労働省（2012）『厚生労働白書』（https://www.mhlw.go.jp/wp/hakusyo/kousei/12/）および（https://www.mhlw.go.jp/wp/hakusyo/kousei/12/dl/2-03.pdf）。

——— （2018a）『国民皆保険制度の意義』（https://www.mhlw.go.jp/content/12400000/000591715.pdf）。

——— （2018b）『厚生労働白書』（https://www.mhlw.go.jp/stf/wp/hakusyo/kousei/18/）および
  （https://www.mhlw.go.jp/wp/hakusyo/kousei/18/dl/2-07.pdf）。

沢井製薬「SCIENCE SHIFT」（https://scienceshift.jp）。

証券取引所「適時開示情報閲覧サービス（TDNet）」（https://www.release.tdnet.info/index.html）。

総務省「日本標準産業分類」（https://www.soumu.go.jp/toukei_toukatsu/index/seido/sangyo/index.htm）。

第一三共株式会社（2019）『有価証券報告書』
  （https://www.daiichisankyo.co.jp/ir/files/005108/2018 年度 %20 有価証券報告書 .pdf）。

武田薬品工業株式会社（2019）『有価証券報告書』
  （https://www.takeda.com/4a7a75/siteassets/jp/home/investors/report/consolidated-financial-statements/asr142_jp.pdf）。

中外製薬株式会社 HP（https://www.chugai-pharm.co.jp/index.html）。

中外製薬株式会社（2016）『新中期経営計画 "IBI 18"』
  （https://www.chugai-pharm.co.jp/profile/media/conference/files/160128jPresentation.pdf）。

——— （2018a）『グローバル経営人材の育成と課題』
  （https://www.mext.go.jp/b_menu/shingi/chousa/koutou/085/gijiroku/__icsFiles/afieldfile/2018/07/12/1407002_01.pdf）。

——— （2018b）『会社のご紹介』
  （https://www.chugai-pharm.co.jp/cont_file_dl.php?f=FILE_1_81.pdf&src=[%0],[%1]&rep=117,81）。

——— （2019a）『新中期経営計画 "IBI 21"』
  （https://www.chugai-pharm.co.jp/profile/media/conference/files/190131jPresentation.pdf）。

——— （2019b）『会社のご紹介』
  （https://www.chugai-pharm.co.jp/cont_file_dl.php?f=FILE_1_85.pdf&src=[%0],[%1]&rep=117,85）。

——— （2019c）『有価証券報告書』
  （https://www.chugai-pharm.co.jp/cont_file_dl.php?f=FILE_1_44.pdf&src=[%0],[%1]&rep=127,44）。

——— （2020）『アニュアルレポート 2019』
  （https://www.chugai-pharm.co.jp/ir/reports_downloads/annual_reports/files/jAR2019_12_00.pdf）。

東芝デジタルソリューションズ株式会社「中外製薬株式会社の MR 活動に，AI との会話で業務報告ができる『RECAIUS 報告エージェント』を採用〜 1000 人規模の MR の業務報告にエージェント AI を活用し，報告

負荷の軽減・効率化を実現〜」2020 年 2 月 27 日ニュースリリース（https://www.toshiba-sol.co.jp/news/detail/20200227.htm））。

東邦ホールディングスグループ HP（https://www.tohoyk.co.jp/ja/recruit/）。

東洋経済新報社編（2019）『会社四季報 業界地図 2020 年版』東洋経済新報社。

日本医薬品原薬工業会 HP（http://www.jbpma.gr.jp）。

日本製薬工業協会 HP（http://www.jpma.or.jp）。

日本製薬工業協会（2012）『バイオ医薬品 医療の新しい時代を切り開く』
（http://www.jpma.or.jp/medicine/bio/pdf/bio_01.pdf）。

日本経済新聞社『日本経済新聞』日本経済新聞社。

―――――『日経産業新聞』日本経済新聞社。

―――――『日経速報ニュースアーカイブ』日本経済新聞社。

日本経済新聞社編（2016）『財務諸表の見方（第 12 版）』日本経済新聞出版社。

―――――（2019）『日経業界地図 2020 年版』日経 BP 社。

日本ジェネリック製薬協会（2016）「ジェネリック医薬品ガイドブック 不安をなくして，かしこく使おう！知っ得！ジェネリック！」（http://153.127.106.29/library/old/www.jga.gr.jp/pdf/shittoku-panph-A4.pdf）。

日本臨床検査薬協会 HP（http://www.jacr.or.jp/dmr/index.html）。

久川桃子（2016）「"外資" の中外製薬は，なぜ自主経営を維持できるのか」『NEWS PICKS』
（https://newspicks.com/news/1957420/body/）。

矢島雅巳（2019）『決算書はここだけ読もう 2020 年版』弘文堂。

矢部謙介（2017）『武器としての会計思考力 会社の数字をどのように戦略に活用するか？』日本実業出版社。


### 【執筆者】

西南学院大学（業界分析・経営分析等担当）

川口咲・日高義治・渡邉大貴・白坂愛弓・大山雄生・越智隼・日高悠希

大阪市立大学（財務分析担当）

那須太一・前隈健太

### 【研究協力者】

西南学院大学

灰塚爽里・高峯侑香里・金子建太

大阪市立大学

谷口真南美

# 索　引

## A－Z

EDINET ………………………………………55
O（機会）……………………………………41
PBR（Price Book-value Ratio：株価純資産倍率）
…………………………………………… 233
PER（Price Earnings Ratio：株価収益率）……… 233
PPM 分析 ………………… 41，171，213，226
Return on Equity ………………………………77
ROA ……………………………………… 74，204
ROE ……………………………77，204，229
S（強み）……………………………………41
SWOT 分析 ………… 40，41，141，213，225
T（脅威）……………………………………41
W（弱み）……………………………………41

## ア

アドバンテージ・マトリックス……………17
安全性 ………………………………… 54，189
　―――分析 ……………………………… 213
5 つの競争要因分析 ……………………………32
売上債権回転率……………………………82，83
売上高経常利益率 …………………… 75，76，204
売上高研究開発費率 ……………………………97
売上高趨勢比率 ………………………………… 205
売上高総利益率 ………………………………… 204
売上高当期純利益率……………………………78
売り手の交渉力…………………31，32，122，134
営業活動によるキャッシュ・フロー（営業 CF）…89
営業 CF 対流動負債比率………………………91

## カ

会社………………………………………………12
改善戦略 ……………………………………… 141
買い手の交渉力…………………31，32，122，136
外部要因 ……………………………………… 141
　―――の機会（O）／脅威（T）…………… 158
価格競争………………………………………25
価値連鎖…………………………………30，41
金のなる木 ………………… 37，171，172，182
株主総会招集通知………………………………56
機会（Opportunities：O）…………… 41，141
　―――コスト ……………………………… 107
期間比較…………… 5 ～ 7，71，93，189，190
企業…………………………………………… 3
　―――間比較 ………… 5，71，93，189，190
規模の経済性……………………………………17

## サ（右列）

キャッシュ・フロー計算書……………… 54，66，189
キャッシュ・フローの状況………… 54，55，66，189
脅威（Threats：T）……………………… 41，141
業界 ……………………………………… 3，12
　―――内の競争 …………………… 20，122
　―――分析…………………3，12，111，113，223
競合他社………………………………………32
共時的分析………………………………………36
業種……………………………………………12
競争優位………………………………………18
競争要因………………………………………32
金融商品取引法………………………………55
クロス SWOT 分析 ……………………… 42，225
クロスセクション分析（cross section analysis）
………………………………………… 5，71
経営成績……………………… 54，55，61，189
経営比較（分析）…………………………… 5
経営分析……………………………………… 3
経時的分析………………………………………33
経常利益趨勢比率 …………………………… 205
決算短信………………………………………56
研究開発費…………………………………… 231
考察の範囲…………………………………… 214
　―――の決定……………………………… 103
構成比率 …………………………………… 6
国際会計基準（IFRS）………………………71
コスト・リーダーシップ戦略…………25，27，28
固定資産回転率………………………………82
固定長期適合率 ……………………… 87，88，204
固定比率………………………………………87，88

## サ

財政状態…………………… 54，55，57，189
財務活動によるキャッシュ・フロー（財務 CF）…89
財務健全性………………………………………85
財務情報 …………………………………… 4 ～ 7
財務諸表分析………………………………………56
財務分析………………3，7 ～ 9，56，189，227
債務返済能力………………………………………85
財務レバレッジ………………………………………78
差別化………………………………17，23，27
　―――戦略…………………26 ～ 28，141
産業……………………………………………12
事業 ……………………………………… 3，11
　―――領域………………………………… 118
時系列分析（time series analysis）………… 5，71
自己資本趨勢比率 …………………………… 205

| | |
|---|---|
| 自己資本当期純利益率（ROE）……… 77，204 | 定量的分析……………………………………… 4 |
| 自己資本比率……………………………… 87，204 | 適時開示情報閲覧サービス（TDNet）………56 |
| 自己資本利益率………………………………74，77 | 手づまり業界………………………………………18 |
| 資産負債中心観……………………………………7 | 手元流動性回転率………………………………82，83 |
| 市場…………………………………………………11 | 手元流動性比率…………………………………86 |
| ───規模………………………………… 184 | 当座比率……………………………… 86，204 |
| ───成長率………………36，38，171，184 | 投資活動によるキャッシュ・フロー（投資CF）…89 |
| 実数分析………………………………… 5〜7 | |

**ナ**

| | |
|---|---|
| 資本市場………………………………………… 233 | 内部要因…………………………………… 141 |
| 資本利益率……………………………………74 | ───の強み（S）／弱み（W）…… 153 |
| 収益性…………………………… 54，74，189 | ニッチャー…………………………………………28 |
| ───分析…………………………… 213 | 日本会計基準……………………………………71 |
| 収益費用中心観……………………………………7 | 伸び率………………………………………93，94 |

| | |
|---|---|
| 集中戦略………………………………26，28 | |
| 集中度………………………………………20，22 | **ハ** |
| 新規参入の脅威……23，24，32，122，133 | |
| 推定……………………………………………14 | ハーフィンダール・ハーシュマン指数（HHI）……20 |
| 趨勢比率……………………………………6，93 | 比較対象企業…………………………… 118 |
| 趨勢分析………………………………………6 | 非財務情報………………………………………4，5 |
| スター（花形）………37，171，172，182 | 百分率損益計算書…………………………………80 |
| 成長性…………………………… 55，93，189 | 比率分析…………………………………… 5〜7 |
| ───分析…………………………… 213 | ファイブ・フォース分析……32，122，124，213，224 |
| セグメント情報…………………………………71 | フォロワー…………………………………………28 |
| 積極戦略…………………………………… 141 | フレームワーク（枠組み）……………………13 |
| 絶対的…………………………………… 104 | プロダクト・ポートフォリオ・マネジメント（PPM） |
| 設備投資額対営業CF比率………………………91 | ………………………………………………36 |
| 専門業界………………………………………18 | 分析対象企業…………………………… 118 |
| 戦略オプション………………………… 164 | 分析目的…………………………………102，214 |
| 戦略ポジション………………………………30，41 | 米国会計基準……………………………………71 |
| 相互比較…………………………………… 5〜7 | 法人（法的な人格）……………………………12 |
| 総資産利益率（Return on Assets）………74 | |
| 総資本回転率………………… 75，76，78，204 | **マ** |
| 総資本経常利益率（ROA）……………… 74，204 | |
| 総資本当期純利益率………………………………78 | マクロの眼………………… 105，214，230 |
| 総資本利益率………………………………74 | 負け犬………………… 37，171，172，182 |
| 相対市場シェア………………36，37，171，184 | マーケット・ライフサイクル…………………16，41 |
| 相対的…………………………………… 104 | ミクロの眼………………… 105，214，230 |
| 損益計算書……………………… 54，61，189 | 問題児………………… 37，171，172，182 |

| | |
|---|---|
| **タ** | **ヤ** |

| | |
|---|---|
| 貸借対照表……………………… 54，57，189 | 有価証券報告書…………………………………55 |
| 代替品の脅威………………23，32，122，134 | 有形固定資産回転率………………………………83 |
| 多角化…………………………………………33 | 有形固定資産増加率……………………… 97，205 |
| 多数乱戦業界………………………………………18 | 弱み（Weakness：W）………………… 41，141 |
| 棚卸資産回転率………………………………82，83 | 「弱み（W）×機会（O）」の戦略…………165，167 |
| 致命傷回避・撤退縮小戦略……………… 141 | 「弱み（W）×脅威（T）」の戦略…………165，168 |

| | |
|---|---|
| チャレンジャー……………………………………27 | **ラ** |
| 中長期的に対応するための戦略…………… 166 | |
| 強み（Strength：S）……………… 40，141 | リーダー……………………………………………27 |
| 「強み（S）×機会（O）」の戦略…………… 164 | 流動資産回転率………………………………82 |
| 「強み（S）×脅威（T）」の戦略…………164，167 | 流動比率…………………………………………86 |
| 定性的分析………………………………………… 4 | 量産業界………………………………………17 |

《著者紹介》（執筆順）

**髙橋　聡**（たかはし・さとし）担当：Chapter 1
　　※編著者紹介参照

**小沢　浩**（おざわ・ひろし）担当：Chapter 2
　　最終学歴：名古屋大学大学院経済学研究科博士後期課程満期退学，博士（経済学）
　　現　　職：名古屋大学大学院経済学研究科教授

**田中　勝**（たなか・まさる）担当：Chapter 3
　　最終学歴：神戸大学大学院経営学研究科博士後期課程修了，博士（経営学）
　　現　　職：九州産業大学商学部教授

**福川裕徳**（ふくかわ・ひろのり）担当：Chapter 4
　　※編著者紹介参照

**岩崎瑛美**（いわさき・えみ）担当：Chapter 5
　　最終学歴：神戸大学大学院経営学研究科博士後期課程修了，博士（経営学）
　　現　　職：松山大学経営学部講師

**望月信幸**（もちづき・のぶゆき）担当：Chapter 6-1
　　最終学歴：横浜国立大学大学院国際社会科学研究科博士後期課程修了，博士（経営学）
　　現　　職：熊本県立大学総合管理学部教授

**森口毅彦**（もりぐち・たけひこ）担当：Chapter 6-2
　　最終学歴：東北大学大学院経済学研究科博士後期課程中退
　　現　　職：富山大学学術研究部社会科学系教授

**小川哲彦**（おがわ・てつひこ）担当：Chapter 6-3
　　最終学歴：横浜国立大学大学院国際社会科学研究科博士後期課程修了，博士（経営学）
　　現　　職：西南学院大学商学部教授

**小形健介**（おがた・けんすけ）担当：Chapter 7
　　最終学歴：神戸商科大学大学院経営学研究科博士後期課程修了，博士（経営学）
　　現　　職：大阪市立大学大学院経営学研究科准教授

**三浦　敬**（みうら・たかし）担当：Chapter 8
　　※編著者紹介参照

《編著者紹介》

**髙橋　聡**（たかはし・さとし）担当：Chapter 1
　最終学歴：神戸大学大学院経営学研究科博士後期課程修了
　現　　職：西南学院大学商学部教授

【主要業績】
　髙橋　聡「現行企業会計制度と利益概念」『財務会計研究』第 14 号，財務会計研究学会，
　　2020 年 8 月，31-71 頁。「査読付」
　髙橋　聡「井尻雄士の因果的複式簿記」上野清貴編『簿記の理論学説と計算構造』中央経
　　済社，2019 年 9 月，61-74 頁。
　髙橋　聡「物価変動会計と簿記の計算構造」上野清貴編『簿記の理論学説と計算構造』中
　　央経済社，2019 年 9 月，132-146 頁。

**福川裕徳**（ふくかわ・ひろのり）担当：Chapter 4
　最終学歴：一橋大学大学院商学研究科博士後期課程単位修得退学
　現　　職：一橋大学大学院経営管理研究科教授

【主要業績】
　福川裕徳『監査判断の実証分析』国元書房，2012 年
　Theodore J. Mock and Hironori Fukukawa. 2016. Auditors' risk assessments: The effects of
　　elicitation approach and assertion framing. *Behavioral Research in Accounting* 28(2): 75-84.
　Hironori Fukukawa and Hyonok Kim. 2017. Effects of audit partners on clients' business
　　risk disclosure. *Accounting and Business Research* 47(7): 780-809.

**三浦　敬**（みうら・たかし）担当：Chapter 8
　最終学歴：一橋大学大学院商学研究科博士後期課程単位修得満期退学
　現　　職：横浜市立大学大学院国際マネジメント研究科教授

【主要業績】
　三浦　敬・張　櫻馨『現代財務会計基礎講義（第 3 版)』デザインエッグ株式会社，2020
　　年 4 月，第 1 章～第 4 章，第 8 章。
　渡部裕亘・片山　覚・北村敬子編著『日商検定簿記講義 2 級商業簿記（2020 年度版)』（共
　　同執筆）中央経済社，2020 年 3 月。
　三浦　敬・張　櫻馨「のれんの減損に関する開示情報の実態分析」『横浜市立大学論叢―
　　社会科学系―』第 69 巻第 1 号，2018 年 1 月，63-84 項。

（検印省略）

---

2020 年 12 月 10 日　初版発行　　　　　　　　　　　　　　　　略称―企業分析

## 学部生のための
# 企業分析テキスト
―業界・経営・財務分析の基本―

編著者　髙橋　聡・福川裕徳・三浦　敬
発行者　塚 田 尚 寛

発行所　東京都文京区　　　　**株式会社　創 成 社**
　　　　春日 2-13-1
　　　　電　話 03 (3868) 3867　　　Ｆ Ａ Ｘ 03 (5802) 6802
　　　　出版部 03 (3868) 3857　　　Ｆ Ａ Ｘ 03 (5802) 6801
　　　　http://www.books-sosei.com　振　替 00150-9-191261

定価はカバーに表示してあります。

©2020 Satoshi Takahashi　　　　組版：ワードトップ　印刷：エーヴィスシステムズ
ISBN978-4-7944-1555-4 C3034　　製本：エーヴィスシステムズ
Printed in Japan　　　　　　　　落丁・乱丁本はお取り替えいたします。

# 簿記・会計選書

| | | | |
|---|---|---|---|
| 学部生のための<br>企業分析テキスト<br>ー業界・経営・財務分析の基本ー | 髙 橋 聡<br>福 川 裕 徳<br>三 浦 敬 | 編著 | 3,200 円 |
| 日 本 簿 記 学 説 の 歴 史 探 訪 | 上 野 清 貴 | 編著 | 3,000 円 |
| 全 国 経 理 教 育 協 会<br>公式簿記会計仕訳ハンドブック | 上 野 清 貴<br>吉 田 智 也 | 編著 | 1,200 円 |
| 人 生 を 豊 か に す る 簿 記<br>ー 続 ・ 簿 記 の ス ス メ ー | 上 野 清 貴 | 監修 | 1,600 円 |
| 簿 記 の ス ス メ<br>ー 人 生 を 豊 か に す る 知 識 ー | 上 野 清 貴 | 監修 | 1,600 円 |
| 現代の連結会計制度における諸課題と探求<br>ー 連 結 範 囲 規 制 の あ り 方 を 考 え る ー | 橋 上 徹 | 著 | 2,650 円 |
| 非 営 利 ・ 政 府 会 計 テ キ ス ト | 宮 本 幸 平 | 著 | 2,000 円 |
| ゼ ミ ナ ー ル 監 査 論 | 山 本 貴 啓 | 著 | 3,200 円 |
| 国 際 会 計 の 展 開 と 展 望<br>ー 多 国 籍 企 業 会 計 と IFRS ー | 菊 谷 正 人 | 著 | 2,600 円 |
| I F R S 教 育 の 実 践 研 究 | 柴 健 次 | 編著 | 2,900 円 |
| I F R S 教 育 の 基 礎 研 究 | 柴 健 次 | 編著 | 3,500 円 |
| 投 資 不 動 産 会 計 と 公 正 価 値 評 価 | 山 本 卓 | 著 | 2,500 円 |
| 新 ・ 入 門 商 業 簿 記 | 片 山 覚 | 監修 | 2,350 円 |
| 新 ・ 中 級 商 業 簿 記 | 片 山 覚 | 監修 | 1,850 円 |
| 管 理 会 計 っ て 何 だ ろ う<br>ー 町 の パ ン 屋 さ ん か ら ト ヨ タ ま で ー | 香 取 徹 | 著 | 1,900 円 |
| 税 務 会 計 論 | 柳 裕 治 | 編著 | 2,550 円 |
| は じ め て 学 ぶ 国 際 会 計 論 | 行 待 三 輪 | 著 | 2,400 円 |
| 監 査 の 原 理 と 原 則 | デヴィッド・フリント<br>井 上 善 弘 | 著<br>訳 | 1,900 円 |

**(本体価格)**

―――― 創 成 社 ――――